Oliver Schmidt (Hrsg.)

Das Krankenhaus in der Beratung

Oliver Schmidt (Hrsg.)

Das Krankenhaus in der Beratung

Recht, Steuern, Unternehmensbewertung, Rechnungslegung

GABLER

Bibliografische Information der Deutschen Nationalbibliothek
Die Deutsche Nationalbibliothek verzeichnet diese Publikation in der
Deutschen Nationalbibliografie; detaillierte bibliografische Daten sind im Internet über
<http://dnb.d-nb.de> abrufbar.

1. Auflage 2010

Alle Rechte vorbehalten
© Gabler | GWV Fachverlage GmbH, Wiesbaden 2010

Lektorat: RA Andreas Funk

Gabler ist Teil der Fachverlagsgruppe Springer Science+Business Media.
www.gabler.de

Umschlaggestaltung: KünkelLopka Medienentwicklung, Heidelberg
Druck und buchbinderische Verarbeitung: Ten Brink, Meppel
Gedruckt auf säurefreiem und chlorfrei gebleichtem Papier
Printed in the Netherlands

ISBN 978-3-8349-1650-1

Vorwort

Der Gesundheitsmarkt entwickelt sich immer schneller und dynamischer. Er ist geprägt von Kostensteigerungen, Budgetdeckelungen, einer weiter zunehmenden Spezialisierung sowie nachhaltigen Eingriffen des Gesetzgebers wie z.B. zuletzt durch das Krankenhausfinanzierungsreformgesetz vom 17. März 2009.

Immer mehr Krankenhäuser sehen sich gezwungen, auf diese sich ständig verändernden Rahmenbedingungen durch Umstrukturierungen, Kooperationen mit anderen Leistungsträgern oder Privatisierungen zu reagieren.

Bei der Umsetzung dieser Maßnahmen sind zahlreiche Rechtsgebiete tangiert, die untereinander, aber auch mit Fragen des Steuerrechts, der Krankenhausrechnungslegung und der Unternehmensbewertung eng verzahnt sind.

Nach unseren Erfahrungen sind nur wenige Krankenhäuser zur Bewältigung dieser Maßnahmen umfassend vorbereitet bzw. verfügen über eigene Ressourcen zur umfassenden Problemlösung.

Wir möchten mit diesem Buch die verschiedenen, den Krankenhausbereich betreffenden rechtlichen und steuerlichen Fragestellungen zusammenhängend darstellen, um dem Leser die Einarbeitung in die Materie und die inhaltliche Vertiefung einzelner Fragestellungen systematisch zu ermöglichen.

Wir hoffen, dass dieses Werk sowohl den Praktikern in den Krankenhäusern als auch ihren jeweiligen Beratern eine wertvolle Unterstützung bietet. Für Anregungen und Hinweise sind wir sehr dankbar.

Unser besonderer Dank gilt Frau Tanja Eble für die Erstellung des Manuskripts.

Stuttgart, im August 2009   Dr. Oliver Schmidt

Inhaltsübersicht

Literaturverzeichnis

Altmeppen, Die Einflussrechte der Gemeindeorgane in einer kommunale GmbH, NJW 2003, 2561-2567

Apitz, Betriebsprüfung bei gemeinnützigen Körperschaften, StBP 2004, 153-158

Augsten, Neue steuerliche Behandlung der Forschungseinrichtungen, Stiftung & Sponsoring 1999, 21-23

Augsten, Steuerrecht in Nonprofit-Organisationen, 1. Auflage 2007

Augsten/Bartmuß/Rehbein/Sausmekat, Besteuerung im Krankenhaus, 1. Auflage 2008

Baden-Württembergische Krankenhausgesellschaft e.V., Das Medizinische Versorgungszentrum am Krankenhaus, 2007

Baeck/Deutsch, Kommentar zum ArbZG, 2. Auflage 2004

Bartmuß, Wann sind Medizinische Versorgungszentren gemeinnützig?, DB 2007, 706-710

Bechtold/Bosch/Brinker/Hirsbrunner, Kommentar zum EG-Kartellrecht, 2. Aufl. 2009

Bepler/Böhle/Martin/Stöhr, Kommentar zum TVöD, Loseblattsammlung, 10. EL Juni 2008

Brealey/Myers/Allen, Principles of Corporate Finance, 8. Auflage 2006

Bruckenberger, Sektorenübergreifende Kooperationen statt sektoraler Optimierung, Krankenhausumschau 1997, 965 – 970

Buchna, Gemeinnützigkeit im Steuerrecht, 9. Auflage 2008

Byok/Jaeger, Kommentar zum Vergaberecht, 2. Auflage 2005

Dassau/Wiesend-Rothbrust, Kommentar zum TVöD, 5. Auflage 2007

Dietlein, Der Begriff des „funktionalen" Auftraggebers nach § 98 Nr. 2 GWB, NZBau 2002, 136-142

Dietze/Janssen, Kartellrecht in der anwaltlichen Praxis, 3. Aufl. 2007

DIHK, Praxisleitfaden Unternehmenskooperationen, 2002

Dötsch/Jost/Pung/Witt, Die Körperschaftsteuer, 57. EL Juli 2006

Dötsch/Patt/Pung/Jost, Umwandlungssteuerrecht, 5. Auflage 2003

Dreßler, Kooperationen von Krankenhäusern, 1. Auflage 2000

Ernst, Kooperationen in der integrierten Versorgung, 1. Auflage 2008

Fabry/Augsten, Handbuch Unternehmen der öffentlichen Hand, 1. Auflage 2002

Finanzministerium des Landes NRW, Annahme wirtschaftlicher Geschäftsbetriebe bei Krankenhäusern i. S. des § 67 AO, DB 2005, 582-584

Fitting, Kommentar zum BetrVG, 24. Auflage 2008

Glanegger/Bürow, Kommentar zum Gewerbesteuergesetz, 6. Auflage 2006

Hachenburg/Raiser, Kommentar zum GmbHG, 8. Auflage 1991

Hübschmann/Hepp/Spitaler, Kommentar zur AO, Loseblattsammlung, Lfg. 177, Juni 2003

Institut der Wirtschaftsprüfer in Deutschland e.V., WP Handbuch 2008 Band II, 13. Auflage 2007

Kapp, Kartellrecht in der Unternehmenspraxis, 1. Auflage 2005

Kaufmann/Schmitz-Herscheidt, Die organisatorische Eingliederung setzt eine „Gestaltung" der Beziehungen zwischen Organträger und Organgesellschaft voraus, BB 2008, 2111-12

Kirchhof/Söhn, Kommentar zum EStG, 7. Auflage 2007

Klähn, In Begleitung zur Reha und die steuerlichen Folgen, DStZ 2000, 209-210

Klein, Kommentar zur AO, 9. Auflage 2006

Knorr/Klaßmann, Die Besteuerung der Krankenhäuser, 3. Auflage 2004

Knorr/Kraemer, Einführung zur dtv-Textausgabe Krankenhausrecht, 4. Auflage 2007

Koch/Scholtz, Kommentar zur AO, 4. Auflage 1993

Koselowski, Die Kräfte im Wettbewerb bündeln, KU Gesundheitsmanagement 2009, 41

Kuhlmann, Vertragliche Regelungen und Strukturen bei der Integrierten Versorgung, KH 2004, 417-422

Kulartz/Kus/Portz, Kommentar zum GWB-Vergaberecht, 1. Auflage 2006

Küntzel, Gemeinschaftsrechtswidrigkeit einengender nationaler Voraussetzungen der Umsatzsteuerbefreiung für ärztliche Heilbehandlungen, DStR 2004, 254-257

Lademann, Kommentar zum KStG, Loseblattsammlung

Lammerding, Abgabenordnung, Finanzgerichtsordnung und Nebengesetze, 15. Auflage 2005

Lenski/Steinberg, Kommentar zum GewStG, Loseblattsammlung

Lenz/Dettling/Kieser, Krankenhausrecht, 1. Auflage 2007

Ley, Mittelverwendungsrechnung gemeinnütziger Institutionen, KÖSDI 1998, 11682

Lex, Die Mehrheitsbeteiligung einer steuerbegünstigten Körperschaft an einer Kapitalgesellschaft – Vermögensverwaltung oder wirtschaftlicher Geschäftsbetrieb?, DB 1997, 349-352

Lippross, Umsatzsteuerfreiheit ärztlicher Leistungen auf dem Gebiet der Empfängnisverhütung, UR 2008, 690-693

Löser-Priester, Privatisierung öffentlicher Krankenhäuser und die Partizipation der Beschäftigten, 1. Auflage 2001

Lutz, Zusammenschlüsse öffentlicher Unternehmen – Kooperationen und Fusionen im Spitalsektor, 1. Auflage 2004

Mandea/Dettmayer, Ärztliche Leichenschau und Todesbescheinigung, Deutsches Ärzteblatt 2003, Heft 48, A 3161

Märkle/Alber, Der Verein im Zivil- und Steuerrecht, 12. Auflage 2008

Hartz/Meeßen/Wolf, ABC-Führer Lohnsteuer, Stand 02/2009

Michels/Möller, Ärztliche Kooperationen, 1. Auflage 2007

Ministerium für Gesundheit und Soziales, Krankenhausrecht - Herausforderungen und Chancen, 1. Auflage 2006

Monopolkommission, Sondergutachten Nr. 52 zum Ministererlaubnisverfahren Asklepios Kliniken Hamburg GmbH/Krankenhaus Mariahilf gGmbH, Dezember 2007

Monopolkommission, Sondergutachten Nr. 53 zum Ministererlaubnisverfahren Universitätsklinikum Greifswald/Kreiskrankenhaus Wolgast gGmbH, März 2008

Müller/Strecker, Die Organschaft, 7. Auflage 2008

Müller-Glöge/Preis/Schmidt, Erfurter Kommentar zum Arbeitsrecht, 9. Auflage 2009

Nauen, Lohnsteuerpflicht bei Einnahmen des Chefarztes aus wahlärztlichen Leistungen für das Krankenhaus, KH 2006, 55

Neumann/Biebl, Kommentar zum ArbZG, 15. Auflage 2008

OFD Hannover, Satzungsmäßige Vermögensbindung - Ausländischer Verein als Empfänger des Vermögens, DB 2000, 597-598

OFD Hannover, Ausgleich von Verlusten des wirtschaftlichen Geschäftsbetriebs mittels Aufnahme von Darlehen, DStR 2000, 1564

OFD Karlsruhe, Lohnsteuerpflicht bei Einnahmen des Chefarztes aus wahlärztlichen Leistungen für das Krankenhaus, DStR 2006, 1041-1042

Orth, Einbringung eines wirtschaftlichen Geschäftsbetriebes oder eines Betriebes gewerblicher Art in eine Kapitalgesellschaft nach dem UmwStG i.d.F. des SEStEG, DB 2007, 419-428

Pahlke/Koenig, Kommentar zur AO, 1. Auflage 2004

Palandt, Kommentar zum BGB, 68. Auflage 2009

Püttner, Handbuch der kommunalen Wissenschaft und Praxis, Band V, 2. Auflage 1984

Raiser, Konzernverflechtung unter Einschluss öffentlicher Unternehmen, ZGR 1996, 458-480

Rau/Dürrwächter/Flick/Geist, Kommentar zum UStG, Loseblattsammlung

Rebmann/Rixecker/Säcker, Münchener Kommentar zum BGB, Band 4, 5. Auflage 2009

Reidt/Stickler/Glahs, Vergaberecht, 1. Auflage 2003

Richardi, Kommentar zum BetrVG, 11. Auflage 2008

Richardi/Dörner/Weber, Kommentar zum PersVG, 3. Auflage 2008

Robbers/Wagener, Die Krankenhausbehandlung, Band 6: Kooperationsverträge, 1. Auflage 2007

Rolfs/Giesen/Kreikebohm/Udsching, Beck'scher Online-Kommentar SGB V, 8. Edition 2007

Roth/Altmeppen, Kommentar zum GmbHG, 4. Auflage 2003

Sachverständigenrat zur Begutachtung der Entwicklung im Gesundheitswesen, Kooperation und Verantwortung - Voraussetzungen einer zielorientierten Gesundheitsversorgung, 2008

Schauhoff, Handbuch der Gemeinnützigkeit, 2. Auflage 2005

Schauhoff, Verlust der Gemeinnützigkeit durch Verluste?, DStR 1998, 701-706

Scherff/Höche, Gemeinnützigkeit für Medizinische Versorgungszentren!? MVZ als Zweckbetrieb im Sinne der Abgabenordnung, f&w 2005, 602-604

Schick, Gemeinnützigkeit für soziale Einrichtungen, 2. Auflage 2001

Schliemann, Kommentar zum ArbZG, 1. Auflage 2009

Schmidt, EStG-Kommentar, 26. Auflage 2007

Schmidt/Bauer/Wittstock, Umsatzsteuerliche Behandlung einer Privatklinik im Lichte der BFH-Rechtsprechung, UR 2005, 297-302

Schmidt/Fritz, Änderungen des Gemeinnützigkeitsrechts zu Fördervereinen, Werbebetrieben, Totalisatoren, Blutspendediensten und Lotterie, DB 2001, 2062-2067

Schmidt/Müller/Strecker, Die Organschaft im Körperschaftsteuer-, Gewerbesteuer- und Umsatzsteuerrecht, 6. Auflage 2003

Schröder, Die steuerbegünstigte und steuerpflichtige GmbH bei Non-Profit-Organisationen, DStR 2004, 1859-1862

Schröder, Ausgliederungen aus gemeinnützigen Organisationen auf gemeinnützige und steuerpflichtige Kapitalgesellschaften, DStR 2001, 1415-1422

Schwarz, Kommentar zur AO, Loseblattsammlung, Lfg.107, Februar 2004

Siebert, Bewertung von betriebsnotwendigen Grundstücken unter Berücksichtigung des Krankenhausfinanzierungsrechts, WPg 1994, 495

Söffing, Die Betriebsaufspaltung, 2. Auflage 2001

Stahlschmidt, Die Rücklagenbildung einer gemeinnützigen Körperschaft, FR 2002, 1109-1112

Stehle, Die Festlegung der Risikoprämie von Aktien im Rahmen der Schätzung des Wertes von börsennotierten Kapitalgesellschaften, WPg 2004, 906-927

Stoye-Benk, Handbuch Umwandlungsrecht, 2. Auflage 2008

Strahl, Steuerliche Aspekte der wirtschaftlichen Betätigung von Hochschulen, FR 1998, 761-774

Süß, Eigenbetrieb oder Gesellschaft?, BayVBl 1986, 257

Thiel, Die zeitnahe Mittelverwendung – Aufgabe und Bürde gemeinnütziger Körperschaften, DB 1992, 1900-1908

Thiel, Die Zuwendung von Sponsoren und Mäzenen aus schenkungsrechtlicher und ertragsteuerrechtlicher Sicht, DB 1993, 2452-2456

Thiel/Eversberg, Zur Reichweite des Gebots der zeitnahen Mittelverwendung im Gemeinnützigkeitsrecht, DB 2007, 191-196

Tipke/Kruse, Kommentar zur AO, Loseblattsammlung, Lfg.108, Oktober 2005

Tomerius, Wirtschaftliche Betätigung der Kommunen zwischen Gemeindewirtschafts- und Wettbewerbsrecht, LKV 2000, 41-47

Troll/Wallenhorst/Halaczinsky, Die Besteuerung gemeinnütziger Vereine, Stiftungen und der juristischen Personen des öffentlichen Rechts, 5. Auflage 2004

Verband der Diözesen Deutschlands, Das Profil sozialer Einrichtungen in kirchlicher Trägerschaft im Kontext von Kooperationen und Fusionen, Arbeitshilfe Nr. 209, 2007

Wagner/Saur/Willershausen, Zur Anwendung der Neuerungen der Unternehmensbewertungsgrundsätze des IDW S 1 i.d.F. 2008 in der Praxis, WPg 2008, 731-747

Wenzel, Handbuch des Fachanwalts Medizinrecht, 2. Auflage 2009

Weth/Thomae/Reichold, Arbeitsrecht im Krankenhaus, 1. Auflage 2007

Wiedemann, Kommentar zum TVG, 7. Auflage 2007

Wurzel/Schraml/Becker, Rechtspraxis kommunaler Unternehmen, 1. Auflage 2005

Zwingel/Preißler, Ärzte-Kooperationen und Medizinische Versorgungszentren, 2. Auflage 2008

Bearbeiterverzeichnis

Menold Bezler Rechtsanwälte Partnerschaft

Dr. Oliver Schmidt,
Rechtsanwalt/Fachanwalt für Steuerrecht

§ 1 Einführung

Dr. Gerhard Ries,
Rechtsanwalt

§ 2 Privatisierung

Dr. Holger Kierstein,
Rechtsanwalt

§ 3 Kooperationen

Lars Kuchenbecker,
Rechtsanwalt/Fachanwalt für Arbeitsrecht

§ 4 Arbeitsrecht

Dr. Karsten Kayser,
Rechtsanwalt

§ 5 Vergaberecht und PPP

Dr. Stefan Meßmer,
Rechtsanwalt

§ 6 Kartell- und beihilfrechtliche Aspekte

RP RICHTER & PARTNER Steuerberater Wirtschaftsprüfer Rechtsanwälte

Ursula Augsten,
Steuerberaterin

§ 7 Steuerliche Aspekte

Ernst & Young GmbH Wirtschaftsprüfungsgesellschaft

Hans Kersel,
Wirtschaftsprüfer/Steuerberater

§ 8 Die transaktionsbedingte Bewertung von Krankenhäusern

Dr. Frank Jungblut,
Wirtschaftsprüfer

§ 9 Rechnungslegung

Nils Söhnle,
Wirtschaftsprüfer/Steuerberater

§ 9 Rechnungslegung

§ 1 Einführung

A. Der Krankenhausmarkt im Wandel

Der Gesundheitsbereich ist mit 4,3 Mio. Beschäftigten und rund € 240 Mrd. Umsatz pro Jahr bereits heute die größte Wirtschaftsbranche in Deutschland.[1] 2.087 Krankenhäuser verfügen über 507.000 Betten mit einer durchschnittlichen Bettenauslastung von 77,2 %.[2] Die Krankenhäuser beschäftigen insgesamt ca. 792.000 Mitarbeiter, davon 126.000 Ärzte.[3]

Der größte Ausgabenträger im Gesundheitsmarkt ist die gesetzliche Krankenversicherung. Ihre Ausgaben betrugen im Jahr 2007 ca. € 114 Mrd., davon entfielen ca. € 51 Mrd. auf die Krankenhausbehandlung.[4] In der privaten Krankenversicherung betrugen die Ausgaben 2007 ca. € 15,1 Mrd., davon entfielen auf die Krankenhausbehandlung ca. € 5,5 Mrd.[5]

Im Jahr 2008 stellten die Bundesländer insgesamt € 2,69 Mrd. zur Investitionsförderung nach dem Krankenhausfinanzierungsgesetz (KHG) bereit.[6] Dies entspricht im Vergleich zum Jahr 1998 einem realen Rückgang von 34,48 %.[7] Der Anteil der KHG-Fördermittel am Bruttoinlandsprodukt (BIP) ist seit dem Jahr 1991 von 0,24 % auf 0,11 % im Jahr 2008, somit um mehr als die Hälfte, gesunken.[8]

Durch das Ausbleiben öffentlicher Mittel wurde nach Berechnungen des RWI Essen seit 1991 eine Investitionslücke i.H.v. € 16 Mrd. verursacht.[9] Die Krankenhäuser haben zwar rund € 7 Mrd. an Investitionen aus eigenen Mitteln aufgebracht und so einen Teil dieser Lücke schließen können.[10] Insbesondere kleinere Kliniken sind dennoch ohne produktivitätssteigernde Maßnahmen von Insolvenz bedroht. Auch wird damit gerechnet, dass die Folgen der Finanzkrise ab dem Jahr 2010 die Gesundheitswirtschaft erreichen.[11]

In Deutschland haben sich teilweise Strukturen entwickelt, in denen verschiedene Leistungsbereiche des Gesundheitswesens nebeneinander, statt miteinander arbeiten. Die ambulante Versorgung durch den niedergelassenen Arzt, die stationäre Versorgung im Krankenhaus und die Rehabilitation in spezialisierten Einrichtungen sind bislang nicht ausreichend miteinander verzahnt.

Der dringend erforderliche und in den letzten Jahren auch eingeleitete strukturelle Wandel im Gesundheitswesen führt zu einer Vielzahl von neuen Versorgungsmodellen, in denen Patienten die jeweils auf ihren individuellen Bedarf ausgerichteten Leistungen erhalten. In Medizinischen Versorgungszentren (MVZ), im Rahmen von Hausarztmodellen, strukturierten Behandlungsprogrammen (Disease Management Programme - DMP), der Integrierten Versorgung und der ambulanten Behandlung in Krankenhäusern arbeiten nunmehr Ärzte mit Kollegen anderer Disziplinen zusammen. Gleichfalls kooperieren sie auch mit Pflege- und Rehabilitationseinrichtungen sowie mit anderen Gesundheitsberufen.

1

2

3

---

1   Bundesministerium für Gesundheit (BMG), www.bmg.bund.de, Internetartikel vom 19.06.2008.
2   Deutsche Krankenhausgesellschaft (DKG), www.dkgev.de, Krankenhausstatistik 2007 vom 08.01.2009.
3   DKG, Krankenhausstatistik 2007 vom 08.01.2009.
4   DKG, Krankenhausstatistik 2007 vom 05.01.2009.
5   DKG, Krankenhausstatistik 2007 vom 08.01.2009.
6   DKG, KHG-Investitionsförderung im Jahr 2008 vom 03.04.2009.
7   DKG, KHG-Investitionsförderung im Jahr 2008 vom 03.04.2009.
8   DKG, KHG-Investitionsförderung im Jahr 2008 vom 03.04.2009.
9   Vgl. Das Krankenhaus, 5.2009, S. 427 ff.
10 Das Krankenhaus, 5.2009, S. 427 ff.
11 Das Krankenhaus, 5.2009, S. 427 ff.

4   Die fehlenden öffentlichen Mittel und die gesetzgeberischen Entwicklungen zur Effizienzsteigerung im Gesundheitswesen führen u.a. auch dazu, dass die Privatisierung von Krankenhäusern erheblich zunimmt. Während 2003 noch 689 Krankenhäuser in öffentlicher Trägerschaft, 737 Krankenhäuser in freigemeinnütziger Trägerschaft und 442 Krankenhäuser in privater Trägerschaft standen, waren es im Jahr 2007 nur noch 587 Krankenhäuser in öffentlicher Trägerschaft, 678 Krankenhäuser in freigemeinnütziger Trägerschaft und - eine deutliche Steigerung - bereits 526 Krankenhäuser in Privatträgerschaft.[12]

Umstrukturierungen und Kooperationen mit anderen Leistungsträgern geraten ebenfalls in den Fokus der Krankenhäuser.

Bei der Umsetzung dieser Privatisierungs-, Umstrukturierungs- und Kooperationsmaßnahmen sind zahlreiche Rechtsgebiete tangiert, die untereinander, aber auch mit Fragen des Steuerrechts, der Krankenhausrechnungslegung und der Unternehmensbewertung eng verzahnt sind. Nur wenige Krankenhäuser sind zur Bewältigung dieser Maßnahmen umfassend vorbereitet bzw. verfügen über eigene Ressourcen, um die anstehenden Probleme vollständig zu lösen.

Als Einstieg in die Thematik werden nachfolgend verschiedene Begriffsbestimmungen sowie die Grundlagen der Krankenhausplanung und -finanzierung vorangestellt, ehe die einzelnen Sachgebiete systematisch dargestellt werden. In der Praxis zeigt sich immer wieder, dass die Klärung dieser Begriffe von grundlegender Bedeutung für das Verständnis des Krankenhauswesens und der jeweiligen Einzelrechtsgebiete ist. Zudem ist sie notwendig, damit alle Beteiligten dieselbe Sprache sprechen.

B.   Begriffsbestimmungen

I.   Krankenhausrecht

5   Der Begriff „Krankenhausrecht" ist gesetzlich nicht definiert. Auch existiert in Deutschland kein einheitliches Krankenhausgesetz. Vielmehr ergibt er sich aus einer Vielzahl von einzelnen Gesetzen auf Bundes- und Länderebene.

6   In Deutschland besteht keine alleinige Gesetzgebungszuständigkeit für das Krankenhausrecht. Im Rahmen der konkurrierenden Gesetzgebung (Art. 72 und 74 GG) ist der Bund zuständig für:

- die Sozialversicherung,
- Maßnahmen gegen gemeingefährliche oder übertragbare Krankheiten bei Menschen und Tieren,
- die Zulassung zu ärztlichen und anderen Heilberufen und zum Heilgewerbe,
- für das Recht des Apothekenwesen, der Arzneien, der Medizinprodukte, der Heilmittel, der Betäubungsmittel und der Gifte sowie
- die wirtschaftliche Sicherung der Krankenhäuser und die Regelung der Krankenhauspflegesätze.

Die Krankenhausplanung ist dagegen grundsätzlich Angelegenheit der einzelnen Bundesländer (siehe dazu Abschnitt C.).

---

12   DKG, Krankenhausstatistik 2007 vom 08.01.2009.

II.   Krankenhäuser

1.   § 2 KHG

„Krankenhäuser" sind nach § 2 Nr. 1 KHG Einrichtungen, in denen durch ärztliche und pflegerische   7
Hilfeleistung Krankheiten, Leiden oder Körperschäden festgestellt, geheilt oder gelindert werden
sollen oder Geburtshilfe geleistet wird und in denen die zu versorgenden Personen untergebracht
und verpflegt werden können.

Nachdem das KHG die wirtschaftliche Sicherung der Krankenhäuser bezweckt, um eine bedarfs-
gerechte Versorgung der Bevölkerung mit leistungsfähigen, eigenverantwortlich wirtschaftenden
Krankenhäusern zu gewährleisten und zu sozial tragbaren Pflegesätzen beizutragen (vgl. § 1 Abs. 1
KHG), kann man insoweit von einem finanzierungsrechtlichen Krankenhausbegriff sprechen.

2.   § 107 Abs. 1 Sozialgesetzbuch Fünftes Buch (SGB V)

§ 107 Abs. 1 SGB V definiert „Krankenhäuser" als Einrichtungen, die   8

a) der Krankenhausbehandlung oder Geburtshilfe dienen,

b) fachlich-medizinisch unter ständiger ärztlicher Leitung stehen, über ausreichende ihrem Versor-
gungsauftrag entsprechende diagnostische und therapeutische Möglichkeiten verfügen und nach
wissenschaftlich anerkannten Methoden arbeiten,

c) mit Hilfe von jederzeit verfügbarem ärztlichem, Pflege-, Funktions- und medizinisch-tech-
nischem Personal darauf eingerichtet sind, vorwiegend durch ärztliche und pflegerische Hilfeleistung Krankheiten der Patienten zu erkennen, zu heilen, ihre Verschlimmerung zu verhüten,
Krankheitsbeschwerden zu lindern oder Geburtshilfe zu leisten, und in denen

d) die Patienten untergebracht und verpflegt werden können.

Die Bestimmung des § 107 Abs. 1 SGB V konkretisiert, ausgehend von der Definition des § 2 Nr. 1   9
KHG, den Krankenhausbegriff anhand weiterer organisatorischer und funktioneller Merkmale. Dies
erfolgt in erster Linie zur Abgrenzung von „Vorsorge- oder Rehabilitationseinrichtungen" i.S.d. § 107
Abs. 2 SGB V.

Da im SGB V das Recht der gesetzlichen Krankenversicherung geregelt ist, spricht man hier vom sozialversicherungsrechtlichen oder leistungsrechtlichen Krankenhausbegriff.

3.   § 30 Gewerbeordnung (GewO)

Nach § 30 GewO bedürfen Unternehmer von Privatkranken- und Privatentbindungsanstalten sowie   10
von Privatnervenkliniken einer Konzession der zuständigen Behörde.

Diese Bestimmung verwendet den Begriff der „Privatkrankenanstalt" nicht im finanzierungs- oder
sozialversicherungsrechtlichen Sinne, sondern um gesundheitspolizeiliche Erfordernisse für die Erteilung der Betreiberkonzession zu definieren.

4.   § 5 Arbeitszeitgesetz (ArbZG)

11   Krankenhäuser i.S.d. § 5 ArbZG sind öffentliche oder private Einrichtungen des Gesundheitswesens zur stationären Aufnahme, Untersuchung, Überwachung und Behandlung erkrankter Menschen, die daneben auch in begrenztem Umfang der ambulanten medizinischen Versorgung dienen.[13]

5.   § 67 Abgabenordnung (AO)

12   Der Begriff „Krankenhaus" ist weder in § 67 AO noch in sonstigen Steuergesetzen definiert. Die Definition entspricht vielmehr der Definition des § 2 Nr. 1 KHG.[14]

III.   Krankenhausleistungen

1.   Begriff

13   Der Begriff „Krankenhausleistungen" ist in § 2 Abs. 1 Krankenhausentgeltgesetz (KHEntgG) definiert. Nach dieser Vorschrift sind Krankenhausleistungen insbesondere ärztliche Behandlung, Krankenpflege, Versorgung mit Arznei-, Heil- und Hilfsmitteln, die für die Versorgung im Krankenhaus notwendig sind, sowie Unterkunft und Verpflegung; sie umfassen allgemeine Krankenhausleistungen und Wahlleistungen.

2.   Allgemeine Krankenhausleistungen

14   Allgemeine Krankenhausleistungen sind nach § 2 Abs. 2 KHEntgG die Krankenhausleistungen, die unter Berücksichtigung der Leistungsfähigkeit des Krankenhauses im Einzelfall nach Art und Schwere der Krankheit für die medizinisch zweckmäßige und ausreichende Versorgung des Patienten notwendig sind.

3.   Wahlleistungen

15   Wahlleistungen sind gesondert in Anspruch zu nehmende Leistungen. Unterschieden werden dabei ärztliche Wahlleistungen – die privatärztliche Behandlung durch den Chefarzt beziehungsweise den Arzt nach Wahl – sowie nichtärztliche Wahlleistungen wie etwa Telefon, Ein- oder Zweibettzimmer, besondere Sanitärzelle, Auswahlmenü oder Bereitstellung eines Fernsehgerätes.

4.   Stationäre Leistungen

16   Nach § 1 Abs. 1 KHEntgG handelt es sich bei Krankenhausleistungen immer um vollstationäre oder teilstationäre Leistungen (i.S.d. § 2 Abs. 1 KHEntgG).

---

13   Schliemann, Kommentar zum ArbZG, 2009, § 5 RN 25.
14   Vgl. im Übrigen § 7 zu den weiteren Definitionen des Krankenhausbegriffs in den Einzelsteuergesetzen.

IV. Krankenhausträger

1. Begriff

Der „Krankenhausträger" ist der Betreiber des Krankenhauses. Betreiber und Eigentümer des Krankenhauses können personell auseinanderfallen.[15]

17

2. Einteilung der Krankenhausträger

Krankenhausträger werden üblicherweise eingeteilt in öffentliche, freigemeinnützige und private Träger.

18

a) Öffentliche Träger

Öffentliche Krankenhäuser werden von öffentlich-rechtlichen Trägern unabhängig von ihrer Betriebsart unterhalten. Hierzu gehören kommunale Betriebe in privater Rechtsform (z.B. GmbH) und kommunale Eigenbetriebe sowie Regiebetriebe der kommunalen Verwaltung. Sonstige öffentliche Träger können z.B. der Bund, ein Land, ein höherer Kommunalverband, eine Anstalt oder eine Stiftung des öffentlichen Rechts sein.

19

b) Freigemeinnützige Träger

Freigemeinnützige Träger sind regelmäßig die Träger der freien Wohlfahrtspflege und die Religionsgemeinschaften des öffentlichen Rechts sowie sonstige gemeinnützige Träger (z.B. GmbH, Stiftungen oder Vereine).

20

c) Private Träger

In privater Trägerschaft werden Einrichtungen geführt, die von privatrechtlichen gewerblich tätigen Trägern unterhalten werden. Letztere benötigen als Privatkrankenanstalt eine gewerberechtliche Konzession nach § 30 GewO (s.o. II. 3.).

21

V. Versorgungsstufen

Aufgabe der staatlichen Krankenhausplanung (siehe dazu im Einzelnen Abschnitt C.) ist es, ein bedarfsgerechtes, funktional abgestuftes und effizient strukturiertes Netz möglichst gleichmäßig über die einzelnen Bundesländer verteilter, einander ergänzender Krankenhausträger zu gewährleisten.[16] Da aus Kostengründen aber nicht jedes Krankenhaus personell und mit sachlichen Mitteln so ausgestattet werden kann, dass es auch weniger häufig anfallende Krankheiten diagnostisch und therapeutisch bewältigen oder an bestimmte medizinisch-technische Voraussetzungen gebundene Leistungen erbringen kann, sind die Krankenhäuser in ihrem medizinischen Leistungsangebot abzustufen und aufeinander abzustimmen.[17]

22

---

15 Vgl. etwa § 2a LKHG Baden-Württemberg vom 29.11.2007.
16 Vgl. etwa Ziffer 5.1 des Krankenhausplans Bayern (34. Fortschreibung vom 01.01.2009).
17 Vgl. Ziffer 5.2 des Krankenhausplans Bayern.

23   In Deutschland werden Krankenhäuser regelmäßig in drei bzw. vier unterschiedliche Versorgungsstufen eingeteilt:[18]

- Grundversorgung: Diese Krankenhäuser leisten einen Beitrag zur Grundversorgung der Bevölkerung.
  Sie verfügen mindestens über eine Abteilung der Fachrichtung Innere Medizin oder Chirurgie.

- Regelversorgung (wird gelegentlich mit der Versorgungsstufe Grundversorgung zusammenge-
  fasst): Diese Krankenhäuser stellen die Grundversorgung sicher. Sie müssen die Fachrichtung
  Chirurgie und Innere Medizin umfassen, bei entsprechendem Bedarf auch die Fachrichtungen
  Gynäkologie und Geburtshilfe, Hals-, Nasen- und Ohrenheilkunde sowie Augenheilkunde.

- Schwerpunktversorgung (bzw. teilweise auch Zentralversorgung genannt): Diese Krankenhäuser
  erfüllen in Diagnose und Therapie auch überörtliche Schwerpunktaufgaben.

- Maximalversorgung: Krankenhäuser der Maximalversorgung müssen im Rahmen des Bedarfs
  mit ihren Leistungsangeboten über Krankenhäuser der Schwerpunktversorgung wesentlich hinausgehen. Sie sollen die entsprechenden hoch differenzierten medizinisch-technischen Einrichtungen, z.B. auch medizinische Großgeräte, vorhalten.

Daneben gibt es sog. Fachkrankenhäuser, die nur Kranke bestimmter Krankheitsarten oder bestimmter Altersstufen aufnehmen.

C.   Krankenhausplanung

I.   Ziele der Krankenhausplanung

24   Ziel des KHG (vgl. § 1 Abs. 1 KHG) ist die wirtschaftliche Sicherung der Krankenhäuser, um eine bedarfsgerechte Versorgung der Bevölkerung mit leistungsfähigen, eigenverantwortlich Wirtschaften
in Krankenhäusern zu gewährleisten und zu sozial tragbaren Pflegesätzen beizutragen.

§ 6 Abs. 1 KHG verpflichtet die einzelnen Bundesländer, zur Verwirklichung des vorstehend genannten Ziels Krankenhauspläne und Investitionspläne aufzustellen. Hat ein Krankenhaus auch für die
Versorgung der Bevölkerung anderer Bundesländer wesentliche Bedeutung, so ist die Krankenhausplanung insoweit zwischen den beteiligten Bundesländern abzustimmen (§ 6 Abs. 2 KHG). Einzelheiten der Planung regeln die jeweiligen landesrechtlichen Bestimmungen (§ 6 Abs. 4 KHG).

II.   Rechtsnatur des Krankenhausplans und des Feststellungsbescheids

25   Bei den einzelnen Krankenhausplänen handelt es sich nicht um Rechtsnormen[19], sondern um ver-
waltungsinterne Maßnahmen, die keine unmittelbare Rechtswirkung gegenüber Dritten zur Folge
haben. Vielmehr werden auf Grundlage dieses verwaltungsinternen Vorgangs mittels Feststellungsbescheids (Verwaltungsakt; vgl. § 8 Abs. 1 Satz 3 KHG) die einzelnen Entscheidungen getroffen (z.B.
die Aufnahme eines Trägers in den Krankenhausplan oder dessen Herausnahme aus dem Krankenhausplan). Dies bedeutet zugleich, dass gegen den Krankenhausplan als solchen der Verwaltungs-
rechtsweg nicht gegeben ist, wohl aber gegen den auf Grundlage des Krankenhausplans im Einzelnen
ergangenen Feststellungsbescheid.[20]

---

18   Vgl. insoweit z.B. Ziffer 5.2.1-5.2.4 des Krankenhausplans Bayern.
19   BVerwGE 72, 38; BVerfGE 82, 209.
20   Quaas in: Wenzel, Handbuch FA MedizinR, 2009, RN 177, 184.

III. Verfahren der Krankenhausplanung

1. Stufen-Verfahren

Die Krankenhausplanung erfolgt im Rahmen eines abgestuften Verfahrens. Zunächst wird differenziert zwischen der Planaufstellungsstufe und der Planvollziehungsstufe.[21] 26

a) Planaufstellungsstufe

Im Rahmen der Planaufstellungsstufe werden die für die Versorgung der Bevölkerung grundsätzlich 27
in Betracht kommenden Krankenhäuser unter Berücksichtigung der inhaltlichen Planungskriterien des § 1 Abs. 1 KHG (Bedarfsgerechtigkeit, Leistungsfähigkeit, Kostengünstigkeit) ermittelt.

b) Planvollziehungsstufe

Im Rahmen der Planvollziehungsstufe werden die Feststellungsentscheidungen über die Aufnahme 28
bzw. Nichtaufnahme eines im Rahmen der Planaufstellungsstufe als grundsätzlich geeignet ermittelten Krankenhauses in den Krankenhausplan im einzelnen getroffen.

Im Rahmen dieser einzelfallbezogenen Feststellungen ist zu unterscheiden:

Ein Krankenhausträger hat grundsätzlich keinen Anspruch auf Feststellung der Aufnahme seines Krankenhauses in den Krankenhausplan (vgl. § 8 Abs. 2 KHG). Es kommt vielmehr im Rahmen der Zweckbestimmung des KHG entscheidend darauf an, welche Krankenhäuser für eine bedarfsgerechte Versorgung der Bevölkerung mit leistungsfähigen Krankenhäusern zu sozial tragbaren Pflegesätzen vorhanden sind.[22]

Liegen die Kapazitäten von im vorstehenden Sinne leistungsfähiger Krankenhäuser innerhalb des 29
im Rahmen der Planung ermittelten Bedarfs, sind diese Krankenhäuser zwingend in den Krankenhausplan aufzunehmen. Die zuständige Behörde hat insoweit keinen Entscheidungs- oder Ermessensspielraum. Insbesondere müssen krankenhausplanerische Ziele (z.B. die Förderung bestimmter Fachrichtungen) in diesen Fällen unberücksichtigt bleiben.[23]

Sind dagegen - wie es in der Praxis häufig der Fall ist - die Kapazitäten der qualifizierten Krankenhäuser höher als der ermittelte Bedarf, muss die zuständige Behörde unter Berücksichtigung der öffentlichen Interessen und der Vielfalt der Krankenhausträger nach pflichtgemäßem Ermessen auswählen, welches Krankenhaus den Zielen der Krankenhausplanung des Landes am Besten gerecht wird (§ 8 Abs. 2 KHG). Diese Auswahlentscheidung ist gerichtlich (eingeschränkt) überprüfbar dahingehend, ob die Behörde von einem zutreffenden und vollständig ermittelten Sachverhalt ausgegangen ist, ob sich ihr Beurteilungsmaßstab im Rahmen der Gesetze und ihrer Beurteilungsermächtigung gehalten und ob sie keine sachfremden Erwägungen angestellt hat.[24]

---

21 Vgl. hierzu ausführlich Quaas, a.a.O., RN 192 ff.; Lenz in: Lenz/Dettling/Kieser, Krankenhausrecht, 2007, S. 23 ff.
22 Quaas, a.a.O., RN 193.
23 Quaas, a.a.O., RN 193, Lenz, a.a.O., S. 36 f.
24 BVerwGE 72, 38.

2.   Inhaltliche Planungskriterien

a)   Bedarfsgerechtigkeit

aa)   Bedarfsermittlung

30   Die bedarfsgerechte Versorgung der Bevölkerung setzt zunächst die Ermittlung des maßgebenden Bedarfs voraus. Vor dem Hintergrund der sich ständig ändernden Rahmenbedingungen wie Bevölkerungszahl und -struktur, Sterberate, verbesserte Methoden von Diagnostik und Therapie, neue Organisationsformen zur Leistungserbringung oder der gesetzlichen Grundlagen ist die Bedarfsermittlung ein schwieriger und aufwendiger Prozess.

Zur Ermittlung des zukünftigen Bettenbedarfs eines Bundeslands sind die mit der Aufstellung des Krankenhausplans beauftragten Behörden auf Prognosen angewiesen. Im Rahmen verschiedener anwendbarer analytischer Verfahren werden dort neben der Einwohnerzahl für die Ermittlung des Bettenbedarfs die Krankenhaushäufigkeit (Relation der in einem bestimmten Gebiet wohnenden Patienten, die im Laufe des Jahres stationär behandelt werden, zu der Einwohnerzahl des betreffenden Gebiets), die Verweildauer (Anzahl der Tage, die ein Patient stationär im Krankenhaus verbringt) und die Bettennutzung (Prozentsatz der bestimmungsgemäßen Nutzung eines Krankenhauses im Jahr) berücksichtigt.[25]

Gegenstand der Krankenhausplanung ist damit im Ergebnis nicht der Bedarf an medizinischer Versorgung bzw. medizinisch-pflegerischer Leistungen eines Krankenhauses, sondern das zukünftig erforderliche Bettenangebot.[26]

bb)   Bedarfsgerechtigkeit im Einzelnen

31   Bedarfsgerecht ist ein Krankenhaus, wenn gerade seine Kapazitäten notwendig sind, um den in seinem Einzugsbereich bestehenden Bedarf an Krankenhäusern zu decken. Nach der Rechtsprechung des Bundesverwaltungsgerichts[27] ist ein Krankenhaus aber auch bedarfsgerecht, wenn es nicht allein, aber neben weiteren Krankenhäusern geeignet ist, den vorhandenen Bedarf an Krankenhauskapazitäten zu decken.

Beachtet werden muss, dass die Bedarfsgerechtigkeit eines Krankenhauses auch dann vorliegen kann, wenn die im Krankenhausplan bereits enthaltenen Krankenhäuser den tatsächlichen Bedarf decken. Andernfalls hätten neue Krankenhäuser keine Möglichkeit, in den Krankenhausplan aufgenommen zu werden, solange der Gesamtbedarf unverändert bleibt.[28]

b)   Leistungsfähigkeit

32   Der Begriff der Leistungsfähigkeit eines Krankenhauses ist gesetzlich nicht geregelt. Nach allgemeiner Auffassung ist ein Krankenhaus dann leistungsfähig, wenn es die Gewähr für die Dauerhaftigkeit der zu erbringenden pflegerischen und ärztlichen Leistungen bietet.[29] Weitergehende Anforderungen sind an die Leistungsfähigkeit der Krankenhäuser nicht zu stellen.[30]

---

25   Vgl. dazu im Einzelnen Quaas, a.a.O., RN 197 ff.
26   Quaas, a.a.O., RN 199.
27   NJW 1987, S. 2318 ff.
28   Quaas, a.a.O., RN 205; Lenz, a.a.O., S. 33.
29   BVerwG, NJW 1993, S. 3008 ff.
30   BVerfG, NJW 1990, S. 2306 ff.

c)   Kostengünstigkeit

Das Bundesverfassungsgericht hat als weiteres Kriterium für die Aufnahme eines Krankenhauses   33
in den Krankenhausplan das Merkmal der „Kostengünstigkeit" entwickelt.[31] Die Kostengünstigkeit
eines einzelnen Krankenhauses kann jedoch nur dann beurteilt werden, wenn mehrere Krankenhäuser
vorhanden sind und die zuständige Behörde eine Auswahlentscheidung treffen muss. Insoweit
handelt es sich nur um ein Vergleichsmerkmal, mit dem das Bundesverfassungsgericht den Zugang
neuer Bewerber offen halten will, wenn diese deutlich sparsamer wirtschaften als die bisherigen
Plankrankenhäuser.[32]

IV.   Rechtsschutz

1.   Rechtsweg

Der Feststellungsbescheid über die Aufnahme oder Nichtaufnahme in den Krankenhausplan ist im   34
Rahmen des Verwaltungsrechtswegs gerichtlich überprüfbar (vgl. § 8 Abs. 1 Satz 4 KHG).[33]

2.   Konkurrentenklage

a)   Aktive Konkurrentenklage

Nach Auffassung des Bundesverfassungsgerichts[34] sind sog. aktive Konkurrentenklagen grundsätz-   35
lich zulässig. Mit einer aktiven Konkurrentenklage beabsichtigt der Kläger, als unterlegener Bewerber im Rahmen der Krankenhausplanung in den Krankenhausplan aufgenommen zu werden. Nach
der Entscheidung des Bundesverfassungsgerichts ergibt sich die Zulässigkeit der aktiven Konkurrentenklage daraus, dass dem Feststellungsbescheid gem. § 8 Abs. 1 Satz 3 KHG dergestalt Drittwirkung
zukommt, dass er einerseits den Adressanten des Bescheids begünstigt (dieser wird ja in den Krankenhausplan aufgenommen) und andererseits den dritten, nicht in den Krankenhausplan aufgenommenen Konkurrenten benachteiligt.

b)   Passive Konkurrentenklage

Bei der sog. passiven Konkurrentenklage versuchen im Krankenhausplan bereits aufgenommene   36
Krankenhausträger, die Aufnahme konkurrierender Krankenhausträger in den Krankenhausplan zu
verhindern bzw. rückgängig zu machen.

Die Rechtsprechung[35] unterscheidet diesbezüglich drei Alternativen:

(1) Die passive Konkurrentenklage scheidet aus, wenn der neu in den Krankenhausplan aufgenommene Bewerber einen durch die bislang ausgewiesenen Planbetten nicht gedeckten Versorgungsbedarf (Zusatzbedarf) decken kann.

---

31   BVerfGE 82, 209.
32   Quaas, a.a.O., RN 212; Lenz , a.a.O., S. 35.
33   Vgl. zum Rechtsschutz ausführlich Lenz, a.a.O., S. 48 ff.; Quaas, a.a.O., RN 213 ff.
34   NJW 2004, S. 1648 ff.
35   BVerwG, Urteil vom 25.09.2008, 3 C 35.07.

(2) Die passive Konkurrentenklage scheidet ebenfalls aus, wenn die zuständige Behörde lediglich unverbindliche Ankündigungen (außerhalb eines Verwaltungsakts) über die Aufnahme des Krankenhausträgers in den Krankenhausplan trifft. Insoweit sind hiermit keine direkten Nachteile für die konkurrierenden Plankrankenhäuser verbunden.

(3) Die passive Konkurrentenklage ist dagegen zulässig, wenn mit dem Feststellungsbescheid über die Aufnahme des Konkurrenten in den Krankenhausplan gleichzeitig über eine Reduzierung der Planbetten bislang im Krankenhausplan enthaltener Krankenhausträger oder deren vollständige Herausnahme aus dem Krankenhausplan entschieden wird. Die Zulässigkeit der passiven Konkurrentenklage ergibt sich hier jedoch bereits unmittelbar daraus, dass die betroffenen Krankenhausträger entsprechende Änderungsbescheide ihrer bisherigen Feststellungsbescheide erhalten, und somit direkt als Adressaten der jeweiligen Verwaltungsakte in ihrer Rechtsposition berührt sind.

3.   Vorläufiger Rechtsschutz

37   Krankenhausträger, die mit für sie negativen Feststellungsbescheiden konfrontiert werden, können gem. § 80 Abs. 1 Satz 1 Verwaltungsgerichtsordnung (VwGO) vorläufigen Rechtsschutz beantragen.

Widerspruch und Anfechtungsklage haben aufschiebende Wirkung, sofern diese nicht - wie in einigen Bundesländern vorgesehen (z.B. in § 7 Abs. 1 Satz 4 LKHG Baden-Württemberg) - gesetzlich ausgeschlossen ist oder die zuständige Behörde die sofortige Vollziehung nach § 80 Abs. 2 Satz 1 Nr. 4 VwGO angeordnet hat. Ein Antrag gem. § 123 VwGO auf einstweilige Aufnahme in den Krankenhausplan setzt im Hinblick auf das Verbot der Vorwegnahme der Hauptsache voraus, dass dies zur Gewährung effektiven Rechtsschutzes unerlässlich ist. Letzteres ist vor allem dann der Fall, wenn durch die Nichtaufnahme des Krankenhauses die wirtschaftliche Existenz des Krankenhausträgers ernstlich gefährdet erscheint, der antragstellende Krankenhausträger dies glaubhaft gemacht hat und die Erfolgsaussichten in der Hauptsache überwiegen.[36]

38   Im Rahmen der aktiven Konkurrentenstreitigkeit muss der antragstellende Konkurrent glaubhaft machen, dass die Nichtberücksichtigung seines Antrags auf Aufnahme in den Krankenhausplan durch eine pflichtwidrige Ermessensentscheidung der zuständigen Behörde erfolgt ist.[37] Im Rahmen der passiven Konkurrentenstreitigkeit wird in den ersten beiden von der Rechtsprechung entwickelten Fallgruppen bereits wegen der Unzulässigkeit des Hauptsacherechtsschutzes auch ein vorläufiger Rechtsschutz ausscheiden. Bei der letzten Fallgruppe ist der Konkurrent dagegen Adressat des Feststellungsbescheids, so dass er insoweit auch vorläufigen Rechtsschutz genießt.

V.   Zulassung der Krankenhäuser zur stationären Versorgung

39   Krankenhäuser dürfen im Rahmen der gesetzlichen Krankenversicherung Krankenhausbehandlungen nur durchführen, wenn sie zur stationären Versorgung zugelassen sind (§ 108 SGB V).

Die Zulassung eines Krankenhauses zur stationären Versorgung erfolgt durch einen Versorgungsvertrag. Ein Versorgungsvertrag darf nach § 109 Abs. 3 Satz 1 SGB V nur abgeschlossen werden, wenn das Krankenhaus die Gewähr für eine leistungsfähige und wirtschaftliche Krankenhausbehandlung bietet oder für eine bedarfsgerechte Krankenhausbehandlung der Versicherten erforderlich ist. Bei den Hochschulkliniken und den Krankenhäusern, die in den Krankenhausplan eines Landes aufgenommen sind (Plankrankenhäuser), gilt die Anerkennung nach den landesrechtlichen

---

36   Quaas, a.a.O., RN 226 m.w.N.
37   Quaas, a.a.O., RN 228.

Vorschriften bzw. die Aufnahme in den Krankenhausplan als Abschluss des Versorgungsvertrags (gesetzliche Fiktion).

Der Versorgungsvertrag wird zwischen den Landesverbänden der Krankenkassen und den Verbänden der Ersatzkrankenkassen einerseits und dem Krankenhausträger andererseits abgeschlossen. In diesem Zusammenhang spricht man von Vertragskrankenhäusern.   40

Die Krankenkassen dürfen Krankenhausbehandlungen grundsätzlich nur durch die zugelassenen Krankenhäuser i.S.d. § 108 SGB V erbringen lassen. Demnach sind andere Krankenhäuser auch dann ausgeschlossen, wenn sie die Voraussetzungen des Krankenhausbegriffs gem. § 107 Abs. 1 SGB V erfüllen (s.o. B. II. 2.).

D.   Krankenhausfinanzierung

I.   Grundlagen der Krankenhausfinanzierung

1.   Zweck und Anwendungsbereich des KHG

a)   Zweck

Zweck des KHG ist gem. § 1 Abs. 1 KHG die wirtschaftliche Sicherung der Krankenhäuser, um eine bedarfsgerechte Versorgung der Bevölkerung mit leistungsfähigen, eigenverantwortlich wirtschaftenden Krankenhäusern zu gewährleisten und zu sozial tragbaren Pflegesätzen beizutragen.   41

Bei der Durchführung des KHG ist die Vielfalt der Krankenhausträger zu beachten. Dabei ist nach Maßgabe des Landesrechts insbesondere die wirtschaftliche Sicherung freigemeinnütziger und privater Krankenhäuser zu gewährleisten. Die Gewährung von Fördermitteln nach dem KHG darf nicht mit Auflagen verbunden werden, durch die die Selbstständigkeit und Unabhängigkeit von Krankenhäusern über die Erfordernisse der Krankenhausplanung und der wirtschaftlichen Betriebsführung hinaus beeinträchtigt werden (§ 1 Abs. 2 KHG).

Die Krankenhäuser werden gem. § 4 KHG wirtschaftlich dadurch gesichert, dass   42

(1) ihre Investitionskosten im Wege öffentlicher Förderung übernommen werden und sie

(2) leistungsgerechte Erlöse aus den Pflegesätzen, die nach Maßgabe des KHG auch Investitionskosten enthalten können, sowie Vergütungen für vor- und nachstationäre Behandlung und für ambulantes Operieren erhalten.

Die Mittel zur Umsetzung des Zwecks des KHG, nämlich der wirtschaftlichen Sicherung der Krankenhäuser, sind die Krankenhausplanung, die Investitionsförderung sowie die zwischen Krankenkassen und Krankenhäusern vereinbarten Pflegesätze.

b)   Anwendungsbereich

Das KHG findet gem. § 3 KHG keine Anwendung auf: 43

(1) Krankenhäuser im Straf- oder Maßregelvollzug,

(2) Polizeikrankenhäuser,

(3) Krankenhäuser der Träger der allgemeinen Rentenversicherung und, soweit die gesetzliche Unfallversicherung die Kosten trägt, Krankenhäuser der Träger der gesetzlichen Unfallversicherung und ihrer Vereinigungen; das gilt nicht für Fachkliniken zur Behandlung von Erkrankungen der Atmungsorgane, soweit sie der allgemeinen Versorgung der Bevölkerung mit Krankenhäusern dienen.

2.   Begriffsbestimmungen

a)   Investitionskosten

44   Die „Investitionskosten" sind in § 2 Nr. 2 KHG wie folgt definiert:

(1) Die Kosten der Errichtung (Neubau, Umbau, Erweiterungsbau) von Krankenhäusern und der Anschaffung der zum Krankenhaus gehörenden Wirtschaftsgüter, ausgenommen der zum Verbrauch bestimmten Güter (Verbrauchsgüter),

(2) die Kosten der Wiederbeschaffung der Güter des zum Krankenhaus gehörenden Anlagevermögens (Anlagegüter).

Nicht zu den Investitionskosten gehören insbesondere die Kosten des Krankenhausgrundstücks, des Grundstückserwerbs, der Grundstückserschließung sowie ihrer Finanzierung.

Den Investitionskosten i.S.d. KHG stehen bestimmte weitere Kosten gleich (vgl. hierzu im Einzelnen § 2 Nr. 3 KHG).

b)   Pflegesätze

45   Pflegesätze sind gem. § 2 Nr. 4 KHG die Entgelte der Benutzer oder ihrer Kostenträger für stationäre und teilstationäre Leistungen des Krankenhauses. Nach § 2 Nr. 5 KHG sind pflegesatzfähige Kosten die Kosten des Krankenhauses, deren Berücksichtigung im Pflegesatz nicht nach dem KHG ausgeschlossen ist.

3.   Duales Finanzierungssystem[38]

46   Im Jahr 1972 hat der Bund aufgrund seiner Zuständigkeit im Rahmen der konkurrierenden Gesetzgebung das Gesetz zur wirtschaftlichen Sicherung der Krankenhäuser und zur Regelung der Krankenhauspflegesätze (Krankenhausfinanzierungsgesetz – KHG) erlassen. Zweck dieses Gesetzes war die wirtschaftliche Sicherung der Krankenhäuser, um eine leistungsfähige und bedarfsgerechte Krankenversorgung zu erreichen. Die Krankenhausfinanzierung wurde auf zwei Säulen gestellt, um die Kosten für den Patienten als Beitragszahler so gering wie möglich zu halten. Während die Investitionskosten von der öffentlichen Hand (Bund und Länder) getragen werden, entfallen die Betriebskosten auf die Patienten und die Krankenkassen (sog. duales Finanzierungssystem). Ergebnis der staatlichen Förderung der Investitionskosten war, dass die öffentliche Hand durch ihre jeweiligen Fördermaßnahmen bestimmte, ob und zu welchem Zeitpunkt Investitionen vorgenommen werden konnten, nicht jedoch die jeweiligen betroffenen Krankenhäuser.[39]

---

38   Vgl. zur historischen Entwicklung der Krankenhausfinanzierung auch die Einführung von Knorr/Kraemer, in: dtv-Textausgabe Krankenhausrecht, 4. Auflage 2007.
39   Knorr/Kraemer, a.a.O., S. VIII.

Neben dem dualen Finanzierungssystem wurde die staatliche Krankenhausplanung eingeführt. Diese regelt die Krankenhausversorgung und wirkt sich somit auch auf die Vornahme von Investitionen aus. Gegenstand der Krankenhausplanung war ausschließlich die Frage, ob die in einem Krankenhaus vorgehaltenen Abteilungen und Betten für die Versorgung der Bevölkerung erforderlich waren. Nur das bedarfsgerechte Krankenhaus und damit auch nur bedarfsgerechte Investitionsvorhaben werden seither öffentlich gefördert.[40]

Zum 1. Januar 1974 ist die Bundespflegesatzverordnung (BPflV) in Kraft getreten. Nach der BPflV wurden krankenhausindividuelle allgemeine Pflegesätze (ohne Unterscheidung nach internen Abteilungen) abgerechnet.

47

Maßgebend bei der Krankenhausfinanzierung (Investitionskosten und Pflegesätze) war das sog. Kostendeckungsprinzip (Selbstkostendeckungsgrundsatz) mit der Möglichkeit eines Gewinn- und Verlustausgleichs. Finanziert werden sollten jedoch nicht alle Selbstkosten, sondern nur die notwendigen und die wirtschaftlichen Selbstkosten.[41]

Im Jahr 1985 wurden durch die Neufassung des KHG und der BPflV flexible individuelle Krankenhausbudgets (verbunden mit Ausgleichsverpflichtungen bei Über- und Unterschreitungen) eingeführt.

Im Zuge der ständig steigenden Ausgaben für die Krankenhäuser wurde mit dem Gesundheitsstrukturgesetz vom 21. Dezember 1992 das Kostendeckungsprinzip aufgegeben mit der Folge, dass der Anstieg der Krankenhausbudgets für die Jahre 1993 bis 1995 grundsätzlich nur noch entsprechend der Grundlohnentwicklung in Deutschland erfolgte und somit das Budget der Krankenhäuser dementsprechend gedeckelt war.[42]

48

Durch die Neufassung der BPflV vom 26. September 1994 wurden sog. landeseinheitliche Entgelte in Form von Fallpauschalen (für bestimmte Behandlungsfälle) und Sonderentgelten (für bestimmte operative Eingriffe) sowie ein krankenhausindividuelles Budget, das mit Hilfe von Abteilungs- und Basispflegesätzen abzurechnen war, eingeführt.

Mit dem Fallpauschalengesetz vom 23. April 2002 hat der Gesetzgeber diagnosebezogene Fallpauschalen (Diagnosis Related Groups - DRG) eingeführt, um das bisherige System aus Fallpauschalen, Sonderentgelten sowie Abteilungs- und Basispflegesätzen abzuschaffen. Ziel dieser Einführung der Fallpauschalen war die leistungsorientierte Vergütung stationärer Krankenhausleistungen. Dies sollte die Qualität, Transparenz und die Wirtschaftlichkeit der stationären Versorgung verbessern. Damit sollten die Kosten im stationären Bereich gesenkt und stabile Beiträge für die gesetzlich Krankenversicherten erreicht werden.[43]

49

Das Krankenhausfinanzierungsreformgesetz (KHRG) vom 17. März 2009 regelt weitere wesentliche Änderungen, die in den folgenden Abschnitten im Einzelnen angesprochen werden.[44]

---

40   Knorr/Kraemer, a.a.O., S. VIII.
41   Knorr/Kraemer, a.a.O., S. IX.
42   Knorr/Kraemer, a.a.O., S. IX.
43   Knorr/Kraemer, a.a.O., S. XIX.
44   Vgl. hierzu auch die Pressemitteilung des BMG vom 13.02.2009, www.bmg.bund.de.

II. Krankenhausförderung

1. Rechtsanspruch auf Investitionsförderung

50 Die Krankenhäuser haben nach Maßgabe des KHG Anspruch auf Förderung, soweit und solange sie in den Krankenhausplan eines Landes und bei Investitionen in das Investitionsprogramm eines Landes aufgenommen sind (§ 8 Abs. 1 Satz 1 KHG).

Ein Anspruch auf Feststellung der Aufnahme in den Krankenhausplan und in das Investitionsprogramm eines Landes besteht nicht (§ 8 Abs. 2 KHG).

§ 8 Abs. 1 Satz 1 KHG begründet auch keinen Anspruch auf die konkrete Bewilligung und Auszahlung von Fördermitteln, sondern schafft lediglich die Voraussetzungen, um überhaupt Fördermittel zu erhalten. Dieser Status verdichtet sich erst dann zu einem konkreten Rechtsanspruch, wenn sämtliche Voraussetzungen einer Förderung erfüllt sind.[45]

51 § 5 Abs. 1 Nr. 8 KHG stellt klar, dass die mit den Krankenhäusern verbundenen Einrichtungen, die nicht unmittelbar der stationären Krankenversorgung dienen, insbesondere die nicht für den Betrieb des Krankenhauses unerlässlichen Unterkunfts- und Aufenthaltsräume, nicht gefördert werden. Die Bestimmungen des § 5 Abs. 1 Nr. 3, 7 und 10 KHG konkretisieren diesen Grundsatz hinsichtlich weiterer nicht unmittelbar der stationären Krankenversorgung dienender Einrichtungen.[46]

Schließlich sind die jeweiligen landesrechtlichen Vorschriften zu beachten (vgl. § 11 KHG). Insbesondere sind die Fördermittel nach Maßgabe des KHG und des Landesrechts so zu bemessen, dass sie die förderungsfähigen und unter Beachtung betriebswirtschaftlicher Grundsätze notwendigen Investitionskosten decken.

Zu beachten ist außerdem das jeweilige Landeshaushaltsrecht, nach dem eine Förderung nur dann in Betracht kommt, wenn hierfür entsprechende Mittel in den Landeshaushalt eingestellt sind. Im Ergebnis bestimmen somit die Länder, welche Investitionen notwendig, wirtschaftlich und sparsam sind.[47]

2. Fördertatbestände

52 Die Definition der förderfähigen Investitionskosten und der den Investitionskosten gleichstehenden Kosten gem. § 2 Nr. 2 und 3 KHG wird durch die Bestimmung des § 9 KHG konkretisiert.

Die Länder fördern nach § 9 Abs. 1 KHG Investitionskosten, die insbesondere entstehen:

■ für die Errichtung von Krankenhäusern einschließlich der Erstausstattung mit den für den Krankenhausbetrieb notwendigen Anlagegütern und

■ für die Wiederbeschaffung von Anlagegütern mit einer durchschnittlichen Nutzungsdauer von mehr als drei Jahren.

53 Die Länder bewilligen nach § 9 Abs. 2 KHG auf Antrag des Krankenhausträgers ferner Fördermittel:

■ für die Nutzung von Anlagegütern, soweit sie mit Zustimmung der zuständigen Landesbehörde erfolgt,

---

45 Quaas, a.a.O., RN 60; Dettling in: Lenz/Dettling/Kieser, a.a.O., S. 84.
46 Quaas, a.a.O., RN 63.
47 Quaas, a.a.O., RN 61.

- für Anlaufkosten, für Umstellungskosten bei innerbetrieblichen Änderungen sowie Erwerb, Erschließung, Miete und Pacht von Grundstücken soweit ohne die Förderung die Aufnahme oder die Fortführung des Krankenhausbetriebs gefährdet wäre,

- für Lasten aus Darlehen, die vor der Aufnahme des Krankenhauses in den Krankenhausplan für förderungsfähige Investitionskosten aufgenommen worden sind,

- als Ausgleich für die Abnutzung von Anlagegütern, soweit sie mit eigenen Mitteln des Krankenhausträgers beschafft worden sind und bei Beginn der Förderung nach dem KHG vorhanden waren,

- zur Erleichterung der Schließung von Krankenhäusern,

- zur Umstellung von Krankenhäusern oder Krankenhausabteilungen auf andere Aufgaben, insbesondere zu ihrer Umwidmung in Pflegeeinrichtungen oder selbstständige, organisatorisch und wirtschaftlich vom Krankenhaus getrennte Pflegeabteilungen.

Ergänzend fördern die Länder die Wiederbeschaffung kurzfristiger Anlagegüter sowie kleine bauliche Maßnahmen durch feste jährliche Pauschalbeträge, mit denen das Krankenhaus im Rahmen der Zweckbindung der Fördermittel frei wirtschaften kann (§ 9 Abs. 3 KHG). **54**

Nach dem KHRG (vgl. § 10 KHG) soll die Investitionsfinanzierung ab 2012 grundsätzlich auf Investitionspauschalen umgestellt werden, wenn sich die Länder hierzu entscheiden. Dazu wird ein gesetzlicher Auftrag zur Entwicklung einer Reform der Investitionsfinanzierung der Krankenhäuser durch leistungsorientierte Investitionspauschalen bis Ende 2009 erteilt. Die näheren Einzelheiten des Verfahrens hierzu legen Länder und Bund fest. Die Selbstverwaltungspartner auf der Bundesebene und deren DRG-Institut werden mit der Kalkulation von Investitionsbewertungsrelationen beauftragt. Damit soll den Ländern statt der bisherigen antragsbasierten Investitionsfinanzierung der Krankenhäuser eine Entscheidung für eine moderne, unternehmerisch orientierte Investitionsfinanzierung auf der Grundlage leistungsorientierter Investitionspauschalen ermöglicht werden.

3. Zweckbindung der Fördermittel

Die Bewilligungsbescheide der jeweils nach Landesrecht zuständigen Behörden sehen sämtlich vor, dass die Fördermittel nur zweckgebunden verwendet werden dürfen. Die zweckentsprechende Verwendung der Fördermittel ist durch Fördermittelverwendungsnachweise zu dokumentieren. Scheidet ein Krankenhaus aus einem Krankenhausplan aus oder werden die Fördermittel nicht zweckentsprechend verwendet, kommt die Rückforderung von Fördermitteln durch die Behörden in Betracht. **55**

III. Pflegesatzrecht

1. Grundlagen

Die laufenden Betriebskosten eines Krankenhauses werden über Pflegesätze finanziert. Pflegesätze sind die Entgelte der Benutzer oder ihrer Kostenträger für stationäre und teilstationäre Leistungen des Krankenhauses (vgl. § 2 Nr. 4 KHG). **56**

Das Krankenhauspflegesatzrecht ist im KHG, im KHEntgG, der BPflV, der Abgrenzungsverordnung (AbgrVO) und den Krankenhausgesetzen der Länder kodifiziert. Die Entgelte eines Krankenhauses nach dem KHEntgG stellen auch Pflegesätze i.S.d. § 2 Nr. 4 KHG dar. Die BPflV gilt seit der Einführung der diagnosebezogenen Fallpauschalen (DRG) nur noch für Krankenhäuser oder Abteilungen für Psychiatrie, Psychosomatik und Psychotherapeutische Medizin.

Nach § 17 KHG sind die Pflegesätze für alle Benutzer des Krankenhauses einheitlich zu berechnen. Es ist daher unerheblich, ob der Patient gesetzlich oder privat krankenversichert ist bzw. es sich um einen Selbstzahler handelt.[48]

2. DRG-Fallpauschalensystem[49]

a) Systematik

57   § 17 b) KHG bestimmt, dass für die Vergütung der allgemeinen Krankenhausleistungen ein durchgängiges, leistungsorientiertes und pauschalierendes Vergütungssystem einzuführen ist. Infolge dessen wurde in Deutschland ein diagnosebezogenes Fallgruppensystem (DRG) implementiert. Das deutsche DRG-System (GDRG) orientiert sich an dem australischen DRG-System (AR-DRG). Dieses System ersetzt das bisherige Mischsystem der BPflV (bestehend aus Fallpauschalen, Sonderentgelten und Pflegesätzen) für den akut stationären Bereich. Die BPflV gilt weiterhin für die Krankenhäuser und Abteilungen für Psychiatrie, Psychosomatik und psychotherapeutische Medizin. Allerdings soll nach dem KHRG die Entwicklung und Einführung eines pauschalierten und tagesbezogenen Vergütungssystems für Leistungen der Psychiatrie und Psychosomatik erfolgen. Eine erstmalige Abrechnung nach diesem neuen Entgeltsystem ist für das Jahr 2013 vorgesehen.

Im DRG-System werden Patienten anhand medizinischer und demographischer Daten in Fallgruppen klassifiziert. Innerhalb der jeweiligen Fallgruppen soll der mit der Behandlung verbundene ökonomische Aufwand vergleichbar sein. Jeder Fallgruppe wird eine Bewertungsrelation zugeordnet, in der sich die unterschiedlichen Behandlungskosten der jeweiligen Fallgruppe widerspiegeln. D.h., die Bewertungsrelation bezieht sich auf einen Referenzfall mit dem Relativgewicht 1. Im Verhältnis hierzu werden alle anderen Fallgruppen bewertet. Dann wird der Bewertungsrelation ein landesweit gültiger Kostenwert (sog. Basisfallwert oder Base-Rate) zugeordnet. Die Vergütungshöhe ergibt sich, in dem die Bewertungsrelation der jeweiligen Fallgruppe mit dem landesweiten Basisfallwert multipliziert wird. Die Vergütungshöhe ist damit für jede Fallgruppe in jedem Land identisch. Dies bedeutet auch, dass die individuellen Kosten eines Krankenhauses im Rahmen der Behandlung des Patienten für die Höhe der Vergütung keine Rolle spielen. Es ist daher nicht gewährleistet, dass die Fallpauschalen, die das Krankenhaus vergütet erhält, immer kostendeckend sind.[50]

Die Einführung des DRG-Systems erfolgt seit 2003 in verschiedenen Stufen.

58   **Stufe 1: Einführungsphase**

In den Jahren der Einführung (für 2003 freiwillig und für 2004 verpflichtend) erfolgte die Umstellung auf DRG-Fallpauschalen budgetneutral. Dies bedeutet, dass entsprechend den bisherigen Vorschriften der BPflV ein individuelles Krankenhausbudget vereinbart wurde. Aufgrund dieses Budgets wurde ein Basisfallwert für jedes Krankenhaus ermittelt, so dass es in diesen beiden Jahren (noch) krankenhausindividuelle Preise für die jeweiligen Fallgruppen gab.

59   **Stufe 2: Konvergenzphase**

Seit dem Jahr 2005 erfolgt eine Angleichung der bisherigen krankenhausindividuellen Preise an den landesweiten Durchschnitt (sog. Konvergenzphase). Ziel ist es, für alle Krankenhäuser eines Landes

---

48 Dettling, a.a.O., S. 94.
49 Vgl. hierzu auch Knorr/Kraemer, a.a.O., S. XIX ff.; Quaas, a.a.O., RN 76 ff.; Dettling, a.a.O., S. 112 ff.
50 Knorr/Kraemer, a.a.O., S. XX.

eine einheitliche Fallpauschale einzuführen. Für Krankenhäuser, deren Ausgangswert unter dem Zielwert liegt, wird das bereinigte Ausgangsbudget (Erlösbudget) stufenweise angehoben. Für Krankenhäuser, deren Ausgangswert den Zielwert überschreitet und deren Budget deshalb abgesenkt werden müsste, wird eine Begrenzung der Absenkung (Absenkungsobergrenze) eingeführt.

Nach dem KHRG (vgl. § 10 Abs. 8 ff. KHEntgG) werden die unterschiedlichen Landesbasisfallwerte in einem Zeitraum von fünf Jahren, beginnend im Jahr 2010, schrittweise in Richtung auf einen einheitlichen Basisfallwertkorridor angenähert. Von dieser Konvergenz wird eine Bandbreite (Korridor) i.H.v. + 2,5 % bis -1,25 % um einen rechnerisch ermittelten einheitlichen Basisfallwert ausgenommen. Für die jährliche Absenkung des Landesbasisfallwerts an den einheitlichen Basisfallwertkorridor wird zudem eine Obergrenze vorgegeben, die die entstehende Belastung für die Krankenhäuser in den betroffenen Ländern begrenzt und zugleich den Konvergenzzeitraum entsprechend verlängert. Darüber hinaus soll das Statistische Bundesamt bis Mitte 2010 einen Orientierungswert ermitteln, der zeitnah die Kostenentwicklung im Krankenhausbereich erfasst und voraussichtlich ab dem Jahr 2011 als Alternative zur bisherigen strikten Anbindung der Krankenhauspreise an die Grundlohnentwicklung dienen kann.

b)   Öffnungsklausel

§ 6 KHEntgG enthält eine Öffnungsklausel dergestalt, dass für Leistungen, die mit den DRG-Fallpauschalen nicht sachgerecht vergütet werden können, von den Fallpauschalen abweichende Entgelte vereinbart werden können. Hierbei handelt es sich insbesondere um Leistungen, die nur schwer pauschalierbar sind (z.B. bei Leistungen für schwerkranke Patienten oder bei neuen Untersuchungs- und Behandlungsmethoden).   60

c)   Zu- und Abschläge

§ 5 KHEntgG sieht vor, dass auf die Fallpauschalen Zu- oder Abschläge vereinbart werden können, weil der Finanzierungstatbestand nicht in allen Krankenhäusern vorliegt (vgl. § 17 b Abs. 1 Satz 4 KHG, § 5 Abs. 1 KHEntgG).   61

d)   Zusatzentgelte

Schließlich können Zusatzentgelte für Leistungen, Leistungskomplexe oder Arzneimittel vereinbart werden, insbesondere für die Behandlung von Blutern mit Blutgerinnungsfaktoren oder für eine Dialyse, wenn die Behandlung des Nierenversagens nicht die Hauptleistung ist (§ 17 b Abs. 1 Satz 12 KHG).   62

3.   Gegenstand der Vergütung der Krankenhäuser

Das Pflegesatzrecht erfasst nur die (teil-)stationären Leistungen des Krankenhauses.[51]   63

---

51 Dettling, a.a.O., S. 32 ff.

4. Pflegesatzverfahren[52]

a) Inhalt der Pflegesatzvereinbarungen

64 Jedes einzelne Krankenhaus hat mit den Krankenkassen Pflegesatzvereinbarungen zu schließen (vgl. § 18 KHG, § 11 KHEntgG, § 17 BPflV).

Die Pflegesatzvereinbarung enthält bei Krankenhäusern, auf die das KHEntgG anwendbar ist gem. § 11 Abs. 1 KHEntgG, Bestimmungen über

- das Erlösbudget,
- die Summe der Bewertungsrelationen,
- die sonstigen Entgelte nach § 6 KHEntgG,
- die Erlössumme nach § 6 Abs. 3 KHEntgG,
- die Zu- und Abschläge und
- die Mehr- und Mindererlösausgleiche.

65 Gegenstand der Pflegesatzvereinbarung bei Krankenhäusern, für die die BPflV noch anwendbar ist, sind gem. § 17 Abs. 1 BPflV folgende Punkte:

- das Krankenhausbudget sowie
- die Art, Höhe und Laufzeit der tagesgleichen Pflegesätze (Abteilungspflegesätze und Basispflegesatz).

Die Pflegesatzvereinbarung ist für einen zukünftigen Zeitraum zu schließen, der Vereinbarungszeitraum beträgt mindestens ein Kalenderjahr (§ 11 Abs. 2 KHEntgG, § 17 Abs. 2 BPflV).

b) Das Pflegesatzverfahren im Überblick

66 Das Pflegesatzverfahren erfolgt in mehreren Stufen.

Stufe 1: Pflegesatzverhandlung

Die Pflegesatzverhandlung wird bei einer Einigung zwischen den Vertragsparteien mit dem Abschluss einer schriftlichen Pflegesatzvereinbarung beendet (vgl. § 18 Abs. 1 Satz 1 KHG, § 11 KHEntgG, § 17 BPflV).

Stufe 2: Schiedsstellenverfahren

Sofern eine Einigung zwischen den Vertragsparteien ganz oder teilweise nicht zustande kommt, entscheidet eine unabhängige Schiedsstelle (vgl. § 18 Abs. 4 KHG, § 13 KHEntgG, § 19 BPflV).

Stufe 3: Genehmigungsverfahren

Die Vereinbarung bzw. Entscheidung der Schiedsstelle wird von der zuständigen Landesbehörde genehmigt (vgl. § 18 Abs. 5 Satz 1 KHG, § 14 KHEntgG, § 20 BPflV).

---

52 Vgl. hierzu im Einzelnen Dettling, a.a.O., S. 96 ff.; Quaas, a.a.O., RN 134 ff.

§ 2 Privatisierung

A. Überblick

Seit einigen Jahren wird das kommunale Krankenhauswesen von einer Welle der Privatisierung er- 1
fasst. Im Zuge der Explosion der Gesundheitskosten und der Reaktion der Politik hierauf durch immer neue Maßnahmen zur Kostendämpfung kommen vor allem kleine und mittelgroße Krankenhäuser zunehmend in eine existenzbedrohliche Lage. Etwa ein Drittel dieser Häuser befinden sich
derzeit noch in kommunaler Trägerschaft.

Die verstärkte Privatisierung von Krankenhäusern war nur möglich, weil etwa seit Mitte der acht-
ziger Jahre private Krankenhausbetreiber entstanden sind, die börsen- oder privatfinanziert über
Kapitalkraft und Synergien im notwendigen Umfang verfügen, um existenzbedrohte Häuser zu sa-
nieren. So entstanden auch die großen Klinikketten, die mittlerweile immerhin einen Anteil von an-
nähernd 10 % am gesamten Krankenhausmarkt in Deutschland halten. Und obwohl man auf Seiten
der Kommunalpolitik diesen Trägern gegenüber oftmals sehr reserviert eingestellt ist, sehen doch
immer mehr Gemeinden und Kreise angesichts der bedrohlichen Finanzierungssituation nur noch
den Ausweg über die Veräußerung des eigenen Hauses.

Die Konkurrenzsituation unter den privaten Krankenhausbetreibern und die starke Limitierung des 2
Marktes haben dazu geführt, dass mittlerweile um nahezu jedes zu privatisierende Krankenhaus eine
heftiger Bieterwettstreit tobt, an dessen Ende meist völlig überhöhte Kaufpreise und äußerst nachtei-
lige vertragliche Konditionen seitens der privaten Krankenhausbetreiber akzeptiert werden. Zu diesen zählen insbesondere hohe Investitionsverpflichtungen, lang laufende Arbeitsplatzgarantien für
die Mitarbeiter und der Ausschluss nahezu aller Rechte wie Schadensersatz oder Rücktritt im Falle
von Mängeln tatsächlicher oder rechtlicher Art des Krankenhauses, die im Zeitpunkt des Erwerbs
nicht bekannt waren.

Im Allgemeinen Sprachgebrauch wird vor dem Hintergrund dieser Entwicklung unter „Privatisierung" gemeinhin die Veräußerung von Krankenhäusern in kommunaler Trägerschaft an private Investoren verstanden. In rechtlicher Hinsicht ist hier zu differenzieren: Man unterscheidet die „formelle" von der „materiellen" Privatisierung. Nur Letztere bezeichnet den plakativ als „Privatisierung"
bekannten Vorgang. Die formelle Privatisierung ist hingegen die zwingende Voraussetzung der materiellen Privatisierung. Sie bezeichnet die Änderung der Rechtsform des Krankenhauses vom sog.
Regie- oder Eigenbetrieb des Kreises oder der Gemeinde in eine privatrechtliche Rechtsform, wie die
der GmbH oder der AG. In diesem Abschnitt sollen Art und Weise der formellen und materiellen
Privatisierung sowie die damit zusammenhängenden rechtlichen Implikationen erörtert werden.

Die formelle Privatisierung erfolgt entweder durch Ausgliederung des Krankenhauses aus dem Ver- 3
mögen des Kreises oder der Gemeinde nach den Vorschriften des Umwandlungsgesetzes auf einen
privatrechtlichen Träger oder durch Einbringung des Krankenhauses aufgrund eines Vertrages in
einen solchen. Die materielle Privatisierung erfolgt durch Veräußerung des Krankenhauses an einen
privaten Investor in der Art, dass die kommunale Kontrolle über das Krankenhaus verloren geht. Sie
kommt in der Form des Asset Deals vor. Dabei werden die einzelnen zum Krankenhaus gehörenden
Vermögensgegenstände an einen privaten Investor veräußert. Sie kann aber auch in Form des Share
Deals vorkommen. Dabei werden die Anteile an einem durch einen Kreis oder eine Gemeinde kon-
trollierten privatrechtlichen Träger an einen privaten Investor veräußert.

Sehr häufig fallen formelle und materielle Privatisierung zusammen. So z.B., wenn die zum Krankenhaus gehörenden Vermögensgegenstände direkt an einen privatrechtlichen Träger veräußert werden, der sich bereits im Eigentum eines privaten Investors befindet. Oder es werden Ausgliederung oder Einbringung und Share Deal unmittelbar hintereinandergeschaltet.

4   Krankenhäuser werden von Gemeinden oder Kreisen entweder als Regie- oder als Eigenbetrieb betrieben. Sie stellen in beiden Fällen steuerlich einen Betrieb gewerblicher Art im Sinne von § 4 Körperschaftsteuergesetz (KStG) dar, d.h. die Gemeinde oder der Kreis ist mit dem Krankenhausbetrieb partiell steuerpflichtig. Betriebe gewerblicher Art sind alle Einrichtungen, die einer nachhaltigen wirtschaftlichen Tätigkeit zur Erzielung von Einnahmen außerhalb der Land- und Forstwirtschaft dienen und die sich innerhalb der Gesamtbetätigung der Gemeinde oder des Kreises wirtschaftlich herausheben. Die Absicht, Gewinn zu erzielen und die Betätigung am allgemeinen wirtschaftlichen Verkehr sind nicht erforderlich. Zu den Betrieben gewerblicher Art gehören nicht Betriebe, die überwiegend der Ausübung der öffentlichen Gewalt dienen, sog. Hoheitsbetriebe.

Sofern die Voraussetzungen gegeben sind, ist gem. § 67 AO das Krankenhaus jedoch ein sogenannter Zweckbetrieb und als solcher wiederum steuerbegünstigt. Wird bei der formellen Privatisierung im Regelfall zunächst versucht, die Steuerbefreiung zu erhalten, indem die neue Trägergesellschaft die Anerkennung als gemeinnützige Körperschaft anstrebt, ist mit der materiellen Privatisierung häufig die Aufgabe der Steuerbefreiung verbunden, da der private Investor als gewerbliches Unternehmen nicht an die besonderen Restriktionen des Gemeinnützigkeitsrechts gebunden sein will, sondern vielmehr zur Erzielung einer angemessenen Rendite des eingesetzten Kapitals an Gewinnausschüttungen interessiert ist.

5   Die rechtlichen Probleme werden im Wesentlichen durch den Vorgang der formellen Privatisierung bestimmt. Deshalb wird in diesem Abschnitt der formellen Privatisierung weiter Raum gegeben. Die sich daran eventuell anschließende materielle Privatisierung ist ein Vorgang des Unternehmenskaufs, der in diesem Kapitel nicht ausführlich dargestellt werden kann.

Die Entwicklung der Privatisierung im Krankenhauswesen wird besonders in den statistischen Daten zur Trägerschaft von Krankenhäusern deutlich. Die Zahl der Krankenhäuser in öffentlich-rechtlicher Trägerschaft nimmt kontinuierlich ab, die Zahl der Krankenhäuser in privater Trägerschaft nimmt stetig zu:

	öffentlich	freigemeinnützig	privat
2003	689	737	442
2004	671	712	444
2005	647	712	487
2006	614	692	503
2007	587	678	526

Quelle: DKG, Krankenhausstatistik 2007

B.   Formelle Privatisierung

I.   Arten der formellen Privatisierung

6   Die formelle Privatisierung eines Krankenhauses, welches in öffentlich-rechtlicher Trägerschaft betrieben wird, kann entweder durch die Ausgliederung aus dem Vermögen des kommunalen Trä-

gers nach den Bestimmungen des Umwandlungsgesetzes oder durch vertragliche Einbringung der zu dem Krankenhaus gehörenden Vermögensgegenstände in einen zuvor gegründeten privatrechtlichen Träger erfolgen. Im Fall der Ausgliederung liegt eine partielle Gesamtrechtsnachfolge vor, während die Einbringung nur im Wege der Einzelrechtsnachfolge möglich ist.

Partielle Gesamtrechtsnachfolge bedeutet, dass sämtliche dem Krankenhaus zugeordneten Vermögensgegenstände, soweit sie in dem der Ausgliederung zugrunde liegenden Ausgliederungsvertrag oder -plan erfasst sind, aus dem Vermögen des Kreises oder der Gemeinde ausscheiden und auf einen im Wege der Ausgliederung zu gründenden oder bereits gegründeten privatrechtlichen Träger übergehen. Dies hat bei Verträgen zur Folge, dass zu deren Übertragung nicht die Zustimmung des anderen Vertragsteils erforderlich ist.

Bei der Einzelrechtsnachfolge hingegen schließt der Kreis oder die Gemeinde mit dem privatrechtlichen Träger einen Einbringungsvertrag ab, aufgrund dessen die in dem Vertrag aufgezählten Vermögensgegenstände des Krankenhauses auf den neuen privatrechtlichen Träger im Einzelnen übertragen werden. Bei der Übernahme von Verträgen ist die Zustimmung des anderen Vertragsteils erforderlich.   7

Im Folgenden wird die formelle Privatisierung am Beispiel der Überführung eines in Trägerschaft einer Gemeinde sich befindenden Krankenhauses in eine GmbH dargestellt. Bevor nun die Einzelheiten der Übertragungswege und die daraus resultierenden Rechtsfolgen dargestellt werden, sollen an dieser Stelle zunächst die wesentlichen Vor- und Nachteile der formellen Privatisierung Erwähnung finden:

Vorteile: 8

■ Die Übertragung auf die GmbH bewirkt eine rechtliche Verselbstständigung des Krankenhauses im Gegensatz zur vollständigen Eingliederung des Krankenhauses in die Verwaltung der Gemeinde als Regiebetrieb oder der bloßen organisatorischen und wirtschaftlichen Verselbstständigung in Form des Eigenbetriebs.

■ Es entsteht eine einheitliche Rechts- und Organisationsstruktur, die einen weiten Gestaltungsspielraum eröffnet, wobei Gemeinderat und Bürgermeister bei Besetzung der Organe der GmbH eingebunden bleiben.

■ Die Steuerung des Krankenhausbetriebes durch die Gemeinde erfolgt außerhalb der kommunalen Rechtssphäre i.d.R. über einen fakultativ zu bildenden Aufsichtsrat und die Gesellschafterversammlung.

■ Für die Vergabe von Aufträgen unterhalb der vergaberechtlichen Schwellenwerte ist die Ausschreibung nach der Verdingungsordnung für Bauleistungen (VOB) regelmäßig entbehrlich.

■ Die formelle Privatisierung ist i.d.R. steuer- und förderrechtlich unproblematisch.

■ Die Beteiligung von Arbeitnehmervertretern in einem Aufsichtsrat ist zulässig, ohne dass allerdings hierzu eine Verpflichtung besteht.

Nachteile: 9

■ Es entsteht Grunderwerbsteuer, außer die zum Krankenhausbetrieb gehörenden Grundstücke werden nicht übertragen, sondern nur miet- bzw. pachtweise an die GmbH überlassen.

■ Soweit sich ein Leistungsaustausch mit der Gemeinde vollzieht, entsteht eine zusätzliche Umsatzsteuerbelastung i.H.v. derzeit 19 %. Da regelmäßig der Leistungsaustausch nur in geringem Umfang erfolgt, handelt es sich jedoch um einen nicht wesentlichen Nachteil. Nicht umsatzsteuerpflichtig ist die Dienstleistungsüberlassung von vorhandenen Mitarbeitern und Beamten der Gemeinde an die GmbH aufgrund einer Billigkeitsregelung der Finanzverwaltung.

■ Bei einer miet- bzw. pachtweisen Überlassung der zum Krankenhausbetrieb gehörenden Grundstücke entsteht eine Betriebsaufspaltung. Die Betriebsaufspaltung ist allerdings regelmäßig steuerlich unschädlich, wenn die GmbH als gemeinnützige Körperschaft anerkannt ist.

Es überwiegen die rechtlichen Vorteile die Nachteile einer formellen Privatisierung. Die formelle Privatisierung eröffnet der Gemeinde wesentlich mehr Handlungsspielraum, um das Krankenhaus in unternehmerischer Weise führen zu können. Dessen ungeachtet ist die formelle Privatisierung Voraussetzung der materiellen Voll- oder Teilprivatisierung.

1.   Ausgliederung

10   Formen der Ausgliederung sind die Ausgliederung zur Aufnahme des Krankenhausbetriebes (§§ 168 1. Alternative, 123 ff., 126 ff. Umwandlungsgesetz – UmwG) durch eine bereits gegründete GmbH oder die Ausgliederung zur Neugründung der GmbH (§§ 168 2. Alternative, 123 ff., 135 ff. UmwG).

Bei der Ausgliederung zur Aufnahme muss zuvor von der Gemeinde eine GmbH gegründet werden, die dann mit der Gemeinde einen vor einem Notar zu beurkundenden Ausgliederungsvertrag abschließt. Bei der Ausgliederung zur Neugründung wird ein Ausgliederungsplan beurkundet, den die Gemeinde einseitig erstellt und der die Neugründung der GmbH umfasst.

Die Ausgliederung vollzieht sich in beiden Fällen in mehreren Schritten, die in ihrer chronologischen Abfolge folgende sind:

a)   Grundsatzbeschluss

11   Voraussetzungen für die formelle Privatisierung im Rahmen der Ausgliederung ist eine entsprechende Willensbildung des zuständigen Organs der Gemeinde. Da es sich nicht um eine Maßnahme der laufenden Verwaltung handelt, ist i.d.R. der Gemeinderat zuständig. Die Zuständigkeit ergibt sich insofern aus den jeweiligen landesrechtlichen Vorschriften (Gemeindeordnung).

Der Gemeinderat hat zunächst einen Grundsatzbeschluss zu fassen, der dem Bürgermeister und der Gemeindeverwaltung den Auftrag erteilt, die Ausgliederung vorzubereiten, alle dafür erforderlichen Dokumente zu erstellen und Abklärungen mit den zuständigen Behörden vorzunehmen.

b)   Erstellung der wesentlichen vertraglichen Grundlagen

12   Aufgrund des Grundsatzbeschlusses sind Entwürfe für den Gesellschaftsvertrag der GmbH, für den seitens der Arbeitnehmervertretung i.d.R. gewünschten Personalüberleitungsvertrag und für den Geschäftsführerdienstvertrag auszuarbeiten.

I.d.R. wird der bisherige Verwaltungsleiter auch die Funktion des Geschäftsführers übernehmen. Der Verwaltungsleiter hat jedoch lediglich einen Anstellungsvertrag bei der Gemeinde, der im Wege des Betriebsübergangs auf die neue GmbH übergehen würde. Damit jedoch wird er nicht automatisch zum Geschäftsführer. Vielmehr muss das Anstellungsverhältnis gekündigt oder für die Zeitdauer der Geschäftsführertätigkeit ruhend gestellt und ein Geschäftsführerdienstvertrag abgeschlossen werden. Der Geschäftsführer ist nämlich arbeitsrechtlich kein Arbeitnehmer.

Werden die zum Krankenhausbetrieb gehörenden Grundstücke nicht mitübertragen, sondern im Wege des Erbbaurechts überlassen, ist ein Erbbaurechtsvertrag anzufertigen. Soll auch kein Erbbaurecht begründet werden, ist ein Nutzungsüberlassungsvertrag bzw. Miet- oder Pachtvertrag anzufertigen.

Zu entwerfen ist schließlich der gem. §§ 126 bzw. 136 UmwG durch das Vertretungsorgan des über- 13
tragenden Rechtsträgers aufzustellende Ausgliederungsvertrag bzw. Ausgliederungsplan, der zwingend folgende Angaben enthalten muss (§ 126 Abs. 1 UmwG):

- den Namen oder die Firma und den Sitz der an der Ausgliederung beteiligten Rechtsträger (Gemeinde, GmbH),

- die Vereinbarung/Bestimmung über die Übertragung der Teile des Vermögens der Gemeinde jeweils als Gesamtheit gegen Gewährung von Geschäftsanteilen an der GmbH,

- den Zeitpunkt, von dem an die Geschäftsanteile einen Anspruch auf einen Anteil am Bilanzge-
  winn der GmbH gewähren, sowie alle Besonderheiten in Bezug auf diesen Anspruch,

- den Ausgliederungsstichtag, also den Zeitpunkt, von dem an die Handlungen der Gemeinde als
  für Rechnung der GmbH vorgenommen gelten,

- die genaue Bezeichnung und Aufteilung der Gegenstände des Aktiv- und Passivvermögens, die
  an die GmbH übertragen werden sowie der übergehenden Betriebe und Betriebsteile,

- die Folgen der Ausgliederung für die Arbeitnehmer und ihre Vertretungen sowie die insoweit
  vorgesehenen Maßnahmen.

c)   Erstellung der Begleitdokumente

Für die Ausgliederung sind im Übrigen verschiedene Begleitdokumente zu erstellen. Dies ist zum 14
einen die Ausgliederungsbilanz, deren Stichtag gem. §§ 125, 17 Abs. 2 UmwG maximal acht Monate
vor dem Zeitpunkt der Handelsregisteranmeldung (siehe lit. i)) liegen darf. In der Praxis wird als
Ausgliederungsbilanz die dem vorgehenden Jahresabschluss des Krankenhauses zugrunde liegende
Bilanz verwendet. Dies bedeutet, dass die Anmeldung der Ausgliederung spätestens bis Ende August
des Folgejahres erfolgen muss.

Wird das Krankenhaus als Regiebetrieb geführt, kommt es häufig noch vor, dass ein gesondertes Re-
chenwerk für das Krankenhaus nicht existiert, dieses vielmehr als Teil des gemeindlichen Haushalts
geführt wird. In diesem Fall müssen zunächst – teilweise nicht unerhebliche – Vorarbeiten zur erstmaligen Aufstellung einer Krankenhausbilanz geleistet werden.

Bei der Ausgliederung zur Aufnahme wird das Stammkapital der GmbH erhöht, bei der Ausgliede- 15
rung zur Neugründung müssen die übergehenden Vermögensgegenstände das im Gesellschaftsvertrag der GmbH vorgesehene Stammkapital dem Werte nach decken. Insofern ist gem. § 170 UmwG
ein Sachkapitalerhöhungs- bzw. Sachgründungsbericht erforderlich.

Schließlich sind einige weitere Dokumente vorzuhalten, wie z.B. Handelsregisteranmeldungen, diverse Bestätigungen etc.

d)   Ausgliederungsbeschluss

Gem. § 169 Satz 2 UmwG bestimmt das Organisationsrecht der Gemeinde, ob und unter welchen 16
Voraussetzungen ein Ausgliederungsbeschluss erforderlich ist. Maßgebend ist somit das jeweils gel-
tende Kommunalrecht. Danach bedarf die Ausgliederung als über die laufende Verwaltung hinaus-
gehende Maßnahme eines Beschlusses des Gemeinderates. Hierfür reicht der Grundsatzbeschluss
(lit. a)) aus, sofern die Ermächtigungen für den Bürgermeister weit genug gefasst sind. Insbesondere
muss die Abfassung des Wortlauts der der Ausgliederung zugrunde liegenden Dokumente in das
Ermessen des Bürgermeisters gestellt werden. Ist dies nicht der Fall, muss nach Erstellung der erforderlichen Dokumente der endgültige Ausgliederungsbeschluss gefasst werden. Dann kann die „technische" Umsetzung der Ausgliederung erfolgen.

e) Abklärung mit den zuständigen Behörden

17 Vor Umsetzung der Ausgliederung sollte mit den zuständigen Behörden die Ausgliederung abgeklärt werden. In der Praxis sind dies vor allem die für die öffentlich-rechtliche Zusatz- und Hinterbliebenenversorgung zuständige Versorgungsanstalt (beispielsweise ZVK, VBL etc.), die Förderbehörde (Regierungspräsidium, Bezirksregierung etc.), die kommunale Aufsichtsbehörde (Regierungspräsidium, Bezirksregierung etc.) sowie das zuständige Finanzamt. Die jeweils zu klärenden Fragen werden unten bei den rechtlichen Folgen dargestellt.

f) Zuleitung des Entwurfs des Ausgliederungsvertrages bzw. des Ausgliederungsplans an die Arbeitnehmervertretungen

18 Gem. § 126 Abs. 3 UmwG muss der Ausgliederungsvertrag bzw. -plan oder sein Entwurf an die Arbeitnehmervertretung der Gemeinde spätestens einen Monat vor dem Tag, an dem hierüber (endgültig) Beschluss gefasst wird, zugeleitet werden. Besteht beim Krankenhaus kein eigener Personalrat, ist der Personalrat der Gemeinde zuständig. Die Zuleitung sollte schriftlich bestätigt werden, denn nur so kann später gegenüber dem Handelsregister die rechtzeitige Zuleitung nachgewiesen werden. Es ist möglich, dass die Arbeitnehmervertretung auf die Monatsfrist verzichtet und eine kurzfristigere Zuleitung akzeptiert, was häufig erforderlich wird. Dann muss der Verzicht in der Bestätigung ausdrücklich vermerkt sein.

g) Information der Mitarbeiter gem. § 613a Abs. 5 BGB

19 Arbeitsrechtliche Folge der Ausgliederung ist der Übergang der Arbeitsverhältnisse der im Krankenhaus beschäftigten Mitarbeiter auf die GmbH gem. § 613a BGB. Gem. § 613a Abs. 5 BGB müssen sämtliche von der Ausgliederung betroffenen Mitarbeiter hierüber informiert werden.

h) Beurkundung des Ausgliederungsvertrages bzw. des Ausgliederungsplans und Abschluss der begleitenden Verträge

20 Schließlich kann der Ausgliederungsvertrag bzw. der Ausgliederungsplan beurkundet werden. Für die Gemeinde gibt vor dem Notar die erforderlichen Erklärungen das zuständige Vertretungsorgan, also regelmäßig der Bürgermeister, ab. Für die GmbH handelt im Falle des Abschlusses eines Ausgliederungsvertrags der Geschäftsführer.

Im Übrigen können der Personalüberleitungsvertrag sowie der Geschäftsführerdienstvertrag abgeschlossen werden. Der Gesellschaftsvertrag ist Bestandteil des Ausgliederungsplans.

Sofern die zum Krankenhaus gehörenden Grundstücke nicht mitübertragen werden, sondern etwa dem neuen Rechtsträger ein Erbbaurecht eingeräumt wird, wäre auch ein Erbbaurechtsvertrag abzuschließen. Wird auch kein Erbbaurecht eingeräumt, sondern lediglich die Grundstücke zur Nutzung überlassen, ist ein unentgeltlicher Nutzungsüberlassungsvertrag oder ein Miet- oder Pachtvertrag abzuschließen.

i)   Handelsregisteranmeldung

Die Ausgliederung wird gem. § 171 UmwG erst wirksam, wenn sie bei der Ausgliederung zur Auf-   21
nahme im Handelsregister der GmbH eingetragen ist bzw. bei der Ausgliederung zur Neugründung
mit Eintragung der GmbH im Handelsregister.

Mit der Eintragung der Ausgliederung im Register der GmbH geht gem. § 131 Abs. 1 UmwG der aus-
gegliederte Teil des Vermögens der Gemeinde einschließlich der Verbindlichkeiten entsprechend der
im Ausgliederungsvertrag bzw. im Ausgliederungsplan vorgesehenen Aufteilung jeweils als Gesamtheit auf die GmbH über. Gem. § 131 Abs. 2 UmwG lassen Mängel der Ausgliederung die Wirkungen
der Eintragung unberührt.

2.   Einbringung

Bei der Einbringung wird üblicherweise zunächst durch die Gemeinde eine GmbH gegründet. Es   22
empfiehlt sich, dies in Form der Bargründung vorzunehmen, da in diesem Fall mit einer schnellen
Eintragung in das Handelsregister gerechnet werden kann. Ausreichend ist die Dotierung der GmbH
mit dem Mindeststammkapital von € 25.000,00.

Sodann schließt die Gemeinde mit der GmbH einen Einbringungsvertrag ab, in dem im Einzelnen
die zu übertragenden Vermögensgegenstände und die zu übernehmenden Verträge und sonstigen
Rechtsverhältnisse bezeichnet werden. Bei Verträgen ist die Zustimmung des anderen Vertragsteils
erforderlich. Daher sollten im Einbringungsvertrag Regelungen getroffen werden, wonach im Falle
der Verweigerung der Zustimmung im Außenverhältnis der Vertrag durch die Gemeinde fortgeführt
wird, im Innenverhältnis aber dies für Rechnung der GmbH erfolgt.

Als Gegenleistung für die Übertragung der Vermögensgegenstände auf die GmbH erhält die Ge-   23
meinde an dieser einen neuen Geschäftsanteil oder die Erhöhung des Nominalbetrages ihres Ge-
schäftsanteils im Rahmen einer Sachkapitalerhöhung. Daher muss bei der GmbH ein Kapitalerhö-
hungsbeschluss gefasst werden. Mit Eintragung der Sachkapitalerhöhung im Handelsregister ist die
Übertragung des Krankenhauses abgeschlossen.

Ähnlich wie bei der Ausgliederung müssen zunächst ein Grundsatzbeschluss über die Übertragung
des Krankenhauses sowie Beschlüsse über den Einbringungsvertrag und ggf. begleitende Verträge (Personalüberleitungsvertrag, Geschäftsführerdienstvertrag) gefasst werden. Hinsichtlich der
GmbH-Gründung muss auch der Wortlaut des Gesellschaftsvertrages beschlossen werden. Schließlich muss die Abklärung mit den zuständigen Behörden (Leistungsträger, Förderbehörde, Kommu-
nalaufsichtsbehörde und Finanzverwaltung) erfolgen.

Da auch hier ein Betriebsübergang im Sinne von § 613a BGB vorliegt, ist eine Information der Mitarbeiter gem. § 613a Abs. 5 BGB erforderlich.

II.   Steuerrechtliche Folgen

1.   Gemeinnützigkeit

Das Krankenhaus als Regie- oder Eigenbetrieb ist ein Betrieb gewerblicher Art der Gemeinde im   24
Sinne von § 4 KStG. Die Gemeinde ist insoweit partiell körperschaftsteuerpflichtig. Das Kranken-
haus ist jedoch regelmäßig Zweckbetrieb im Sinne von § 67 AO, so dass die Gemeinde mit ihrem
Krankenhaus letztlich nicht körperschaftsteuerpflichtig ist.

Gem. § 67 Abs. 1 AO ist ein Krankenhaus, das in den Anwendungsbereich des KHEntG oder der BPflV fällt, Zweckbetrieb, wenn mindestens 40 % der jährlichen Belegungstage auf Patienten entfallen, bei denen nur Entgelte für allgemeine Krankenhausleistungen (§ 7 KHEntG, § 10 BPflV) berechnet werden. Ein Krankenhaus, das nicht in den Anwendungsbereich des KHEntG oder der BPflV fällt, ist gem. § 67 Abs. 2 AO Zweckbetrieb, wenn mindestens 40 % der jährlichen Belegungstage oder Berechnungstage auf Patienten entfallen, bei denen für die Krankenhausleistungen kein höheres Entgelt als nach Abs. 1 berechnet wird.

25 Zu beachten ist, dass einem Krankenhaus auch wirtschaftliche Geschäftsbetriebe, die keine Zweckbetriebe sind, zugeordnet sein können (z.B. die Besuchercafeteria). Insoweit bleibt es bei der partiellen Steuerpflicht der Gemeinde.

Wird das Krankenhaus auf eine gemeinnützige GmbH im Wege der Ausgliederung oder Einbringung übertragen, ist dies aus gemeinnützigkeitsrechtlicher Sicht grundsätzlich unproblematisch, sofern die gemeinnützige GmbH den Krankenhausbetrieb unverändert fortführt. Insofern ist anerkannt, dass bei Übertragung eines Zweckbetriebs auf eine gemeinnützige GmbH das Vermögen weiterhin als sogenanntes „nutzungsgebundenes Kapital" zeitnah für gemeinnützige Zwecke verwendet wird, damit die Vermögensbindung gem. § 55 Abs. 1 Nr. 4 Satz 2 AO gewahrt bleibt. Nach dieser Vorschrift stellt es keinen Verstoß gegen das Prinzip der Selbstlosigkeit dar, wenn das Vermögen an eine andere steuerbegünstigten Körperschaft oder Körperschaft des öffentlichen Rechts für steuerbegünstigte Zwecke übertragen werden soll. Zulässiger Empfänger des Vermögens kann aber nur eine entsprechende inländische Körperschaft sein[1].

26 Problematisch ist die Übertragung, wenn die zum Krankenhaus gehörenden Grundstücke nicht mitübertragen werden, sondern entweder im Rahmen eines Erbbaurechtsvertrages oder eines unentgeltlichen Nutzungs- oder eines entgeltlichen Miet- oder Pachtvertrages bei der Gemeinde zurückbehalten werden. Dies führt nämlich zu einer Betriebsaufspaltung. Diese dürfte jedoch keine negativen Auswirkungen auf die Steuerbegünstigung des vormaligen Regie- oder Eigenbetriebs haben. Denn die Grundsätze der Betriebsaufspaltung sind nicht anzuwenden, wenn sowohl das Betriebsunternehmen, also die neu gegründete GmbH, als auch das Besitzunternehmen, also die Gemeinde, steuerbegünstigt sind (Anwendungserlass zur Abgabenordnung (AEAO) Nr. 3 zu § 64). Die Erbbau- oder Mietzinsen würden von der Gemeinde im Rahmen der hoheitlichen Vermögensverwaltung vereinnahmt, der auch die Beteiligung an der GmbH zuzuordnen ist, da die Gemeinde wegen der ansonsten vollständigen Übertragung des Krankenhauses keinen Betrieb gewerblicher Art mehr unterhält.

Fraglich ist, inwiefern eine Ausgliederung oder Einbringung des Krankenhauses zu Buchwerten möglich ist mit der Folge, dass eine Besteuerung stiller Reserven nach § 8 Abs. 1 Satz 1 KStG, § 16 Einkommensteuergesetz (EStG) nicht stattfindet.

27 Wird gem. § 20 Abs. 1 Umwandlungssteuergesetz (UmwStG) ein Betrieb oder Teilbetrieb in eine Kapitalgesellschaft eingebracht und erhält der Einbringende dafür neue Anteile an der Gesellschaft (Sacheinlage), kann gem. § 20 Abs. 2 Satz 2 UmwStG das übernommene Betriebsvermögen auf Antrag einheitlich mit dem Buchwert angesetzt werden, soweit sichergestellt ist, dass es später bei der übernehmenden Körperschaft der Besteuerung mit Körperschaftsteuer unterliegt, die Passivposten des eingebrachten Betriebsvermögens ohne Berücksichtigung des Eigenkapitals die Aktivposten nicht übersteigen und das Recht der Bundesrepublik Deutschland hinsichtlich der Besteuerung des Gewinns aus der Veräußerung des eingebrachten Betriebsvermögens bei der übernehmenden Gesellschaft nicht ausgeschlossen oder beschränkt wird.

Wird nun das Krankenhaus auf eine gemeinnützige GmbH ausgegliedert bzw. in eine solche eingebracht, ist zu beachten, dass das Vermögen der GmbH im Sinne von § 20 Abs. 2 Satz 2 UmwStG

1   So OFD Hannover, Verfügung vom 17.02.2000, DB 2000, S. 597.

2

gerade nicht der Körperschaftssteuer unterliegt. Jedoch wäre ein etwaiger aufgrund der Aufdeckung stiller Reserven entstehender Übertragungsgewinn des Zweckbetriebes nicht steuerpflichtig. Die Aufdeckung stiller Reserven würde daher keine steuerliche Wirkung entfalten. Insofern lässt die Finanzverwaltung bisweilen die Übertragung des Zweckbetriebs zu Buchwerten zu, so dass der ansonsten entstehende Bewertungsaufwand vermieden werden kann. Bei Übertragung eines steuerpflichtigen wirtschaftlichen Geschäftsbetriebes, wie ihn etwa typischerweise der Betrieb einer Cafeteria durch das Krankenhaus darstellt, besteht diese Problematik nicht, da der steuerpflichtige wirtschaftliche Geschäftsbetrieb auch bei der gemeinnützigen GmbH der Körperschaftsteuer unterliegt.

Fraglich ist indes, ob § 20 Abs. 2 Satz 2 UmwStG auch anwendbar ist, wenn die zum Krankenhaus- 28 betrieb gehörenden Grundstücke nicht übertragen, sondern lediglich im Wege eines Erbbaurechts-, Nutzungs-, Miet- oder Pachtvertrages überlassen werden. Denn für die Einbringung eines Betriebs oder Teilbetriebs nach § 20 Abs. 1 UmwStG ist es erforderlich, dass alle wesentlichen Betriebsgrundlagen eingebracht werden.

Zur Beurteilung der Wesentlichkeit wurden von der Rechtsprechung zwei Betrachtungsweisen entwickelt. Zum einen richtet sich bei der sog. funktionalen Betrachtungsweise[2] die Wesentlichkeit eines Wirtschaftsguts danach, ob es in dem Unternehmen tatsächlich eingesetzt wird, aufgrund seiner Funktion im Betriebsablauf zur Erreichung des Unternehmenszwecks erforderlich und auch von einem besonderen Gewicht für die Führung des Betriebs ist. Zum anderen kann auch der Umstand, dass in einem Wirtschaftsgut erhebliche stille Reserven ruhen, zu einer wesentlichen Betriebsgrundlage führen, man spricht dann von der sog. quantitativen Betrachtungsweise[3]. Für die Prüfung der Frage, ob ein Teilbetrieb vorliegt, ist nach herrschender Meinung in der Fachliteratur und Finanzverwaltung die funktionale Betrachtungsweise entscheidend[4].

Im Rahmen der Rechtsprechung des Bundesfinanzhofes zur Betriebsaufspaltung wurden die Merk- 29 male für die funktionale Wesentlichkeit von Grundstücken aufgezeigt. Danach hat ein Grundstück ein wesentliches wirtschaftliches Gewicht für die Betriebsführung der nutzenden Gesellschaft, wenn[5]

- die Betriebsführung durch die Lage des Grundstücks bestimmt wird,
- das Grundstück auf die Bedürfnisse des Betriebs zugeschnitten ist oder
- der Betrieb aus anderen innerbetrieblichen Gründen ohne ein Grundstück dieser Art nicht fortgeführt werden könnte (Auffangklausel).

Für den Krankenhausbetrieb gehören daher die Betriebsgrundstücke zu den wesentlichen Betriebsgrundlagen. Die Einbringung eines Betriebes oder Teilbetriebes wäre zu verneinen. Zu beachten ist jedoch, dass gem. AEAO Nr. 3 zu § 64 die Grundsätze der Betriebsaufspaltung nicht zur Anwendung kommen, wenn Betriebs- und Besitzunternehmen steuerbegünstigt sind. Wendet man die dieser Vorschrift zugrunde liegende Wertung auch bei der Beurteilung von Einbringungsvorgängen im Rahmen des § 20 UmwStG an, ließe sich trotz Nichtübertragung der Grundstücke die Einbringung eines Betriebes bzw. Teilbetriebes bejahen. Abzuwarten bleibt, wie sich die Definition des Teilbetriebes in der Praxis der Finanzverwaltung und Rechtsprechung des BFH im Lichte der Rechtsprechung des EuGH zur Fusionsrichtlinie entwickelt und sich generell eine enge Sichtweise durchsetzt[6].

Verneint man das Vorliegen eines Teilbetriebes, müsste die Ausgliederung bzw. Einbringung zu ge- 30 meinen Werten erfolgen. Außerdem wäre eine Rückbeziehung der Ausgliederung oder Einbringung gem. § 20 Abs. 6 UmwStG auf einen bis zu acht Monate vorher liegenden Stichtag nicht möglich. Es

2 Vgl. BFH, Urteil vom 02.10.1997, BStBl II 1998, S. 104.
3 Vgl. BFH, Urteil vom 26.04.1979, BStBl II 1979, S. 557.
4 Vgl. BMF-Schreiben vom 16.08.2000, BStBl I 2000, S. 1253.
5 Vgl. Widmann/Mayer, Umwandlungsrecht, § 20 UmwStG RN 36 m.w.N.
6 Hierzu Widmann/Mayer, Umwandlungsrecht, § 20 UmwStG RN R5 ff.

müsste dann ein steuerlicher Zwischenabschluss zum Einbringungszeitpunkt aufgestellt werden. Im Falle der Ausgliederung wäre die daraus sich ergebende Schlussbilanz der Handelsregisteranmeldung nach § 17 Abs. 2 UmwG beizufügen. Die Bilanz darf allerdings auch im Rahmen des § 17 Abs. 2 UmwG nur auf einen höchstens acht Monate vor der Anmeldung liegenden Stichtag aufgestellt sein (§ 17 Abs. 2 Satz 3 UmwG). Diese Vorgabe könnte dann in jedem Fall eingehalten werden. Ein wirtschaftliches Problem würde daraus aber nur erwachsen, wenn in einem steuerpflichtigen wirtschaftlichen Geschäftsbetrieb erhebliche stille Reserven vorhanden wären.

In jedem Fall ist es empfehlenswert, die Einzelheiten zu den vorstehenden Problemen mit der zuständigen Finanzverwaltung abzuklären, da sich bislang hierzu keine einheitliche Verwaltungsauffassung herausgebildet hat.

2.   Grunderwerbsteuer

a)   Keine Übertragung von Grundstücken

31   Werden keine Grundstücke im Wege der Ausgliederung oder Einzelrechtsnachfolge auf die neue GmbH übertragen, entsteht keine Grunderwerbsteuer. In diesem Fall muss zwischen der Gemeinde und der GmbH ein Vertrag abgeschlossen werden, der die Einzelheiten der Überlassung des Grundbesitzes regelt. Erfolgt die Nutzungsüberlassung unentgeltlich, hätte dies keine weiteren steuerlichen Konsequenzen. Bei Vereinbarung eines Miet- oder Pachtzinses müssten die Miet- und Pachtzinseinnahmen von der Gemeinde zeitnah für steuerbegünstigte Zwecke verwendet werden.

b)   Übertragung von Grundstücken

32   Die Übertragung der Grundstücke, die zum Krankenhaus gehören, auf die GmbH löst Grunderwerbsteuer i.H.v. 3,5 % der Bemessungsgrundlage nach § 1 Abs. 1 Nr. 2 bzw. 3 Grunderwerbsteuergesetz (GrEStG) aus. Bemessungsgrundlage der Grunderwerbsteuer ist nach § 8 Abs. 2 GrEStG der sogenannte Bedarfswert der Grundstücke, der nach § 138 Bewertungsgesetz (BewG) wie folgt ermittelt wird:

- Bewertung des Grund und Bodens der bebauten Grundstücke mit 70 % der Bodenrichtwerte und der unbebauten Grundstücke mit 80 % der Bodenrichtwerte (§§ 147 Abs. 2, 145 Abs. 3 BewG),
- Bewertung der Gebäude mit dem Buchwert. Sonderposten aus Fördermitteln nach KHG und Zuweisungen der öffentlichen Hand mindern dabei den Buchwert. Nicht abschließend geklärt ist die Frage, wie entsprechende Beiträge der Gemeinde behandelt werden, die nicht in einen Sonderposten eingestellt sind. Diese Frage sollte mit der Finanzverwaltung vorab geklärt werden.

c)   Bestellung eines Erbbaurechts

33   Die Bestellung eines Erbbaurechtes an den zum Krankenhausbetrieb gehörenden Grundstücken ist wie die Übertragung der Grundstücke selbst grunderwerbsteuerpflichtig. Die Einzelheiten der Bewertung des Erbbaurechts ergeben sich aus § 148 BewG. Das Erbbaurecht kann mit oder ohne Erbbauzins ausgestaltet werden. Die Überlassung der Gebäude im Rahmen eines Erbbaurechts gegen Entrichtung eines Erbbauzinses hat genauso wie bei der entgeltlichen Nutzungsüberlassung zur Folge, dass die Gemeinde die vereinnahmten Erbbauzinsen zeitnah für steuerbegünstigte Zwecke verwenden muss.

3. Umsatzsteuer

Der Umsatzsteuer unterliegen grundsätzlich alle Unternehmer, die Lieferungen oder sonstige Leistungen gegen Entgelt erbringen (§ 1 Abs. 1 Nr. 1 Umsatzsteuergesetz – UStG). 34

Unternehmer i.S.d. Umsatzsteuergesetzes ist, wer eine gewerbliche oder berufliche Tätigkeit selbständig ausübt. Gewerblich oder beruflich ist jede nachhaltige Tätigkeit zur Erzielung von Einnahmen, auch wenn die Absicht, Gewinne zu erzielen, fehlt (§ 2 Abs. 1 Satz 1 bis 3 UStG). Auch steuerbegünstigte Körperschaften können Unternehmer sein. Es besteht keine generelle Umsatzsteuerbefreiung für die Leistungen von steuerbegünstigten Körperschaften. Juristische Personen des öffentlichen Rechts, wie die Gemeinde, sind gem. § 2 Abs. 3 UStG nur im Rahmen ihrer Betriebe gewerblicher Art gewerblich oder beruflich tätig, können also nur insoweit Unternehmer sein und der Umsatzsteuer unterliegen.

Eine Steuerbefreiung besteht für die mit dem Betrieb eines Krankenhauses eng verbundenen Umsätze, wenn das Krankenhaus von einer juristischen Person des öffentlichen Rechts betrieben wird oder im vorangegangenen Kalenderjahr die in § 67 Abs. 1 Satz 2 AO bezeichneten Voraussetzungen für einen Zweckbetrieb erfüllt hat (§ 4 Nr. 16 lit. a), b) UStG). Danach unterliegen die entsprechenden Leistungen einer gemeinnützigen GmbH ebenso wenig der Umsatzsteuer wie die entsprechenden Leistungen eines etwaigen Eigenbetriebs der Gemeinde. Zu den eng verbundenen Umsätzen gehört aber beispielsweise nicht die entgeltliche Abgabe von Speisen und Getränken an Besucher einer Cafeteria[7]. 35

Sind Leistungen nicht gem. § 4 Nr. 16 UStG von der Umsatzsteuer befreit, kommt eine Umsatzsteuerermäßigung nach § 12 Abs. 2 Nr. 8 lit. a) UStG in Betracht. Danach ermäßigt sich die Umsatzsteuer von 19 % auf 7 % für die Leistungen steuerbegünstigter Körperschaften; dies gilt nicht für Leistungen, die im Rahmen eines steuerpflichtigen wirtschaftlichen Geschäftsbetriebs ausgeführt werden. Beispielsweise wäre die Belieferung eines in der Trägerschaft der Gemeinde sich befindenden Altenheims oder Kindergartens mit Speisen durch die GmbH im Rahmen eines steuerpflichtigen wirtschaftlichen Geschäftsbetriebes zum Regelsteuersatz umsatzsteuerpflichtig.

Von einer Umsatzsteuerschuld kann der Unternehmer nach Maßgabe des § 15 UStG die Vorsteuerbeträge abziehen, die ihm von anderen Unternehmen für Leistungen für seine Unternehmen in Rechnung gestellt worden sind. Der Vorsteuerabzug ist aber ausgeschlossen, wenn der Unternehmer die bezogenen Lieferungen und Leistungen selbst zur Ausführung steuerfreier Umsätze verwendet (§ 15 Abs. 2 Nr. 1 UStG). 36

Für den Fall, dass die zum Krankenhaus gehörenden Grundstücke bei der Gemeinde verbleiben, also eine Betriebsaufspaltung vorliegt, geht die Finanzverwaltung gegenwärtig davon aus, dass eine umsatzsteuerliche Organschaft zwischen der Gemeinde und der GmbH vorliegt. In diesem Fall wären Umsätze innerhalb des Organkreises nicht umsatzsteuerpflichtig.

Im Übrigen ist hinsichtlich der umsatzsteuerlichen Behandlung der Ausgliederung oder Einbringung zu beachten, dass bei einer Dienstleistungsüberlassung der Tätigkeit von Beamten (siehe unten) durch eine Billigkeitsregelung der Finanzverwaltung keine Umsatzsteuerbelastung eintritt. Im Übrigen ist nach den vorstehenden Grundsätzen der Leistungsaustausch zwischen der Gemeinde und der gemeinnützigen GmbH umsatzsteuerpflichtig. Sofern nur in begrenztem Umfang Leistungen bezogen werden, würde eine zusätzliche Belastung durch Umsatzsteuer jedoch nicht erheblich ins Gewicht fallen. 37

---

7 Abschnitt 100 Abs. 3 Nr. 1 Umsatzsteuerrichtlinien.

III. Krankenhausrechtliche Folgen

38 Sowohl im Falle der Ausgliederung als auch im Falle der Einbringung liegt ein Rechtsträgerwechsel vor, wobei das Krankenhaus als solches unverändert fortbesteht. Für Plankrankenhäuser wird aufgrund des Rechtsträgerwechsels jedoch die Erteilung eines neuen Feststellungsbescheides erforderlich.

Ein Rechtsträgerwechsel ist beispielsweise nach § 25 Abs. 1 LKHG Baden-Württemberg grundsätzlich möglich. Allerdings bedarf der neue Krankenhausträger eines Feststellungsbescheids nach § 7 Abs. 1 LKHG und § 8 Abs. 1 Satz 2 KHG. Dabei hat die zuständige Behörde zu prüfen, ob das Krankenhaus noch zur Bedarfsdeckung erforderlich ist. Das Auswahlermessen, ob das Krankenhaus mit dem neuen Träger in den Krankenhausplan aufzunehmen ist, ist aber eingeschränkt, sofern es sich um ein bisher gefördertes und anerkanntes Krankenhaus handelt, so dass davon ausgegangen werden kann, dass im Regelfall der Feststellungsbescheid erteilt wird.

Der neue Krankenhausträger ist an die bisherigen Förderbescheide für den Zeitraum nach dem Trägerwechsel gem. § 25 Abs. 2 Satz 1 LKHG gebunden.

IV. Arbeitsrechtliche Folgen

39 Die Übertragung des Krankenhauses auf eine neue Trägergesellschaft im Wege der Ausgliederung oder Einbringung führt zu einem Betriebsübergang nach § 613a Abs. 1 BGB. Daraus ergeben sich verschiedenen arbeitsrechtliche Konsequenzen. Zu regeln ist die Wahrung der Rechte der Arbeitnehmer auf zusätzliche Alters- und Hinterbliebenenversorgung im öffentlichen Dienst. Ein besonderes Problem stellt die Weiterbeschäftigung von Beamten dar. Geregelt werden muss auch die Weiterführung der Arbeitnehmermitbestimmung.

1. Betriebsübergang

40 Ein Betriebsübergang i.S.d. § 613a Abs. 1 BGB ist gegeben, wenn ein Betrieb oder Betriebsteil durch Rechtsgeschäft auf einen anderen Inhaber übergeht.

Unter einem Betriebsübergang versteht man den Übergang einer organisierten Gesamtheit von Personen und Sachen zur Ausübung einer betrieblichen Tätigkeit mit eigener Zielsetzung, wobei die Identität des Betriebes bzw. Betriebsteils gewahrt bleiben muss. Diese Voraussetzungen liegen vor, wenn ein Krankenhaus mit oder ohne Krankenhausgrundstücke auf eine gemeinnützige GmbH der Gemeinde übertragen wird. Denn es wird ein nach Zahlen und Sachkunde wesentlicher Teil der Belegschaft übernommen und die Arbeitsorganisation wird beibehalten. Die Übertragung von Grundstücken ist nicht Voraussetzung für einen Betriebsübergang, weil auch eine anderweitige vertragliche Lösung wie z.B. die pacht- oder mietweise Überlassung der Betriebsmittel genügt.

41 Eine Übertragung durch Rechtsgeschäft auf die GmbH ist sowohl im Falle der Ausgliederung als auch der Einbringung gegeben. § 324 UmwG stellt insoweit klar, dass die Vorschriften über den Betriebsübergang auch im Fall der Ausgliederung gelten.

Als Folge des Betriebsübergangs gehen die Arbeitsverhältnisse auf die neue Trägergesellschaft über. Die Rechtfolgen im Einzelnen unterscheiden sich danach, ob der jeweils übergehende Arbeitnehmer des Krankenhauses gewerkschaftlich organisiert ist oder nicht.

a)   Nicht gewerkschaftlich organisierte Arbeitnehmer

Für die Arbeitsverhältnisse von Arbeitnehmern, die nicht gewerkschaftlich organisiert sind, ist   42
§ 613a Abs. 1 Satz 1 BGB einschlägig. Danach tritt die GmbH in die Rechte und Pflichten einschließlich des arbeitsvertraglich vereinbarten Unkündbarkeitsschutzes aus denjenigen Arbeitsverhältnis-
sen ein, die im Zeitpunkt des Betriebsübergangs bestehen. Auf eine etwaige Tarifgebundenheit der
GmbH kommt es insoweit nicht an.

Die GmbH kann bisher bestehende arbeitsvertragliche Regelungen nur im Einvernehmen mit dem
Arbeitnehmer oder, wenn personen-, verhaltens- oder betriebsbedingte Gründe für eine Änderung
vorliegen, im Wege der Änderungskündigung ändern. Bei unkündbaren Arbeitnehmern ist zu berücksichtigen, dass auch eine Änderungskündigung nur in den im jeweils einschlägigen öffentlichen
Tarifrecht geregelten Fällen zulässig ist.

Auch die Arbeitsverhältnisse der leitenden Angestellten und Chefärzte gehen über. Hier besteht al-   43
lerdings das Problem, ob auch Regelungen zwischen der Gemeinde und den Chefärzten betreffend
die Inanspruchnahme von Räumen, Geräten und Personal des Krankenhauses im Rahmen der Ausübung einer Nebentätigkeit noch unter den Anwendungsbereich des § 613a BGB fallen. Dies wäre
der Fall, wenn es sich um Rechte und Pflichten handelt, die aus dem Arbeitsverhältnis resultieren.
Dies dürfte sowohl hinsichtlich der eigentlichen Nebentätigkeitserlaubnis als auch hinsichtlich etwaiger weiterer Vereinbarungen der Fall sein, in denen sich die Gemeinde verpflichtet, den Chefärzten zur Durchführung der Nebentätigkeit Räume, Einrichtungen und Personal in bestimmtem
Umfang entgeltlich zur Verfügung zu stellen.

Arbeitsvertrag, Nebentätigkeitserlaubnis und Nutzungsregelungen dürften insoweit eine Einheit darstellen, deren ausgewogenes Verhältnis bei einer Trennung zerstört würde. Denn der Chefarzt hätte den Arbeitsvertrag nicht ohne die Erteilung einer Nebentätigkeitserlaubnis mit dazugehörender
Nutzungsvereinbarung abgeschlossen, da ein erheblicher Teil seiner Gesamteinnahmen i.d.R. aus
der Nebentätigkeit erzielt wird.

b)   Gewerkschaftlich organisierte Arbeitnehmer

Bei Arbeitnehmern, die gewerkschaftlich organisiert sind, gelten die entsprechenden Tarifvereinba-   44
rungen zwischen der Gemeinde und den Arbeitnehmern gem. § 4 Abs. 1 Tarifvertragsgesetz (TVG)
aufgrund beiderseitiger Tarifgebundenheit. Die Tarifregelungen gelten daher – anders als im Falle
des nicht tarifgebundenen Arbeitnehmers – kollektivrechtlich.

Erlangt die GmbH die Mitgliedschaft in einem kommunalen Arbeitgeberverband, würden die Ta-
rifnormen des öffentlichen Dienstes originär gem. § 4 Abs. 1 TVG aufgrund beidseitiger Tarifbindung weiter gelten. Wird die GmbH nicht Mitglied in einem kommunalen Arbeitgeberverband, wäre
§ 613a Abs. 1 Satz 2 BGB zu beachten. Danach würden die zwischen der Gemeinde und den Arbeitnehmern bisher geltenden Kollektivnormen in individualvertragliche Regelungen transformiert und
als arbeitsvertragliche Regelungen zwischen der GmbH und dem jeweiligen Mitarbeiter fortgelten.
Diese transformierten Regelungen genießen einen einjährigen Bestandschutz, dürfen also für die
Dauer eines Jahres nach dem Betriebsübergang nicht zum Nachteil des Arbeitnehmers durch Änderungskündigung oder Vereinbarung abgeändert werden.

c) Information der Mitarbeiter

45 Nach § 613a Abs. 5 BGB haben im Fall der Übertragung des Krankenhauses auf die GmbH die Gemeinde als bisheriger Arbeitgeber oder die GmbH als neuer Arbeitgeber oder beide gemeinsam die betroffenen Arbeitnehmer von dem Betriebsübergang zu informieren. Die Unterrichtung hat in Textform zu geschehen und Informationen über den Zeitpunkt bzw. den geplanten Zeitpunkt des Betriebsübergangs, den Grund, die rechtlichen, wirtschaftlichen und sozialen Folgen des Übergangs für die Arbeitnehmer und die hinsichtlich der Arbeitnehmer in Aussicht genommenen Maßnahmen zu enthalten.

46 Der Übergang des Arbeitsverhältnisses auf die GmbH tritt nicht ein, wenn ein Arbeitnehmer dem Übergang schriftlich widerspricht. Der Arbeitnehmer bleibt dann bei der Gemeinde beschäftigt. Der Arbeitnehmer kann dem Übergang des Arbeitsverhältnisses jedoch nur innerhalb eines Monats, nachdem er entsprechend den Anforderungen des § 613a Abs. 5 BGB über den Betriebsübergang unterrichtet worden ist, gem. § 613a Abs. 6 Satz 1 BGB schriftlich widersprechen.

Die Gemeinde kann widersprechenden Arbeitnehmern gem. § 613a Abs. 4 Satz 1 BGB nicht wegen des Betriebsübergangs kündigen. Diese Vorschrift schließt jedoch eine betriebsbedingte Kündigung der Gemeinde mit der Begründung nicht aus, dass diese als bisheriger Betreiber des Krankenhauses keinen Krankenhausbetrieb mehr hat und deshalb die Beschäftigungsmöglichkeit bei ihr weggefallen ist. Allerdings ist die Gemeinde nach dem KSchG verpflichtet, andere Beschäftigungsmöglichkeiten zu prüfen und ggf. eine Sozialauswahl durchzuführen.

47 Bei Übertragung des Krankenhauses wird sich bei den meisten Arbeitnehmern (Ärzte, Krankenschwestern, Krankenpfleger etc.) keine Beschäftigungsmöglichkeit auf einem vergleichbaren Arbeitsplatz bei der Gemeinde finden lassen, so dass eine Kündigungsschutzklage schon aus diesem Grund keinen Erfolg haben dürfte. Zudem können sich Arbeitnehmer, die einem Übergang ihrer Arbeitsverhältnisse widersprochen haben, nur eingeschränkt auf die Grundsätze der Sozialauswahl berufen, wenn sie für ihren Widerspruch keinen sachlichen Grund gehabt haben. Da regelmäßig keine wesentliche Verschlechterung der Arbeitsbedingungen eintritt, ist kaum ein sachlicher Grund für einen Widerspruch denkbar.

Nicht betriebsbedingt gekündigt werden können nach dem öffentlichen Tarifrecht sogenannte unkündbare Angestellte. Auch gegenüber den unkündbaren Angestellten lässt jedoch das Bundesarbeitsgericht eine außerordentliche Kündigung zu, wenn keine Beschäftigungsmöglichkeit für den Arbeitnehmer mehr besteht[8]. Es ist dann die hypothetische ordentliche Kündigungsfrist einzuhalten.

2. Zusätzliche Alters- und Hinterbliebenenversorgung

48 Bei Übertragung des Krankenhauses auf eine GmbH im Wege der Ausgliederung oder Einbringung tritt diese gem. § 613a BGB in sämtliche Rechte und Pflichten ein, damit auch in die Versorgungsverpflichtungen gegenüber denjenigen Arbeitnehmern, die zum Zeitpunkt des Betriebsübergangs in einem Arbeitsverhältnis zur Gemeinde stehen. Die Versorgung bereits ausgeschiedener Arbeitnehmer ist allein Sache der Gemeinde und wird durch § 613a BGB nicht geregelt. Im öffentlichen Dienst wird die zusätzliche Alters- und Hinterbliebenenversorgung nicht vom Arbeitgeber unmittelbar, sondern über eine Zusatzversorgungskasse gewährt. Gemeinden sind Mitglied der kommunalen Zusatzversorgungskasse des jeweiligen Bundeslandes.

Voraussetzung für den Erwerb der Mitgliedschaft der GmbH in der Zusatzversorgungskasse ist nach den Satzungen der Zusatzversorgungskassen u.a., dass der Arbeitgeber ein für die Mitglieder der in

---

8 Vgl. BAG, ZIP, 1999, S. 326.

der Vereinigung der kommunalen Arbeitgeberverbände zusammengeschlossenen Arbeitgeberverbände geltendes Versorgungstarifrecht oder in Bezug auf die Leistungen ein Tarifrecht wesentlich gleichen Inhalts tarifvertraglich oder allgemein arbeitsvertraglich anwendet.

Ein privatrechtlicher Arbeitgeber kann daher Mitglied der Zusatzversorgungskasse werden, wenn er 49
den Tarifvertrag über die zusätzliche Altersversorgung der Beschäftigung des öffentlichen Dienstes vom 1. März 2002 - Altersvorsorge-TV-kommunal - (ATV-K) durch den Abschluss eines (Haus-) Tarifvertrages (Übernahmetarifvertrages) oder durch einzelvertragliche Vereinbarungen in Bezug nimmt. Soweit die Inbezugnahme lediglich begrenzt auf den ATV-K erfolgt, ist der Arbeitgeber nicht gehindert, im Übrigen andere tarifliche Vorschriften anzuwenden.

Regelmäßig erforderlich ist zudem die mehrheitliche Beteiligung der Gemeinde an der GmbH oder die Gewährträgerschaft der Gemeinde für die Ansprüche der Zusatzversorgungskasse gegen die GmbH. Dies ist im Falle der formellen Privatisierung, da eine mehrheitliche Beteiligung der Gemeinde bestehen bleibt, unproblematisch. Lediglich bei mehrheitlicher Beteiligung eines privaten Investors, also im Falle der materiellen Privatisierung, bereitet dieses Erfordernis erhebliche Probleme. Ist die Gemeinde nicht bereit, die Gewährträgerschaft fortzuführen bzw. ist eine Beteiligung in der Zusatzversorgungskasse bei mehrheitlicher Beteiligung eines privaten Investors nicht möglich, muss daran gedacht werden, den teuren Weg der Zahlung einer Abgeltung für die Herauslösung der Mitarbeiter aus der Zusatzversorgungskasse und der privatrechtlichen Absicherung der Ansprüche und Anwartschaften der Mitarbeiter zu gehen.

Nach den Satzungen einiger Zusatzversorgungskasse ist es mittlerweile möglich, lediglich die im 50
Zeitpunkt der Betriebsübergangs vorhandene Belegschaft des Krankenhauses als geschlossenen Verband in der Zusatzversorgungskasse fortzuführen, so dass beispielsweise neu eingestellten Mitarbeitern keine zusätzliche Alters- und Hinterbliebenenversorgung mehr zugestanden werden muss. Die Voraussetzung der Anwendung des Versorgungstarifrechts des öffentlichen Dienstes muss dann nicht erfüllt sein. Die Zusatzversorgungskasse in Baden-Württemberg beispielsweise erlaubt diese Option jedoch lediglich im – kapitalgedeckten – Abrechnungsverband II. Der Arbeitgeber ist daher zur Zahlung eines einmaligen Abgeltungsbetrages für den geschlossenen Verband verpflichtet.

3. Beamte

Vielfach werden in kommunalen Krankenhäusern noch Beamte beschäftigt. Beamtenverhältnisse 51
gehen jedoch mit einem Betriebsübergang auf die GmbH nicht über, da § 613a BGB nur für Arbeitnehmer gilt. Das Beamtenverhältnis verbleibt nach Beamtenrecht grundsätzlich bei der Gemeinde, weil juristische Personen des Privatrechts nicht dienstherrenfähig sind. Hiervon zu unterscheiden ist freilich die Frage, ob und inwieweit die GmbH die Versorgungslasten für Beamte, die im Krankenhaus beschäftigt sind, übernimmt. Die Weiterbeschäftigung von Beamten bei der GmbH ist rechtlich nicht eindeutig geklärt. Es werden vor allem vier Gestaltungsmöglichkeiten diskutiert:

a) Entlassung aus dem Beamtenverhältnis und Begründung eines Arbeitsverhältnisses

Der betroffene Beamte kann auf seinen Antrag aus dem Beamtenverhältnis ausscheiden und einen 52
privaten Arbeitsvertrag mit der GmbH abschließen. Bei dieser Gestaltungsvariante besteht jedoch der Nachteil, dass der Beamte mit seinem Ausscheiden aus dem Beamtenverhältnis alle Rechte daraus verliert. Außerdem muss für den Beamten eine aufwändige Nachversicherung nach § 8 Abs. 2 SGB VI durchgeführt werden.

b)   Zuweisung zur Dienstleistung

53   § 123a Abs. 1 Beamtenrechtsrahmengesetz (BRRG) lässt nur die vorübergehende Zuweisung eines Beamten im dienstlichen oder öffentlichen Interesse zu einer seinem Amt entsprechenden Tätigkeit bei einer öffentlichen Einrichtung außerhalb des Anwendungsbereiches des BRRG zu, wenn dringende öffentliche Interessen dies erfordern.

Eine weitere Zuweisungsmöglichkeit beinhaltet § 123a Abs. 2 BRRG. Dem Beamten einer Dienststelle, die ganz oder teilweise in eine privatrechtlich organisierte Einrichtung der öffentlichen Hand umgebildet wird, kann auch ohne seine Zustimmung eine seinem Amt entsprechende Tätigkeit bei dieser Einrichtung zugewiesen werden, wenn dringende öffentliche Interessen dies erfordern. Eine zeitliche Beschränkung der Zuweisung sieht das Gesetz nicht vor.

54   Die Zuweisung zu einer privatrechtlich organisierten Einrichtung setzt jedoch voraus, dass die öffentliche Hand hieran mindestens mehrheitlich beteiligt ist. In der Fachliteratur wird überwiegend vertreten, dass die Zuweisung ebenfalls nur vorübergehend oder auf Dauer erfolgen darf[9]. Für die Privatisierungen auf Bundesebene bei der Deutschen Bundesbahn oder der Deutschen Bundespost hatte seinerzeit der Gesetzgeber spezielle gesetzliche Vorschriften geschaffen.

Gem. § 123a Abs. 3 BRRG bleibt in beiden Fällen die Rechtsstellung des Beamten unberührt.

c)   Gewährung von Urlaub und Begründung eines Arbeitsverhältnisses

55   Gem. § 31 Abs. 2 der Arbeitszeit- und Urlaubsverordnung kann Beamten zur Ausübung einer Tätigkeit bei einer privatrechtlich organisierten Einrichtung der öffentlichen Hand, die öffentliche Aufgaben wahrnimmt, langfristig Urlaub unter Wegfall der Bezüge bewilligt werden, wenn die Beurlaubung dienstlichen Interessen dient, eine Zuweisung nach den Vorschriften des BRRG ausscheidet oder für den Dienstherren insgesamt mit höheren Kosten verbunden wäre und dem Beamten die Entlassung aus dem Beamtenverhältnis nicht zumutbar ist.

Mit dieser Variante ist ein versorgungsrechtliches Problem verbunden, da zwar bei einer Beurlaubung das Beamtenverhältnis bestehen bleibt. Die Dienstzeiten, die für die Beförderung maßgeblich sind, und die ruhegehaltsfähigen Dienstzeiten werden bei Urlaubszeiten grundsätzlich jedoch nicht angerechnet. Auch ist der Beamte während der Beurlaubung nicht beihilfefähig.

d)   Dienstleistungsüberlassung

56   Als Gestaltungsvariante kommt schließlich die Dienstleistungsüberlassung an die GmbH in Betracht. Das Beamtenverhältnis bleibt dabei bestehen, und es wird lediglich das Ergebnis der vom Beamten erbrachten Dienstleistungen an die GmbH abgeführt.

Diese Gestaltung wurde etwa bei der Zusammenführung der Omnibusreisedienste der Deutschen Bundespost und der Deutschen Bundesbahn in einer privatrechtlichen Gesellschaft umgesetzt. Das Bundesverwaltungsgericht hat sie gebilligt[10].

Bei dieser Gestaltungsvariante verbleibt die Dienststelle des Beamten, das Weisungsrecht und die Dienstvorgesetztenfunktion bei der Gemeinde[11].

---

9   Vgl. Schnellenbach, Beamtenrecht in der Praxis, 5. Auflage 2001, RN 136 m.w.N.
10   Vgl. BVerwGE 69, S. 303 f.
11   Zu den umsatzsteuerlichen Konsequenzen siehe Abschnitt II. Ziffer 3.

4. Mitbestimmung

Die Mitbestimmung des Betriebsrates in einem Betrieb einer juristischen Person des privaten Rechts 57
richtet sich nach § 1 BetrVG i.V.m. § 130 BetrVG nach dem BetrVG. Dies gilt auch dann, wenn ein
öffentlich-rechtlicher Träger alle Anteile der juristischen Personen des Privatrechts hält. Ob ein Betriebsrat gebildet wird, hängt von der Bereitschaft der Beschäftigten ab, einen Betriebsrat zu wählen
bzw. die Wahl zum Betriebsratsmitglied anzunehmen[12].

In sozialen und personellen Angelegenheiten bestehen ähnliche – tendenziell etwas schwächer ausgeprägte – Mitbestimmungs- und Mitwirkungsrechte wie sie ein Personalrat im öffentlich-rechtlichen Bereich hat. Unterschiede bestehen darüber hinaus bei der Mitwirkung in wirtschaftlichen
Angelegenheiten.

Anders als das Personalvertretungsrecht sieht das BetrVG in § 118 BetrVG Tendenzschutz für Be- 58
triebe vor, die unmittelbar oder überwiegend caritativen Bestimmungen dienen. In diesen wegen
ihrer besonderen Zielrichtung (Tendenz) geschützten Betrieben gilt das BetrVG gem. § 118 Abs.
1 Satz 1 BetrVG nur eingeschränkt. Der Tendenzschutz betrifft nur solche Unternehmen, die gemeinnützige Zwecke verfolgen. Geht das Krankenhaus im Wege der Ausgliederung oder Einbringung auf eine gemeinnützige GmbH über, besteht folglich Tendenzschutz. Die Mitbestimmung in
wirtschaftliche Angelegenheiten entspricht im tendenzgeschützten privatrechtlich organisierten Betrieb weitgehend der Mitbestimmung des Personalrats bei der öffentlich-rechtlichen Trägerschaft
des Krankenhauses. Nach dem Drittbeteiligungsgesetz muss in tendenzgeschützten Betrieben weder
ein Aufsichtsrat gebildet werden, noch, falls er gebildet wird, dieser unter Beteiligung von Arbeit-
nehmervertreten besetzt werden.

Die Bildung eines Aufsichtsrates ist im Übrigen erst bei Unternehmen mit mehr als 500 Arbeitnehmern erforderlich. Sofern die Bildung eines Aufsichtsrates erforderlich ist, weil die Gesellschaft
mehr als 500 aber weniger als 2.000 Arbeitnehmer beschäftigt, muss dieser nach dem Drittbeteiligungsgesetz zu einem Drittel mit Arbeitnehmervertretern besetzt werden.

V. Vergaberechtliche Folgen

Eine neu entstehende gemeinnützige GmbH als 100 %-ige Tochtergesellschaft der Gemeinde ist gem. 59
§ 98 Nr. 2 GWB öffentlicher Auftraggeber. Damit ist die GmbH an die Vergabevorschriften des Gesetzes gegen Wettbewerbsbeschränkung (GWB) gem. § 97 Abs. 1 GWB bei der Vergabe öffentlicher
Aufträge gebunden[13].

C. Materielle Privatisierung

Die materielle Privatisierung fällt sehr häufig mit der formellen Privatisierung zusammen. Einzel- 60
heiten wurden bereits unter Abschnitt A. dargestellt. Mit materieller Privatisierung ist im allgemeinen Sprachgebrauch der Verlust der kommunalen Kontrolle über das Krankenhaus gemeint. Rechts-
technisch lässt sich die materielle Privatisierung umsetzen entweder durch den Verkauf der Mehrheit
oder aller Anteile an dem Krankenhausträger, etwa einer GmbH, die nach der formellen Privatisierung entstanden ist, oder durch Veräußerung der zum Krankenhaus gehörenden Vermögensgegenstände an einen privaten Investor. Im ersten Fall spricht man von einem „Share-Deal", im zweiten
Fall von einem „Asset-Deal". In beiden Fällen handelt es sich um einen Unternehmenskauf, der
grundsätzlich den allgemeinen Regeln und Gepflogenheiten des Unternehmenskaufs folgt.

---

12   Zu den Einzelheiten vgl. § 4.
13   Zu den Einzelheiten vgl. § 5.

61 Besonders häufig tritt die Kombination von formeller und materieller Privatisierung in der Form auf, dass ein privater Investor von der Gemeinde die zum Krankenhaus gehörenden Vermögensgegenstände erwirbt. Sehr häufig errichtet der private Investor hierzu eine eigene GmbH als Tochtergesellschaft, die dann als Erwerber auftritt.

> **Beraterhinweis:**
>
> *Wesentlicher Unterschied zwischen dem Share-Deal und dem Asset-Deal ist, dass der Asset-Deal mehr Rechtssicherheit für den Erwerber mit sich bringt, da dieser nur die ausdrücklich im Kaufvertrag bezeichneten Vermögensgegenstände erwirbt. Beim Share-Deal erwirbt er hingegen die Beteiligung an einer Gesellschaft, in der sich möglicherweise nicht erkennbare Risiken verbergen können. In beiden Fällen ist es in jedem Fall unerlässlich und wird von der Rechtsprechung auch für zwingend erforderlich gehalten, dass vor dem Kauf eine sogenannte Due Diligence Prüfung durchgeführt wird, die das zu erwerbende Krankenhaus in rechtlicher, wirtschaftlicher, fachlicher und steuerlicher Hinsicht durchleuchtet.[14]*

---

14 Vgl. OLG Oldenburg, Urteil vom 22.06.2006, DB 2006, S. 2511 ff. m.w.N.

§ 3 Kooperationen

A. Überblick

I. Grundlagen

Unter einer Kooperation wird eine vertraglich geregelte Zusammenarbeit von rechtlich und wirtschaftlich selbstständigen Einrichtungen verstanden.[1]   1

Kooperationen sind im Krankenhausbereich bereits seit langem üblich. In den letzten Jahren ist jedoch ein verstärkter Trend zu Kooperationen feststellbar, der sich künftig aller Voraussicht nach noch verstärken wird.[2]

Waren Kooperationen in der Vergangenheit häufig auf einzelne Leistungs- und Tätigkeitsbereiche wie beispielsweise die Notfallversorgung oder die gemeinsame Nutzung von Großgeräten beschränkt, ist in den letzten Jahren eine erhebliche Intensivierung der Kooperationen durch Ausweitung der von Kooperationen erfassten Leistungs- und Tätigkeitsbereiche sowie auch der rechtlichen Organisationsintensität der Kooperationen feststellbar.

Neben einzelvertraglichen Kooperationen kommt es im Krankenhausbereich verstärkt auch zu   2 strategischen Kooperationen. Gegenstand dieser Kooperationen ist die Zusammenarbeit zwischen einzelnen oder mehreren Krankenhäusern in mehreren Leistungs- und Tätigkeitsbereichen sowie die Übertragung des Managements bis hin zu Fusionen von Krankenhäusern zu größeren Einheiten oder Krankenhauskonzernen.

Kooperationen sind dabei abzugrenzen von einem einfachen Leistungsaustausch zwischen Marktteilnehmern durch Bezug einzelner Leistungen von Dritten (z.B. Betrieb der Krankenhauskantine durch einen Caterer). Kooperationen sind vielmehr geprägt von einem gemeinschaftlichen Ziel, das durch die gemeinsame Tätigkeit im Rahmen der Kooperation i.d.R. für alle Beteiligten effektiver und wirtschaftlicher erreicht werden soll.

II. Gründe für Kooperationen

Die Gründe für Kooperationen sind vielfältig. Häufig sind wirtschaftliche Notwendigkeiten aufgrund des im gesamten Gesundheitswesen stattfindenden Strukturwandels u.a. durch die fortschreitende Alterung der Bevölkerung sowie Leistungsverlagerungen aus dem stationären in den ambulanten Bereich etc.[3] der Anlass für die Eingehung von Kooperationen.   3

Eine große Rolle spielt i.d.R. auch der seit Jahren steigende Kostendruck im Gesundheitswesen, der u.a. zu einem (Verdrängungs-)Wettbewerb sowie einem anhaltenden Konzentrationsprozess geführt hat.

Weitere Gründe für die Eingehung von Kooperationen sind Bestrebungen, Synergieeffekte zu erzielen, die Effizienz der eigenen Leistungen zu steigern sowie die Kosten für die Leistungserbringung zu reduzieren und wirtschaftliche Vorteile bei der Beschaffung von Betriebsmitteln zu erzielen (z.B. Steigerung der Einkaufsmacht).   4

---

1   Vgl. Praxisleitfaden Unternehmenskooperationen, DIHK, 2002, S. 9.
2   Vgl. z.B. Koselowski, Die Kräfte im Wettbewerb bündeln, in: KU Gesundheitsmanagement, 2009, S. 41.
3   Vgl. Metzner in: Krankenhausrecht: Herausforderungen und Chancen, 2005, S. 69; Marc Dreßler, Kooperationen von Krankenhäusern, 2000, S. 36 ff.

3

Anlass für die Eingehung von Kooperationen sind außerdem die fortschreitende Diversifizierung des medizinischen Leistungsniveaus und der medizinisch-technische Fortschritt, der dazu führt, dass eine Behandlung nach dem aktuellen medizinischen Stand häufig die Anschaffung teurer moderner technischer Geräte erfordert, wodurch die Vorhaltung einzelner Spezialgebiete unwirtschaftlich werden kann. Insbesondere kleinere Krankenhäuser sind daher vielfach nicht mehr in der Lage, alle Versorgungsbereiche optimal anbieten zu können.

5 Diese veränderten Rahmenbedingungen zwingen Krankenhäuser, ihr Leistungsangebot und ihre Organisationsstruktur an die veränderten Gegebenheiten anzupassen und sich u.a. durch die Einführung moderner Managementstrukturen zu Wirtschaftsunternehmen zu entwickeln.[4]

III. Rechtliche Grundlage für Kooperationen

6 Die beabsichtigte Kooperation muss gesetzlich zulässig sein. Ausdrückliche gesetzliche Verbote von Kooperationen gibt es grundsätzlich nicht.

Die Eingehung von Kooperationen zwischen Leistungserbringern im Gesundheitswesen wird vielmehr vom Gesetzgeber durch verschiedene rechtliche Bestimmungen ermöglicht und gefördert. So finden sich beispielsweise insbesondere im SGB V verschiedene diesbezügliche Bestimmungen:

- Gem. §§ 63, 64 SGB V können zur Verbesserung der Qualität und Wirtschaftlichkeit der Versorgung Vereinbarungen zu Vorhaben zur Weiterentwicklung der Verfahrens-, Organisations-, Finanzierungs- und Vergütungsformen der Leistungserbringer getroffen werden.
- § 73a SGB V ermöglicht den Abschluss von Strukturverträgen.
- Durch §§ 115, 121 SGB V wurde die Möglichkeit zum Abschluss dreiseitiger Verträge mit dem Ziel der engeren Zusammenarbeit zwischen Vertragsärzten und zugelassenen Krankenhäusern geschaffen, um eine nahtlose ambulante und stationäre Behandlung der Patienten zu ermöglichen (Belegarztwesen).
- Die Zusammenarbeit im Rahmen der integrierten Versorgung (vgl. dazu C. VI.) wird in den §§ 140a bis 140d SGB V geregelt.

Darüber hinaus enthalten beispielsweise auch die Landeskrankenhausgesetze Regelungen zu Kooperationen (vgl. z.B. § 3a LKHG Baden-Württemberg zur Zusammenarbeit der Krankenhäuser untereinander und mit anderen Diensten und Einrichtungen des Gesundheits- und Sozialwesens).

IV. Bereiche für Kooperationen

7 Kooperationen sind in nahezu allen Leistungs- und Tätigkeitsbereichen von Krankenhäusern möglich, d.h. sowohl im medizinischen als auch im nichtmedizinischen (Versorgungs- und Verwaltungsleistungen, etc.) Bereich.

1. Überblick Kooperationen im medizinischen Bereich

8 Im medizinischen Bereich sind Kooperationen in verschiedensten Leistungs- und Tätigkeitsbereichen und mit unterschiedlichen Kooperationspartnern denkbar. Beispielsweise können Kooperationen u.a. in folgenden Leistungs- und Tätigkeitsbereichen erfolgen:[5]

---

4 Vgl. Metzner, a.a.O., S. 70.
5 Nach Bruckenberger, Sektorenübergreifende Kooperationen statt sektoraler Optimierung, in: Krankenhausumschau, 1997, S. 965 – 970; vgl. dazu auch Dreßler, a.a.O., S. 134 ff.

Krankenhäuser	Niedergelassene Ärzte	Rehabilitationseinrichtungen
Zwischen Fachabteilungen ■ Radiologie ■ Pathologie ■ Kardiologie ■ Innere Medizin ■ Anästhesie ■ Chirurgie ■ Pädiatrie/Neonatologie ■ Onkologie **Zwischen Betriebsstellen** ■ Med.-technische Großgeräte ■ Laboratorium ■ Hygienefachkraft ■ Datenübermittlung ■ Erbringung von OP- Leistungen ■ Dialyse	**Mitnutzung von Kranken-** **hauseinrichtungen** ■ OP-Einrichtung ■ Radiologie ■ Med-techn. Großgeräte ■ Anästhesiologie ■ Labor **Praxis auf dem Krankenhaus-** **gelände, mit oder ohne beleg-** **ärztlicher Tätigkeit** **Medizinische Dienstleistun-** **gen für das Krankenhaus** ■ Laborleistungen ■ Med.-techn. Großgeräte ■ Bakteriologie ■ Pathologie ■ Röntgendiagnostik ■ Nuklearmedizin ■ Dialyse	**Mitnutzung des Kranken-** **hauses durch eine Rehabilita-** **tionseinrichtung** ■ Röntgendiagnostik ■ Labor ■ Hygienefachkraft **Medizinische Zusammenar-** **beit des Krankenhauses mit** **einer Rehabilitationseinrich-** **tung** ■ Indikationsgruppen ■ Physikalische Therapie ■ Krankengymnastik ■ Sprachtherapie

2. Überblick Kooperationen im nichtmedizinischen Bereich

Auch im nichtmedizinischen Bereich (Versorgung, Verwaltung, Aus- und Weiterbildung etc.) be- 9
stehen vielfältige Kooperationsmöglichkeiten, die nachstehend im Überblick – ohne Anspruch auf
Vollständigkeit – dargestellt werden:[6]

Versorgung/Verwaltung	Aus- und Weiterbildung
Versorgung ■ Einkauf ■ Arzneimittelversorgung ■ Wäscheversorgung ■ Zentralsterilisation ■ Apotheke ■ Speisenversorgung ■ Reinigungsdienst	**Ausbildung Pflegedienst** ■ Krankenpflege ■ Hebamme/Entbindungspfleger ■ Krankenpflegehilfe ■ Kinderkrankenpflege
Verwaltung und Technik ■ EDV-Nutzung (Rechenzentrum) ■ Betriebsärztlicher Dienst ■ Sicherheitsbeauftragter ■ Technisches Service-Zentrum ■ Verwaltung ■ Patientenbetreuung/Sozialdienst	**Weiterbildung Pflegedienst** ■ Intensivpflege ■ OP-Schwestern/-pfleger ■ Stationsleitung ■ Sonst. Fachweiterbildung ■ Endoskopieschwestern/-pfleger **Weiterbildung Ärztlicher Dienst**

---

6   Nach Bruckenberger, a.a.O., S. 965 – 970; vgl. dazu auch Dreßler, a.a.O., S. 134 ff.

B. Überblick über die rechtliche Gestaltung von Kooperationen

I. Allgemeines

10 So vielfältig wie die Leistungs- und Tätigkeitsbereiche, in denen Kooperationen möglich sind, sind die rechtlichen Gestaltungsmöglichkeiten und -formen für Kooperationen. Daher ist stets im Einzelfall abhängig vom Gegendstand der Kooperation, der Rechtsform der Kooperationspartner und der beabsichtigten Organisationsintensität der Kooperation die optimale rechtliche Gestaltungsform zu wählen.

II. Organisationsintensität der Kooperation

11 Die rechtliche Gestaltung von Kooperationen unterscheidet sich insbesondere nach der rechtlichen Organisationsintensität der Kooperation.

Bei Kooperationen mit eher geringer Organisationsintensität arbeiten zwei oder mehrere Kooperationspartner unter gemeinsamer Wahrnehmung bestimmter Funktionen in ausgewählten Teilbereichen freiwillig zusammen. Die wirtschaftliche Selbstständigkeit der Kooperationspartner wird nur in den von der Kooperation umfassten Teilbereichen eingeschränkt.[7] Die Kooperationspartner behalten grundsätzlich ihre wirtschaftliche und rechtliche Selbstständigkeit und werden auch nicht unter eine einheitliche Leitung gestellt.[8]

12 Bei Kooperationen mit hoher Organisationsintensität gibt i.d.R. mindestens einer der Kooperationspartner seine wirtschaftliche – und ggf. auch rechtliche – Selbstständigkeit vollständig oder jedenfalls weitgehend auf oder die Kooperationspartner werden unter eine einheitliche Leitung gestellt.[9]

> **🛈 Beraterhinweis:**
>
> *Vor diesem Hintergrund ist beispielsweise bei Übertragung des Managements eines Krankenhauses an einen Dritten oder bei Eingliederung mehrerer Einrichtungen in eine gemeinsame Organisationsstruktur – etwa durch Errichtung einer Holding- oder Tochtergesellschaft – eine vollständig andere rechtliche Gestaltung erforderlich als bei Kooperationen bezüglich einzelner oder mehrerer Leistungs- oder Tätigkeitsbereiche durch einzelvertragliche (schuldrechtliche) Vereinbarungen.*

13 Sofern einer der Kooperationspartner im Zusammenhang mit der Kooperation seine rechtliche Selbstständigkeit verliert, beispielsweise im Rahmen einer Fusion, unterscheiden sich die rechtlichen Gestaltungsvarianten wiederum erheblich von Kooperationen, im Rahmen derer die Kooperationspartner ihre rechtliche Selbstständigkeit behalten.

Die Unterschiede in der rechtlichen Organisationsintensität lassen sich im Überblick wie folgt darstellen:[10]

---

7   Vgl. Lutz, Zusammenschlüsse öffentlicher Unternehmen – Kooperationen und Fusionen im Spitalsektor, 2004, S. 109.
8   Vgl. Lutz, a.a.O., S. 109.
9   Vgl. Lutz, a.a.O., S. 107.
10 Nach Lutz, a.a.O., S. 106.

Kriterium	Organisationsintensität		
	niedrig	mittel	hoch
Bindungsmittel	Einzelvertragliche Zusammenarbeit (in einzelnen Leistungsbereichen)	Kapitalbeteiligung (z.B. gemeinsame Tochtergesellschaft)	Vermögenserwerb (z.B. Fusion)
Wirtschaftliche Selbstständigkeit	bleibt erhalten		wird aufgegeben
Rechtliche Selbstständigkeit	bleibt erhalten		wird aufgegeben
Ausmaß der Zusammenarbeit	Teilaufgabe		Gesamtaufgabe
Dauer	kurzfristig, befristet		langfristig
Austritts-/ Kündigungsmöglichkeit	vorhanden	möglich	nicht/ schwer möglich

III. Kooperationspartner

1. Rechtsformen

Grundsätzlich sind Kooperationen zwischen Kooperationspartnern nahezu jeder Rechtsform möglich und rechtlich gestaltbar. Dennoch können sich aus der Rechtsform der Kooperationspartner Einschränkungen für die rechtliche Gestaltung ergeben. Dies gilt insbesondere bei einer hohen rechtlichen Organisationsintensität der Kooperation, beispielsweise wenn ein Kooperationspartner im Rahmen der Kooperation seine rechtliche Selbstständigkeit verliert oder die Kontrolle über einen oder mehrere seiner Tätigkeitsbereiche auf einen anderen Kooperationspartner überträgt. 14

Daher ist stets zu prüfen, ob sich aus den Rechtsformen der Kooperationspartner Einschränkungen für die beabsichtigte Form der Zusammenarbeit ergeben.

So können sich bei Kooperationen mit Ärzten Beschränkungen aus dem einschlägigen Berufsrecht ergeben. § 23a Musterberufsordnung der Ärzte (MBO) beispielsweise untersagt es Ärzten, sich an Gemeinschaftsunternehmen in der Rechtsform einer juristischen Person (z.B. GmbH) zu beteiligen, wenn die Ärzte in der Gesellschaft nicht selbst tätig sind. 15

Bei der Beteiligung konfessioneller Krankenhausträger kann es insbesondere bei Kooperationen mit hoher rechtlicher Organisationsintensität wie beispielsweise der Gründung einer gemeinsamen Tochtergesellschaft oder bei einer Fusion zu Einschränkungen aufgrund konfessioneller Rechtsbestimmungen/Vorgaben kommen. So ist es beispielsweise hinsichtlich der Beteiligung eines katholischen Krankenhausträgers bei Gründung einer gemeinsamen Tochtergesellschaft oder bei einer Fusion mit einem nicht-konfessionellen Krankenhausträger grundsätzlich erforderlich, dass eine

3

konfessionelle Einflussnahme durch entsprechende (gesellschaftsvertragliche) Regelungen hinsichtlich der Besetzung der Organe der Gesellschaft (Geschäftsführung, Aufsichtsrat etc.) einschließlich der Aufnahme von Genehmigungsvorbehalten für wichtige (Personal-)Entscheidungen gewährleistet wird.[11]

16   Erfolgt eine Kooperation unter Beteiligung kommunaler Krankenhausträger, sind stets die einschlägigen landes-, kommunal- und kommunalverfassungsrechtlichen Vorschriften zu berücksichtigen, die im Einzelfall die Kooperationsmöglichkeiten einschränken können. Beispielsweise ergeben sich häufig für die Errichtung von Gemeinschaftsunternehmen dahingehend Einschränkungen, dass der Einfluss des kommunalen Trägers durch Regelungen zur Besetzung der Geschäftsführung oder der Aufsichtsorgane gewahrt werden muss.[12] Handelt es sich um eine überörtliche Kooperation ist außerdem stets zu prüfen, ob eventuell durch die Kooperation durch Art. 28 Abs. 2 Satz 1 Grundgesetz geschützte Selbstverwaltungsrechte anderer Kommunen verletzt werden.

Bei Kooperationen mit Rehabilitations- und Pflegeeinrichtungen können sich Einschränkungen u.a. beispielsweise dann ergeben, wenn ein Trägerwechsel stattfindet, durch den i.d.R. ein Neuabschluss der Versorgungsverträge erforderlich wird.[13]

2.   Horizontal/Vertikal

17   Abhängig von der Versorgungsstufe, auf der sich die Kooperationspartner befinden, wird begrifflich auch zwischen horizontalen und vertikalen Kooperationen unterschieden.

Eine horizontale Kooperation liegt vor, wenn Einrichtungen der gleichen Versorgungsstufe, d.h. beispielsweise zwei Krankenhäuser, kooperieren.[14]

Dagegen liegt eine vertikale Kooperation bei einer Zusammenarbeit zwischen Einrichtungen der vor- oder nachgelagerten Versorgung (verschiedene Versorgungsstufen) wie beispielsweise niedergelassenen Ärzten oder Rehabilitationseinrichtungen vor.[15] Für die verschiedenen Versorgungsstufen gelten teilweise unterschiedliche rechtliche Vorgaben für die Eingehung einer Kooperation, die im Rahmen der rechtlichen Ausgestaltung ebenfalls zu berücksichtigen sind.

18   Neben den vorgenannten horizontalen und vertikalen Kooperationen im Versorgungsbereich kann es auch zu Kooperationen mit Leistungsanbietern außerhalb der Versorgungsbereiche kommen (laterale/konglomerate Kooperation).[16]

IV.   Rechtlicher Rahmen und rechtliche Grenzen für Kooperationen

19   Abhängig von der Art und insbesondere der Organisationsintensität der Kooperation unterscheidet sich der rechtliche Rahmen für die jeweilige Kooperation.

Neben den wirtschaftlichen Motiven für die Eingehung von Kooperationen sowie der rechtlichen Ausgestaltung sind stets auch die steuerlichen Aspekte einer Kooperation zu berücksichtigen, vergleiche dazu § 7.

---

11   Vgl. Verband der Diözesen Deutschlands, Arbeitshilfe Nr. 209, Das Profil sozialer Einrichtungen in kirchlicher Trägerschaft im Kontext von Kooperationen und Fusionen, 2007, S. 20 f.
12   Vgl. Pfeiffer in Robbers/Wagener, Die Krankenhausbehandlung, Band 6, Kooperationsverträge, 1. Auflage 2007, S. 18.
13   Vgl. Pfeiffer, a.a.O., S. 20 ff.
14   Vgl. Dreßler, a.a.O., S. 126.
15   Vgl. Dreßler, a.a.O., S. 127.
16   Vgl. Dreßler, a.a.O., S. 127.

Kierstein

Gleichermaßen sind – insbesondere bei Fusionen – die Bestimmungen des Kartellrechts in die Überlegungen und Planungen hinsichtlich der Eingehung einer Kooperation einzubeziehen, vergleiche dazu § 6.

Bei Beteiligung der öffentlichen Hand an Kooperationen sind zudem die Regelungen des Vergaberechts zu beachten, vergleiche dazu § 5.

C. Einzelne Kooperationsformen

I. Schuldrechtliche Kooperationen

Erfolgt die Zusammenarbeit lediglich in einzelnen oder mehreren Leistungs- oder Tätigkeitsbe- 20 reichen, liegt meist eine Kooperation mit niedriger Organisationsintensität vor, im Rahmen derer die Kooperationspartner grundsätzlich ihre wirtschaftliche und rechtliche Selbstständigkeit behalten.

Der Leistungsaustausch der Kooperationspartner erfolgt dabei regelmäßig auf einzelvertraglicher – schuldrechtlicher – Basis.

Abhängig vom Inhalt der Zusammenarbeit handeln die Kooperationspartner rechtlich auf Grundlage eines Dienstvertrags gem. § 611 ff. BGB, eines Werkvertrags gem. §§ 631 ff. BGB oder eines Geschäftsbesorgungsvertrags gem. §§ 675 ff. BGB.

Ein Dienstvertrag gem. §§ 611 ff. BGB ist dadurch gekennzeichnet, dass der zur Erbringung der ver- 21 traglichen Leistung verpflichtete Kooperationspartner die Erbringung einer bestimmten Tätigkeit (Dienstleistung), nicht jedoch den Eintritt eines bestimmten Arbeitsergebnisses (Erfolg) schuldet.[17]

Bei einem Werkvertrag gem. §§ 631 ff. BGB schuldet der zur Erbringung der vertraglichen Leistung verpflichtete Kooperationspartner dagegen den Eintritt eines bestimmten Arbeitsergebnisses (Erfolg).[18]

Grundlage der Zusammenarbeit kann auch ein sogenannter Geschäftsbesorgungsvertrag gem. § 675 BGB sein, der sich von einem Dienstvertrag oder einem Werkvertrag insoweit unterscheidet, als im Rahmen der Geschäftsbesorgung durch den zur Erbringung der vertraglichen Leistung verpflichteten Kooperationspartner die Wahrnehmung fremder Vermögensinteressen durch fremdnützige Tätigkeit erfolgt.[19]

Häufig lässt sich der Charakter eines Kooperationsvertrages jedoch nicht eindeutig einem bestimmten 22 rechtlichen Vertragstypus zuordnen, so dass Mischformen der vorgenannten Vertragstypen vorliegen können.

---

17 Vgl. Müller-Glöge in Münchener Kommentar, BGB, 5. Auflage 2009, § 611 RN 22.
18 Vgl. Sprau in Palandt, BGB, 68. Auflage 2009, Einführung vor § 631 RN 1.
19 Vgl. Sprau in Palandt, a.a.O., Einführung vor § 675 RN 2.

3

> **!** Beraterhinweis:
>
> *Erfolgt die Kooperation lediglich in einem oder wenigen Leistungsbereichen, schließen die Kooperationspartner i.d.R. einen einzelnen Kooperationsvertrag bezüglich des jeweiligen Leistungsbereichs (z.B. Notfallversorgung, Labor, etc.). Handelt es sich jedoch um eine Kooperation in mehreren Tätigkeitsgebieten, kann auch ein Kooperations-Rahmenvertrag abgeschlossen werden, der die einzelnen Leistungsbeziehungen zusammenfasst.[20]*

23   Um die Zusammenarbeit auf eine verlässliche rechtliche Grundlage zu stellen, empfiehlt es sich, den Kooperationsvertrag schriftlich abzuschließen und in diesem insbesondere zu folgenden Aspekten Regelungen aufzunehmen:

- Gemeinsame Ziele der Zusammenarbeit (z.B. formuliert als Vorbemerkung/Präambel)
- Gegenstand der Kooperation (Leistungsbereiche; so exakt wie möglich festzulegen)
- (Wechselseitige) Leistungspflichten (Umfang, Ort und Zeitraum der Leistungserbringung etc.)
- Regelungen zum Personaleinsatz (ggf. mit Weisungsbefugnissen)
- Haftungsregelungen, Versicherungen
- Laufzeit, Kündigungsregelungen, Verlängerungsklauseln
- Gemeinsame Gremien wie beispielsweise Lenkungsausschuss etc.
- Wettbewerbsverbote
- Geheimhaltung
- Datenschutz
- Öffentliche Kommunikation der Kooperation
- Vorgehen bei Streitigkeiten (eventuell Schiedsklausel), Gerichtsstand.

II.   Gesellschaft bürgerlichen Rechts (GbR)

24   Erfolgt im Rahmen der Zusammenarbeit nicht lediglich ein wechselseitiger Leistungsaustausch, sondern verfolgen die Kooperationspartner über den schlichten Leistungsaustausch hinaus mit der Kooperation gemeinsame Ziele, kann die Kooperation in der Rechtsform einer Gesellschaft bürgerlichen Rechts (GbR) gem. §§ 705 ff. BGB erfolgen.

Eine Kooperation in der Rechtsform einer GbR ist dadurch gekennzeichnet, dass die Kooperationspartner zur Erreichung eines gemeinsamen Zwecks, der über den reinen Austausch von Leistungen hinaus geht, zusammenarbeiten und sich zur Förderung dieses gemeinsamen Zwecks durch Erbringung von Beiträgen verpflichten.[21]

Eine GbR kann als sogenannte Außengesellschaft oder als Innengesellschaft existieren. Eine Außengesellschaft liegt dann vor, wenn die Gesellschaft am Rechtsverkehr teilnimmt.[22] Ist von den Kooperationspartnern ein Auftreten der GbR im Rechtsverkehr nicht gewünscht, liegt eine sogenannte Innengesellschaft vor.[23]

25   Bei der GbR handelt es sich nicht um eine juristische Person. Seit der Entscheidung des Bundesgerichtshofs vom 29. Januar 2001[24] ist jedoch die sog. Teilrechtsfähigkeit der GbR anerkannt, soweit diese als Außengesellschaft durch Teilnahme am Rechtsverkehr eigene Rechte und Pflichten begrün-

---

20 Vgl. Pfeiffer, a.a.O., S. 25.
21 Vgl. Sprau in Palandt, a.a.O., Einführung vor § 705 RN 1.
22 Vgl. Sprau in Palandt, a.a.O., Einführung vor § 705 RN 33.
23 Vgl. Sprau in Palandt, a.a.O., Einführung vor § 705 RN 33.
24 Az. II ZR 331/00, NJW 2001, 1056.

det.[25] Die GbR kann daher selbst Inhaberin von Rechten und Pflichten sein. Zu beachten ist, dass die Gesellschafter einer GbR mit ihrem gesamten Vermögen für die Verbindlichkeiten der GbR haften. Es gibt somit für die Gesellschafter einer GbR im Außenverhältnis – d.h. im Verhältnis zu Dritten – keine Haftungsbeschränkung wie beispielsweise bei der Rechtsform der GmbH, es sei denn, mit dem jeweiligen Vertragspartner wird individuell eine Haftungsbeschränkung vereinbart.

Der Abschluss eines schriftlichen (Gesellschafts-)Vertrages ist für die Gründung einer GbR nicht Voraussetzung. Diese kann vielmehr sogar entstehen, ohne dass die Kooperationspartner dies beabsichtigen, da eine GbR unabhängig vom Willen der Beteiligten entsteht, sobald die gesetzlichen Voraussetzungen (siehe oben) vorliegen.

🛈 Beraterhinweis:

Obwohl gesetzlich nicht gefordert, ist der Abschluss eines schriftlichen Gesellschaftsvertrags, der die Rechte und Pflichten der Kooperationspartner (Gesellschafter) regelt, dringend zu empfehlen. Andernfalls gelten für die Rechtsverhältnisse der Gesellschafter der GbR die gesetzlichen Vorschriften, die i.d.R. den Interessen der Kooperationspartner nicht gerecht werden.

Die Rechtsform der GbR ist dabei durch vertragliche Vereinbarungen vielfältig gestaltbar, da die gesetzlichen Regelungen überwiegend dispositiv sind. Die Kooperationspartner können daher durch vertragliche Vereinbarungen von der gesetzlichen Bestimmung weitgehend abweichen und die GbR – im Innenverhältnis zwischen den Gesellschaftern – an die Anforderungen der konkreten Zusammenarbeit anpassen.   26

Im Gesellschaftsvertrag der GbR sollten die Kooperationspartner insbesondere Regelungen zu folgenden Aspekten treffen:

- Gemeinsame Vorstellungen/Ziele (als Vorbemerkung/Präambel)
- Zweck/Gegenstand der Gesellschaft
- Name und Sitz der Gesellschaft
- Beiträge/Leistungen der einzelnen Gesellschafter
- Verteilung laufender Kosten
- Geschäftsführung und Vertretung der Gesellschaft
- Gesellschafterversammlungen, Beschlussfassung, Kompetenzen
- Ergebnisverwendung bzw. -verteilung
- Beginn, Dauer, Beendigung der Gesellschaft
- Eintritt/Ausscheiden/Ausschluss von Gesellschaftern.

III.   Übertragung des Managements

In Krisenzeiten oder wenn aus sonstigen Gründen kein geeignetes Personal für die Führung eines Krankenhauses zur Verfügung steht, kommt als Kooperationsform die Übertragung des Managements auf Dritte in Betracht. Die Übertragung des Managements erfolgt dabei i.d.R. durch Abschluss eines Managementvertrags.   27

Durch den Abschluss eines Managementvertrags sollen Kosten eingespart und professionelle Betriebsführungskenntnisse genutzt werden.

---

25   Vgl. Sprau in Palandt, a.a.O., § 705 RN 24.

28   Der Managementvertrag kann beispielsweise mit einem benachbarten Krankenhaus abgeschlossen werden mit der Folge, dass dessen Management künftig das betroffene Krankenhaus führt. Ebenso kann der Managementvertrag z.B. auch mit überregionalen Krankenhausbetreibern oder einer privaten Management-Gesellschaft abgeschlossen werden.[26]

Soll das Management mehrerer Krankenhäuser zusammengeführt werden, kommt in Betracht, eine gemeinsame Management-Gesellschaft zu gründen, die sodann Managementverträge mit den einzelnen Krankenhäusern abschließt.[27]

Bei einem Managementvertrag handelt es sich rechtlich i.d.R. um einen Geschäftsbesorgungsvertrag gem. § 675 BGB (siehe oben C. I.).

29   Das betroffene Krankenhaus bleibt bei Abschluss eines Managementvertrages rechtlich und wirtschaftlich eigenständig, lediglich die Geschäftsleitung wird an den Kooperationspartner übergeben. Eine Übertragung von Vermögenswerten erfolgt im Rahmen eines Managementvertrags nicht.

Gegenstand eines Managementvertrags ist die Stellung geeigneter Personen für die Geschäftsleitung des Krankenhauses. Dem Auftraggeber können einzelne Personen der Geschäftsleitung oder die gesamte Geschäftsleitung des betroffenen Krankenhauses zur Verfügung gestellt werden.[28] Die zuständigen Organe des Auftraggebers verpflichten sich dabei, diesen Personen die Geschäftsleitung des Krankenhauses zu überlassen (beispielsweise Verpflichtung zur Bestellung zum Geschäftsführer einer Krankenhaus-GmbH).

Die vom Kooperationspartner gestellte Geschäftsleitung ist an die gesetzlichen und sonstigen Vorgaben des Auftraggebers (beispielsweise Gesellschaftsvertrag, Geschäftsordnung für Geschäftsführung, Gesellschafterbeschlüsse etc.) gebunden.

30   Die Tätigkeit der vom Kooperationspartner gestellten Geschäftsleitung erfolgt im Namen und im Interesse des jeweiligen Auftraggebers. Die Personen der Geschäftsleitung bleiben grundsätzlich Arbeitnehmer bzw. Angestellte des Kooperationspartners.

Als Gegenleistung für die Übernahme des Managements erhält der Kooperationspartner eine Vergütung. Diese kann vielfältig ausgestaltet sein. So ist die Vereinbarung einer Fixvergütung ebenso denkbar wie die Vereinbarung einer Grundvergütung mit Erfolgsbeteiligung, z.B. bei Erreichen bestimmter wirtschaftlicher Kennzahlen.

In einem Managementvertrag können insbesondere Regelungen zu folgenden Punkten enthalten sein:

- Exakte Beschreibung des Vertragsgegenstands
- Vorgaben für die Geschäftsleitung durch den Auftraggeber
- Vergütung (z.B. Grundvergütung und erfolgsabhängige Vergütung)

---

26   Vgl. Pfeiffer, a.a.O., S. 226.
27   Vgl. Pfeiffer, a.a.O., S. 226.
28   Vgl. Pfeiffer, a.a.O., S. 227.

- Wechselseitige Informations- und Abstimmungspflichten
- Mitwirkungsrechte/-pflichten des Auftraggebers
- Überwachungs-/Informationsrechte des Auftraggebers
- Beratung der Mitarbeiter des Krankenhauses sowie Fortbildung der Mitarbeiter durch den Kooperationspartner
- Wettbewerbsregelungen
- Haftungsregelungen, Versicherungen
- Datenschutz
- Geheimhaltung
- Laufzeit und Kündigung
- öffentliche Kommunikation der Kooperation.

Da beim Abschluss eines Managementvertrags die Betriebsführung im fremden Namen sowie auf fremde Rechnung – d.h. für den Träger des jeweiligen Krankenhauses – erfolgt, findet kein Trägerwechsel i.S.d. KHG statt.[29]

IV.   Holdinggesellschaft

Eine Kooperation kann auch durch Gründung einer Holdinggesellschaft durch Kooperationspartner 31
erfolgen, die jeweils ein Krankenhaus (oder mehrere) beispielsweise in der Rechtsform einer GmbH (Betriebsgesellschaften) betreiben.

Als Rechtsform für die Holdinggesellschaft wird dabei meist eine GmbH oder auch eine AG gewählt.

Nach der Gründung der Holdinggesellschaft übertragen die Kooperationspartner ihre Beteiligungen an den Betriebsgesellschaften auf die Holdinggesellschaft, die dadurch Gesellschafter der Betriebsgesellschaften wird. Die Kooperationspartner sind anschließend i.d.R. nicht mehr unmittelbar an den Betriebsgesellschaften, sondern ausschließlich an der Holdinggesellschaft als Gesellschafter beteiligt.

 Beispiel: 32

Gründung einer gemeinsamen Holdinggesellschaft

Ausgangsstruktur:

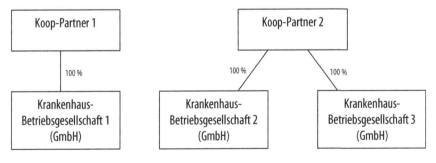

---

29 Vgl. Pfeiffer, a.a.O., S. 228.

3

33   Zielstruktur:

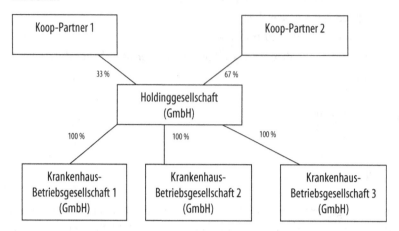

Die Beteiligungsverhältnisse der Kooperationspartner an der Holdinggesellschaft bestimmen sich i.d.R. nach dem Verhältnis der auf die Holdinggesellschaft übertragenen Vermögenswerte (Beteiligungen an den Betriebsgesellschaften), wobei jedoch auch abweichende Vereinbarungen möglich sind.

34   Im Rahmen der Übertragung von Beteiligungen an Betriebsgesellschaften an eine Holdinggesellschaft werden keine einzelnen Vermögensgegenstände (Assets), sondern ausschließlich die gesellschaftsrechtlichen Beteiligungen an den Betriebsgesellschaften (Shares) übertragen, so dass es sich nicht um einen Asset Deal, sondern um einen Share Deal handelt. Die Betriebsgesellschaften bleiben daher im Rahmen der Einbindung in eine Holding-Struktur in ihrer rechtlichen und wirtschaftlichen Struktur grundsätzlich unverändert. Ein Trägerwechsel i.S.d. KHG erfolgt grundsätzlich nicht.

Charakteristisch für die Schaffung einer Holding-Struktur ist, dass die Holdinggesellschaft selbst nicht operativ tätig wird. Diese beschränkt sich i.d.R. auf das Halten und Verwalten der Beteiligungen an den Betriebsgesellschaften. Die Holdinggesellschaft koordiniert die Geschäftstätigkeiten des Konzerns (d.h. der Betriebsgesellschaften) und gibt die strategische Führung vor.

35   Die Einflussnahme der Holdinggesellschaft auf die Geschäftstätigkeit der Betriebsgesellschaften erfolgt durch ihre Alleingesellschafterstellung bei den Betriebsgesellschaften. So kann die Holdinggesellschaft durch Gesellschafterbeschlüsse in den Gesellschafterversammlungen der Betriebsgesellschaften die Geschäftsführung der Betriebsgesellschaften besetzen sowie der jeweiligen Geschäftsführung Weisungen erteilen. Die Einflussnahme der Holdinggesellschaft auf die Geschäftsführung der Betriebsgesellschaften wird i.d.R. auch durch entsprechende Bestimmungen in den Gesellschaftsverträgen der Betriebsgesellschaften, wie beispielsweise einem Katalog zustimmungspflichtiger Geschäfte für die Geschäftsführung der Betriebsgesellschaften und/oder die Einführung einer Geschäftsordnung und weiterer Informationspflichten der Geschäftsführung der Betriebsgesellschaften gewährleistet.[30]

Um die Durchsetzung des einheitlichen Willens in der Holding-Struktur – und damit insbesondere in den Betriebsgesellschaften – zu gewährleisten, werden die Geschäftsführungen der Holdinggesellschaft und der Betriebsgesellschaften häufig auch personenidentisch besetzt.[31]

---

30   Vgl. Pfeiffer, a.a.O., S. 140.
31   Vgl. Pfeiffer, a.a.O., S. 141.

Beraterhinweis:

Im Rahmen der Schaffung einer Holding-Struktur ist besonderes Augenmerk auf die Ausgestaltung des Gesellschaftsvertrags der Holdinggesellschaft zu legen, da den Regelungen des Gesellschaftsvertrags entscheidende Bedeutung für die Möglichkeit der Einflussnahme der Kooperationspartner als Gesellschafter der Holdinggesellschaft auf die Geschäftstätigkeit (auch der Betriebs-gesellschaften) zukommt.

Zu folgenden Aspekten – insbesondere bei Minderheitsbeteiligungen – sollten im Gesellschaftsver-   36
trag der Holdinggesellschaft Regelungen aufgenommen werden:

- Verfügungen über Geschäftsanteile (z.B. um einen ungewollten Gesellschafterwechsel zu verhindern)
- Besetzung der Geschäftsführung (z.B. Sonderrechte für einen (Minderheits-)Gesellschafter)
- Aufsichtsorgane (Aufsichtsrat/Beirat), deren Besetzung und Kompetenzen
- Katalog zustimmungspflichtiger Maßnahmen für die Geschäftsführung; Geschäftsordnung
- Gesellschafterversammlung (Kompetenzen, Einberufung, Beschlussfassung)
- Eintritt/Ausscheiden/Ausschluss von Gesellschaftern
- Beendigung der Gesellschaft
- Ergebnisverwendung bzw. -verteilung.

Besonderheiten bei der Errichtung einer Holding-Struktur können insbesondere bei Beteiligung   37
konfessioneller Krankenhausträger zu berücksichtigen sein, da die jeweils einschlägigen konfessionellen Rechtsbestimmungen/Vorgaben im Einzelfall erheblichen Einfluss auf die Ausgestaltung eines Gesellschaftsvertrags haben können (siehe oben B. III. 1.).[32]

V.   Fusion

Die stärkste Form der Kooperation stellt der Zusammenschluss von Einrichtungen/Rechtsträgern   38
(Fusion) dar (Kooperation mit hoher Organisationsintensität).

Im Gegensatz zu anderen Kooperationsformen verliert im Rahmen der Fusion i.d.R. mindestens ein Kooperationspartner seine rechtliche und wirtschaftliche Selbstständigkeit.[33]

Charakteristisch für eine Fusion ist, dass zwei oder mehrere vorher rechtlich eigenständige Einrichtungen zusammengeführt werden. Die Träger der Einrichtungen sind im Anschluss an die Fusion i.d.R. gemeinsam an der „fusionierten" Einrichtung beteiligt.

Eine Fusion ist rechtlich auf mehreren Wegen – auch abhängig von der Rechtsform der Beteiligten – möglich.

1.   Fusion durch Einzelrechtsnachfolge

Im Rahmen einer Fusion durch Einzelrechtsnachfolge werden sämtliche den Betrieb eines Kranken-   39
hauses betreffenden Vermögensgegenstände (Aktiva und Passiva) durch Rechtsgeschäft auf einen anderen Rechtsträger übertragen. Der die Vermögensgegenstände übernehmende Rechtsträger tritt in sämtliche Vertragsbeziehungen des zu übertragenden Krankenhausbetriebs ein.

Der in der Praxis häufigste Fall der Fusion durch Einzelrechtsnachfolge ist die Übertragung eines Krankenhausbetriebs an eine neu zu gründende oder eine bestehende GmbH.

---

32 Vgl. hierzu Pfeiffer, a.a.O., S. 151 ff.
33 Nach Lutz, a.a.O., S. 107.

3

40 Die Übertragung des Krankenhausbetriebs auf eine bestehende GmbH erfolgt i.d.R. im Rahmen einer Kapitalerhöhung durch **Sacheinlage**. Der den Krankenhausbetrieb als Sacheinlage einbringende Kooperationspartner wird im Rahmen der Kapitalerhöhung Gesellschafter der GmbH und erbringt die auf die übernommenen Geschäftsanteile zu leistenden Einlagen durch die (Sach-)Einlage des Krankenhausbetriebs.

Erfolgt die Einbringung im Rahmen der Gründung einer GmbH wird von einer **Sachgründung** durch Erbringung einer Sacheinlage (Einbringung des Krankenhausbetriebs) gesprochen.

41 ❯ Beispiel:

Gründung einer gemeinsamen Tochtergesellschaft und Einbringung von Krankenhausbetrieben als Sacheinlage in die Tochtergesellschaft

Ausgangsstruktur:

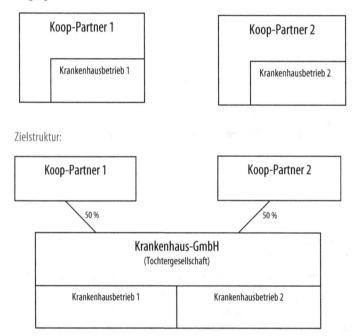

Zielstruktur:

❗ Beraterhinweis:

Bei der Fusion durch Einzelrechtsnachfolge ist zu beachten, dass für die rechtswirksame Übertragung der Vermögensgegenstände, insbesondere von Verbindlichkeiten, und den Eintritt in laufende Verträge, die Zustimmung der Gläubiger bzw. der Vertragspartner eingeholt werden muss. Dies kann insbesondere dann problematisch werden, wenn die Gläubiger/Vertragspartner den künftigen Rechtsträger des Krankenhausbetriebs nicht als Schuldner/Vertragspartner akzeptieren.

42 Für die Arbeitnehmer der zu übertragenden Einrichtung hat die Übertragung des Krankenhausbetriebs einen **Betriebsübergang** nach § 613 a BGB zur Folge, d.h. die Arbeitsverhältnisse gehen automatisch auf den neuen Rechtsträger über.

Bei einer Fusion durch Einzelrechtsnachfolge erfolgt ein Trägerwechsel i.S.d. KHG.

2.   Fusion durch Gesamtrechtsnachfolge

Im Gegensatz zu einer Fusion durch Einzelrechtsnachfolge kann eine Fusion auch im Wege der Ge-   43
samtrechtsnachfolge erfolgen. Meist geschieht dies nach den Bestimmungen des Umwandlungsgesetzes (UmwG).

Im Gegensatz zu einer Fusion durch Einzelrechtsnachfolge ist bei einer Fusion durch Gesamtrechtsnachfolge keine Übertragung einzelner Vermögensgegenstände erforderlich, vielmehr gehen alle
Aktiva und Passiva insgesamt auf den übernehmenden Rechtsträger über. Einer Zustimmung von
Gläubigern und Vertragspartnern bedarf es daher nicht. Bezüglich der Arbeitnehmer tritt ebenfalls
ein Betriebsübergang gem. § 613 a BGB ein.

Die Gesellschafter des übertragenden Rechtsträgers werden bei einer Fusion nach dem UmwG i.d.R.
Gesellschafter des übernehmenden Rechtsträgers.

Für eine Fusion nach dem UmwG stehen u.a. folgende Gestaltungsvarianten zur Verfügung:

a)   Verschmelzung zur Neugründung oder zur Aufnahme[34]

Eine Verschmelzung ist gekennzeichnet durch die Gesamtrechtsnachfolge des übernehmenden   44
Rechtsträgers in die Rechtsposition des übertragenden Rechtsträgers unter Auflösung des übertragenden Rechtsträgers ohne Liquidation.[35]

Im Zuge der Übertragung des gesamten Vermögens des übertragenden Rechtsträgers auf den übernehmenden Rechtsträger erlischt der übertragende Rechtsträger mit Wirksamkeit der Verschmelzung. Zum Ausgleich erhalten die Anteilsinhaber des übertragenden Rechtsträgers grundsätzlich
eine Beteiligung an dem übernehmenden Rechtsträger. Die Verschmelzung kann im Wege der Übertragung des Vermögens des übertragenden Rechtsträgers auf einen bereits bestehenden Rechtsträger (*Verschmelzung zur Aufnahme*) oder auf einen im Rahmen der Verschmelzung zu gründenden
Rechtsträger (*Verschmelzung zur Neugründung*) erfolgen.

Eine Verschmelzung führt zu einem Trägerwechsel i.S.d. KHG.

 Beispiel: 45

Verschmelzung der Krankenhaus-Betriebsgesellschaft 2 zur Aufnahme auf die Krankenhaus-Betriebsgesellschaft 1

Ausgangsstruktur:

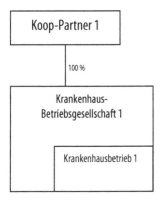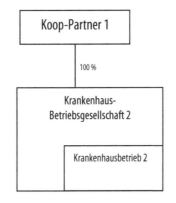

---

34   §§ 2 ff. UmwG; vgl. Stoye-Benk, Handbuch Umwandlungsrecht, 2. Auflage 2008, C., RN 93 ff.
35   Vgl. Stoye-Benk, a.a.O., C., RN 93.

Zielstruktur:

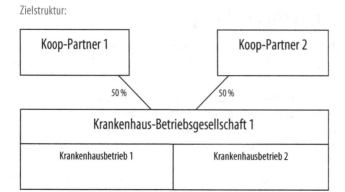

b) Spaltung zur Neugründung oder zur Aufnahme[36]

46   Bei der Spaltung (Ab-, Aufspaltung, Ausgliederung) erfolgt eine Übertragung von Vermögensteilen als Gesamtheit durch eine sog. partielle Gesamtrechtsnachfolge von einem Rechtsträger auf einen anderen.[37]

Eine Spaltung kann beispielsweise als **Abspaltung** gem. § 123 Abs. 2 UmwG (zur Aufnahme oder zur Neugründung) erfolgen. Im Gegensatz zur Verschmelzung bleibt der übertragende Rechtsträger bestehen, da dieser nur einen Teil seines Vermögens auf den übernehmenden Rechtsträger überträgt. Die Anteilsinhaber des übertragenden Rechtsträgers bleiben Anteilsinhaber des übertragenden Rechtsträgers und erhalten außerdem grundsätzlich eine Beteiligung an dem übernehmenden Rechtsträger.

47   Möglich ist auch eine **Aufspaltung** gem. § 123 Abs. 1 UmwG, im Rahmen derer ein Rechtsträger sein gesamtes Vermögen auf zwei oder mehrere Rechtsträger überträgt und dadurch erlischt.

Ebenso besteht die Möglichkeit der **Ausgliederung** eines Teils des Vermögens eines übertragenden Rechtsträgers auf einen übernehmenden Rechtsträger gem. § 123 Abs. 3 UmwG. Eine Ausgliederung unterscheidet sich von der Abspaltung insoweit, als nicht die Anteilsinhaber des übertragenden Rechtsträgers, sondern der übertragende Rechtsträger selbst die Beteiligung an dem übernehmenden Rechtsträger erhält.

Eine Spaltung führt zu einem Trägerwechsel i.S.d. KHG.

---

36   §§ 123 ff. UmwG; vgl. Stoye-Benk, a.a.O., D., RN 83.
37   Vgl. Stoye-Benk, a.a.O., D., RN 183.

Beispiel:

48

Abspaltung des Krankenhausbetriebs 2 von der Krankenhaus-Betriebsgesellschaft 2 zur Aufnahme auf die Krankenhaus-Betriebsgesellschaft 1

Ausgangsstruktur:

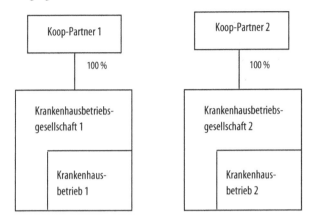

Zielstruktur:

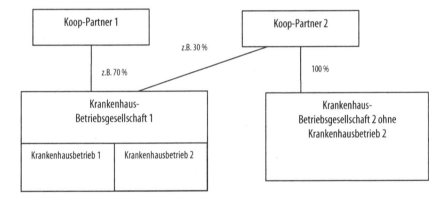

VI. Integrierte Versorgung (§§ 140a ff. SGB V)

1. Überblick

Auch die integrierte Versorgung gem. §§ 140a ff. SGB V ist zu den Kooperationen zu zählen. Durch   49
die integrierte Versorgung sollen die Leistungen des ambulanten und stationären Sektors enger aufeinander abgestimmt sowie die Versorgung zu Gunsten der Patienten durch eine interdisziplinär-fachübergreifende Zusammenarbeit verbessert werden. Integrierte Versorgung bedeutet somit die Kooperation von Leistungserbringern im Gesundheitswesen über fachliche und/oder sektorale Grenzen hinweg, d.h. die Etablierung interdisziplinärer und sektorenübergreifender Behandlungsformen.[38]

---

38   Vgl. Ernst, Kooperationen in der integrierten Versorgung, 2008, S. 40.

3

Durch die Zusammenarbeit der Beteiligten soll neben der Verbesserung der Versorgung der Patienten auch die Wirtschaftlichkeit im Gesundheitssektor gesteigert werden.

§ 140a SGB V gestattet einzelnen oder mehreren Krankenkassen, mit verschiedenen Vertragspartnern gem. § 140b Abs. 1 SGB V unmittelbar – ohne Beteiligung der kassenärztlichen Vereinigung – Verträge abzuschließen (sog. Integrationsversorgungsverträge).

50 Als mögliche Vertragspartner des Integrationsversorgungs-Vertrags mit einer oder mehreren Krankenkassen kommen gem. § 140b Abs. 1 SGB V folgende Leistungserbringer in Betracht:

- Träger zugelassener Krankenhäuser, stationärer Vorsorge- und Rehabilitationseinrichtungen
- einzelne Vertragsärzte und -psychotherapeuten oder deren Gemeinschaften
- Medizinische Versorgungszentren
- Pflege- und Rettungsdienste
- Managementgesellschaften
- Apotheken
- Sanitätshäuser
- Physiotherapeuten
- Ergotherapeuten
- Logopäden
- Pflegekassen und Pflegeeinrichtungen

51 Die Zahl der abgeschlossenen Verträge zur integrierten Versorgung – und damit deren Bedeutung im Gesundheitssystem – ist in den vergangenen Jahren kontinuierlich angestiegen. Zum 31. Dezember 2008 wurden bereits über 6.000 Verträge mit mehr als vier Millionen Versicherten und einem Vergütungsvolumen von über € 800 Mio. abgeschlossen.[39]

2. Integrationsversorgungsvertrag

52 Der Inhalt des Integrationsversorgungsvertrags (IGV-Vertrag) wird weitgehend durch § 140b Abs. 3 SGB V vorgegeben. Danach müssen sich die Vertragspartner der Krankenkassen zu einer qualitätsgesicherten, wirksamen, ausreichenden, zweckmäßigen und wirtschaftlichen Versorgung der Versicherten (Patienten) verpflichten. Die Vertragspartner haben eine Versorgung der Patienten nach dem allgemein anerkannten Stand der medizinischen Erkenntnisse und des medizinischen Fortschritts zu erfüllen und dabei eine am Versorgungsbedarf der Patienten orientierte Zusammenarbeit zwischen allen an der Versorgung Beteiligten zu gewährleisten und sicherzustellen.

53 Neben dem gesetzlich gem. § 140b Abs. 3 SGB V vorgegebenen Vertragsinhalt sollten insbesondere auch zu folgenden Punkten Regelungen im IGV-Vertrag aufgenommen werden[40]:

- Präambel/Vorbemerkung mit Motiven/Zielen für die Zusammenarbeit
- Bestimmung des persönlichen und räumlichen Geltungsbereichs des Versorgungsauftrags
- Qualitätssicherung (Einhaltung von Standards, Leitlinien, etc., vgl. §§ 137 ff. SGB V)
- Versorgungskoordination (Ansprechpartner)
- Datenübermittlung zwischen den Krankenkassen und den Leistungserbringern sowie den Leistungserbringern untereinander
- Teilnahmevoraussetzungen für die Patienten

---

39 Quelle: Gemeinsame Registrierungsstelle zur Unterstützung der Umsetzung des § 140d SGB V, www.bqs-register140d.de.
40 Vgl. Kuhlmann in: Das Krankenhaus, 2004, S. 417, 422.

- Teilnahme etwaiger weiterer Leistungserbringer (vgl. § 140b Abs. 5 SGB V, grundsätzlich nur mit Zustimmung aller Vertragspartner möglich)
- Vertragslaufzeit, Kündigung.

3.   Rechtsverhältnisse der Beteiligten

Besonderes Augenmerk ist neben der Ausgestaltung des IGV-Vertrags zwischen den Leistungser-   54
bringern und der Krankenkasse auf die rechtliche Ausgestaltung des Rechtsverhältnisses zwischen den Leistungserbringern untereinander zu legen. Grundlegende Unterschiede ergeben sich dabei abhängig davon, wie die Leistungserbringer der Krankenkasse gegenübertreten.

Es besteht die Möglichkeit, dass sich die Leistungserbringer bewusst zu einer Gesellschaft – häufig einer GbR – zusammenschließen und über die Gesellschaft als „Gruppe" in ein Rechtsverhältnis mit der Krankenkasse eintreten (*Gesellschaftsmodell*). Der IGV-Vertrag wird in diesem Fall zwischen der Krankenkasse und der durch die Leistungserbringer gegründeten Gesellschaft abgeschlossen.

Gesellschaftsmodell: 55

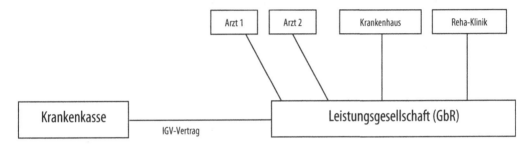

Ebenso können die beteiligten Leistungserbringer jeweils separat mit der Krankenkasse ein Rechtsverhältnis begründen und jeweils selbst eigenständige Integrationsversorgungsverträge abschließen, ohne dass ein Gesellschaftsverhältnis zwischen den Leistungserbringern entstehen soll (*Kooperationsmodell*).

Kooperationsmodell: 56

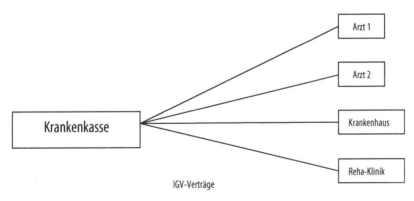

3

Handelt es sich um ein Kooperationsmodell, entsteht häufig dennoch (ungewollt) eine GbR zwischen den Leistungserbringern, da sich diese i.d.R. darüber einig sind, i.S.d. Förderung eines gemeinsamen Zwecks gem. § 705 BGB zu handeln und dadurch – unabhängig vom Willen der Kooperationspartner – eine GbR entsteht (vgl. C. II.).[41]

57 Daher ist auch vor diesem Hintergrund i.d.R. anzuraten, bewusst eine gesellschaftsvertragliche Regelung zwischen den Leistungserbringern zu treffen, um die Rechtsverhältnisse zwischen den Beteiligten gezielt entsprechend der Bedürfnisse im Einzelfall gestalten zu können.

Treten die Leistungserbringer gegenüber der Krankenkasse als Gesellschaft auf (Gesellschaftsmodell), stehen diesen dabei grundsätzlich sämtliche Gesellschaftsformen zur Verfügung. Abhängig von der Rechtsform der Beteiligten wird aufgrund berufsrechtlicher Regeln häufig allerdings eine GbR zweckmäßig sein.

Im Gesellschaftsvertrag der GbR sollten die Beteiligten Regelungen zu den unter C. II. dargestellten Punkten treffen.

D.   Medizinische Versorgungszentren

I.   Überblick

58 Die Möglichkeit der Gründung Medizinischer Versorgungszentren (MVZ) besteht seit 1. Januar 2004. Der Gesetzgeber hat durch die Ermöglichung der Gründung von MVZ einen neuen Leistungserbringer im Gesundheitssystem geschaffen.

Gem. § 95 SGB V ist ein MVZ eine zugelassene, fachübergreifend tätige, ärztlich geleitete Einrichtung, in der Ärzte, die im Arztregister eingetragen sind, als Angestellte oder als Vertragsärzte tätig sind.

Mit der Einführung der MVZ beabsichtigte der Gesetzgeber durch die enge Verknüpfung ärztlicher und nichtärztlicher Leistungserbringer, die Versorgung der Patienten zu verbessern („Versorgung aus einer Hand").

Seit der Ermöglichung der Gründung von MVZ steigt deren Zahl kontinuierlich an. Bis zum dritten Quartal 2008 wurden bereits mehr als 1.100 MVZ zugelassen.[42] Beachtlich ist dabei, dass sich davon ca. 37 % in der Trägerschaft von Krankenhäusern befinden.[43]

II.   Grundlagen/Merkmale

59 Gesetzliche Grundlage für die Gründung eines MVZ ist § 95 SGB V, eingeführt zum 1. Januar 2004 durch das Gesundheitsmodernisierungsgesetz (GMG). Weitere Veränderungen hat das zum 1. Januar 2007 in Kraft getretene Vertragsarztrechtsänderungsgesetz (VÄndG) gebracht.

---

41 Vgl. Kuhlmann, a.a.O., S. 418.
42 Kassenärztliche Bundesvereinigung (KBV), www.kbv.de.
43 KBV, www.kbv.de.

1.   Fachübergreifend

Gem. § 95 Abs. 1 Satz 2 SGB V muss ein MVZ fachübergreifend tätig sein. D.h. es müssen minde- **60** stens zwei Ärzte mit unterschiedlichen Facharzt- oder Schwerpunktbezeichnungen im MVZ tätig sein.

2.   Ärztliche Leitung

Ein MVZ muss gem. § 95 Abs. 1 Satz 2 SGB V unter der Leitung eines in das Arztregister eingetra- **61** genen Arztes stehen. Ziel der Regelung ist es, die ärztliche Weisungsunabhängigkeit zu gewährleisten. Die im Rahmen der Gründung und des Betriebs eines MVZ (gesellschafts)vertraglich getroffenen Regelungen dürfen daher keine Bestimmungen enthalten, welche die Weisungsunabhängigkeit des ärztlichen Leiters bezogen auf die Gesamtverantwortung für das ärztliche Handeln in einem MVZ beeinträchtigen.

🛈 Beraterhinweis:

Die Bestimmungen in § 95 SGB V haben jedoch nicht zur Folge, dass der ärztliche Leiter auch sämtliche anderen Geschäfte eines MVZ führen muss. Nichtärztliche Tätigkeiten können vielmehr auch auf Nicht-Ärzte wie beispielsweise haupt- oder nebenberufliche Geschäftsführer übertragen werden.

Sofern im Rahmen des MVZ Leistungen aus unterschiedlichen Versorgungsbereichen angeboten werden, ist gem. § 95 Abs. 1 Satz 5 SGB V auch eine kooperative Leitung (z.B. durch einen Arzt und einen Psychotherapeuten) möglich.

3.   Gründer

Gründer eines MVZ können grundsätzlich alle Leistungserbringer i.S.d. 4. Kapitels des SGB V sein, **62** beispielsweise:[44]

- Krankenhäuser
- Vertragsärzte
- Kommunen
- Hochschulkliniken
- Heilmittelerbringer
- Apotheken.

Als Gründer eines MVZ kommen dagegen beispielsweise nicht in Betracht:[45]   **63**

- Krankenhausgesellschaften
- Träger von Managementgesellschaften
- Privatkrankenanstalten
- Zahntechniker
- Kassen(zahn)ärztliche Vereinigungen
- Pharmazeutische Unternehmer gem. § 130a SGB V

---

44 Vgl. Gesetzesbegründung, BT-Drucks 15/1525 S. 107 f.
45 Vgl. Michels/Möller, Ärztliche Kooperationen, 2007, S. 214; Das Medizinische Versorgungszentrum am Krankenhaus, 2007, S. 20.

■ Krankenkassen oder deren Verbände mit Ausnahme der Eigeneinrichtungen gem. § 140 Abs. 1 SGB V.

4. Vorteile für Krankenhäuser

64 Wie bereits die hohe Zahl der Trägerschaften von Krankenhäusern zeigt, kann die Gründung eines MVZ für Krankenhäuser aus einer Vielzahl von Gründen attraktiv sein, beispielsweise:[46]

■ Verbesserte Planungssicherheit für die Behandlung ambulanter Patienten

■ Erschließung neuer Ertragspotentiale durch Teilnahme an der ambulanten Versorgung

■ Kostensenkungspotential durch bessere Ausnutzung der vorgehaltenen Infrastruktur

■ MVZ als wesentlicher Bestandteil der Behandlungsabfolge „ambulant-stationär-ambulant"

■ Schaffung ambulanter Zusatzfunktionen durch das MVZ

■ MVZ als Nachbehandler bei verkürzten Liegezeiten

■ Generierung weiterer Aufnahmen über MVZ

■ Wettbewerbsvorteile

■ Verbesserung der Patientenversorgung

■ Erweiterung/Strukturierung des Leistungsangebots.

65 Für Krankenhäuser bietet sich im Rahmen eines MVZ dabei erstmals die Möglichkeit, das gesamte Leistungsspektrum der ambulanten Versorgung anzubieten.[47] Durch den Ausbau der Versorgungskette in den ambulanten Bereich kann sich daher für Krankenhäuser als Träger eines MVZ ein erhebliches strategisches Potential ergeben.[48] Beispielsweise kann es einem ländlichen Krankenhaus der Grundversorgung die Gründung eines MVZ ermöglichen, eigene fachärztliche Versorgungslücken zu schließen.[49] In besser versorgten Ballungsräumen kann die Gründung eines spezialisierten MVZ zur Erlangung von Wettbewerbsvorteilen genutzt werden.[50]

5. Geschäftsmodelle

66 Mit einem MVZ können verschiedene Geschäftsmodelle verfolgt werden. So kann hinsichtlich der fachlichen Ausrichtung beispielsweise zwischen Grundversorgungs-MVZ und Spezialisierungs-MVZ unterschieden werden.[51]

Die Organisationsstrukturen eines MVZ können daher vielfältig sein. Z.B. kann ein Groß-MVZ unter Beteiligung einer großen Zahl von Leistungserbringern (z.B. Krankenhaus, Rehaeinrichtung, Anästhesist, Chirurg, Orthopäde, Gynäkologe, Zahnarzt, Apotheke etc.) oder ein Spezial-MVZ unter Beteiligung bestimmter spezialisierter Leistungserbringer (z.B. als „Kopf-Zentrum" mit Krankenhaus, HNO-Arzt, Zahnarzt, Kieferorthopäde, Gesichtschirurg etc.) betrieben werden.

---

46 Vgl. Das Medizinische Versorgungszentrum am Krankenhaus, 2007, S. 52 ff.; Zwingel/Preißler, Ärzte-Kooperationen und Medizinische Versorgungszentren, 2. Auflage, 2008, S. 155 f.; Michels/Möller, a.a.O., S. 211.
47 Vgl. Kooperation und Verantwortung – Voraussetzungen einer zielorientierten Gesundheitsversorgung, 2008, S. 211.
48 Vgl. Das Medizinische Versorgungszentrum am Krankenhaus, a.a.O., S. 3, 62.
49 Vgl. Das Medizinische Versorgungszentrum am Krankenhaus, a.a.O., S. 53 f.
50 Vgl. Das Medizinische Versorgungszentrum am Krankenhaus, a.a.O., S. 53 f.
51 Vgl. Das Medizinische Versorgungszentrum am Krankenhaus, a.a.O., S. 31.

III. Rechtsformen eines MVZ

Gem. § 95 Abs. 1 Satz 3 SGB V können sich MVZ grundsätzlich aller zulässigen Organisations-   67
formen bedienen. In Betracht kommt daher die Errichtung eines MVZ als Personengesellschaft (z.B.
GbR) oder als Kapitalgesellschaft (z.B. GmbH oder AG).

Der Betrieb eines MVZ als Offene Handelsgesellschaft (OHG), Kommanditgesellschaft (KG) und
auch GmbH & Co. KG scheidet jedoch grundsätzlich aus, da diese Rechtsformen gem. § 105 Abs. 1
HGB auf den Betrieb eines Handelsgewerbes gerichtet sind und daher für die Ausübung ärztlicher
Tätigkeiten nicht in Betracht kommen.[52]

🛈 Beraterhinweis:

In der Praxis wird die überwiegende Zahl der MVZ in der Rechtsform einer GbR, GmbH oder Partnerschaftsgesellschaft gegründet.[53] MVZ in Krankenhausträgerschaft werden dabei weit überwiegend in der Rechtsform der GmbH gegründet.[54]

Erfolgt die Gründung des MVZ in der Rechtsform einer juristischen Person (z.B. GmbH), ist § 95   68
Abs. 2 Satz 5 SGB V zu beachten. Die Gesellschafter der MVZ-GmbH müssen in diesem Fall Bürgschaftserklärungen für Forderungen von kassenärztlichen Vereinigungen und Krankenkassen gegen
das MVZ aus dessen vertragsärztlicher Tätigkeit vorlegen. Gefordert wird eine selbstschuldnerische
Bürgschaft gem. § 773 Abs. 1 Nr. 1 BGB (keine Bankbürgschaft), die betragsmäßig nicht beschränkt
sowie nicht befristet oder kündbar ausgestaltet werden darf.[55]

Unabhängig von der Wahl der Rechtsform ist auf die Ausgestaltung des jeweiligen Gesellschaftsvertrags besonderes Augenmerk zu richten, da die Gründung eines MVZ i.d.R. auf Dauer ausgerichtet
ist.

Teilweise werden MVZ inzwischen auch als unselbständiger Betriebsteil eines Krankenhauses gegründet und wie eine Abteilung des Krankenhauses geführt. Neben den Vorteilen des im Einzelfall
geringeren Organisationsaufwands (es bedarf keiner gesonderten Betriebsgesellschaft für das MVZ)
und der Flexibilität des Personaleinsatzes können sich jedoch Nachteile daraus ergeben, dass das
MVZ in diesem Fall den gleichen rechtlichen Rahmenbedingungen wie das Krankenhaus unterliegt,
was eventuell zu Beschränkungen führen kann.[56]

IV. Zulassung

Ein MVZ bedarf gem. § 95 Abs. 1 Satz 1 SGB V der Zulassung.   69

Zulassungsvoraussetzungen sind insbesondere:

- Nachweis der Gründungsfähigkeit
- Fachübergreifende Einrichtung
- Ärztliche Leitung
- Vertragsärztliche Tätigkeit
- Bei einem MVZ mit angestellten Ärzten:
    - Eintragung im Arztregister (vgl. § 95 Abs. 1 Satz 2 SGB V).
    - Abschluss eines Arbeitsvertrags.

---

52 Vgl. Michels/Möller, a.a.O., S. 216.
53 Quelle: KBV, www.kbv.de.
54 Vgl. KBV, MVZ-Survey 2008, S. 16.
55 Vgl. Michels/Möller, a.a.O., S. 217.
56 Vgl. Das Medizinische Versorgungszentrum am Krankenhaus, a.a.O., S. 23.

Zu beachten ist, dass die Zulassung für den Ort der Niederlassung ausgesprochen wird, d.h. für den Ort, an dem die ärztliche Behandlung erfolgt, und somit nicht für den Ort des Sitzes des Trägers des MVZ.

Die Gründung eines MVZ generiert dabei für sich alleine keinen neuen Vertragsarztsitz, sondern es müssen freie Arztsitze für die im MVZ vorgesehenen Fachrichtungen zur Verfügung stehen.

70 Im Falle eines Vertragsärzte-MVZ besteht die Möglichkeit, dass Vertragsärzte ihre persönliche Zulassung in das MVZ einbringen.

Im Falle eines Angestellten-MVZ werden Arztsitze benötigt, die durch Bewerbung des MVZ im Nachfolgeverfahren oder durch Vertragsärzte beschafft werden können, die auf ihren Arztsitz verzichten, um sich im MVZ anstellen zu lassen (vgl. § 103 Abs. 4a Satz 1 SGB V zur Umwandlung einer Vertragsarztzulassung).

Im Hinblick darauf, dass eine Vielzahl der MVZ unter Beteiligung von Krankenhäusern gegründet wird, ist zu beobachten, dass Krankenhäuser in diesem Zusammenhang verstärkt als Interessenten auf dem Markt für Praxisübernahmen auftreten.[57]

V.   Rechtsbeziehungen des MVZ

71 Der Behandlungsvertrag kommt zwischen dem Patienten und dem jeweiligen MVZ-Träger zustande, d.h. beispielsweise mit der MVZ-GmbH.

Hinsichtlich der Abrechnungen der Leistungen ist das MVZ wie eine fachübergreifende Gemeinschaftspraxis zu behandeln.[58]

---

57   Vgl. Michels/Möller, a.a.O., S. 219.
58   Vgl. Michels/Möller, a.a.O., S. 220.

§ 4 Arbeitsrecht

A. Überblick

Arbeitsrechtsbeziehungen im Krankenhaus unterliegen den allgemeinen arbeitsrechtlichen Bestimmungen, die jedoch vereinzelt durch krankenhausspezifische Regelungen modifiziert oder ergänzt werden. Sie sind angesichts der Gesetzesänderungen, der Rechtsprechung und der jeweiligen Tarifabschlüsse einem steten Wandel unterworfen. Die nachfolgenden Ausführungen sollen einzelne praxisrelevante Besonderheiten herausgreifen und Hilfestellung für die Falllösung geben.

B. Rechtsgrundlagen der Arbeitsverhältnisse

I. Gesetzliche Bestimmungen

Arbeitsverhältnisse in Krankenhäusern unterliegen dem gesamten Arbeitnehmerschutzrecht (z.B. KSchG, BUrlG, EFZG, MuSchG, BEEG). Darüber hinaus sind bei der Beschäftigung von Arbeitnehmern in Krankenhäusern Sondervorschriften zu beachten, die Beschränkungen hinsichtlich der Ausübung von Heil- und Hilfsberufen enthalten (z.B. BÄO, HebG) oder das Führen einer Berufsbezeichnung und die Tätigkeit unter dieser Berufsbezeichnung von einer Erlaubnis abhängig machen (z.B. KrPflG, MPhG, PsychThG, MTAG).

II. Geltung von Tarifverträgen

Häufiger als in vielen anderen Wirtschaftszweigen finden in Krankenhäusern typischerweise Tarifverträge Anwendung. Hierbei handelt es sich in erster Linie um den Tarifvertrag für den öffentlichen Dienst (TVöD) mit seinem besonderen Teil für Krankenhäuser (TVöD-K), den Tarifvertrag für den öffentlichen Dienst der Länder (TV-L) sowie die von der Ärztegewerkschaft Marburger Bund abgeschlossenen Tarifwerke für die Ärzte in kommunalen Krankenhäusern (TV-Ärzte/VKA) bzw. an Universitätskliniken (TV-Ärzte/Länder).

Tarifverträge gelten jedoch nicht ohne weiteres. Sie kommen stets dann zur Anwendung, wenn Arbeitgeber und Arbeitnehmer jeweils tarifgebunden sind (§ 3 Abs. 1 TVG). Die Tarifbindung des Arbeitgebers folgt im Bereich der Krankenhäuser häufig aus der Zugehörigkeit zu einem Mitgliedsverband der Vereinigung der kommunalen Arbeitgeberverbände (VKA), teilweise aber auch daraus, dass der Krankenhausträger mit der Gewerkschaft (regelmäßig ver.di und/oder Marburger Bund) einen Haus- oder Konzerntarifvertrag abgeschlossen hat. Darüber hinaus finden Tarifbestimmungen dann auf die Arbeitsverhältnisse Anwendung, wenn sie durch den Arbeitsvertrag einbezogen werden. Die Ausgestaltung solcher Bezugnahmeklauseln in der Praxis ist vielfältig und je nach konkreter Formulierung unterschiedlich weitreichend. Eine umfassende (dynamische) Bezugnahmeklausel könnte beispielsweise folgenden Wortlaut haben:

> „Auf das Arbeitsverhältnis der Parteien finden die zwischen der Vereinigung der kommunalen Arbeitgeberverbände (VKA) und dem Marburger Bund abgeschlossenen Tarifverträge in der jeweils gültigen Fassung Anwendung. Unabhängig von einer Gewerkschaftszugehörigkeit des Arztes gelten diese Tarifverträge in der gleichen Weise wie sie nach den gesetzlichen

Bestimmungen für Gewerkschaftsmitglieder kraft Tarifgebundenheit gelten (Gleichstellungsabrede). Fällt der Arbeitgeber nicht mehr in den Geltungsbereich dieser Tarifverträge oder entfällt die Tarifbindung des Arbeitgebers aus anderen Gründen, so gelten die Tarifverträge statisch in der zuletzt gültigen Fassung fort, bis sie durch eine andere Abmachung ersetzt werden. Dies gilt entsprechend bei der Übertragung des Krankenhausbetriebs auf ein anderes Unternehmen, das nicht an diese Tarifverträge gebunden ist."

Diese Formulierung soll zugleich gewährleisten, dass im Falle eines späteren Wegfalls der Tarifbindung (z.B. Austritt des Krankenhausträgers aus dem Arbeitgeberverband) bzw. bei einer Veräußerung des Krankenhauses auf einen nicht oder anders tarifgebundenen Erwerber die einmal in Bezug genommenen Tarifbestimmungen nicht auf unbestimmte Dauer fortgelten.[1]

5 Die Aufnahme von Bezugnahmeklauseln in Arbeitsverträgen ist vor allem für tarifgebundene Arbeitgeber faktisch unverzichtbar. Nur durch solche Regelungen kann gewährleistet werden, dass die Bestimmungen eines Tarifvertrags auch auf diejenigen Arbeitnehmer Anwendung finden, die nicht Mitglied in der tarifschließenden Gewerkschaft sind (und damit nicht bereits nach § 3 Abs. 1 TVG in den Anwendungsbereich des Tarifvertrags fallen). Die Bezugnahmeklausel gewährleistet damit eine flächendeckende Geltung des Tarifvertrags in der Gesamtbelegschaft und vermeidet personalpolitisch regelmäßig nicht gewünschte Ungleichbehandlungen der Gewerkschaftsmitglieder einerseits und der nichtorganisierten Arbeitnehmer andererseits.

Zulässig ist auch eine teilweise Bezugnahme auf Tarifbestimmungen. Verweist ein Arbeitsvertrag nur auf einzelne Tarifbestimmungen, so ist häufig davon auszugehen, dass die Parteien auch nur deren Geltung gewollt haben.[2] Eine solche sog. punktuelle Bezugnahme liegt beispielsweise dann vor, wenn der Arbeitsvertrag auf die maßgeblichen tariflichen Bestimmungen der Vergütungsgruppe oder des Urlaubs verweist. Bei einer teilweisen Bezugnahme kommt bei vorformulierten Arbeitsverträgen allerdings eine Inhaltskontrolle nach §§ 307 ff. BGB in Betracht. Darüber hinaus kann die Bezugnahme auf einzelne Bestimmungen eines Tarifvertrags zu Auslegungsschwierigkeiten führen. Praktisch relevant ist dies vor allem, wenn der Arbeitsvertrag lediglich auf die Bestimmungen des Tarifvertrags zum Arbeitsentgelt oder zum Urlaub verweist. Die punktuelle Bezugnahme kann unter bestimmten Voraussetzungen eine Erstreckung der Tarifbindung auf ganze Regelungskomplexe oder – bei Verweisung auf die wesentlichen tarifvertraglich geregelten Arbeitsbedingungen – auf den für den Betrieb einschlägigen Tarifvertrag insgesamt bewirken.[3] Um eine solche (ungewollte) Globalverweisung zu vermeiden, bietet es sich regelmäßig an, dies im Arbeitsvertrag ausdrücklich klarzustellen:

6 „Wenn und soweit in diesem Arbeitsvertrag auf einzelne Tarifbestimmungen Bezug genommen wird, so handelt es sich hierbei lediglich um eine punktuelle Bezugnahme. Eine Einbeziehung abgeschlossener tariflicher Regelungskomplexe oder -abschnitte bzw. des punktuell in Bezug genommenen Tarifvertrags insgesamt ist weder gewollt noch erforderlich."

Während der Tarifverhandlungen des Marburger Bundes im Jahr 2006 und nach Inkrafttreten des TV-Ärzte/VKA bzw. TV-Ärzte/Länder wurde diskutiert, ob in einem Krankenhaus für die Ärzte und das nichtärztliche Personal unterschiedliche Tarifbedingungen gelten können. Hintergrund dieser Streitfrage war die bisherige Rechtsprechung des BAG zum Grundsatz der Tarifeinheit.[4] Dieser

---

1 Nach der jüngeren Rechtsprechung des BAG (18.04.2007 – 4 AZR 652/05) ist eine einzelvertraglich vereinbarte dynamische Bezugnahme ohne Hinzutreten weiterer Umstände nicht mehr als sog. Gleichstellungsabrede auszulegen; es handelt sich vielmehr grundsätzlich um eine konstitutive Verweisungsklausel, die durch einen Verbandsaustritt des Arbeitgebers oder einen sonstigen Wegfall seiner Tarifgebundenheit nicht berührt wird.
2 BAG, 23.02.1988 – 3 AZR 300/86; Wiedemann, § 3 RN 297, 315.
3 BAG, 19.01.1999, AP Nr. 9 zu § 1 TVG Bezugnahme auf Tarifvertrag; Wiedemann, § 3 RN 315.
4 BAG, 14.06.1989 – 4 AZR 200/89; BAG, 15.11.2006 – 10 AZR 665/05.

Grundsatz besagt, dass bei einem Zusammentreffen zweier Tarifverträge in einem Betrieb diese Kollision zu Gunsten des spezielleren Tarifvertrags aufzulösen ist. Speziellerer Tarifvertrag in diesem Sinne ist nach Ansicht des BAG derjenige Tarifvertrag, der dem Betrieb räumlich, fachlich und persönlich am nächsten steht und deshalb den Erfordernissen und Eigenarten des Betriebs und der Beschäftigten am ehesten gerecht wird. Unabhängig von der Frage, ob der Grundsatz der Tarifeinheit in der heutigen „zerfaserten" Tariflandschaft (auch außerhalb der Krankenhäuser) überhaupt noch zutreffend ist, dürfte dieser Aspekt in der Praxis mittlerweile kaum noch eine Rolle spielen, da kein Fall bekannt ist, in dem der Krankenhausträger ernsthaft versucht hätte, die Geltung der vom Marburger Bund abgeschlossenen Tarifverträge für die unter ihren Geltungsbereich fallenden Arbeitnehmer unter Hinweis auf die BAG-Rechtsprechung zum Grundsatz der Tarifeinheit zu verhindern.

Umstritten ist, ob ein Tarifvertrag aufgrund betrieblicher Übung für die nichtorganisierten Arbeitnehmer gelten kann. Nach der Rechtsprechung des BAG ist dies der Fall, da nach langjähriger betrieblicher Praxis ein schutzwürdiges Vertrauen der Arbeitnehmer darauf entstehen kann, auch künftig in den Geltungsbereich des Tarifvertrags einbezogen zu werden.[5] Schwierigkeiten entstehen in der Praxis aber regelmäßig bei der Feststellung der betrieblichen Übung selbst sowie im Hinblick auf ihren Inhalt. Auch bei der Tarifgeltung kraft betrieblicher Übung ist stets genau zu untersuchen, ob sich die Bezugnahme auf den Tarifvertrag insgesamt oder (punktuell) lediglich auf einzelne Tarifbestimmungen beschränken soll. Es kann nicht generell angenommen werden, dass jeweils sämtliche (d.h. auch künftige) Tarifverträge auf nichtorganisierte Arbeitnehmer angewandt werden. So kann insbesondere eine betriebliche Übung zur Erhöhung der Löhne und Gehälter entsprechend der allgemeinen Tarifentwicklung in einem bestimmten Tarifgebiet bei einem nicht tarifgebundenen Arbeitgeber nur dann angenommen werden, wenn es deutliche Anhaltspunkte im Verhalten des Arbeitgebers dafür gibt, dass er auf Dauer die von den Tarifvertragsparteien ausgehandelten Gehaltssteigerungen übernehmen will.[6]

⊕ Beraterhinweis:

Die Orientierung am allgemeinen Tarifniveau ist auch bei nicht tarifgebundenen Arbeitgebern personalpolitisch häufig gewünscht oder erforderlich. Gleichwohl sollte der Arbeitgeber bei der Übernahme von (Flächen-)Tarifabschlüssen stets darauf achten, das Entstehen einer betrieblichen Übung zu verhindern. Es bietet sich deshalb an, dass der Arbeitgeber Tarifsteigerungen mit dem Hinweis verbindet, dass sich diese Maßnahme lediglich auf den aktuellen Tarifabschluss bezieht und eine Prüfung etwaiger künftiger Tarifanpassungen stets neu und unter Berücksichtigung der jeweiligen Umstände und wirtschaftlichen Verhältnisse erfolgt.

Aufgrund des Gleichbehandlungsgrundsatzes können nichtorganisierte Arbeitnehmer die tariflichen Leistungen nach herrschender Auffassung nicht beanspruchen, da es sachlich gerechtfertigt ist, zwischen Gewerkschaftsmitgliedern und Außenseitern zu differenzieren. Ein nicht tarifgebundener Arbeitgeber darf sich deshalb insbesondere darauf beschränken, nur mit Arbeitnehmern in bestimmten Funktionen eine tarifliche Vergütung zu vereinbaren.[7] Die Tarifvertragsparteien selbst sind hingegen bei der Ausgestaltung des Tarifvertrags an den Gleichbehandlungsgrundsatz gebunden.

---

5   BAG, 19.01.1999 – 1 AZR 606/98.
6   BAG, 16.01.2002 – 5 AZR 715/00.
7   BAG, 20.11.1996 – 5 AZR 401/95.

III. Besonderheiten in kirchlichen Einrichtungen

9 In kirchlichen Krankenhäusern gelten keine Tarifverträge, sondern die Arbeitsvertragsrichtlinien (AVR).[8] Grundlage der AVR ist das in Art. 140 GG i.V.m. Art. 137 Abs. 3 WRV normierte Selbstbestimmungsrecht der Kirchen und ihrer Einrichtungen. Sowohl die katholische als auch die evangelische Kirche gestalten Arbeitsbedingungen in paritätisch besetzten Arbeitsrechtskommissionen (sog. „Dritter Weg").[9] Die AVR entfalten nach der Rechtsprechung des BAG keine normative Wirkung.[10] Sie sind deshalb als vertragliche Einheitsregelungen zu qualifizieren, die nur dann auf das Arbeitsverhältnis Anwendung finden, wenn sie (einzelvertraglich) in Bezug genommen werden.

Während sich die (Entgelt-)Regelungen der AVR in der Vergangenheit eng an den Tarifabschlüssen des öffentlichen Dienstes orientiert haben, hat sich dies mit Einführung des Fallpauschalensystems und der grundlegend geänderten Refinanzierung im Gesundheitswesen spätestens seit Inkrafttreten des TVöD geändert. Die Entgelttabellen des TVöD können deshalb häufig schon aus wirtschaftlichen Gründen nicht ohne weiteres auf kirchliche Einrichtungen übertragen werden.[11]

10 Die Arbeitsrechtskommissionen und ihre (regionalen) Unterkommissionen bzw. Ausschüsse können – auch für nur einzelne Einrichtungen oder Träger – u.a. Beschlüsse zur Absenkung oder Stundung von Vergütungsbestandteilen und zur Verlängerung oder Verkürzung der Arbeitszeit fassen.

C. Besondere Formen des Arbeitsverhältnisses

I. Befristung

11 Im Gegensatz zum unbefristeten Arbeitsverhältnis endet das befristete Arbeitsverhältnis, ohne dass der Ausspruch einer Kündigung erforderlich ist. Die Befristung setzt nicht zwingend die Nennung eines festen Endtermins voraus. Nur bei der Zeitbefristung nach § 3 Abs. 1 S. 2 Alt. 1 TzBfG wird das Arbeitsverhältnis für eine bestimmte Dauer oder zumindest einen kalendermäßig bestimmbaren Zeitraum geschlossen. Fehlt es an einer hinreichend genauen Bestimmung des Endtermins („etwa ein Jahr"), so ist die Befristung unwirksam. Bei der Zweckbefristung nach § 3 Abs. 1 S. 2 Alt. 2 TzBfG ist die Dauer des Arbeitsverhältnisses vom Eintritt eines bestimmten Ereignisses abhängig, wobei lediglich der genaue Zeitpunkt des Eintritts dieses Ereignisses als ungewiss angesehen wird (z.B. Vertretung eines erkrankten Arbeitnehmers).

1. Befristung ohne Sachgrund

12 Nach § 14 Abs. 2 S. 1 TzBfG bedarf die Befristung eines Arbeitsvertrags bis zur Höchstdauer von zwei Jahren keines sachlichen Grundes (sog. erleichterte oder sachgrundlose Befristung). Innerhalb dieses Zeitraums kann das Arbeitsverhältnis höchstens drei Mal verlängert werden, wobei keine zeitlichen Vorgaben für die Dauer der einzelnen Befristung bestehen. Unter einer Verlängerung im Sinne von § 14 Abs. 2 S. 1 TzBfG ist die einvernehmliche Abänderung des Endtermins zu verstehen.

---

8 Richtlinien für Arbeitsverträge in den Einrichtungen des Deutschen Caritasverbandes bzw. Arbeitsvertragsrichtlinien des Diakonischen Werkes der EKD.

9 Eine Ausnahme gilt für die Nordelbische Kirche, die mit der Gewerkschaft Kirche und Diakonie „echte" Tarifverträge abschließt (grundlegend: Tarifvertrag zur Regelung der Grundlagen einer kirchengemäßen Tarifpartnerschaft vom 05.11.1979).

10 BAG, 20.03.2002 – 4 AZR 101/01.

11 Weth/Thomae/Reichold, Teil 3 D RN 26.

Da nur verlängert werden kann, was noch nicht beendet ist, muss die Einigung der Arbeitsvertragsparteien über die Vertragsverlängerung noch während der ursprünglichen Vertragsdauer zustande kommen.[12] Die Zwei-Jahres-Frist des § 14 Abs. 2 S. 1 TzBfG kann deshalb nicht in der Weise bemessen werden, dass in dieser Zeit mehrere, in einem engen sachlichen Zusammenhang stehende befristete Arbeitsverhältnisse geschlossen werden, die jeweils durch mehr oder minder lange Zwischenräume unterbrochen werden. Die Wiederaufnahme zwischenzeitlich unterbrochener Arbeitsverhältnisse ist keine (Befristungs-)Verlängerung. Als Unterbrechungszeitraum genügen bereits einzelne Tage (z.B. gesetzliche Feiertage).

Eine Verlängerung i.S.d. § 14 Abs. 2 S. 1 TzBfG liegt auch dann nicht vor, wenn die bisherigen Vertragsbedingungen verändert werden. Der Begriff der Verlängerung bezieht sich ausschließlich auf die Laufzeit des Vertrags und lässt die übrigen Vertragsbestandteile unberührt.[13] Werden diese von den Parteien aus Anlass der Beendigung der vorangehenden Befristung geändert, handelt es sich um einen Neuabschluss und nicht mehr um die Verlängerung der Laufzeit des bisherigen Vertrags.

13

❗ *Beraterhinweis:*

Etwaige Änderungen von Arbeitsbedingungen können auch im befristeten Arbeitsverhältnis aber grundsätzlich während der Vertragslaufzeit (d.h. in zeitlicher Hinsicht vor bzw. nach einer Befristungsverlängerung) vereinbart werden.

Eine erleichterte Befristung ist nach § 14 Abs. 2 S. 2 TzBfG allerdings nicht zulässig, wenn mit demselben Arbeitgeber bereits zuvor ein (befristetes oder unbefristetes) Arbeitsverhältnis bestanden hat. Der Gesetzeswortlaut ist insoweit eindeutig. Im Ergebnis bedeutet dies, dass auch eine nur ganz kurzzeitige frühere Beschäftigung bei demselben Arbeitgeber (z.B. Ferienjob oder Werkpraktikum) das Befristungsprivileg des § 14 Abs. 2 S. 1 TzBfG ausschließt.

14

❗ *Beraterhinweis:*

Der Arbeitgeber hat im Hinblick auf etwaige Vorbeschäftigungen des Arbeitnehmers ein Fragerecht. Beim Abschluss befristeter Arbeitsverhältnisse empfiehlt sich deshalb eine entsprechende Erklärung unmittelbar im Arbeitsvertrag.

2. Befristung mit Sachgrund

Außerhalb des Anwendungsbereichs von § 14 Abs. 2 TzBfG bedarf die Befristung des Arbeitsvertrags nach § 14 Abs. 1 TzBfG eines sachlichen Grundes. Bei zweckbefristeten Arbeitsverträgen muss, bei kalendermäßigen Befristungen sollte die Angabe des Sachgrundes als wesentlicher Vertragsbestandteil im Arbeitsvertrag genannt werden. Für die Befristung nach § 14 Abs. 1 TzBfG sieht das Gesetz keine Höchstdauer vor. Nach § 30 Abs. 2 TVöD bzw. § 31 Abs. 2 TV-Ärzte/VKA sind kalendermäßig befristete Arbeitsverträge mit Sachgrund jedoch nur zulässig, wenn die Dauer des einzelnen Vertrags fünf Jahre nicht übersteigt. Eine erleichterte Befristung nach § 14 Abs. 2 S. 1 TzBfG im Anschluss an eine Befristung mit Sachgrund nach § 14 Abs. 1 TzBfG ist ausgeschlossen; die Befristung mit Sachgrund im Anschluss an eine erleichterte Befristung ist jedoch zulässig. Die in der Praxis bedeutsamsten Sachgründe werden in § 14 Abs. 1 S. 2 TzBfG aufgeführt.

15

---

12   BAG, 26.07.2000 – 7 AZR 51/99.
13   BAG, 18.01.2006 – 7 AZR 178/05.

3.   Schriftformerfordernis

16   Nach § 14 Abs. 4 TzBfG muss die Befristung vor Beginn des Arbeitsverhältnisses schriftlich vereinbart werden. Wird die Befristungsabrede (i.d.R. mit Abschluss des Arbeitsvertrags) erst nach der Arbeitsaufnahme unterzeichnet, so ist bereits ein Arbeitsverhältnis auf unbestimmte Dauer zustande gekommen. Die Befristungsverlängerung bedarf ebenfalls der Schriftform.

4.   Rechtsfolgen einer unwirksamen Befristung

17   Ist die Befristung unwirksam, z. B. weil kein sachlicher Grund nach § 14 Abs. 1 TzBfG vorliegt oder die Regeln des § 14 Abs. 2 TzBfG nicht eingehalten wurden, so gilt der befristete Arbeitsvertrag nach § 16 TzBfG als auf unbestimmte Zeit geschlossen. Er kann dann vom Arbeitgeber nur unter Beachtung der allgemeinen und besonderen Kündigungsschutzvorschriften frühestens zum vereinbarten Ende ordentlich gekündigt werden. Nach § 17 TzBfG muss der Arbeitnehmer innerhalb von drei Wochen nach dem vereinbarten Ende des befristeten Arbeitsvertrags Klage beim Arbeitsgericht erheben, wenn er geltend machen will, dass die Befristung rechtsunwirksam war. Das Arbeitsgericht überprüft grundsätzlich nur die letzte Befristung auf ihre Wirksamkeit, wenn hinsichtlich früherer Befristungen die Klagefrist verstrichen ist.

5.   Sonderfall: § 1 ÄArbVtrG

18   Nach § 1 Abs. 1 ÄArbVtrG liegt ein die Befristung eines Arbeitsvertrags mit einem Arzt rechtfertigender sachlicher Grund vor, wenn die Beschäftigung des Arztes seiner zeitlich und inhaltlich strukturierten Weiterbildung zum Facharzt bzw. dem Erwerb einer Anerkennung für einen Schwerpunkt, dem Erwerb einer Zusatzbezeichnung, eines Fachkundenachweises oder einer Bescheinigung über eine fakultative Weiterbildung dient. Die Befristung setzt nicht voraus, dass der Arzt ausschließlich zu seiner Weiterbildung beschäftigt wird. Ausreichend ist, dass die befristete Beschäftigung diesen Zweck fördert.[14] Die Höchstdauer der Befristung beträgt nach § 1 Abs. 3 ÄArbVtrG acht Jahre. Nach § 1 Abs. 2 ÄArbVtrG muss die Befristung kalendermäßig bestimmt oder bestimmbar sein; eine Zweckbefristung ist damit nicht zulässig. Wird der Arbeitsvertrag – ohne Vorliegen eines (anderen) sachlichen Grundes – kürzer befristet als die Dauer der Weiterbildung, ist die Befristung nach umstrittener Ansicht unwirksam.[15]

6.   Sonderfall: §§ 31 und 32 TVöD

19   §§ 31 und 32 TVöD enthalten Sonderregelungen zur Wirksamkeit befristeter Arbeitsverhältnisse (Führung auf Probe und Führung auf Zeit).[16] Führungspositionen im Sinne dieser Bestimmungen sind nach § 31 Abs. 2 bzw. § 32 Abs. 2 TVöD Tätigkeiten, die mindestens der Entgeltgruppe 10 zugeordnet sind und eine Weisungsbefugnis beinhalten. Bei der Führung auf Zeit nach § 32 Abs. 1 TVöD können Führungspositionen als befristetes Arbeitsverhältnis bis zur Dauer von vier Jahren vereinbart werden. Je nach Entgeltgruppe sind Verlängerungen bis zu einer Gesamtdauer von zwölf Jahren zulässig. Im Unterschied zur Führung auf Zeit ist das Arbeitsverhältnis bei der Führung auf Probe nach § 31 Abs. 1 TVöD von vornherein nur auf Dauer angelegt. Die Probezeit beträgt nach § 31 Abs. 1 TVöD max. zwei Jahre, wobei innerhalb dieser Gesamtdauer eine höchstens zweimalige

---

14   BAG, 24.04.1996 – 7 AZR 428/95.
15   Weth/Thomae/Reichold, Teil 5 D RN 8; a.A. LAG Berlin, 22.04.1991 – 9 Sa 6/91.
16   Vergleichbare Regelungen finden sich in §§ 31 und 32 TV-L bzw. §§ 32 und 33 TV-Ärzte/VKA.

Verlängerung zulässig ist. Wird einem bei demselben Arbeitgeber beschäftigten Arbeitnehmer eine Führungsposition auf Probe oder auf Zeit übertragen, so ist nach § 31 Abs. 3 TVöD bzw. § 32 Abs. 3 TVöD für die Dauer der Übertragung eine Zulage in Höhe des Unterschiedsbetrags zwischen den Entgelten nach der bisherigen Entgeltgruppe und dem sich bei Höhergruppierung ergebenden Entgelt (in den Fällen des § 32 Abs. 3 TVöD mit Zuschlag[17]) zu gewähren.

Bei der Führung auf Probe wird im Anwendungsbereich des § 31 Abs. 3 TVöD (bereits bestehendes Arbeitsverhältnis) die Führungsfunktion nach § 31 Abs. 3 S. 4 TVöD bei Bewährung auf Dauer übertragen. Obwohl der Wortlaut der Bestimmung einen individuellen Rechtsanspruch des Arbeitnehmers auf Übertragung der Führungsposition nahelegt, ist es allein Sache des Arbeitgebers zu entscheiden, ob die Probezeit erfüllt ist oder nicht. Er muss dabei zwar die allgemeinen Grundsätze (insbesondere billiges Ermessen, Treu und Glauben, Diskriminierungsverbote) beachten, bleibt aber in seiner Entscheidung grundsätzlich frei; dies liegt in der Natur der Erprobung. Wenn allerdings der Arbeitgeber während des Erprobungszeitraums keine (rechtzeitige) ausdrückliche und klare Aussage bzw. Entscheidung darüber getroffen hat, dass der Arbeitnehmer die an ihn gestellten Anforderungen nicht erfüllt, so kann der Arbeitnehmer im Einzelfall die dauerhafte Übertragung der Führungsfunktion durchsetzen.[18] Eine besondere oder gar überdurchschnittliche Leistung ist für den Anspruch nach § 31 Abs. 3 S. 4 TVöD nicht erforderlich.

20

D. Arbeitszeit

I. ArbZG

Das ArbZG hat zum Ziel, die Sicherheit und den Gesundheitsschutz der Arbeitnehmer bei der Arbeitszeitgestaltung zu gewährleisten, die gesetzlichen Rahmenbedingungen für flexible Arbeitszeiten zu verbessern sowie die Arbeitsruhe an Sonn- und Feiertagen gesetzlich zu schützen (§ 1 ArbZG). Das Gesetz regelt jedoch weder den Vergütungsanspruch des Arbeitnehmers noch den geschuldeten Umfang oder die zeitliche Lage der individuellen Arbeit; diese Bestimmungen sind vielmehr aus den jeweiligen individual- oder kollektivrechtlichen Vereinbarungen zu entnehmen. Ist zur Dauer und Lage der Arbeitszeit vertraglich nichts geregelt, kann zu ihrer Bestimmung die betriebsübliche Arbeitszeit herangezogen werden.

21

1. Geltungsbereich

Das ArbZG gilt grundsätzlich für alle Arbeitnehmer und findet auf alle Beschäftigungsbereiche Anwendung. Allerdings sind für bestimmte Personengruppen Ausnahmen vorgesehen. Dies gilt namentlich für Chefärzte (§ 18 Abs. 1 Nr. 1 ArbZG). Chefarzt im Sinne dieser Bestimmung ist, wer als Leiter einer Krankenhausabteilung die ärztliche Gesamtverantwortung für die Patientenversorgung trägt und Vorgesetzter des ärztlichen und nichtärztlichen Personals dieser Abteilung ist.[19] Auf Oberärzte, Assistenzärzte sowie Ärzte im Praktikum findet das ArbZG hingegen uneingeschränkt Anwendung. Die Vorschriften des ArbZG gelten außerdem nicht für Leiter von öffentlichen Dienststellen sowie deren Vertreter. Auch Arbeitnehmer im öffentlichen Dienst, die zu selbstständigen Ent-

22

---

17 75 % des Unterschiedsbetrags zwischen dem stufengleichen Entgelt der Entgeltgruppe, die der übertragenen Funktion entspricht, und der nächsthöheren stufengleichen Entgeltgruppe.
18 Bepler/Böhle/Martin/Stöhr, § 31 RN 17.
19 Erfurter Kommentar zum Arbeitsrecht, § 18 ArbZG RN 3.

scheidungen in Personalangelegenheiten befügt sind, werden vom Anwendungsbereich des ArbZG ausgenommen (§ 18 Abs. 1 Nr. 2 ArbZG).

23   Auf den liturgischen Bereich der Kirchen und der Religionsgemeinschaften ist das ArbZG ebenfalls nicht anwendbar (§ 18 Abs. 1 Nr. 4 ArbZG). Der liturgische Bereich ist enger zu fassen als die geschützte ungestörte Religionsausübung im Sinne von Art. 4 Abs. 2 GG.[20] Während unter die nach Art. 4 Abs. 2 GG geschützten Tätigkeiten auch die kirchlich getragene Krankenpflege fallen kann,[21] soll diese vom liturgischen Bereich nach § 18 Abs. 1 Nr. 4 ArbZG nicht erfasst sein. Der liturgische Bereich bezieht sich vornehmlich auf Gottesdienste, gemeinschaftliches Gebet und die Seelsorge.

Leitende Angestellte im Sinne von § 5 Abs. 3 BetrVG sind ebenfalls vom Anwendungsbereich des ArbZG ausgenommen.

2. Begriffsbestimmungen

a) Arbeitszeit

24   Nach § 2 Abs. 1 S. 1 ArbZG ist Arbeitszeit die Zeit vom Beginn bis zum Ende der Arbeit ohne Ruhepausen. Arbeitszeiten bei mehreren Arbeitgebern sind zusammenzurechnen. Nicht zur Arbeitszeit zählen Wegezeiten, d.h. Zeiten für die Fahrt zwischen Wohnung und Arbeitsstätte, da diese der privaten Sphäre und damit der Ruhezeit zuzuordnen sind. Das ArbZG differenziert zwischen Arbeitszeit und arbeitsfreier Zeit. Es gibt jedoch Zwischenstufen, die üblicherweise in Arbeitsbereitschaft, Bereitschaftsdienst und Rufbereitschaft eingeteilt werden.[22] Die Zuordnung erfolgt nach dem Grad der Beanspruchung bei Ausübung der jeweiligen Tätigkeit.[23]

b) Arbeitsbereitschaft

25   Arbeitsbereitschaft als ein Fall der Vollarbeit liegt vor, wenn vom Arbeitnehmer eine wache Achtsamkeit im Zustand der Entspannung verlangt wird.[24] Mit der Arbeitsbereitschaft ist stets eine Aufenthaltsbeschränkung verbunden; der Arbeitnehmer ist verpflichtet, sich an einem vom Arbeitgeber bestimmten Ort aufzuhalten und jederzeit bestimmte Tätigkeiten zu erbringen.

c) Bereitschaftsdienst

26   Bereitschaftsdienst leistet der Arbeitnehmer, der sich außerhalb seiner regelmäßigen Arbeitszeit an einer vom Arbeitgeber bestimmten Stelle aufzuhalten hat, um auf Abruf unverzüglich seine Arbeit aufzunehmen (vgl. § 7 Abs. 3 TVöD-K). Wenn sich der Arbeitnehmer demgegenüber an einem selbst gewählten Ort aufhalten kann, liegt begrifflich kein Bereitschaftsdienst vor. Nach § 7.1 Abs. 1 TVöD-K darf der Arbeitgeber Bereitschaftsdienst nur anordnen, wenn zu erwarten ist, dass zwar Arbeit anfällt, erfahrungsgemäß aber die Zeit ohne Arbeitsleistung überwiegt.

Nach früherer Rechtsprechung und Praxis galt nur die tatsächliche Inanspruchnahme während des Bereitschaftsdienstes als Arbeitszeit; der Bereitschaftsdienst selbst war jedoch keine Arbeitszeit. Der EuGH hat dann jedoch wiederholt entschieden, dass der Bereitschaftsdienst, den insbesondere Ärzte

---

20 Baeck/Deutsch, § 18 RN 25.
21 BVerfG, 31.10.1994 – 7 AZR 232/83; Baeck/Deutsch, § 18 RN 25 m.w.N.
22 Erfurter Kommentar zum Arbeitsrecht, § 2 ArbZG RN 25.
23 Baeck/Deutsch, § 2 RN 34.
24 BAG, 10.01.1991 – 6 AZR 352/89.

in Form von persönlicher Anwesenheit im Krankenhaus leisten, unabhängig von der tatsächlichen Inanspruchnahme als Arbeitszeit anzusehen ist, auch wenn es dem Arbeitnehmer in Zeiten, in denen er nicht in Anspruch genommen wird, gestattet ist, sich an seiner Arbeitsstelle auszuruhen.[25] Etwas anderes gelte nur dann, wenn Ärzte Bereitschaftsdienst in der Weise leisten, dass sie ständig erreichbar sind, ohne jedoch zur Anwesenheit im Krankenhaus verpflichtet zu sein; (nur) in dieser Zeit könnten Arbeitnehmer frei über ihre Zeit verfügen und ihren eigenen Interessen nachgehen. Nach der Ansicht des EuGH steht die Richtlinie 93/104/EG (nationalen) Regelungen entgegen, nach denen Zeiten, in denen ein Arbeitnehmer während des Bereitschaftsdienstes untätig ist, als Ruhezeit eingestuft werden.

Vor dem Hintergrund dieser EuGH-Rechtsprechung wurde das ArbZG novelliert. Die Gesetzesänderungen sind am 1. Januar 2004 in Kraft getreten. Bereitschaftsdienst zählt seither zur Arbeitszeit im Sinne von § 2 Abs. 1 ArbZG. Allerdings enthält das ArbZG keine ausdrückliche Regelung der Bereitschaftszeit. Der Gesetzgeber hat vielmehr den Bereitschaftsdienst in einzelnen Bestimmungen mit der Arbeitsbereitschaft gleichgestellt (vgl. § 7 Abs. 1 Nr. 1a und Abs. 2a ArbZG).   27

🛈 Beraterhinweis:

Auf europäischer Ebene wurde zuletzt über eine Anpassung der aktuell geltenden Richtlinie 2003/88/EG diskutiert. Der Vorschlag des Ministerrats vom Juni 2008 sah insbesondere vor, dass inaktive Zeiten während des Bereitschaftsdienstes nicht mehr als Arbeitszeiten gelten sollen. Die Entscheidungen des EuGH sollten damit legislativ revidiert werden. Zwischen Ministerrat und Europäischem Parlament konnte jedoch keine Einigung über eine Neufassung der Richtlinie erzielt werden. Das Vermittlungsverfahren endete am 28. April 2009 ohne Ergebnis.

In Wechselschichten liegende Bereitschaftszeiten unterbrechen die Arbeit nicht. Die Anordnung von Arbeitsschichten, die neben Zeiten mit Vollarbeit auch Bereitschaftsdienste enthalten, löst daher den Anspruch auf eine Wechselschichtzulage nach § 8 Abs. 5 TVöD und den Zusatzurlaubsanspruch nach § 27 Abs. 1 TVöD aus.[26]

d)   Rufbereitschaft

Rufbereitschaft liegt vor, wenn der Arbeitnehmer verpflichtet ist, außerhalb seiner regelmäßigen Arbeitszeit auf Abruf die Arbeit aufzunehmen (vgl. § 7 Abs. 4 TVöD-K). Der Arbeitnehmer ist zur Übernahme von Rufbereitschaft nur dann verpflichtet, wenn hierfür eine arbeitsrechtliche Grundlage besteht. Im Unterschied zum Bereitschaftsdienst kann sich der Arbeitnehmer bei Rufbereitschaft an einem beliebigen Ort seiner Wahl aufhalten. Er ist lediglich verpflichtet, für seine ständige Erreichbarkeit zu sorgen. Daher hat der Arbeitnehmer dem Arbeitgeber grundsätzlich seinen Aufenthaltsort anzuzeigen. Von der Anzeigepflicht kann jedoch abgesehen werden, wenn die Verfügbarkeit des Arbeitnehmers anderweitig sichergestellt ist.   28

Rufbereitschaft zählt nicht zur Arbeitszeit, sondern nach § 5 Abs. 3 ArbZG zur Ruhezeit. Die Ruhezeit wird durch den Abruf des Arbeitnehmers zur Arbeit unterbrochen. Der Abruf des Arbeitnehmers hat zur Folge, dass sich an das Ende des Arbeitseinsatzes wiederum die gesetzlich oder tariflich vorgeschriebene Ruhezeit anschließen muss.

---

25 EuGH, 03.10.2000 – Rs. C 303/98; EuGH, 09.09.2003 – Rs. C-151/02.
26 BAG, 24.09.2008 – 10 AZR 669/07.

3. Ruhezeit

29 Ruhezeit ist die Zeit zwischen dem Ende der Arbeitszeit an einem Arbeitstag und ihrem Wieder-
beginn am nächsten Arbeitstag. Die Ruhezeit muss dem Arbeitnehmer ununterbrochen zur freien
Verfügung stehen. Nach § 5 Abs. 1 ArbZG müssen die Arbeitnehmer nach Beendigung der täglichen
Arbeitszeit eine ununterbrochene Ruhezeit von mindestens elf Stunden haben; das gilt auch im Falle einer kollektivvertraglichen Verlängerung der Arbeitszeit auf mehr als zwölf Stunden (§ 7 Abs. 9
ArbZG). Tritt bei Rufbereitschaft in der Ruhezeit eine Heranziehung zur Arbeitsleistung ein, muss
die volle Ruhezeit im Anschluss an die Arbeitsleistung erneut begonnen werden, damit sie ununterbrochen eingehalten wird.[27]

Nach § 5 Abs. 2 ArbZG ist es dem Arbeitgeber in Krankenhäusern und anderen Einrichtungen zur
Behandlung, Pflege und Betreuung von Personen gestattet, die elfstündige Ruhezeit auf bis zu zehn
Stunden zu verkürzen.

> 🛇 **Beraterhinweis:**
>
> *Die Verkürzung der Ruhezeit kann auch minutenweise erfolgen; die Ausgleichsruhezeit muss jedoch mindestens zwölf Stunden
> betragen. Zulässigerweise können jedoch beispielsweise drei Verkürzungen der Ruhezeit um je 30 Minuten durch eine einmalige
> Verlängerung einer Ruhezeit auf 12,5 Stunden in einem vom Arbeitgeber gewählten Zeitraum ausgeglichen werden.[28]*

30 Der Begriff des Krankenhauses ist im ArbZG weiter gefasst als in § 107 Abs. 1 SGB V. Neben Krankenhäusern im engeren Sinne sind auch die in § 107 Abs. 2 SGB V aufgeführten Vorsorge- und Rehabilitationseinrichtungen als Krankenhäuser i.S.d. ArbZG anzusehen. Somit fallen alle Einrichtungen,
in denen durch ärztliche und pflegerische Hilfeleistung Krankheiten, Leiden oder Körperschäden
festgestellt, geheilt oder gelindert werden sollen oder Geburtshilfe geleistet wird und in denen die zu
versorgenden Personen untergebracht und verpflegt werden können, unter diesen Begriff.[29] Als Einrichtungen zur Behandlung, Pflege und Betreuung von Personen sind insbesondere Alten-, Pflege-,
Jugend- und Mutter-/Kindheime zu verstehen. Daneben können auch Kurheime, Sanatorien sowie
Sozialstationen unter diese Regelung fallen.

Eine weitere Kürzung der Ruhezeit wird durch § 5 Abs. 3 ArbZG ermöglicht. Danach kann in Krankenhäusern die Mindestruhezeit durch Inanspruchnahme während der Rufbereitschaft auf bis zu
fünf Stunden reduziert werden. Die Vorschrift soll sicherstellen, dass in Krankenhäusern Beschäftigte
trotz Arbeitsleistung während der Rufbereitschaft planmäßig im Anschluss an diesen Dienst ihre Tätigkeit aufnehmen können, ohne dass eine erneute zehnstündige Ruhezeit erforderlich wird.[30]

II. Kollektivvertragliche Flexibilisierungsmöglichkeiten

31 § 7 ArbZG lässt vom Gesetz abweichende Bestimmungen durch tarifvertragliche Regelungen oder
(bei entsprechender tarifvertraglicher Grundlage) durch Regelungen in einer Betriebs- oder Dienstvereinbarung zu. Innerhalb des Geltungsbereichs des jeweiligen Tarifvertrags können im Betrieb
eines nicht tarifgebundenen Arbeitgebers durch Betriebs- oder Dienstvereinbarung oder – sofern
ein Betriebs- oder Personalrat nicht besteht – durch schriftliche Vereinbarung zwischen dem Arbeitgeber und dem Arbeitnehmer von den Regelungen des ArbZG abweichende tarifvertragliche
Bestimmungen übernommen werden (§ 7 Abs. 3 S. 1 ArbZG).

---

27 Neumann/Biebl, § 5 RN 4.
28 Erfurter Kommentar zum Arbeitsrecht, § 5 ArbZG RN 5; Neumann/Biebl, § 5 RN 5; a.A. Baeck/Deutsch, § 5 RN 21.
29 Baeck/Deutsch, § 5 RN 25.
30 Erfurter Kommentar zum Arbeitsrecht, § 5 ArbZG RN 8.

Kirchen und öffentlich-rechtliche Religionsgemeinschaften einschließlich ihrer karitativen und pflegerischen Einrichtungen können die kollektivvertraglichen Möglichkeiten ebenfalls nutzen und die nach § 7 Abs. 1, 2 und 2a ArbZG zulässigen Abweichungen in ihren (Arbeits-)Vertragsregelungen bestimmen (§ 7 Abs. 4 ArbZG). Die abweichende Regelung muss jedoch in einem kirchenrechtlich legitimierten Arbeitsrechtsregelungsverfahren ergangen sein.[31]

1. Verlängerung der werktäglichen Arbeitszeit

Aufgrund einer kollektivrechtlichen Vereinbarung ist es zulässig, die regelmäßige werktägliche Arbeitszeit auf über zehn Stunden zu verlängern, wenn in die Arbeitszeit regelmäßig und in erheblichem Umfang Arbeitsbereitschaft oder Bereitschaftsdienst fällt (§ 7 Abs. 1 Nr. 1a ArbZG), oder einen anderen als den von § 3 ArbZG vorgesehenen Sechs-Monats- bzw. 24-Wochen-Ausgleichszeitraum festzulegen (§ 7 Abs. 1 Nr. 1b ArbZG). Arbeitsbereitschaft oder Bereitschaftsdienst fallen regelmäßig an, wenn sie nicht nur ausnahmsweise zu leisten sind.[32] Ob Arbeitsbereitschaft oder Bereitschaftsdienst in erheblichem Umfang anfällt, kann nicht an festen Maßstäben gemessen werden. Von der Literatur und Rechtsprechung wird ein Mindestanteil der Bereitschaft an der Gesamtarbeitsleistung von 25 %,[33] 27 %[34] oder 30 %[35] gefordert.

Auch bei Vorliegen einer kollektivrechtlichen Grundlage darf die Arbeitszeit individualvertraglich nur verlängert werden, wenn der Arbeitnehmer schriftlich eingewilligt hat, sog. Opt-Out-Regelung (§ 7 Abs. 7 ArbZG). Der Arbeitnehmer kann die Einwilligung jederzeit mit einer Frist von sechs Monaten schriftlich widerrufen.

➕ Formulierungsvorschlag:

„Der Arzt erklärt sich hiermit – auch bei Teilzeitbeschäftigung – damit einverstanden, dass die tägliche Arbeitszeit aufgrund der Sonderdienste (Rufbereitschaft und Bereitschaftsdienst) auch ohne Ausgleich über acht Stunden hinaus auf bis zu 24 Stunden verlängert werden kann. Die wöchentliche Arbeitszeit darf dabei durchschnittlich bis zu 60 Stunden betragen. Der Arzt kann diese Einwilligung mit einer Frist von sechs Monaten schriftlich widerrufen."

2. Nachtarbeit

Nach § 7 Abs. 1 Nr. 5 ArbZG kann kollektivvertraglich der Beginn des siebenstündigen Nachtzeitraums nach § 2 Abs. 2 ArbZG in der Zeit zwischen 22:00 Uhr und 24:00 Uhr frei bestimmt werden. Hierdurch wird es beispielsweise ermöglicht, dass bei Betriebsschluss um 1:00 Uhr im Ergebnis keine Nachtarbeit im gesetzlichen Sinne anfällt, wenn der Beginn der Nachtzeit auf 24:00 Uhr verschoben wird (nach § 2 Abs. 4 ArbZG liegt Nachtarbeit erst vor, wenn sie mehr als zwei Stunden in der Nachtzeit umfasst). Nach § 7 Abs. 5 TVöD-K ist Nachtarbeit als Arbeit zwischen 21:00 Uhr und 6:00 Uhr definiert; die Regelung weicht damit zu Gunsten der Arbeitnehmer von den gesetzlichen Mindestbedingungen ab.

---

31 BAG, 16.03.2004 – 9 AZR 93/03.
32 Baeck/Deutsch, § 7 RN 49; Erfurter Kommentar zum Arbeitsrecht, § 7 ArbZG RN 4.
33 Baeck/Deutsch, § 7 RN 53.
34 BAG, 24.01.2006 – 1 ABR 6/05.
35 Erfurter Kommentar zum Arbeitsrecht, § 7 ArbZG RN 6.

3.   Mitbestimmung der Arbeitnehmervertretung

34   Unabhängig von der Frage ihrer Rechtsgrundlage unterliegen betriebliche Arbeitszeitregelungen typischerweise dem Mitbestimmungsrecht der Arbeitnehmervertretung (vgl. § 87 Abs. 1 Nr. 2, 3 BetrVG, § 75 Abs. 3 Nr. 1 BPersVG).

III.   Exkurs: Überlastungsanzeige

35   Gelegentlich werden in Krankenhäusern und sonstigen Gesundheits-/Pflegeeinrichtungen von den Arbeitnehmern sog. Überlastungsanzeigen gegenüber dem Arbeitgeber bzw. Träger der Einrichtung abgegeben. Typischerweise wird in solchen Anzeigen auf einen erhöhten Arbeitsanfall und/oder die Nichteinhaltung der (gesetzlichen) Arbeits- und Pausenzeiten hingewiesen. Die Überlastung wird von den Arbeitnehmern häufig auf eine mangelnde Betriebsorganisation zurückgeführt, so dass die Verantwortung für etwa auftretende Fehler im Rahmen der Arbeitsleistung zurückgewiesen wird.

Es bestehen keine gesetzlichen Bestimmungen, aus denen sich die Voraussetzungen oder die rechtlichen Auswirkungen einer Überlastungsanzeige ergeben. Rechtliche Relevanz hat die Überlastungsanzeige in erster Linie im Rahmen des Arbeitsschutzes und Schadensersatzrechts. Nach § 15 Abs. 1 S. 2 ArbSchG sind Arbeitnehmer insbesondere verpflichtet, für die Sicherheit und Gesundheit der Personen zu sorgen, die von ihren Handlungen oder Unterlassungen bei der Arbeit betroffen sind. Im Krankenhaus können auch die Patienten „betroffene Personen" i.S.d. § 15 Abs. 1 S. 2 ArbSchG sein. Die rechtliche Verpflichtung der Arbeitnehmer zur Vorsorge besteht indes nur im Rahmen ihrer Möglichkeiten und ist abhängig davon, ob ihnen die erforderlichen Mittel vom Arbeitgeber zur Verfügung gestellt werden. Es ist in erster Linie Sache des Arbeitgebers, für die subjektive und objektive Befähigung der Arbeitnehmer zur Ausübung der arbeitsvertraglichen Pflichten Sorge zu tragen. Der Arbeitgeber muss alle technischen und organisatorischen Schutzmaßnahmen getroffen und die entsprechenden Weisungen zum Schutz Dritter erteilt haben. Zudem bleibt die grundsätzliche (Haupt-)Verantwortung des Arbeitgebers durch die Verpflichtung der Arbeitnehmer aus § 15 ArbSchG unberührt.

36   Die Arbeitnehmer haben zudem die Pflicht, dem Arbeitgeber oder dem zuständigen Vorgesetzten jede von ihnen festgestellte unmittelbare und erhebliche Gefahr für die Sicherheit und Gesundheit sowie jeden an den Schutzsystemen festgestellten Defekt unverzüglich zu melden (§ 16 Abs. 1 ArbSchG). Als „Schutzsystem" in diesem Sinne werden sowohl technische Einrichtungen als auch Arbeitsabläufe und Arbeitssysteme verstanden, die dem Schutz der Patienten oder der Arbeitnehmer zu dienen bestimmt sind.

Die Überlastungsanzeige stellt eine Mitteilung nach § 16 Abs. 1 ArbSchG gegenüber dem Arbeitgeber dar. Sie beinhaltet die Information, dass die Arbeitnehmer nicht mehr in der Lage sind, für die Sicherheit und Gesundheit der Patienten Sorge zu tragen, und dass aus diesem Grund eine unmittelbare erhebliche Gefahr für die Sicherheit und Gesundheit dieser Personen besteht oder bestehen kann. Eine Überlastungsanzeige kann von einzelnen Arbeitnehmern oder von einer Gruppe von Arbeitnehmern eingereicht werden. Formvorschriften bestehen keine. Allerdings muss die Überlastungsanzeige hinreichend genau die Überlastung bezeichnen. Der Arbeitgeber muss aus der Überlastungsanzeige entnehmen können, worin die Überlastung aus Sicht des Arbeitnehmers konkret besteht und welche Maßnahmen er treffen muss, um der Überlastung durch organisatorische Maßnahmen zu begegnen.

Durch die Einreichung einer Überlastungsanzeige werden die Arbeitnehmer nicht vollständig von   37
ihrer Haftung befreit. Allerdings ist ihre Haftung gemindert, falls aufgrund einer (objektiv vorliegenden) Überlastung beispielsweise eine Schädigung der Gesundheit eines Patienten eintritt und die
Arbeitnehmer die ihnen obliegende erforderliche Sorgfalt beachtet und nachweislich zuvor unverzüglich eine Überlastungsanzeige erstattet haben.

Darüber hinaus kann die Überlastungsanzeige zum Beweis einer Unterversorgung des Krankenhauses herangezogen werden. Soweit eine solche Unterversorgung Schadensursache ist, kann sich
ein Schadensersatzanspruch des verletzten Patienten gegenüber dem Krankenhausträger aus einer
schuldhaften Verletzung des Krankenhausvertrags sowie aus einem haftungsbegründenden Orga-
nisationsverschulden ergeben. Der Krankenhausträger ist Garant für den Schutz der Patienten vor
vermeidbaren Schädigungen bei Benutzung des Krankenhauses sowie bei der Behandlung und Pflege. Er ist nicht nur vertraglich, sondern auch deliktisch verpflichtet, alles in seinen Kräften Stehende
und Zumutbare zu tun, um mögliche Gefahren von den Patienten abzuwenden. Soweit dem Krankenhausträger bzw. dessen Organen die Verletzung der ihm obliegenden Verkehrssicherungspflich-
ten in Gestalt einer ordnungsgemäßen Organisation der Abteilungen vorgeworfen werden kann, besteht eine Schadensersatzpflicht aus unerlaubter Handlung.[36]

E.   Vergütung und Eingruppierung

I.   Entgeltarten

Beim Arbeitsentgelt wird zwischen dem (regelmäßigen) Entgelt im engeren Sinne und etwaigen   38
Sondervergütungen, die zusätzlich zum laufenden Arbeitsentgelt gewährt werden (vgl. § 20 TVöD-
K), unterschieden. Die Vergütung wird typischerweise nach Zeitabschnitten bemessen (monatliches
Tabellenentgelt nach § 15 Abs. 1 TVöD-K). Daneben wurde im Tarifrecht des öffentlichen Dienstes
als wesentlicher Bestandteil der Tarifreform mit § 18 TVöD-K ein sog. Leistungsentgelt eingeführt.
Erstmals sollte ein „modernes Tarifinstrumentarium"[37] zur Verfügung gestellt werden, um über dif-
ferenzierte Bezahlung auf die Leistung des einzelnen Arbeitnehmers und den Erfolg des Arbeitgebers Einfluss zu nehmen.

Das für das Leistungsentgelt zur Verfügung stehende Gesamtvolumen beträgt nach § 18 Abs. 3 TVöD-
K 1 % der ständigen Monatsentgelte des (jeweiligen) Vorjahres aller unter den Geltungsbereich des
TVöD fallenden Arbeitnehmer. Nach der tarifvertraglichen Konzeption sollen die Einzelheiten des
Leistungsentgelts durch Vereinbarung mit der Arbeitnehmervertretung festgelegt werden. Kam eine
solche Einigung nicht zustande, so wurde mit dem Dezembergehalt 2007 eine zusätzliche Zahlung
i.H.v. 12 % des für den Monat September 2007 jeweils zustehenden Tabellenentgelts gewährt; Lei-
stungskriterien waren dann nicht zu berücksichtigen („Gießkannenprinzip"). Aufgrund des Tarifab-
schlusses im öffentlichen Dienst vom 31. März 2008 hat sich für die Beschäftigten im Krankenhausbereich des Tarifgebiets West – mit Ausnahme der Ärztinnen und Ärzte sowie des Tarifbereichs des
KAV Baden-Württemberg – das für das Leistungsentgelt zur Verfügung stehende Gesamtvolumen
aus den ständigen Monatsentgelten des Vorjahres um einen Prozentpunkt auf 0 % reduziert. Im Kalenderjahr 2009 ist nach der Protokollerklärung 2. zu § 18 Abs. 3 TVöD-K ein Leistungstopf i.H.v. 0,5
% der ständigen Monatsentgelte zu bilden. Sofern eine betriebliche Regelung zum Leistungsentgelt
(auch) im Jahr 2009 nicht besteht, erhalten die Arbeitnehmer mit dem Dezembergehalt 2009 eine
Zahlung i.H.v. 6 % des ihnen für den Monat September 2009 jeweils zustehenden Tabellenentgelts.

---

36   BGH, 18.06.1985 – VI ZR 234/83.
37   Dassau/Wiesend-Rothbrust, § 18 RN 1.

Für die Beschäftigten der Länder ist § 18 TV-L im Rahmen der Tarifeinigung vom 1. März 2009 mit Wirkung zum 1. Januar 2009 ersatzlos gestrichen worden.

II.   Eingruppierung

39   Die tarifvertragliche Entgeltbemessung erfolgt durch Eingruppierung. Der Eingruppierungsvorgang besteht darin, die konkrete Tätigkeit des Arbeitnehmers einer der im Tarifvertrag abstrakt beschriebenen Tätigkeiten der Vergütungsordnung zuzuordnen. Der Arbeitgeber hat insoweit kein Wahlrecht, sondern muss die Eingruppierung in der im Tarifvertrag vorgesehenen Art und Weise vollziehen.[38] Bei einer irrtümlichen Eingruppierung in eine zu niedrige Vergütungsgruppe hat der Arbeitnehmer Anspruch auf rückwirkende Höhergruppierung. Wurde der Arbeitnehmer versehentlich zu hoch eingruppiert, muss der Arbeitgeber eine entsprechende Änderungskündigung aussprechen.[39] Für den Bereich des öffentlichen Dienstes hält das BAG eine korrigierende Rückgruppierung allerdings auch ohne Änderungskündigung für zulässig.[40]

Für Krankenhäuser im Geltungsbereich des TVöD erfolgt die Eingruppierung nach §§ 12, 12.1 und 13 TVöD-K. Ein vollständiges Eingruppierungsrecht des TVöD gibt es derzeit allerdings noch nicht. Die Neuregelung der Eingruppierung wird erst im Zusammenhang mit der noch zu vereinbarenden Entgeltordnung erfolgen. Bis zum Inkrafttreten der Eingruppierungsvorschriften des TVöD einschließlich der Entgeltordnung gelten nach der Übergangsregelung in § 17 TVÜ-VKA die bisherigen Eingruppierungsgrundsätze für übergeleitete und nach dem 30. September 2005 neu eingestellte Arbeitnehmer weiter. Schon jetzt zu beachtende Abweichungen und Anpassungen ergeben sich insbesondere aus § 17 TVÜ-VKA. Die Eingruppierung erfolgt – abhängig vom Ausbildungsstand des Arbeitnehmers – in vier Qualifikationsebenen: Entgeltgruppe 1 bis 4 (un-/angelernte Arbeitnehmer), Entgeltgruppe 5 bis 8 (Arbeitnehmer mit dreijähriger Ausbildung), Entgeltgruppe 9 bis 12 (Arbeitnehmer mit Fachhochschulabschluss bzw. Bachelor), Entgeltgruppen 13 bis 15 (Arbeitnehmer mit wissenschaftlichem Hochschulabschluss bzw. Master).

> 🛈 **Beraterhinweis:**
>
> *In der Praxis bedeutsam ist die neue Entgeltgruppe 1, die für einfachste Tätigkeiten (insbesondere Essens- und Getränkeausgabe, einfache Küchendienste, Reinigungsarbeiten, Botendienste, etc.) vorgesehen ist und deutlich unterhalb des bisherigen BAT-Tarifniveaus liegt.*

40   Innerhalb der Entgeltgruppen gibt es fünf (bei Entgeltgruppe 1) bzw. sechs (bei Entgeltgruppen 2 bis 15) Stufen. Die Stufen 1 und 2 sind die Grundentgeltstufen, die Stufen 3 bis 6 die Entwicklungsstufen. Der Aufstieg in die höheren Stufen ist abhängig von der Verweildauer in der jeweils niedrigeren Stufe (vgl. § 16 Abs. 3 TVöD-K). Je nach Leistung kann der Stufenaufstieg beschleunigt oder verlangsamt werden.

§ 16 TV-Ärzte/VKA sieht eine Eingruppierung der Ärzte in die Entgeltgruppen I bis IV vor. Problematisch ist die Eingruppierung der Oberärzte nach der Entgeltgruppe III. Anlass eines Meinungsstreits ist die Protokollerklärung zu § 16 c) TV-Ärzte/VKA, in der es heißt:

> „Oberarzt ist derjenige Arzt, dem die medizinische Verantwortung für selbstständige Teil- oder Funktionsbereiche der Klinik bzw. Abteilung vom Arbeitgeber ausdrücklich übertragen worden ist."

---

38 Weth/Thomae/Reichold, Teil 3 D RN 7.
39 BAG, 15.03.1999 – 2 AZR 582/90.
40 BAG, 16.10.2002 – 4 AZR 447/01 („Eingruppierungsfeststellungsklage").

Während unter der Geltung des BAT die Differenzierung zwischen Facharzt und (Funktions-)Ober- 41
arzt regelmäßig ohne Auswirkung auf die Vergütung war, spielt die Eingruppierung nach § 16 c) TV-
Ärzte/VKA in der Praxis eine erhebliche Rolle, da bei den meisten (ernannten) Oberärzten fraglich
ist, ob die Voraussetzungen einer Eingruppierung in die Entgeltgruppe III auch tatsächlich vorliegen.
Nach der Rechtsprechung der Instanzgerichte ist unter Berücksichtigung der Protokollnotiz zu § 16
c) TV-Ärzte/VKA maßgeblich, ob der Teil- oder Funktionsbereich, den der Oberarzt verantwortet,
mit zugeordnetem ärztlichen und nichtärztlichen Personal in einem abgrenzbaren Aufgabengebiet
eigenständige Zielvorstellungen verfolgt. Für eine Eingruppierung als Oberarzt i.S.d. tarifvertraglichen Bestimmungen ist daher grundsätzlich auch die Unterstellung des ärztlichen Personals erforderlich.[41] Zudem muss die Übertragung des jeweiligen Bereichs ausdrücklich erfolgt sein. Die
Übertragungserklärung ist der Auslegung zugänglich; sie hat zwar nicht wörtlich zu erfolgen, muss
jedoch hinreichend konkret die Übertragung der medizinischen Verantwortung für selbstständige
Teil- oder Funktionsbereiche der Klinik bzw. Abteilung deutlich machen. Auf das Bewusstsein des
Arbeitgebers, dass eine Aufgabenzuweisung (bzw. Übertragung der medizinischen Verantwortung)
als Grundlage für die Eingruppierung dienen kann, kommt es nicht an. Eine Übertragung war insbesondere auch schon zu einem Zeitpunkt möglich, zu dem der TV-Ärzte/VKA noch nicht galt.[42]

III. Vergütung von Bereitschaftsdienst und Rufbereitschaft

Inwieweit Bereitschaftsdienst und Rufbereitschaft zu vergüten sind, richtet sich nach den jeweiligen 42
tariflichen oder einzelvertraglichen Bestimmungen.

1. Vergütung von Bereitschaftsdienst

Auch wenn der Bereitschaftsdienst als Arbeitszeit i.S.d. ArbZG gilt,[43] folgt daraus noch nichts im Hin- 43
blick auf seine Vergütung. Den Tarifpartnern bzw. den Arbeitsvertragsparteien steht es grundsätzlich
frei, für Arbeitszeiten, die weniger intensiv als der Volldienst sind, auch geringere Vergütungssätze
festzulegen. Das BAG hat beispielsweise eine Vereinbarung, in der für Bereitschaftsdienste lediglich
68 % der regulären Vergütung vorgesehen waren, als wirksam angesehen.[44] § 8.1 Abs. 1 TVöD-K
enthält eine tarifvertragliche (Sonder-)Regelung für die Vergütung von Bereitschaftsdiensten. Die
Vergütung ist danach abhängig von den „erfahrungsgemäß durchschnittlich anfallenden Arbeits-
leistungen" während der Bereitschaft (Bewertung nach sog. Belastungsstufen) sowie von der Anzahl
der geleisteten Bereitschaftsdienste im Monat. Die Zuweisung des Arbeitnehmers zu der jeweiligen
Belastungsstufe erfolgt nach § 8.1 Abs. 2 TVöD-K durch die Betriebspartner und unterliegt deren
Mitbestimmung (§ 87 Abs. 1 Nr. 10 BetrVG, § 75 Abs. 3 Nr. 4 BPersVG). Mit der Vergütung für den
Bereitschaftsdienst wird sowohl die Zeit des Sich-Bereithaltens (inaktive Zeit) als auch die tatsächlich geleistete Arbeit (aktive Zeit) pauschal abgegolten.[45]

41 LAG Mecklenburg-Vorpommern, 21.01.2009 – 3 Sa 190/08.
42 LAG Niedersachsen, 22.01.2009 – 5 Sa 985/08.
43 Vgl. oben D. I. 2. c).
44 BAG, 28.01.2004 – 5 AZR 530/02.
45 Weth/Thomae/Reichold, Teil 3 D RN 14.

2. Vergütung von Rufbereitschaft

44 Nach § 8 Abs. 3 TVöD-K wird auch für die Rufbereitschaft eine pauschalierte Vergütung gezahlt. Die Pauschale beträgt für die Tage Montag bis Freitag das Zweifache und für Samstage, Sonntage bzw. Feiertage das Vierfache des jeweiligen tariflichen Stundenentgelts des Arbeitnehmers. Zeiten der tatsächlichen Inanspruchnahme während der Rufbereitschaft werden (einschließlich der erforderlichen Wegezeiten zum Arbeitsort) hingegen nicht von der Pauschalierung erfasst, sondern nach § 8 Abs. 3 S. 4 TVöD-K zusätzlich zur Pauschale gezahlt. Jede angefangene Stunde wird hierbei auf eine volle Stunde aufgerundet und mit dem Überstundenentgelt sowie etwaigen Zeitzuschlägen vergütet. Hat ein Arbeitnehmer während der Rufbereitschaft mehrere Arbeitseinsätze, so ist die Dauer der einzelnen Arbeitseinsätze zunächst jeweils auf volle Stunden aufzurunden und anschließend zu addieren. Dieses (Auslegungs-)Ergebnis folgt aus dem Wortlaut von § 8 Abs. 3 S. 4 TVöD-K, wonach für die Arbeitsleistung innerhalb der Rufbereitschaft „jede" angefangene Stunde auf eine volle Stunde zu runden ist. Dieser Formulierung liegt zugrunde, dass es innerhalb einer Rufbereitschaft mehrere angefangene Stunden geben kann, die jeweils aufzurunden sind. Wäre bei mehreren Arbeitseinsätzen innerhalb einer Rufbereitschaft die Dauer der Arbeitseinsätze zunächst zu addieren und anschließend aufzurunden, gäbe es dagegen nur eine angefangene Stunde, die aufzurunden wäre.[46] Wird ein Arbeitnehmer, der sich nach dem Dienstplan im Anschluss an die tägliche Arbeitszeit in Rufbereitschaft befindet, über das Ende der regelmäßigen Arbeitszeit hinaus nahtlos weiterbeschäftigt, kann nicht nach Rufbereitschaftskriterien, sondern nur nach den Regeln des Volldienstes (ggf. mit Überstundenzuschlägen) abgerechnet werden.[47]

F. Arbeitnehmervertretung

45 Die nachfolgenden Anmerkungen sollen einen Überblick über ausgesuchte Fragen aus dem Bereich der betrieblichen Mitbestimmung geben. Vom BPersVG abweichende Regelungen in Landesgesetzen (LPVGen) sind möglich. Die Frage der Mitbestimmung auf Unternehmensebene (insbesondere nach MitbestG oder DrittelbG) ist – auch vor dem Hintergrund der Bereichsausnahme für Tendenzbetriebe (vgl. § 1 Abs. 4 MitbestG, § 1 Abs. 2 DrittelbG) – nicht Gegenstand der Ausführungen.

I. Gesetzliche Grundlagen und Geltungsbereich

1. BetrVG

46 Das BetrVG findet grundsätzlich auf alle Betriebe privater Rechtsträger Anwendung. Dagegen ist die Anwendbarkeit für Verwaltungen und Betriebe der öffentlichen Hand ausgeschlossen (§ 130 BetrVG). Gleiches gilt für Religionsgesellschaften, die Körperschaften des öffentlichen Rechts sind.[48] Auf privatrechtlich organisierte karitative oder erzieherische Einrichtungen der Religionsgemeinschaften findet das BetrVG nach § 118 Abs. 2 BetrVG ebenfalls keine Anwendung.

Auf Unternehmen und Betriebe, die unmittelbar und überwiegend politischen, koalitionspolitischen, konfessionellen, karitativen, erzieherischen, wissenschaftlichen oder künstlerischen Bestimmungen dienen, ist das BetrVG lediglich eingeschränkt anwendbar. Auf diese sog. Tendenzbetriebe findet das

---

46 BAG, 24.09.2008 – 6 AZR 259/08.
47 BAG, 09.10.2003 – 6 AZR 447/02.
48 Dies sind insbesondere die Bistümer und der Verband der Diözesen sowie die Zusammenschlüsse der evangelischen Kirche in Deutschland.

BetrVG nur Anwendung, soweit die Eigenart des Unternehmens oder des Betriebs dem nicht entgegensteht (§ 118 Abs. 1 S. 1 BetrVG); zudem ist nach § 118 Abs. 1 S. 2 BetrVG die Anwendbarkeit der §§ 106 bis 110 BetrVG (Wirtschaftsausschuss) ausgeschlossen. Der Tendenzschutz setzt jedoch voraus, dass ein Betrieb auch tatsächlich dazu bestimmt ist, die nach § 118 Abs. 1 BetrVG geschützte Tendenz zu verwirklichen. Der Betriebszweck selbst muss auf die politische, koalitionspolitische, konfessionelle, karitative, erzieherische, wissenschaftliche oder künstlerische Tendenz ausgerichtet sein und darf nicht überwiegend wirtschaftlichen Zwecken dienen. Karitativen Bestimmungen können auch Krankenhäuser und Altenheime in privater Trägerschaft dienen. Etwas anderes gilt nur dann, wenn die Einrichtung allein mit Gewinnerzielungsabsicht betrieben wird und gemeinnützige Zwecke in den Hintergrund treten (z.B. Dialysezentren, Sanatorien, etc.).

Das BetrVG regelt die Beteiligung der Arbeitnehmer in Betrieben und Unternehmen und gilt auch   47
für inländische Betriebe ausländischer Gesellschaften. Betrieb i.S.d. BetrVG ist nach der ständigen Rechtsprechung des BAG „die organisatorische Einheit, innerhalb derer der Unternehmer allein oder zusammen mit seinen Mitarbeitern mit Hilfe sachlicher und immaterieller Mittel bestimmte arbeitstechnische Zwecke fortgesetzt verfolgt".[49]

Das BetrVG gilt für alle Arbeitnehmer nach § 5 BetrVG. Es gilt der allgemeine arbeitsrechtliche Arbeitnehmerbegriff. Arbeitnehmer ist danach, wer aufgrund eines privatrechtlichen Vertrags im Dienste eines anderen zur Leistung fremdbestimmter Arbeit in persönlicher Abhängigkeit verpflichtet ist.[50] Maßgeblich ist die persönliche Abhängigkeit; sie liegt vor, wenn die Arbeit im Rahmen einer von Dritten bestimmten Arbeitsorganisation weisungsgebunden erbracht wird. Keine Arbeitnehmer sind die Mitglieder des gesetzlichen Vertretungsorgans des Arbeitgebers. Das BetrVG findet nach § 5 Abs. 2 Nr. 3 BetrVG außerdem keine Anwendung auf Personen, die vorwiegend aufgrund karitativer oder religiöser Beweggründe ihre Beschäftigung ausüben (hierunter fallen insbesondere Mönche oder Ordensschwestern). Unanwendbar ist das BetrVG schließlich auf leitende Angestellte (§ 5 Abs. 3 BetrVG).

2. BPersVG

Auf Verwaltungen und Betriebe der öffentlichen Hand finden die Regelungen des Personalvertre-   48
tungsrechts Anwendung. Dessen Bezugsobjekt ist die Dienststelle (§§ 1, 6 Abs. 1 BPersVG). Sie ist die gemeinsame Bezeichnung für Behörde, Verwaltungsstelle, Betrieb und Gericht. Die Personalvertretung und der Verfahrensablauf der Mitbestimmung richten sich nach dem Verwaltungsaufbau der jeweiligen Verwaltung. Das BPersVG findet auf alle Beschäftigten nach §§ 4, 5 BPersVG Anwendung, d.h. auf Arbeitnehmer, Beamte, ggf. Richter und Soldaten.

3. Besonderheiten in kirchlichen Einrichtungen

Die Kirchen und die ihnen zugeordneten Einrichtungen sind aus dem Geltungsbereich des staat-   49
lichen Betriebsverfassungs- und Personalvertretungsrechts ausgenommen (§ 118 Abs. 2 BetrVG, § 112 BPersVG). Ihnen ist nach Art. 140 GG i.V.m. Art. 137 Abs. 3 WRV für die kollektive Ordnung der Arbeitgeber-Arbeitnehmer-Beziehungen ein eigener Weg eröffnet, weil hierdurch unmittelbar die Verfassung der Kirche betroffen wird.[51] In kirchlichen Einrichtungen gelten die Vorschriften der MAVO (im Bereich der Caritas) bzw. des MVG (im Bereich der Diakonie), von deren Darstellung nachfolgend jedoch abgesehen wird.

---

49 BAG, 22.10.2003 – 7 ABR 18/03; Richardi, § 1 RN 16 m.w.N.
50 BAG, 30.11.1994 – 5 AZR 704/93.
51 BVerfG, 11.10.977 – 2 BvR 209/76.

II.   Organe der Arbeitnehmervertretung

1.   BetrVG

50   In Betrieben mit i.d.R. mindestens fünf wahlberechtigten Arbeitnehmern, von denen drei wählbar sind, kann nach § 1 Abs. 1 BetrVG ein Betriebsrat gewählt werden. Eine Pflicht zur Einrichtung eines Betriebsrats besteht nicht. Der Betriebsrat ist im Betrieb der Repräsentant der Belegschaft und ihr gesetzlicher Interessenvertreter. Er nimmt die Beteiligungsrechte aus dem BetrVG gegenüber dem Arbeitgeber wahr.

Die Betriebsversammlung (§§ 42 ff. BetrVG) hat als Organ der Betriebsverfassung die Aufgabe, den Arbeitnehmern ein Forum der Kommunikation mit dem Betriebsrat und dem Arbeitgeber zu geben. Der Betriebsrat hat nach § 43 Abs. 1 BetrVG einmal im Kalendervierteljahr eine regelmäßige Betriebsversammlung durchzuführen und hierbei einen vollständigen Tätigkeitsbericht über die Betriebsratsarbeit zu erstatten. Die regelmäßigen Betriebsversammlungen finden nicht-öffentlich während der Arbeitszeit statt. Der Arbeitgeber hat den Arbeitnehmern die Zeit der Teilnahme an der Betriebsversammlung wie Arbeitszeit zu vergüten.

51   Soweit in einem Unternehmen mehrere Betriebsräte bestehen, muss ein Gesamtbetriebsrat errichtet werden (§ 77 Abs. 1 BetrVG). Der Gesamtbetriebsrat ist zuständig für alle Angelegenheiten, die das Gesamtunternehmen oder mehrere Betriebe betreffen und nicht durch die einzelnen Betriebsräte innerhalb ihrer eigenen Zuständigkeit geregelt werden können (§ 50 Abs. 1 S. 2 BetrVG). Der Gesamtbetriebsrat ist insoweit auch zuständig für Betriebe, in denen kein Betriebsrat besteht. Die Entscheidungskompetenz des Gesamtbetriebsrats besteht neben derjenigen der einzelnen Betriebsräte und ist diesen nicht übergeordnet. Innerhalb eines Konzerns im Sinne von § 18 Abs. 1 AktG kann ein Konzernbetriebsrat errichtet werden. Der Konzernbetriebsrat ist für alle Angelegenheiten zuständig, die den Konzern betreffen. Auch der Konzernbetriebsrat ist weder den Gesamtbetriebsräten noch den Betriebsräten übergeordnet (§ 58 Abs. 1 S. 2 BetrVG).

In Betrieben mit i.d.R. mindestens fünf Arbeitnehmern, die das 18. Lebensjahr noch nicht vollendet haben oder die zu ihrer Berufsausbildung beschäftigt werden und nicht älter als 25 Jahre sind, kann eine Jugend- und Auszubildendenvertretung (JAV) gewählt werden (§ 60 Abs. 1 BetrVG). Die Aufgaben der JAV ergeben sich aus § 70 Abs. 1 BetrVG. Die JAV hat keine eigenen Beteiligungsrechte gegenüber dem Arbeitgeber.

52   Nach §§ 94 ff. SGB IX kann eine Schwerbehindertenvertretung gebildet werden, sofern im Betrieb wenigstens fünf schwerbehinderte Menschen nicht nur vorübergehend beschäftigt sind. Die Schwerbehindertenvertretung ist berechtigt, an allen Sitzungen des Betriebsrats und seiner Ausschüsse beratend teilzunehmen (§ 95 Abs. 4 SGB IX).

In Unternehmen mit i.d.R. mehr als 100 Arbeitnehmern muss ein Wirtschaftsausschuss errichtet werden (§ 106 Abs. 1 S. 1 BetrVG). Der Wirtschaftsausschuss hat die Aufgabe, zusammen mit dem Arbeitgeber die in § 106 Abs. 3 BetrVG normierten wirtschaftlichen Angelegenheiten zu beraten. Der Arbeitgeber ist verpflichtet, den Wirtschaftsausschuss unter Vorlage der erforderlichen Unterlagen umfassend und rechtzeitig über wirtschaftliche Angelegenheiten zu unterrichten.

2.   BPersVG

53   In Dienststellen, in denen i.d.R. fünf Wahlberechtigte beschäftigt sind, von denen wiederum drei wählbar sein müssen, kann ein Personalrat errichtet werden (§ 12 BPersVG).

In Behörden der Mittelstufe werden Bezirkspersonalräte (§ 53 BPersVG) und in der obersten Dienstbehörde Hauptpersonalräte (§ 53 BPersVG) gebildet. Bezirks- und Hauptpersonalräte sind die sog. Stufenvertretungen bei den übergeordneten Dienststellen. Diese sind im Rahmen der Mitwirkungs- und Mitbestimmungsrechte (§§ 69 Abs. 3, 72 Abs. 4 BPersVG) sowie in den Fällen des § 82 BPersVG zu beteiligen.

Ähnlich wie im BetrVG ist auch im Personalvertretungsrecht eine Versammlung der in der Dienststelle Beschäftigten vorgesehen (§§ 48 ff. BPersVG). Der Personalrat hat nach § 49 Abs. 1 BPersVG zwingend einmal im Kalenderhalbjahr eine ordentliche Personalversammlung, die als Vollversammlung aller Arbeitnehmer während der Arbeitszeit stattfindet, durchzuführen. Hierbei ist ein vollständiger Tätigkeitsbericht über die Arbeit des Personalrats vorzulegen.   **54**

Neben dem Personalrat ist nach §§ 57 ff. BPersVG eine Jugend- und Auszubildendenvertretung vorgesehen. Darüber hinaus finden die Vorschriften der §§ 94 ff. SGB IX über die Schwerbehindertenvertretung entsprechende Anwendung.

III.   Beteiligungsrechte und -verfahren

1.   Grundsätze des Zusammenwirkens

Sowohl im BetrVG als auch im BPersVG gelten folgende grundlegende Bestimmungen des Zusammenwirkens: **55**

- Gebot der vertrauensvollen Zusammenarbeit (§ 2 Abs. 1 BetrVG, § 2 Abs. 1 BPersVG);
- Behinderungsverbot (§ 74 Abs. 2 S. 2 BetrVG, § 66 Abs. 2 S. 1 BPersVG);
- Arbeitskampfverbot, Friedenspflicht (§ 74 Abs. 2 S. 1, 2 BetrVG, § 66 Abs. 2 S. 2 BPersVG);
- Verschwiegenheitspflicht (§ 79 BetrVG, § 10 BPersVG);
- Pflicht zur parteipolitischen Neutralität (§ 74 Abs. 2 S. 3 BetrVG, § 67 Abs. 1 S. 3, 4 BPersVG).

2.   Normative Vereinbarungen

a)   BetrVG

Betriebsvereinbarungen (§ 77 Abs. 2 BetrVG) wirken nach § 77 Abs. 4 BetrVG unmittelbar und zwingend gegenüber den Arbeitnehmern des Betriebs und gestalten deren Arbeitsbedingungen wie Rechtsnormen. Auf eine Billigung oder Kenntnisnahme der Arbeitnehmer kommt es nicht an. Lediglich durch eine einzelvertragliche Regelung, die für den Arbeitnehmer objektiv vorteilhafter ist, kann von einer Betriebsvereinbarung abgewichen werden (sog. Günstigkeitsprinzip).[52]   **56**

Kommt die Betriebsvereinbarung nicht einvernehmlich zustande, kann in den Fällen der echten Mitbestimmung (vgl. § 87 Abs. 2 BetrVG, § 112 Abs. 1, 4, 5 BetrVG) ein Spruch der Einigungsstelle die fehlende Einigung der Betriebspartner ersetzen. In Angelegenheiten der freiwilligen Mitbestimmung bedarf der Spruch der Einigungsstelle der vorherigen Unterwerfung der Betriebspartner oder deren nachträglicher Annahme (§ 76 Abs. 6 S. 2 BetrVG).

---

52   BAG, 16.09.1986 – GS 1/82.

4

57   Betriebsvereinbarungen dürfen nicht gegen höherrangiges Recht und insbesondere nicht gegen zwingende tarifvertragliche Regelungen verstoßen (§ 77 Abs. 3 BetrVG). Zulässig sind Betriebsvereinbarungen insoweit nur, wenn im Hinblick auf den konkreten Regelungsgegenstand eine Tarifbestimmung fehlt bzw. nicht üblich ist oder wenn der Tarifvertrag eine Öffnungsklausel enthält, die den Abschluss ergänzender Betriebsvereinbarungen ausdrücklich zulässt (§ 77 Abs. 3 S. 2 BetrVG). Eine Angelegenheit ist in diesem Sinne schon dann „üblicherweise" durch Tarifvertrag geregelt, wenn zwar gegenwärtig keine Tarifregelung besteht, die tarifliche Praxis und das Verhalten der Tarifparteien aber erkennen lässt, dass die Angelegenheit demnächst (wieder) durch Tarifvertrag geregelt werden soll.[53] Die Sperrwirkung des § 77 Abs. 3 BetrVG hängt nicht davon ab, ob der Arbeitgeber tarifgebunden ist oder nicht.[54] Entscheidend ist der (betriebliche) Geltungsbereich des Tarifvertrags.

Eine Betriebsvereinbarung endet grundsätzlich mit Ablauf der Zeit, für die sie eingegangen ist, durch eine ablösende Betriebsvereinbarung oder durch Kündigung (§ 77 Abs. 5 BetrVG). Im Bereich der echten Mitbestimmung gelten die Regelungen der Betriebsvereinbarung weiter, bis sie durch eine andere Abmachung ersetzt werden (§ 77 Abs. 6 BetrVG). Diese sog. Nachwirkung kann jedoch von den Betriebspartnern ausgeschlossen werden.

b)   BPersVG

58   Die Dienstvereinbarung nach § 73 BPersVG folgt im Wesentlichen den Regeln der Betriebsvereinbarung. Dies gilt auch für die Tarifsperre (§§ 75 Abs. 3, 76 Abs. 2 BPersVG) sowie im Hinblick auf die Kündigung und Nachwirkung. Allerdings sind im Gegensatz zur Betriebsvereinbarung keine freiwilligen Dienstvereinbarungen möglich. Dienstvereinbarungen sind lediglich dann zulässig, wenn sie im BPersVG ausdrücklich vorgesehen sind (§ 73 Abs. 1 BPersVG).

3.   Beteiligungs – und Mitbestimmungsrechte

a)   BetrVG

59   Der Betriebsrat hat als Repräsentant der Belegschaft den Arbeitgeber zu überwachen und die Interessen der Arbeitnehmer wahrzunehmen. Aus § 80 BetrVG ergeben sich die wesentlichen dem Betriebsrat übertragenen (allgemeinen) Aufgaben.

Die Intensität der Beteiligung ist unterschiedlich. Auf der niedrigsten Stufe der Beteiligungsrechte stehen die sog. Informationsrechte (vgl. insbesondere § 80 Abs. 2 BetrVG). Im Gegensatz zu den bloßen Informationsrechten beinhalten die Beratungsrechte das Recht des Betriebsrats, zu einer bestimmten Angelegenheit Stellung zu nehmen. Der Arbeitgeber muss den Verhandlungsgegenstand mit dem Betriebsrat erörtern und sich mit dessen Stellungnahme auseinandersetzen. Erst danach kann der Arbeitgeber die vorgesehene Maßnahme umsetzen. Beratungsrechte finden sich vor allem in folgenden Vorschriften:

- Personalplanung (§ 92 Abs. 1 BetrVG);
- Planung von baulichen Maßnahmen, technischen Anlagen, Arbeitsabläufen und -plätzen (§ 90 BetrVG);
- Förderung von Maßnahmen der Berufsbildung (§§ 96, 97 BetrVG);
- Wirtschaftliche Angelegenheiten (§ 106 Abs. 1 BetrVG).

---

53   Richardi, § 77 RN 274.
54   BAG, 24.01.1996 – 1 AZR 597/95.

Ein Recht des Betriebsrats auf vorherige Anhörung ergibt sich vor allem aus § 102 BetrVG. Danach 60
ist der Betriebsrat vor jeder arbeitgeberseitigen Kündigung anzuhören. Die Anhörung kann nicht
nachgeholt werden. Eine ohne ordnungsgemäße Anhörung erklärte Kündigung ist schon allein aus
diesem Grund unwirksam (§ 102 Abs. 1 S. 3 BetrVG). Das Anhörungsverfahren muss vor Ausspruch
der Kündigung abgeschlossen sein. Die Zustimmung des Betriebsrats ist für den Ausspruch der Kündigung allerdings nicht erforderlich.

Wenn sog. Vetorechte eingreifen, darf der Arbeitgeber die Maßnahme ohne Zustimmung des Betriebsrats nicht durchführen. Der Betriebsrat ist jedoch nur dann berechtigt, seine Zustimmung zu
verweigern, wenn ein Zustimmungsverweigerungsgrund vorliegt. Lehnt der Betriebsrat die Zustimmung zu Unrecht ab, kann die fehlende Zustimmung gerichtlich ersetzt werden. Solche Vetorechte
finden sich insbesondere bei personellen Einzelmaßnahmen (Versetzung, Ein- und Umgruppierung,
Einstellung, § 99 Abs. 1 BetrVG).

Bei den echten Mitbestimmungsrechten hängt die Wirksamkeit einer Maßnahme von der Zustim- 61
mung des Betriebsrats ab. Der Betriebsrat ist nicht an gesetzlich vorgesehene Zustimmungsverwei-
gerungs- oder Widerspruchsgründe gebunden, sondern kann seine Entscheidung frei nach billigem
Ermessen treffen. Soweit der Betriebsrat seine Zustimmung verweigert, darf der Arbeitgeber die
Maßnahme nicht umsetzen. Tut er es dennoch, ist die Maßnahme individualrechtlich gegenüber
dem einzelnen Arbeitnehmer unwirksam. Der Arbeitnehmer muss eine mitbestimmungswidrige
Anweisung nicht beachten.[55] Sowohl der Arbeitgeber als auch der Betriebsrat können im Falle einer
Nichteinigung die Einigungsstelle (§§ 76, 76a BetrVG) anrufen, sofern dies jeweils gesetzlich vorge-
sehen ist. Echte Mitbestimmungsrechte finden sich beispielsweise bei:

- Personalfragebögen und Beurteilungsgrundsätzen (§ 94 Abs. 1, 2 BetrVG);
- Auswahlrichtlinien (§ 95 Abs. 1, 2 BetrVG);
- Wirtschaftlichen Angelegenheiten (§§ 111 ff. BetrVG).

Die im betrieblichen Alltag wichtigsten Mitbestimmungsrechte ergeben sich indes aus dem Katalog 62
der sozialen Angelegenheiten (§ 87 Abs. 1 BetrVG). Danach hat der Betriebsrat insbesondere bei folgenden Angelegenheiten mitzubestimmen:

- Fragen der Ordnung des Betriebs und des Verhaltens der Arbeitnehmer im Betrieb (§ 87 Abs. 1
  Nr. 1 BetrVG). Mit dieser Regelung soll die gleichberechtigte Beteiligung der Arbeitnehmer an
  der Gestaltung des Zusammenlebens im Betrieb gewährleistet werden. Mitbestimmungspflichtig ist lediglich das reine Ordnungsverhalten der Arbeitnehmer und nicht das Arbeitsverhalten
  (das Arbeitsverhalten betrifft die Art und Weise, wie die Arbeitsleistung erbracht werden soll).[56]
  Mitbestimmungspflichtig sind insbesondere Vorschriften über Werksausweise, Torkontrollen,
  Rauchverbote, Dienstkleidung, etc.

- Beginn und Lage der täglichen Arbeitszeit einschließlich der Pausen sowie die Verteilung der Arbeitszeit auf die einzelnen Wochentage (§ 87 Abs. 1 Nr. 2 BetrVG). Unter diese Bestimmung fällt
  beispielsweise die Frage, ob und in welchen Schichten gearbeitet werden soll, wann die Schichten beginnen und enden, wann die Pausenzeiten liegen, wie der Dienstplan ausgestaltet wird,
  etc. Außerdem sind vom Mitbestimmungsrecht die Planungen zu Rufbereitschaft, Bereitschaftsdienst, Gleitzeitregelungen (einschließlich Zeitkonto) und Abrufarbeit umfasst.[57] Das Mitbestimmungsrecht bezieht sich jedoch nicht auf die Dauer der Arbeitszeit, die sich ausschließlich nach
  den arbeits- bzw. tarifvertraglichen Vereinbarungen richtet.

---

55 Erfurter Kommentar zum Arbeitsrecht, § 87 BetrVG RN 136.
56 BAG, 08.06.1999 – 1 ABR 67/98; BAG, 18.04.2000 – 1 ABR 22/99; Fitting, § 87 RN 64.
57 Richardi, § 87 RN 279, 303.

- Vorübergehende Verkürzung oder Verlängerung der betriebsüblichen Arbeitszeit (§ 87 Abs. 1 Nr. 3 BetrVG). Von dem Mitbestimmungsrecht ist insbesondere die Anordnung von Überstunden erfasst, und zwar selbst dann, wenn lediglich ein einzelner Arbeitnehmer zu Überstunden herangezogen wird. Das Mitbestimmungsrecht besteht auch in Eilfällen.[58] Dies kann in der Praxis erhebliche Schwierigkeiten aufwerfen, da der Betriebsrat (oder dessen insoweit zuständiger Ausschuss) häufig so kurzfristig keinen Beschluss über die Überstundenanordnung mehr treffen kann.

4

63 ⚠ Beraterhinweis:

Vor diesem Hintergrund bietet es sich regelmäßig an, mit dem Betriebsrat bereits im Vorfeld eine Betriebsvereinbarung über das Verfahren bei Überstunden zu treffen. In einer solchen Vereinbarung kann dann geregelt werden, dass bzw. unter welchen Voraussetzungen die Zustimmung zur Überstundenanordnung (vorab) erteilt ist.

- Fragen der betrieblichen Lohngestaltung (§ 87 Abs. 1 Nr. 10 BetrVG). Bei der betrieblichen Lohngestaltung kommt dem Betriebsrat ein umfassendes Mitbestimmungsrecht zu. Soweit der Arbeitgeber für den gesamten Betrieb, einzelne Abteilungen oder Arbeitnehmergruppen eine Vergütungskomponente zahlen möchte, bedarf es der Mitbestimmung des Betriebsrats, insbesondere im Hinblick auf die Festlegung der Verteilungsgrundsätze.[59]

b) BPersVG

64 Ähnlich wie im BetrVG ist auch die Intensität der Beteiligungsrechte des Personalrats nach den Bestimmungen des BPersVG abgestuft.

Soweit Informationsrechte des Personalrats eröffnet sind, sind ihm sämtliche Informationen zugänglich zu machen, über die auch der Dienststellenleiter verfügt. Die Information des Personalrats hat rechtzeitig zu erfolgen; dies setzt voraus, dass seitens des Personalrats auf die Maßnahme noch wirksam und effektiv Einfluss genommen werden kann. Informationsrechte sind insbesondere in § 68 Abs. 2 S. 1 BPersVG vorgesehen.

Im Rahmen der Anhörungsrechte ist der Personalrat durch die Dienststelle über die beabsichtigte Maßnahme zu unterrichten. Die Gründe für die beabsichtigte Maßnahme sind mitzuteilen. Der Dienststellenleiter hat dem Personalrat Gelegenheit zur Stellungnahme zu geben. Anhörungsrechte sind vor allem in den Fällen der §§ 78 Abs. 3 bis 5, 79 Abs. 3 BPersVG vorgesehen. Der Personalrat ist namentlich vor außerordentlichen Kündigungen anzuhören (§ 79 Abs. 3 BPersVG).

65 Auch bloße Mitwirkungsrechte eröffnen dem Personalrat kein Mitbestimmungsrecht. Die Dienststellenleitung ist zwar verpflichtet, mit dem Personalrat die entsprechende Maßnahme zu beraten, die Entscheidung kann jedoch von der Dienststellenleitung bzw. der obersten Dienstbehörde auch gegen den Willen des Personalrats getroffen werden.[60] Der Personalrat ist – anders als bei den Anhörungsrechten – jedoch nicht nur formal anzuhören. Vielmehr muss das Vorbringen des Personalrats tatsächlich in die Entscheidung des Arbeitgebers mit einbezogen werden. Der Personalrat hat insbesondere in den Fällen des § 78 BPersVG (Auflösung, Einschränkung, Verlegung oder Zusammenlegung von Dienststellen, etc.) sowie des § 79 Abs. 1 BPersVG (ordentliche Kündigung von Arbeitnehmern) mitzuwirken.

---

58 BAG, 17.11.1998 – 1 ABR 12/98.
59 Erfurter Kommentar zum Arbeitsrecht, § 87 RN 110.
60 Richardi/Dörner/Weber, § 72 RN 1.

Das Mitwirkungsverfahren bestimmt sich nach § 72 BPersVG. Die Maßnahme muss zunächst auf   66
der Ebene der Dienststelle mit dem Personalrat erörtert werden, wobei die Maßnahme als gebilligt
gilt, wenn sich der Personalrat nicht innerhalb einer Frist von zehn Arbeitstagen äußert (§ 72 Abs.
2 S. 1 BPersVG). Soweit es nicht zu einer Einigung zwischen Dienststellenleitung und Personalrat
kommt, kann der Personalrat die Angelegenheit der nächsthöheren Dienststelle vorlegen (§ 72 Abs.
4 S. 1 BPersVG). Die Anrufung der nächsthöheren Dienststelle setzt einen Beschluss des Personalrats voraus und kann grundsätzlich nur innerhalb von drei Arbeitstagen erfolgen. Die Frist beginnt
mit dem Zugang der Mitteilung des Dienststellenleiters, dass er den Einwendungen des Personalrats
nicht entspricht. In diesem Fall ist die beabsichtigte Maßnahme bis zur Entscheidung der angeru-
fenen Dienststelle auszusetzen (§ 72 Abs. 5 BPerVG). Der Leiter der Dienststelle kann jedoch nach
§§ 72 Abs. 6, 69 Abs. 5 BPersVG eine vorläufige Regelung treffen, wenn die Sache keinen Aufschub
duldet. Die nächsthöhere Dienststelle entscheidet nach Verhandlung mit der zuständigen Stufenvertretung entsprechend § 72 Abs. 4 BPersVG. Soweit der Dienststelle noch die oberste Dienstbehörde übergeordnet ist, kann die Stufenvertretung der Mittelstufe wiederum entsprechend § 72 Abs. 4
BPersVG die Angelegenheit der übergeordneten Dienstbehörde mit dem Antrag auf Entscheidung
vorlegen. Hierbei ist die Stufenvertretung bei der obersten Dienstbehörde zu beteiligen. Die oberste
Dienstbehörde entscheidet nach Verhandlung mit der obersten Stufenvertretung (Hauptpersonalrat)
endgültig.[61]

Ein (echtes) Mitbestimmungsrecht des Personalrats besteht bei personellen Angelegenheiten (§ 75
Abs. 1 BPersVG). Die Personalvertretung ist insbesondere bei der Einstellung, der Übertragung einer höher oder niedriger zu bewertenden Tätigkeit, bei Höher- und Rückgruppierungen, Eingrup-
pierungen, Versetzungen bzw. Umsetzungen zu beteiligen. Die Zustimmungsverweigerung darf in
den Fällen des § 75 Abs. 1 BPersVG nur aus den in § 77 Abs. 2 BPersVG genannten Gründen erfolgen. Ein Mitbestimmungsrecht besteht zudem bei sozialen Angelegenheiten im Sinne von § 75
Abs. 2 BPersVG.

Soweit eine gesetzliche oder tarifliche Regelung nicht besteht, eröffnet § 75 Abs. 3 BPersVG ein Mit-   67
bestimmungsrecht bei sog. organisatorischen Angelegenheiten. Hiernach hat der Personalrat vor
allem mitzubestimmen bei folgenden Maßnahmen:

- Beginn und Ende der täglichen Arbeitszeit und der Pausen sowie Verteilung der Arbeitszeit auf
  die einzelnen Wochentage (§ 75 Abs. 3 Nr. 1 BPersVG);
- Aufstellung des Urlaubsplans (§ 75 Abs. 3 Nr. 3 BPersVG);
- Lohngestaltung innerhalb der Dienststelle (§ 75 Abs. 3 Nr. 4 BPersVG);
- Regelungen der Ordnung und des Verhaltens der Beschäftigten in der Dienststelle (§ 75 Abs. 3
  Nr. 15 BPersVG).

Die Mitbestimmungsrechte des § 75 Abs. 3 BPersVG entsprechen inhaltlich im Wesentlichen den
Mitbestimmungsrechten des Betriebsrats nach § 87 Abs. 1 BetrVG.

Eine Maßnahme, die der Mitbestimmung unterliegt, bedarf grundsätzlich der Zustimmung des Per-   68
sonalrats (§ 69 Abs. 1 BPersVG). Der Dienststellenleiter kann eine mitbestimmungspflichtige Maßnahme nur vollziehen, wenn der Personalrat ihr ausdrücklich zugestimmt hat oder die Maßnahme
nach § 69 Abs. 2 S. 5 BPersVG als gebilligt gilt. Soweit keine Einigung zustande kommt, kann diese
entweder durch die Einigung auf höherer Ebene (§ 69 Abs. 3 BPersVG) oder durch einen Beschluss
der Einigungsstelle (§§ 69 Abs. 4, 71 BPersVG) ersetzt werden. Unter bestimmten Voraussetzungen
kann der Dienststellenleiter vorläufige Regelungen einseitig treffen (§ 69 Abs. 5 BPersVG).

---

61 Richardi/Dörner/Weber, § 72 Rn 51.

69 Bei den Rechtsfolgen einer unterbliebenen oder fehlerhaften Mitbestimmung ist zwischen privat-rechtlichen und hoheitlichen Maßnahmen des Dienststellenleiters zu differenzieren: Privatrechtliche Maßnahmen, die ohne die erforderliche Beteiligung oder entgegen einer ordnungsgemäßen Zustim-mungsverweigerung des Personalrats ergehen, sind grundsätzlich unwirksam.[62] Soweit hingegen die Entscheidung bei einer mitbestimmungspflichtigen Maßnahme in Form eines Verwaltungsakts (z.B. Versetzung oder Beförderung eines Beamten) oder durch sonstiges hoheitliches Handeln erfolgt, ist die Maßnahme trotz Verletzung des Mitbestimmungsrechts wirksam, allerdings formell rechts-widrig. Die Rechtsfolgen ergeben sich dann aus den allgemeinen verwaltungsrechtlichen Bestim-mungen.[63] Wegen des besonderen Bestandsschutzes hoheitlicher Maßnahmen ist eine Nichtigkeit lediglich in wenigen Ausnahmefällen anzunehmen; die fehlende Zustimmung des Personalrats führt in diesen Fällen daher im Regelfall lediglich zur Anfechtbarkeit der Entscheidung.[64]

---

62 BAG, 13.04.1994 – 7 AZR 651/93.
63 Richardi/Dörner/Weber, § 69 RN 119 ff.
64 BVerwG, 13.11.1986 – 2 C 20/84.

§ 5   Vergaberecht und PPP

A.   Vergaberecht

I.   Grundlagen des Vergaberechts

1.   Gegenstand und Regelungszweck

„Vergabe" bezeichnet die Beschaffung von Bau-, Liefer- und Dienstleistungen durch die öffentliche   1
Hand. Als „Vergaberecht" kann somit die Gesamtheit aller Vorschriften bezeichnet werden, die die
öffentliche Hand beim Einkauf von Gütern und Dienstleistungen beachten muss. Wie auch Privatrechtssubjekte nimmt die öffentliche Hand hierbei am Rechtsverkehr teil.

Ein bestimmter Ausschnitt dieser Teilnahme der öffentlichen Hand am Privatrechtsverkehr unterfällt dem Vergaberecht. Anders als Private kann die öffentliche Hand ihre Vertragspartner nicht frei
auswählen. Die Auswahl des Vertragspartners der öffentlichen Hand bei Beschaffungsmaßnahmen
– beginnend mit der Suche nach dem Vertragspartner und endend mit Vertragsschluss – ist daher
besonderen Regelungen unterworfen. Die Gesamtheit dieser Regelungen wird als „Vergaberecht"
bezeichnet.

Demgegenüber regelt das Vergaberecht nicht, welche Leistungen die öffentliche Hand überhaupt be-   2
schaffen darf oder muss. Die öffentliche Hand ist in der Entscheidung, welche Güter und Leistungen
zur Erfüllung ihrer Aufgaben selbst erbracht bzw. erstellt werden und welche von Dritten bezogen
werden sollen, sowie bei der Bestimmung des konkreten Beschaffungsbedarfs weitestgehend frei.
Das Vergaberecht sieht hier jedoch eine Missbrauchsprüfung vor, um zu verhindern, dass durch
die Ausgestaltung der zu beschaffenden Leistung der Bieterkreis in unzulässiger Weise beschränkt
wird.[1] Auch die Leistungserbringung wird vom Vergaberecht nicht umfasst. Insbesondere aufgrund
der Verpflichtung, den Bietern keine unkalkulierbaren Risiken zu überbürden, sind aber die von
der öffentlichen Hand für die Vertragsabwicklung vorgesehenen Regelungen bereits Gegenstand des
Vergaberechts.

Das Vergaberecht ist daher kein isoliertes Rechtsgebiet. Neben vertragsrechtlichen Bestimmungen
sind bei der Vergabe öffentlicher Aufträge stets rechtliche Vorgaben oder Grenzen insbesondere des
öffentlichen Rechts sowie gewerbliche Schutzrechte zu beachten.

🛈 **Beraterhinweis**

*Das Vergaberecht verpflichtet öffentliche Auftraggeber, bei der Beschaffung von Gütern und Leistungen besondere Regelungen
zu beachten und gibt hierfür einen Rahmen vor. Das Vergaberecht ersetzt jedoch nicht die sorgfältige Vorbereitung eines Beschaffungsvorgangs und die individuelle Ausgestaltung der abzuschließenden Verträge.*

---

1   § 9 Nr. 2 VOB/A, § 8 Nr. 1 Abs. 3 VOL/A.

2. Zweiteilung des Vergaberechts

3   Das nationale deutsche Vergaberecht und das europäische Vergaberecht verfolgen zwei unterschiedliche, im Ergebnis jedoch einander ergänzende Ziele. Diese begründen zugleich die Zweiteilung des deutschen Vergaberechts für nationale und europaweite Vergabeverfahren.

In Deutschland diente das Vergaberecht ursprünglich der Gewährleistung einer sparsamen Mittelverwendung des Staates sowie der Korruptionsbekämpfung. Die Bestimmungen des nationalen Vergaberechts waren und sind daher im Haushaltsrecht geregelt. § 30 HGrG, § 55 BHO sowie die entsprechenden landes- und gemeindehaushaltsrechtlichen Vorschriften sehen vor, dass der Auftragsvergabe grundsätzlich eine Ausschreibung vorauszugehen hat.

4   Die Vergabebestimmungen der Europäischen Union verfolgen demgegenüber ein anderes Ziel. Sie dienen der Liberalisierung des öffentlichen Auftragswesens und der Schaffung eines europaweiten Wettbewerbs um öffentliche Aufträge zur Herstellung des Binnenmarkts. Die europäischen Vergabebestimmungen dienen daher insbesondere den Interessen der an öffentlichen Aufträgen interessierten Unternehmen. Der Erreichung dieses Ziels dienen die drei vergaberechtlichen Prinzipien „Wettbewerb", „Gleichbehandlung" und „Transparenz". Die Beachtung dieser Bestimmungen und der zu ihrer Umsetzung erlassenen Vorschriften können die Unternehmen gerichtlich durchsetzen. Aufgrund der starken Betonung des Wettbewerbs in den europäischen Vergaberichtlinien erfolgte die Umsetzung in deutsches Recht im Gesetz gegen Wettbewerbsbeschränkungen (GWB).

Nationale und europäische Ziele des Vergaberechts stehen heute ergänzend nebeneinander. Während bei europaweiten Vergabeverfahren selbstverständlich weiterhin eine wirtschaftliche Beschaffung durch die öffentliche Hand angestrebt wird, finden bei nationalen Vergabeverfahren die Rechte der Unternehmen mittlerweile stärkere Beachtung.

❗ Beraterhinweis

Wegen der unterschiedlichen Rechtsgrundlagen sowie der im Detail unterschiedlichen Verfahrensregeln sind nationale und europaweite Vergabeverfahren streng zu unterscheiden. Der tatsächliche Ablauf eines Vergabeverfahrens ist bei europaweiten und nationalen Vergabeverfahren jedoch sehr ähnlich.

3. Normenhierarchie

5   Trotz ihrer Verankerung in gänzlich verschiedenen Rechtsgebieten (Haushaltsrecht bei nationalen Vergabeverfahren, Wettbewerbsrecht bei europaweiten Vergabeverfahren) sind die wesentlichen vergaberechtlichen Bestimmungen sowohl für nationale Vergaben als auch für europaweite Vergaben in den sog. Verdingungsordnungen (VOB/A, VOL/A) geregelt. Bei den Verdingungsordnungen handelt es sich um privatrechtliche, von den Verdingungsausschüssen erarbeitete Vereinbarungen, die durch die Bezugnahme in Bundes- oder Landesgesetzen Rechtsnormqualität erlangen.

Nur bei europaweiten Vergabeverfahren findet zudem die Verdingungsordnung für freiberufliche Leistungen (VOF) Anwendung. Darin wird das Verfahren zur Vergabe freiberuflicher Leistungen, die nicht erschöpfend beschreibbar sind, geregelt. Für die Durchführung nationaler Vergabeverfahren unterhalb der Schwellenwerte existiert keine entsprechende Verdingungsordnung. Die Vergabe freiberuflicher Leistungen unterhalb der Schwellenwerte ist in den haushaltsrechtlichen Bestimmungen von Bund und Ländern regelmäßig von der Vergabepflicht freigestellt.

6   Während die Durchführung von Vergabeverfahren unter Beachtung der Verdingungsordnungen durch die Haushaltsordnungen von Bund und Ländern vorgegeben wird, erfolgt die Anwendung der Verdingungsordnungen bei europaweiten Vergabeverfahren aufgrund der §§ 97 ff. GWB sowie der

Vergabeverordnung (VgV). Die komplizierte Normenkette von GWB, VgV und Verdingungsordnungen wird auch als „Kaskadenprinzip" bezeichnet.

Um spezifische Vorgaben für die Durchführung europaweiter Vergabeverfahren, die von den Regelungen für nationale Vergaben abweichen, berücksichtigen zu können, sind VOB/A und VOL/A in zwei Abschnitte unterteilt. Während der jeweils erste Abschnitt die sog. „Basisparagrafen" enthält, die bei der Durchführung nationaler Vergabeverfahren anzuwenden sind, sind die Vorgaben für europaweite Vergabeverfahren in Abschnitt 2 geregelt.

Im Krankenhausbereich tätige öffentliche Auftraggeber müssen bei europaweiten Vergabeverfahren   7
die „a-Paragraphen" des Abschnitts 2 von VOB/A und VOL/A anwenden sowie die Bestimmungen der VOF. Die „Basisparagraphen" finden bei europaweiten Vergaben ergänzend Anwendung, sofern sie den Regelungen des Abschnitts 2 nicht entgegenstehen. Nationale Vergabeverfahren sind nach den Vorgaben der Basisparagraphen in VOB/A und VOL/A auszuschreiben.

Die vergaberechtliche Normenhierarchie stellt sich somit wie folgt dar:

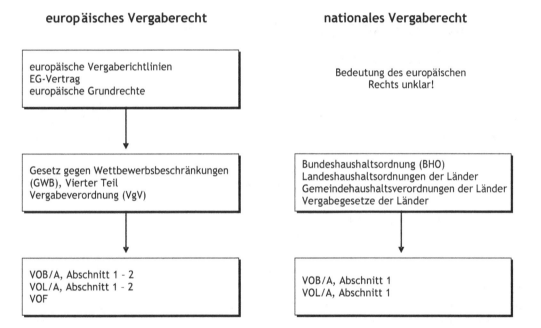

4.   Voraussetzungen der Vergabepflicht

Die Voraussetzungen für das Bestehen einer Vergabepflicht sind für europaweite Vergabeverfahren   8
einerseits und nationale Vergabeverfahren andererseits getrennt zu betrachten. Insbesondere haben die Vorgaben der europäischen Vergaberichtlinien zu einer Erweiterung des Anwendungsbereichs des Vergaberechts geführt. Beispielsweise umfasst die Gruppe der zur Beachtung des Kartellvergaberechts verpflichteten öffentlichen Auftraggeber nicht nur die nach nationalem Vergaberecht vergabepflichtigen Gebietskörperschaften.

Die Durchführung europaweiter Vergabeverfahren ist davon abhängig, dass

- ▣ ein öffentlicher Auftraggeber (§ 98 GWB)
- ▣ Bau-, Liefer- oder Dienstleistungen beschafft (§ 99 GWB),

- deren geschätzter Auftragswert den jeweils maßgeblichen Schwellenwert überschreitet (§ 100 Abs. 1 GWB i.V.m. §§ 2, 3 VgV) und

- zuletzt auch kein Ausnahmetatbestand vorliegt, der von der Pflicht zur Durchführung eines Vergabeverfahrens befreit (§ 100 Abs. 2 GWB).

9   Für nationale Vergabeverfahren bestehen keine einheitlichen Vorgaben. Eine Vielzahl unterschiedlicher Vorschriften regelt für Bund, Länder, Kommunen sowie weitere juristische Personen des öffentlichen Rechts die Voraussetzungen für die Durchführung von Vergabeverfahren.

Wegen der besonderen Bedeutung des europäischen Vergaberechts werden nachfolgend unter II. und III. insbesondere die Voraussetzungen und Vorgaben für europaweite Vergabeverfahren dargestellt. Abweichungen im nationalen Recht werden, soweit relevant, jedoch erwähnt.

II.   Krankenhäuser als öffentliche Auftraggeber

1.   Öffentliche Auftraggeber bei europaweiten Vergabeverfahren

10   § 98 GWB regelt, welche juristischen Personen der Vergabepflicht unterfallen. Der Vorschrift liegt eine funktionale Betrachtung zugrunde. Hierdurch soll eine Umgehung des Vergaberechts verhindert werden. Öffentliche Auftraggeber können daher insbesondere auch juristische Personen des Privatrechts sein. Insbesondere § 98 Nr. 2 GWB spielt hierbei eine – gerade auch für Krankenhäuser – maßgebliche Rolle.

a)   Gebietskörperschaften – § 98 Nr. 1 GWB

11   Gem. § 98 Nr. 1 GWB sind zunächst Gebietskörperschaften und deren Sondervermögen (d.h. insbesondere Eigenbetriebe) zur Beachtung der Bestimmungen des GWB-Vergaberechts verpflichtet. Gebietskörperschaften sind Bund, Länder sowie Landkreise und Gemeinden als kommunale Gebietskörperschaften. Bei Eigenbetrieben ist mangels rechtlicher Selbständigkeit des Sondervermögens jedoch stets die hinter dem Eigenbetrieb stehende Körperschaft öffentlicher Auftraggeber.

Krankenhäuser, die von Bund, Ländern oder Gemeinden in Form eines Regie- oder Eigenbetriebs betrieben werden, unterfallen daher mit ihrem Träger ohne Weiteres der Vergabepflicht nach § 98 Nr. 1 GWB.

b)   Juristische Personen des öffentlichen und privaten Rechts mit spezifischer Verbindung zu anderen öffentlichen Auftraggebern – § 98 Nr. 2 GWB

12   Gem. § 98 Nr. 2 GWB sind auch juristische Personen des öffentlichen und privaten Rechts öffentliche Auftraggeber, wenn diese

- zu dem besonderen Zweck gegründet worden sind,

- im Allgemeininteresse liegende Aufgaben

- nichtgewerblicher Art zu erfüllen und

- die juristische Person des Privatrechts durch die öffentliche Hand überwiegend finanziert wird oder die öffentliche Hand über die juristische Person die Aufsicht ausübt oder mehr als die Hälfte der Mitglieder eines ihrer zur Geschäftsführung oder zur Aufsicht berufenen Organe bestimmt hat.

Der Anwendungsbereich des europäischen Vergaberechts wird durch diese Vorschrift bei Vorliegen bestimmter Voraussetzungen auf weitere juristische Personen des öffentlichen Rechts und hierüber hinaus insbesondere auch auf juristische Personen des Privatrechts erstreckt. Hierdurch soll eine „Flucht des Staates aus dem Vergaberecht" verhindert und europaweiter Wettbewerb um öffentliche Aufträge sichergestellt werden[2]. **13**

Die Auslegung der Tatbestandsmerkmale des § 98 Nr. 2 GWB ist umstritten. Dies folgt insbesondere aus der Problematik, die aus den europäischen Vergaberichtlinien übernommenen Tatbestandsmerkmale „Allgemeininteresse" und „Aufgabe nicht gewerblicher Art" auszulegen, und der hiermit verbundenen Frage, wie stark der Einfluss öffentlicher Auftraggeber auf Dritte sein muss, damit diese ebenfalls als öffentlicher Auftraggeber anzusehen sind.

Für Krankenhäuser in Privatrechtsform mit staatlicher Beteiligung ist die Auslegung des § 98 Nr. 2 GWB daher nicht erst für konkrete Beschaffungsmaßnahmen relevant. Bereits im Vorfeld stellt sich bei der Gesellschaftsgründung oder der (Teil-) Privatisierung von Krankenhäusern die Frage, welche Folgen hiermit für die Auftraggebereigenschaft des Krankenhauses verbunden sind. Für private Krankenhausbetreiber ist dies im Hinblick auf die Frage, wie stark das Krankenhaus in das unternehmenseigene Beschaffungswesen eingebunden werden kann, von erheblicher Bedeutung. **14**

Bei der Auslegung der Tatbestandsmerkmale des § 98 Nr. 2 GWB ist zu beachten, dass die zugrunde liegenden europäischen Vergaberichtlinien eine möglichst umfassende Öffnung des Wettbewerbs im öffentlichen Beschaffungswesen anstreben. Ausnahmen von der Vergabepflicht sind daher eng auszulegen. Zudem sind auch privatrechtliche Krankenhäuser in Anhang III der Richtlinie 2004/18/EG ausdrücklich als „der staatlichen Kontrolle unterliegende und im Allgemeininteresse tätig werdende Einrichtungen nichtgewerblicher Art" genannt. Es spricht daher eine – allerdings widerlegbare – Vermutung dafür, dass auch privatrechtlich organisierte Krankenhäuser öffentliche Auftraggeber sind[3].

aa) Im Allgemeininteresse liegende Aufgaben

Während bei juristischen Personen des öffentlichen Rechts die Wahrnehmung einer im Allgemeininteresse liegenden Aufgabe vermutet wird, kann man hiervon bei juristischen Personen des Privatrechts nicht ausgehen. Im Gegenteil verfolgen juristische Personen des Privatrechts regelmäßig keine öffentlichen Aufgaben. Der Staat kann in privatrechtlicher Form auf dem Markt tätig sein, ohne zugleich öffentliche Aufgaben zu verfolgen. Die Einordnung als öffentlicher Auftraggeber gem. § 98 Nr. 2 GWB setzt daher eine spezifische, originär staatliche Aufgabensetzung voraus. Eine im Allgemeininteresse liegende Aufgabe liegt grundsätzlich dann vor, wenn die Tätigkeit Bereiche betrifft, die aufgrund besonderer staatlicher Aufgabenstellung auch besonderen rechtlichen Regeln unterfallen, so dass für sie eine marktbezogene Sonderstellung besteht. **15**

Vom Vorliegen der vorstehenden Voraussetzungen ist insbesondere dann auszugehen, wenn eine Vorsorgetätigkeit für die Allgemeinheit betroffen ist. In der vergaberechtlichen Rechtsprechung und Literatur ist anerkannt, dass auch privatrechtlich organisierte Krankenhäuser im Allgemeininteresse liegende Aufgaben wahrnehmen. Als Grund hierfür wird angeführt, dass der Betrieb von Kliniken dem Schutz und der Aufrechterhaltung der Gesundheit der Bevölkerung dient und somit eine klas-

---

2   Stickler in: Reidt/Stickler/Glahs, Vergaberecht, 1. Auflage 2003, § 98, RN 9, Eschenbruch in: Kulartz/Kus/Portz, GWB-Vergaberecht, 1. Auflage 2006, § 98 RN 85.
3   Vgl. hierzu zuletzt Schlussantrag von Generalanwalt Ján Mazák im Vorabentscheidungsverfahren des EuGH vom 16.12.2008, AZ: C 300/07.

sische Aufgabe der Daseinsvorsorge zum Gegenstand hat[4]. Der Betrieb eines Krankenhauses stellt somit stets eine „im Allgemeininteresse liegende Aufgabe" i.S.d. § 98 Nr. 2 GWB dar.

bb)   Nichtgewerblichkeit der Aufgabe

16   In engem Zusammenhang mit dem „Allgemeininteresse" steht das Tatbestandsmerkmal der „Nichtgewerblichkeit". Auch dieser Begriff ist unter Berücksichtigung der EU-Vergaberichtlinien auszulegen. Es kommt daher jedenfalls nicht darauf an, ob das Unternehmen mit Gewinnerzielungsabsicht tätig ist. Der Anwendungsbereich wäre andernfalls auf gemeinnützige Gesellschaften beschränkt, da privatrechtlich organisierte Unternehmen regelmäßig mit Gewinnerzielungsabsicht handeln. Dies widerspräche jedoch der Intention der europäischen Vergaberichtlinien.

Darüber hinaus sind die Konturen des Tatbestandsmerkmals der „Nichtgewerblichkeit" jedoch kaum entwickelt. Nach Auffassung des EuGH dient dieses Tatbestandsmerkmal der Feststellung, ob eine juristische Person unter Wettbewerbsbedingungen tätig wird. Im Rahmen einer Gesamtbetrachtung ist daher festzustellen, ob sich die juristische Person bei der Vergabe von Aufträgen allein von wirtschaftlichen Überlegungen leiten lässt. Ist dies der Fall, bedarf es der Anwendung des Vergaberechts zur Öffnung bzw. Herstellung des Wettbewerbs nicht. Finden demgegenüber auch „nichtgewerbliche" Überlegungen bei der Vergabe von Aufträgen Berücksichtigung, spricht dies gegen ein gewerbliches Tätigwerden.

17   Im Ergebnis wird zur Feststellung der Gewerblichkeit bzw. Nichtgewerblichkeit im Einzelfall darauf abzustellen sein, ob das Unternehmen bei der Erfüllung der im Allgemeininteresse liegenden Aufgaben den Kräften des Marktes in einem Umfang ausgesetzt ist, dass sein Handeln wesentlich von marktwirtschaftlichen Maximen bestimmt ist[5]. Dass ein Unternehmen auf einem Markt tätig ist, auf welchem ein entwickelter Wettbewerb besteht, begründet zwar noch nicht die Gewerblichkeit der wahrgenommenen Aufgabe. Der EuGH hat jedoch festgestellt, dass das Vorliegen eines entwickelten Wettbewerbs und insbesondere der Umstand, dass die betreffende Einrichtung auf dem jeweiligen Markt im Wettbewerb zu anderen Unternehmen steht, darauf hinweisen könne, dass es sich nicht um eine im Allgemeininteresse liegende Aufgabe nichtgewerblicher Art handele[6]. I.d.R. wird daher eine bestehende Konkurrenzsituation zu anderen Anbietern auf dem freien Markt für die „Gewerblichkeit" einer Tätigkeit sprechen.

Über diese marktbezogene Betrachtung hinaus ist jedoch auch die Ausgestaltung des Unternehmens im jeweiligen Einzelfall zu berücksichtigen. Insbesondere ist die Möglichkeit einer marktunabhängigen Einflussnahme staatlicher Stellen auf den jeweiligen Geschäftsbetrieb für die Feststellung der Nichtgewerblichkeit von Relevanz. Kann die Gesellschaft bei unbefriedigenden Geschäftsergebnissen durch staatliche Stellen alimentiert oder bezuschusst werden und wird das Insovenzrisiko der Gesellschaft auf diese Weise ausgeschlossen oder gemindert, beeinflusst dies das Tätigwerden des Unternehmens am Markt. In diesem Fall ist nach der vergaberechtlichen Rechtsprechung nicht auszuschließen, dass sich das Unternehmen anders als ein „normaler" Marktteilnehmer strategisch und operativ nicht mehr (ausschließlich) nach wirtschaftlichen Kriterien mit dem primären Ziel, Gewinn zu erzielen, leiten lässt[7].

18   Vor diesem Hintergrund kann die Frage, ob privatrechtlich organisierte Krankenhäuser gewerblich tätig sind, nicht pauschal beantwortet werden. Es bedarf einer Betrachtung des konkreten Einzel-

---

4   OLG München, Beschluss vom 26.06.2007, AZ: Verg 6/07; OLG Naumburg, Beschluss vom 17.02.2004, AZ: 1 Verg 15/03.
5   Werner in Byok/Jaeger, Vergaberecht, 2. Auflage 2005, § 98 RN 346; Dietlein, NZBau, 2002, 136, 139 f.
6   EuGH, EuZW 1999, 16/18 „Gemeinde Arnheim".
7   OLG Düsseldorf, Beschluss vom 30. April 2003, AZ: Verg 67/02; Eschenbruch in: Kulartz/Kus/Portz, GWB Vergaberecht, 1. Auflage 2006, § 98 RN 140.

falls[8], bei der einerseits zu prüfen ist, ob das Krankenhaus überhaupt im Wettbewerb tätig ist. Andererseits ist zu ermitteln, ob sich das Tätigwerden des Krankenhauses insbesondere durch vertragliche Bestimmungen und die Möglichkeit einer besonderen Einflussnahme der öffentlichen Hand als Gesellschafter auf die Geschäftstätigkeit des Krankenhauses von anderen privatrechtlich organisierten Krankenhäusern unterscheidet.

Der Annahme eines gewerblichen Tätigwerdens kann dabei nicht entgegengehalten werden, dass für das Tätigwerden von Krankenhäusern durch besondere rechtliche Bestimmungen, insbesondere des KHG, der entsprechenden Landesgesetze sowie der Krankenhauspläne besondere rechtliche Rahmenbedingungen bestehen. Dass in der Praxis – abhängig von Fachbereichen und Regionen sowie ggf. weiteren Rahmenbedingungen – sehr wohl Wettbewerb zwischen Krankenhäusern bestehen kann, dürfte mittlerweile unbestritten sein und findet gerade auch in der Rechtsprechung zur kartellrechtlichen Fusionskontrolle bei Krankenhauszusammenschlüssen Bestätigung.[9]

19 Kann somit unter Berücksichtigung der jeweils konkreten Marktsituation von einem Tätigwerden im Wettbewerb ausgegangen werden, hängt die Feststellung der Gewerblichkeit oder Nichtgewerblichkeit davon ab, ob sich das jeweilige Krankenhaus bei seinem Tätigwerden allein von wettbewerblichen Kriterien leiten lässt oder ob insbesondere aufgrund der Einflussnahme staatlicher Stellen auch nichtgewerbliche Vorgaben zu beachten sind und insoweit auch Einfluss auf die Marktteilnahme des Krankenhauses genommen werden kann.

> **!** Beraterhinweis
>
> *Die in der Vergangenheit angenommene Nichtgewerblichkeit des Krankenhausbetriebs könnte aufgrund der geänderten wettbewerblichen Rahmenbedingungen zumindest für einige Krankenhäuser zukünftig zu verneinen sein.*

cc) Besonderer Gründungszweck

20 Weitere Tatbestandsvoraussetzung des § 98 Nr. 2 GWB ist, dass das Unternehmen zu dem besonderen Zweck, im Allgemeininteresse liegende Aufgaben nicht gewerblicher Art zu erfüllen, bereits gegründet worden sein muss. In der Praxis kommt diesem Kriterium indes keine Bedeutung zu. Um die Umgehung der Vergabepflicht zu verhindern, lässt es die Rechtsprechung ausreichen, wenn im Allgemeininteresse liegende Aufgaben nicht gewerblicher Art durch eine spätere Satzungsänderung zum Unternehmensgegenstand werden. Auch dann, wenn derartige Aufgaben tatsächlich erfüllt werden, ohne dass dies in der Satzung Niederschlag gefunden hat, genügt dies für das Vorliegen dieses Tatbestandsmerkmals.[10]

dd) Überwiegende Finanzierung oder Kontrolle durch andere öffentliche Auftraggeber

21 § 98 Nr. 2 GWB setzt des Weiteren eine besondere Staatsgebundenheit der juristischen Person voraus. Nur dann, wenn ein anderer öffentlicher Auftraggeber nach § 98 Nr. 1, Nr. 2 oder Nr. 3 GWB die juristische Person in der durch § 98 Nr. 2 GWB geforderten Weise beherrscht, kann dieser öffentlicher Auftraggeber nach § 98 Nr. 2 GWB sein. Die besondere Staatsgebundenheit ist bei Vorliegen einer der nachfolgend genannten Voraussetzungen gegeben:

- überwiegende Finanzierung durch öffentliche Auftraggeber durch Beteiligung oder auf sonstige Weise,

- Ausübung der Aufsicht über die Leitung der Gesellschaft durch öffentliche Auftraggeber oder

---

8 OLG München, Beschluss vom 26.06.2007, AZ: Verg 6/07; OLG Naumburg, Beschluss vom 17.02.2004, AZ: 1 Verg 15/03.
9 Vgl. hierzu im Einzelnen die Ausführungen in § 6.
10 EuGH, Urteil vom 15.01.1998, AZ: C-44/96.

- Bestimmung von mehr als der Hälfte der Mitglieder eines zur Geschäftsführung oder zur Aufsicht berufenen Organs durch öffentliche Auftraggeber.

22   Eine überwiegende Finanzierung liegt vor, wenn mehr als die Hälfte aller finanziellen Mittel, über die die jeweilige Gesellschaft verfügt, von der öffentlichen Hand stammen. Da es um die Finanzierung der juristischen Person als solche geht, bleiben hierbei Leistungen der öffentlichen Hand, für die eine marktkonforme Gegenleistung erbracht wird und die somit in einem vertraglichen Austauschverhältnis stehen, unberücksichtigt.[11] Auch nur maßnahmenbezogene finanzielle Unterstützungen sind für die Begründung der Auftraggebereigenschaft nach § 98 Nr. 2 GWB nicht ausreichend; sie können jedoch im Rahmen des § 98 Nr. 5 GWB von Bedeutung sein. Eine überwiegende Finanzierung liegt auch nicht allein deshalb vor, weil die öffentliche Hand die Mehrheit des Gesellschaftskapitals der Gesellschaft hält.

Für die Feststellung, ob eine überwiegende Finanzierung durch die öffentliche Hand vorliegt, ist auf das jeweils letzte abgeschlossene Geschäftsjahr abzustellen.

23   Die Aufsicht über die Leitung kann sowohl durch vertragliche als auch durch öffentlich-rechtliche Maßnahmen erfolgen. Maßgeblich ist in beiden Fällen, dass die Maßnahmen nicht nur eine nachprüfende Kontrolle, sondern tatsächlichen Einfluss auf die Geschäftstätigkeit der juristischen Person, insbesondere auf das Beschaffungswesen, ermöglichen.

Eine vertragliche Aufsicht über die Leitung kann durch die vertraglichen Regelungen zwischen der juristischen Person einerseits und seinen Gesellschaftern erfolgen. Die Beherrschung eines organschaftliche Funktionen wahrnehmenden Organs der Gesellschaft ist dabei ausreichend. Neben den gesellschaftsvertraglichen Regelungen sind auch konzern- und einzelvertragliche Regelungen zu berücksichtigen. Eine pauschalierende Betrachtung verbietet sich auch bei diesem Tatbestandsmerkmal; erforderlich ist eine Würdigung der rechtlichen Verhältnisse des Einzelfalls. So hat der EuGH entscheiden, dass eine gesellschaftsrechtliche Mehrheitsbeteiligung allein noch nicht das Vorliegen der Aufsicht über die Leitung begründen kann.[12] Andererseits können jedoch auch ausgeprägte Rechte eines Minderheitsgesellschafters, wie z.B. besondere Kontrollrechte, die Pflicht zur Erzielung von Einvernehmen vor Gesellschafterversammlungen und Aufsichtsratssitzungen, die Errichtung besonderer Kontrollorgane oder Call-/Put-Optionen hinsichtlich der Gesellschaftsanteile eine „Aufsicht über die Leitung" i.S.v. § 98 Nr. 2 GWB begründen.[13]

24   Eine Aufsicht über die Leitung kommt auch aufgrund staatlicher Aufsicht in Betracht. Ob eine staatliche Aufsicht die Aufsicht über die Leitung nach § 98 Nr. 2 GWB begründen kann, ist ungeachtet der gesetzlichen Terminologie (Fachaufsicht – Rechtsaufsicht) danach zu beurteilen, ob die bestehenden Aufsichtsmaßnahmen Einfluss auf den unternehmerischen Entscheidungsspielraum der Geschäftsleitung ermöglichen oder lediglich die Möglichkeit einräumen, rechtswidriges Handeln zu verhindern.[14] Regelmäßig wird dieser Kontrollumfang nur bei Bestehen einer Fachaufsicht, die nicht auf die bloße Rechtmäßigkeitskontrolle beschränkt ist, vorliegen. Krankenhäuser unterliegen gem. § 11 Abs. 1 KHGG der Rechtsaufsicht. Da die hierdurch begründeten Aufsichtsrechte keinen unmittelbaren Einfluss auf die Geschäftsführung und insbesondere das Beschaffungswesen der Krankenhäuser ermöglichen, wird eine Aufsicht über die Leitung hierdurch nicht begründet.

Zuletzt liegt eine Beherrschung nach § 98 Nr. 2 GWB dann vor, wenn andere öffentliche Auftraggeber mehr als der Hälfte der Mitglieder eines zur Geschäftsführung oder zur Aufsicht berufenen Organs der jeweiligen juristischen Person bestimmen. Dieses Kriterium ist somit dann erfüllt, wenn ein öffentlicher Auftraggeber ein Vertretungs- oder Aufsichtsorgan des Auftraggebers mehrheitlich

---

11   EUGH, Urteil vom 03.10.2000, AZ: C-380/98.
12   EuGH, Urteil vom 27.02.2003, AZ: C 373/00.
13   OLG Düsseldorf, Beschluss vom 30.04.2003, AZ: Verg 67/02.
14   EuGH, Urteil vom 01.02.2001, Es. C-237/99; OLG Düsseldorf, Beschluss vom 23.05.2007, AZ: VII-Verg 50/06.

zu besetzen befugt ist und dieses Recht auch tatsächlich ausübt. Hierbei sind auch nur fakultativ eingerichtete Organe einer Gesellschaft wie z.B. Aufsichtsräte einer GmbH zu berücksichtigen, wenn diese nach den Vorgaben des Gesellschaftsvertrags Einfluss auf die Unternehmenspolitik und insbesondere auch auf das Beschaffungswesen nehmen können. Die Besetzung rein beratender Gremien ist demgegenüber nicht ausreichend.

🛈 Beraterhinweis

Während öffentlich-rechtlich organisierte Krankenhäuser stets öffentliche Auftraggeber sind, ist dies bei privatrechtlich organisierten Krankenhäusern mit Beteiligung privater Unternehmen gesondert zu prüfen. Derartige Krankenhäuser sind öffentliche Auftraggeber, wenn der/die öffentlich-rechtliche(n) Anteilseigner die Gesellschaft überwiegend finanzieren oder personell beherrschen.

c)   Auftraggeber staatlich finanzierter Vorhaben – § 98 Nr. 5 GWB

Öffentliche Auftraggeber sind nach § 98 Nr. 5 GWB auch natürliche und juristische Personen des   25
Privatrechts, die bestimmte staatlich finanzierte Baumaßnahmen erbringen. Da zu den betroffenen Baumaßnahmen auch die Errichtung von Krankenhäusern zählt, handelt es sich um eine für Krankenhäuser praxisrelevante Vorschrift, deren Vorliegen stets zu prüfen ist. Voraussetzung des § 98 Nr. 5 GWB ist des Weiteren, dass die Baumaßnahme von öffentlichen Auftraggebern nach § 98 Nr. 1 bis 3 GWB zu mehr als 50 % finanziert wird.

Zu beachten ist, dass § 98 Nr. 5 GWB nur für Aufträge, die der Realisierung der subventionierten Aufgabe dienen, eine Vergabepflicht begründet. Neben der Baumaßnahme selbst besteht die Auftraggebereigenschaft auch für „damit in Verbindung stehende Dienstleistungen und Auslobungsverfahren". Im Übrigen, d.h. außerhalb subventionierter Baumaßnahmen, begründet § 98 Nr. 5 GWB keine Vergabepflicht. Es handelt sich somit um eine „vorhabensbezogene Auftraggebereigenschaft", die durch die überwiegende staatliche Finanzierung eines Einzelvorhabens begründet wird.

🛈 Beraterhinweis

Auch Krankenhäuser, die mangels Beherrschung durch die öffentliche Hand nicht grundsätzlich als öffentliche Auftraggeber nach § 98 Nr. 3 GWB einzuordnen sind, können für einzelne Vorhaben gem. § 98 Nr. 5 GWB zur Durchführung von Vergabeverfahren verpflichtet sein. Auf eine entsprechende Auflage im Zuwendungsbescheid kommt es hierfür anders als bei nationalen Vergabeverfahren nicht an.

d)   Öffentliche Auftraggeber bei nationalen Vergabeverfahren

Der Begriff des öffentlichen Auftraggebers für nationale Vergabeverfahren ist nicht einheitlich de-   26
finiert und gegenüber dem Auftraggeberbegriff des europäischen Vergaberechts deutlich enger gefasst. Öffentliche Auftraggeber sind – entsprechend § 98 Nr. 1 GWB – bei europaweiten Vergabeverfahren jedenfalls die Gebietskörperschaften, d.h. Bund, Länder und Kommunen. Kommunal in der Form eines Regie- oder Eigenbetriebs geführte Krankenhäuser sind daher auch zur Durchführung nationaler Vergabeverfahren verpflichtet.

Mit § 98 Nr. 2 GWB vergleichbare Bestimmungen bestehen für den Bereich des nationalen Vergaberechts nicht. Eine Ausnahme hiervon bilden die Bestimmungen in § 106b Gemeindeordnung Baden-Württemberg (GemO BW) und § 22 des Gesetzes zur Mittelstandsförderung Baden-Württemberg (MFG). Demnach haben die Kommunen in Baden-Württemberg in Gesellschaften, auf die sie durch mehrheitliche Beteiligung oder in sonstiger Weise bestimmenden Einfluss ausüben können, ihre

Gesellschafterrechte dergestalt wahrzunehmen, dass den Gesellschaften die Anwendung der VOB/A vorgeschrieben und die Anwendung der VOL/A empfohlen wird, wenn die jeweilige Gesellschaft ein öffentlicher Auftraggeber nach § 98 Nr. 2 GWB ist. Hierdurch wurden für Baden-Württemberg die Ausschreibungspflichten für öffentlich beherrschte Privatrechtssubjekte einander angenähert. In Privatrechtsform betriebene Krankenhäuser sind daher in Baden-Württemberg zur Durchführung von Vergabeverfahren im nationalen Bereich verpflichtet, wenn sie als öffentliche Auftraggeber nach § 98 Nr. 2 GWB auch bei europaweiten Vergaben öffentlicher Auftraggeber sind.

27   Zuletzt kennt das nationale Recht auch Parallelen zu § 98 Nr. 5 GWB. Da Zuwendungsempfänger häufig durch den Zuwendungsbescheid oder Vertrag zur Beachtung des Vergaberechts verpflichtet sind, sind auch unterhalb der europäischen Schwellenwerte private Krankenhäuser zur Durchführung von Vergaben verpflichtet, wenn sie für die jeweilige Maßnahme staatliche Mittel erhalten. Verstöße gegen derartige Bestimmungen können zur Rückforderung der zugewendeten Mittel durch den Staat führen.

> **❗ Beraterhinweis**
>
> *Der Begriff des öffentlichen Auftraggebers für nationale Vergabeverfahren ist nicht einheitlich geregelt. Die maßgeblichen Bestimmungen von Bund und Ländern bestimmen regelmäßig nur Gebietskörperschaften und sonstige juristische Personen des öffentlichen Rechts zu öffentlichen Auftraggebern.*

III.   Vergabepflichtige öffentliche Aufträge in Krankenhäusern

1.   Begriff des öffentlichen Auftrags

28   Gegenstand des Vergaberechts ist die entgeltliche „Beschaffung", d.h. der Einkauf von Gütern und Leistungen. Der Abschluss anderer Verträge unterfällt demgegenüber grundsätzlich nicht dem Vergaberecht. Der Abschluss von Gesellschaftsverträgen, die Veräußerung oder zeitweise Überlassung von Gütern sowie das Erbringen von Leistungen durch öffentliche Auftraggeber müssen daher nicht ausgeschrieben werden. Allerdings können auch derartige Rechtsgeschäfte bei komplexen Vorgängen – beispielsweise bei Public Private Partnerships – als Teil eines insgesamt vergabepflichtigen Beschaffungsvorgangs der Vergabepflicht unterliegen.[15]

Das Vergaberecht kennt eine weitere Differenzierung zwischen verschiedenen Arten öffentlicher Aufträge. Da sich die europäischen und nationalen Vorschriften hierfür nicht vollständig decken, ist die Unterscheidung nicht ganz einfach:

29   Die EU-Vergaberichtlinien gehen von drei unterschiedlichen Auftragsarten aus: Aufträge für Bauleistungen, Aufträge für Lieferleistungen und Aufträge für Dienstleistungen[16]. Dementsprechend unterscheidet auch § 99 Abs. 1 GWB zwischen Bau-, Liefer- und Dienstleistungsaufträgen. Die Verdingungsordnungen, die die maßgeblichen Verfahrensregeln für die Durchführung von Vergabeverfahren enthalten, folgen dieser Systematik jedoch nicht. Die EU-Vergaberichtlinien wurden in Deutschland durch Ergänzung der nationalen Verdingungsordnungen VOB/A, VOL/A um Abschnitt 2 sowie durch Schaffung einer besonderen Verdingungsordnung für freiberufliche Leistungen (VOF) umgesetzt:

- Die VOB/A regelt die Vergabe von Bauleistungen und Baukonzessionen;

---

15   Siehe unten B.
16   Art. 1 Abs. 2 b) Richtlinie 2004/18 und Richtlinie 2004/17.

■ die VOF enthält die Bestimmungen für die Vergabe von Leistungen, die im Rahmen einer freiberuflichen, nicht eindeutig und erschöpfend beschreibbaren Tätigkeit erbracht oder im Wettbewerb mit freiberuflich Tätigen angeboten werden;

■ die VOL/A findet auf die Vergabe sonstiger Leistungen und von Lieferaufträgen Anwendung.

Die nationalen Vergabebestimmungen unterscheiden zwischen Bauleistungen einerseits und sonstigen Leistungen andererseits. Dementsprechend regelt die VOB/A, Abschnitt 1, die Vergabe von Bauleistungen und die VOL/A, Abschnitt 1, die Vergabe von Leistungen mit Ausnahme von Bauleistungen. Die VOF findet hier keine Anwendung.

30

🛑 Beraterhinweis

Jede Vergabe ist einem Auftragsbegriff zuzuordnen. Die Einordnung entscheidet nicht nur über die anzuwendende Verdingungsordnung, sondern ist auch für die Frage, ob der Schwellenwert für europaweite Vergabeverfahren überschritten wird, bedeutsam.

5

2. Bauaufträge

§ 99 Abs. 3 GWB definiert Bauaufträge als „Verträge entweder über die Ausführung oder die gleichzeitige Planung und Ausführung eines Bauvorhabens oder eines Bauwerks, das Ergebnis von Tief- oder Hochbauarbeiten ist und eine wirtschaftliche oder technische Funktion erfüllen soll, oder eine Bauleistung durch Dritte gem. den vom Auftraggeber genannten Erfordernissen". Durch diese umfassende Definition sollen alle denkbaren Formen der Beauftragung von Bauleistungen berücksichtigt werden.

31

Ein Bauauftrag i.S.d. § 99 Abs. 3 GWB kann sowohl die Neuerrichtung eines Gebäudes als auch Umbau-, Instandhaltungs-, Reparatur- oder sogar Abbrucharbeiten zum Gegenstand haben. Entsprechende Arbeiten sind daher durch Krankenhäuser als öffentliche Auftraggeber auszuschreiben.

Mit der dritten Alternative des § 99 Abs. 3 GWB, wonach auch eine „Bauleistung durch Dritte gem. den vom Auftraggeber genannten Erfordernissen" einen Bauauftrag darstellt, werden auch Bauträger-, Mietkauf- und Leasingverträge, bei denen der öffentliche Auftraggeber einen Kauf- bzw. Nutzungsüberlassungsvertrag (z.B. Miete oder Leasing) über ein von einem Dritten erstelltes Bauwerk abschließt, selbst jedoch keinen Auftrag zur Erbringung von Bauleistungen vergibt, dem Vergaberecht unterworfen. Nur dann, wenn der Auftraggeber keinen Einfluss auf das zu errichtende Gebäude nimmt, liegt kein Bauauftrag vor. Bei dieser Konstellation liegt ein (schlichter) Kauf- oder Nutzungsüberlassungsvertrag über eine Immobilie vor, der gem. § 100 Abs. 2 lit. h) GWB vom Vergaberecht befreit ist. Diese Konstellation dürfte wegen der spezifischen Anforderungen an die Ausstattung von Krankenhäusern im Krankenhausbereich jedoch nur von geringer Bedeutung sein und allenfalls bei der Anmietung von Verwaltungsgebäuden o.ä., die keine krankenhausspezifische Ausstattung aufweisen müssen, in Betracht kommen.

32

Zu beachten ist, dass gem. § 99 Abs. 1, 6 GWB auch Baukonzessionen vergabepflichtig sind. Eine Baukonzession liegt vor, wenn die Gegenleistung des öffentlichen Auftraggebers für die Bauleistung nicht in der Zahlung von Geld, sondern in der Einräumung eines Nutzungs- oder Verwertungsrechts zu Gunsten des Auftragnehmers besteht und dieser auch das wirtschaftliche Risiko der Nutzung oder Verwertung trägt.

3. Lieferaufträge

33 Lieferaufträge im Sinne von § 99 Abs. 2 GWB sind „Verträge zur Beschaffung von Waren, die insbesondere Kauf- oder Ratenkauf oder Leasing, Miet- oder Pachtverhältnisse mit oder ohne Kaufoption betreffen". Gegenstand von Lieferaufträgen können somit bewegliche Sachen sowie sonstige Gegenstände – z.B. die Lieferung von Energie (Strom und Gas) – sein. Kauf und Nutzungsüberlassung von Immobilien sind demgegenüber gem. § 100 Abs. 2 lit. h) GWB nicht vergabepflichtig.

Das Vorliegen eines Lieferauftrags i.S.v. § 99 Abs. 2 GWB ist nicht von einer bestimmten zivilrechtlichen Einordnung des abzuschließenden Vertrags abhängig. Neben den im Gesetz ausdrücklich genannten Vertragsarten (Kauf, Ratenkauf, Leasing, Miete und Pacht) können z.B. auch Werklieferungs- oder Lagerverträge sowie nicht eindeutig zuzuordnende Austauschverträge (Verträge sui generis) Lieferverträge i.S.d. § 99 Abs. 2 GWB sein.

34 Der Anwendungsbereich des § 99 Abs. 2 GWB bei Beschaffungen durch Krankenhäuser ist nahezu unbegrenzt und umfasst alle Kauf-, Leasing-, Miet- und Pachtverträge des Krankenhauses vom Erwerb medizinischer Großgeräte über den Kauf von Möbeln bis hin zum Erwerb von Operationsbesteck.

4. Dienstleistungsaufträge

35 Dienstleistungsaufträge i.S.v. § 99 Abs. 4 GWB sind grundsätzlich alle öffentlichen Aufträge, die weder Bau- noch Lieferleistungen zum Gegenstand haben. Dienstleistungsverträge im Sinne dieser Vorschrift sind demnach nicht nur Dienstverträge gem. §§ 611 ff. BGB. Wegen des Auffangcharakters der Vorschrift sind alle denkbaren Dienstleistungen, die Gegenstand eines Beschaffungsvorgangs sein können, vom Begriff des Dienstleistungsauftrags umfasst.

Krankenhäuser müssen insbesondere die Textilversorgung, die Gebäudereinigung und auch die Speisenversorgung als Dienstleistungsaufträge vergeben.

5. Auslobungsverfahren

36 Auch Auslobungsverfahren unterfallen dem EU-Vergaberecht. Als Auslobungsverfahren sind gem. § 99 Abs. 5 GWB Verfahren, „die dem Auftraggeber aufgrund vergleichender Beurteilung durch ein Preisgericht mit oder ohne Verteilung von Preisen zu einem Plan verhelfen sollen", anzusehen. Häufigster Anwendungsbereich für Auslobungsverfahren sind architektonische und städtebauliche Planungen.

Entscheidet sich ein Krankenhaus als öffentlicher Auftraggeber, architektonische Planungsleistungen, z.B. für einen Klinik-Neubau, nicht unmittelbar im Rahmen eines Vergabeverfahrens zu beauftragen, sondern der Beauftragung einen Planungswettbewerb vorzuschalten, so ist dieser unter Beachtung der vergaberechtlichen Bestimmungen durchzuführen.

6. Änderung bestehender Verträge

37 Neben dem Neuabschluss unterliegt auch die Änderung öffentlicher Aufträge der Vergabepflicht. Hierdurch soll eine Umgehung der Vergabepflicht und die hierin liegende Verletzung des Wettbewerbs- und Gleichbehandlungsprinzips verhindert werden. Aus diesem Grunde begründen sowohl Vertragsverlängerungen als auch wesentliche Vertragsänderungen eine erneute Vergabepflicht. Wesentliche Vertragsänderungen sind insbesondere solche, die die vertraglichen Hauptleistungspflich-

ten betreffen sowie sonstige Vertragsänderungen, die für die Angebotskalkulation und somit für den Vergabewettbewerb von Bedeutung sind.

Obgleich nur wesentliche Änderungen eine erneute Vergabepflicht auslösen und auch öffentliche 38 Aufträge nicht „statisch" sind und ggf. sich ändernden Bedingungen angepasst werden können, besteht nicht selten Unsicherheit über die Zulässigkeit von Vertragsanpassungen. Öffentliche Auftraggeber sollten daher vor der Vergabe öffentlicher Aufträge ihren Beschaffungsbedarf genau und zudem vorausschauend ermitteln. Auch bei der Ausgestaltung des Vertrags ist möglichem Anpassungsbedarf Rechnung zu tragen. Bei der Konzeption von Vergabeverfahren sollten daher z.B. Preisanpassungsklauseln, eine Erstreckung der Leistungen auf weitere Bereiche oder Vertragsverlängerungsoptionen vorgesehen und zum Gegenstand des Vergabeverfahrens gemacht werden.

🚫 Beraterhinweis

Wegen der Vergabepflichtigkeit wesentlicher Vertragsänderungen und Vertragsverlängerungen sollten der Gegenstand des Vergabeverfahrens und die Vertragslaufzeit bei der Konzeptionierung eines Vergabeverfahrens sorgfältig und vorausschauend ermittelt werden.

7. Rahmenverträge

Öffentliche Auftraggeber haben die Möglichkeit, Rahmenverträge zu vergeben. Für Liefer- und 39 Dienstleistungen, bei denen der Abschluss von Rahmenverträgen häufiger in Betracht kommt als bei Bauaufträgen, ist dies in § 3a Nr. 4 VOL/A ausdrücklich geregelt.

Die Vergabe von Rahmenverträgen ist insbesondere dann sinnvoll, wenn der öffentliche Auftraggeber grundsätzlichen Bedarf an bestimmten Gütern oder Dienstleistungen hat, ohne jedoch den genauen Bedarf im Vorfeld bestimmen zu können. Durch die Vergabe von Rahmenverträgen hat der Auftraggeber die Möglichkeit, seinen Beschaffungsbedarf in einem einzigen Vergabeverfahren zu decken, ohne hierdurch bereits bei Vertragsschluss hinsichtlich des Umfangs der zu beschaffenden Güter und Leistungen gebunden zu sein. Der Rahmenvertrag ermöglicht somit rechtssichere und effiziente Vergabeverfahren bei unsicherem Beschaffungsbedarf und ermöglicht somit auch öffentlichen Auftraggebern eine flexible Bedarfsdeckung. Durch die Vergabe von Rahmenverträgen können öffentliche Auftraggeber auch die bei Änderung bestehender Verträge bestehenden vergaberechtlichen Risiken sowie Diskussionen mit ihrem Vertragspartner über Vertrags- und insbesondere Entgeltanpassungen bei geändertem Beschaffungsbedarf vermeiden.

Das Vergaberecht sieht zwei unterschiedliche Formen von Rahmenverträgen vor. Rahmenverträge 40 können einerseits gem. § 3a Nr. 4 Abs. 4 VOL/A mit nur einem Unternehmen abgeschlossen werden. Alle Einzelaufträge werden sodann durch Einzelaufträge mit diesem Unternehmen zu den in der Rahmenvereinbarung vereinbarten Konditionen abgeschlossen. Andererseits können Rahmenverträge gem. § 3a Nr. 4 Abs. 5 bis 7 VOL/A auch mit mehreren (mindestens fünf) Unternehmen geschlossen werden. Einzelaufträge werden in diesem Fall nach den in der Rahmenvereinbarung festgelegten Bedingungen oder nach erneutem Aufruf zum Wettbewerb unter den ausgewählten Unternehmen vergeben. In beiden Fällen ist der Abschluss von Rahmenvereinbarungen gem. § 3a Nr. 4 Abs. 8 VOL/A regelmäßig auf einen Zeitraum von vier Jahren zu beschränken.

Für die Beschaffungspraxis von Krankenhäusern wird sich der Abschluss von Rahmenverträgen in vielen Fällen als sinnvoll erweisen, da der bestehende Beschaffungsbedarf nicht im Vorfeld bestimmt werden kann. Insbesondere beim Abschluss von Kaufverträgen über medizinische Geräte und Produkte kann durch den Abschluss von Rahmenverträgen flexibel auf den tatsächlichen Bedarf reagiert werden. Krankenhausspezifische Dienstleistungen wie z.B. die Textilversorgung oder die Gebäudereinigung sind demgegenüber weniger für den Abschluss von Rahmenverträgen geeignet. Da diese Verträge regelmäßig als Dauerschuldverhältnisse ausgestaltet sind und für einen mehrjährigen Zeitraum abgeschlossen werden, empfiehlt sich hier eher eine Vertragsgestaltung, bei der möglichen Änderungen von Leistungsumfang und Entgelt durch die Vereinbarung von Staffelpreisen, Mengenkorridoren o.ä. Rechnung getragen wird.

IV.   Schwellenwerte

41   Der europäische Richtliniengeber geht davon aus, dass öffentliche Aufträge erst oberhalb bestimmter Auftragsvolumina grenzüberschreitendes Interesse hervorrufen. Nur dann, wenn der geschätzte Auftragswert diese Schwellenwerte überschreitet, ist der Anwendungsbereich des europäischen Vergaberechts eröffnet. Derzeit gelten folgende Schwellenwerte:

- Bauaufträge: € 5.150.000,00,
- Liefer- und Dienstleistungsaufträge und Auslobungsverfahren: € 206.000,00.

Für die Feststellung, ob der maßgebliche Schwellenwert überschritten wird, muss der öffentliche Auftraggeber die in § 3 VgV geregelten Vorgaben zur Schätzung des Schwellenwerts beachten. Gem. §§ 1, 3 Abs. 1 VgV ist hierbei auf die „geschätzte Gesamtvergütung" ohne Umsatzsteuer abzustellen. Durch zahlreiche Vorgaben zur Durchführung dieser Schätzung soll verhindert werden, dass öffentliche Auftraggeber das Auftragsvolumen „kleinrechnen".

V.   Ausnahmen von der Vergabepflicht

42   Ausnahmen von der Vergabepflicht regelt § 100 GWB. Neben Rechtsgeschäften, die sich wegen ihres Gegenstands aus tatsächlichen oder Geheimschutzgründen nicht für Vergabeverfahren eignen, werden zur Einschränkung des äußerst weit gefassten Begriffs des Dienstleistungsauftrags bestimmte Verträge dem Vergaberecht entzogen. Hierzu zählen etwa Arbeitsverträge und Kreditverträge.

Ungeschriebener Ausnahmetatbestand ist das sog. „Inhouse-Geschäft". Hierbei handelt es sich um Verträge, die öffentliche Auftraggeber mit rechtlich selbständigen Dritten schließen, die jedoch bei funktionaler Betrachtung nicht als Beschaffung auf dem Markt, sondern als Eigenleistung des öffentlichen Auftraggebers anzusehen sind. Entsprechende Konstellationen können beim Abschluss von Verträgen mit Tochtergesellschaften sowie sonstigen konzernverbundenen Unternehmen vorliegen.

43   Die Voraussetzungen des Inhouse-Geschäfts wurden in der Rechtsprechung sukzessive verschärft. Derzeit ist von folgenden Voraussetzungen vergabefreier Inhouse-Geschäfte auszugehen:

- Kontrolle des öffentlichen Auftraggebers bzw. mehrerer öffentlicher Auftraggeber über den Auftragnehmer „wie über eine eigene Dienststelle" und
- Tätigkeit des Unternehmens im Wesentlichen für den öffentlichen Auftraggeber.

Von besonderer Relevanz ist insbesondere die erste Voraussetzung. Bereits die geringste Beteiligung privater Gesellschafter bedingt nach Auffassung des EuGH die Pflicht zur Durchführung eines Vergabeverfahrens. [17] Nur 100%-ige Tochtergesellschaften können somit ohne vorherige Durchführung eines Vergabeverfahrens beauftragt werden. Zugleich folgt hieraus, dass gemischt-wirtschaftliche Gesellschaften von ihrem öffentlichen Gesellschafter nicht im Rahmen eines vergabefreien Inhouse-Geschäfts beauftragt werden können. Insbesondere für institutionelle Public Privat Partnerships ist dies von großer Bedeutung. [18]

---

17   EuGH, Urteil vom 11.01.2005, Rs. C-26/03, „Stadt Halle".
18   Siehe unten B.

> **❗ Beraterhinweis**
>
> *Öffentliche Auftraggeber können Gesellschaften, deren Anteile sie allein oder mit anderen öffentlichen Auftraggebern vollständig halten, ohne Durchführung eines Vergabeverfahrens beauftragen. Dies gilt jedoch dann nicht, wenn die Gesellschaft in relevantem Umfang auch für (private) Dritte tätig ist.*

VI.   Durchführung von Vergabeverfahren

1.   Vergaberechtliche Grundsätze

Bei der Durchführung europaweiter Vergabeverfahren sind die drei in den europäischen Vergaberichtlinien und § 97 Abs. 1 GWB zugrunde gelegten Prinzipien „Wettbewerb", „Gleichbehandlung" sowie „Transparenz" zu beachten. Diese Vorschriften finden in einer Vielzahl von Einzelbestimmungen der Verdingungsordnungen Ausdruck, sind aber auch hierüber hinaus, etwa bei der Auslegung von Vergabebestimmungen, zu beachten.   44

Bei nationalen Vergabeverfahren finden die vorstehenden Grundsätze nicht unmittelbar Anwendung. Gleichwohl sind die europäischen Vergabegrundsätze auch bei nationalen Vergabeverfahren zu beachten, nicht zuletzt, weil ein diskriminierungsfreier Wettbewerb Voraussetzung wirtschaftlicher Vergabeverfahren ist.

2.   Vorbereitung des Vergabeverfahrens

Öffentliche Auftraggeber sind verpflichtet, Vergabeverfahren sorgfältig vorzubereiten. Diese Verpflichtung findet Ausdruck im Grundsatz der Vergabereife (§ 16 Nr. 1 VOB/A, § 16 Nr. 1 VOL/A). Die sorgfältige Vorbereitung des Vergabeverfahrens liegt aber auch und gerade im Interesse des öffentlichen Auftraggebers selbst. Mit schlecht vorbereiteten Vergabeverfahren oder dem unreflektierten Rückgriff auf Verdingungsunterlagen aus anderen Vergabeverfahren oder von anderen Auftraggebern riskiert der öffentliche Auftraggeber fehlerhafte, unwirtschaftliche Angebote und für die Leistungserbringung ungeeignete vertragliche Regelungen.   45

Wesentliche Aufgabe des Auftraggebers ist die Definition der auszuschreibenden Leistung, die einerseits seinen Beschaffungsbedarf exakt wiedergeben und zum anderen so detailliert sein muss, dass sie den Bietern die Angebotskalkulation ermöglicht. Des Weiteren sind die vergaberechtlichen Vorgaben – insbesondere Eignungs- und Zuschlagskriterien – sowie der Vertragsentwurf unter Berücksichtigung der spezifischen Anforderungen des Einzelfalls für jedes Vergabeverfahren festzulegen. All dies erfordert vom öffentlichen Auftraggeber Kenntnisse über die auszuschreibende Leistung. Um das Vorhandensein der zur Leistungserbringung erforderlichen Haushaltsmittel sicherzustellen, muss im Vorfeld der Vergabe zudem eine Kostenschätzung vorgenommen werden.

Der öffentliche Auftraggeber muss daher vor Einleitung eines Vergabeverfahrens den jeweiligen Beschaffungsmarkt beobachten oder die erforderlichen Kenntnisse über Berater einkaufen. Hierbei ist es zulässig und empfehlenswert, im Vorfeld des Vergabeverfahrens mit potentiellen Bietern Gespräche zu führen, um einen Überblick über den jeweiligen Markt zu erhalten.   46

> 🛈 **Beraterhinweis**
>
> *Der Erfolg eines Vergabeverfahrens hängt in beträchtlichem Maß von einer sorgfältigen Verfahrensvorbereitung ab. Auch weil Fehler zu einem späteren Zeitpunkt nicht oder nur schwer korrigierbar sind, ist hierauf großer Wert zu legen und hinreichend zeitlicher Vorlauf einzukalkulieren.*

a)   Zulässige Verfahrensart

aa)   Grundlagen

47   Sowohl bei europaweiten als auch bei nationalen Vergabeverfahren bestehen unterschiedliche Verfahrensarten. Nationale und europaweite Verfahrensarten unterscheiden sich grundsätzlich nur im Namen, nicht jedoch hinsichtlich ihrer Ausgestaltung. Auch zwischen den Verfahrensvorschriften in VOB/A und VOL/A bestehen keine wesentlichen Unterschiede. Besondere und zum Teil abweichende Vorgaben bestehen bei der VOF, die wegen ihres spezifischen Anwendungsbereichs abweichend von VOB/A und VOL/A lediglich eine Verfahrensart, das Verhandlungsverfahren, kennt.

Folgende Verfahrensarten sind zu unterscheiden:

- offenes Verfahren (oberhalb der Schwellenwerte) bzw. öffentliche Ausschreibung (unterhalb der Schwellenwerte);
- nicht offenes Verfahren (oberhalb der Schwellenwerte) bzw. beschränkte Ausschreibung (unterhalb der Schwellenwerte);
- Verhandlungsverfahren (oberhalb der Schwellenwerte) bzw. freihändige Vergabe (unterhalb der Schwellenwerte);
- Wettbewerblicher Dialog (nur oberhalb der Schwellenwerte).

48   Öffentliche Auftraggeber dürfen zwischen diesen Verfahrensarten nicht frei wählen. Zwischen den Verfahrensarten besteht ein hierarchisches Verhältnis, wobei dem offenen Verfahren grundsätzlich Vorrang vor dem nicht offenen Verfahren zukommt. Das nicht offene Verfahren hat seinerseits Vorrang vor Verhandlungsverfahren und wettbewerblichem Dialog. Die maßgeblichen Bestimmungen enthalten § 3a VOB/A und § 3a VOL/A. Für die nationalen Vergabeverfahren gilt gem. § 3 VOB/A bzw. § 3 VOL/A Entsprechendes. Gestatten vorstehende Normen, die grundsätzlich eng auszulegen sind, keine Ausnahme, so ist ein offenes Verfahren bzw. eine öffentliche Ausschreibung durchzuführen.

> 🛈 **Beraterhinweis**
>
> *Vergabeverfahren sind regelmäßig im Offenen Verfahren bzw. in öffentlicher Ausschreibung durchzuführen. Die Wahl einer anderen Verfahrensart ist nur in gesetzlich geregelten Ausnahmefällen zulässig und besonders zu begründen.*

bb)   Offenes Verfahren/öffentliche Ausschreibung

49   Das Offene Verfahren ist ein einstufiges Verfahren, bei welchem grundsätzlich jedes interessierte Unternehmen Angebote abgeben kann. Eine Beschränkung der Teilnehmerzahl ist im Interesse eines möglichst umfassenden Wettbewerbs nicht vorgesehen.

Die Abgabe der Angebote ist im offenen Verfahren streng formalisiert. Verhandlungen zwischen Auftraggeber und Bietern über Preis und Gegenstand der zu erbringenden Leistung sind grundsätzlich unzulässig.

cc)   Nicht offenes Verfahren/beschränkte Ausschreibung

Das nicht offene Verfahren ist ein zweistufiges Verfahren. Im Rahmen eines der eigentlichen Vergabe   50
vorgeschalteten Teilnahmewettbewerbs wird die Zahl der Bieter auf mindestens fünf beschränkt.

Wie beim Offenen Verfahren erfolgt die Angebotsabgabe nach strengen Formvorschriften, die Verhandlungen zwischen Auftraggeber und Bietern grundsätzlich ausschließen.

dd)   Verhandlungsverfahren/freihändige Vergabe

Wie auch das nicht offene Verfahren ist das Verhandlungsverfahren ein zweistufiges Vergabever-   51
fahren. Die Anzahl der Bieter wird im Rahmen eines Teilnahmewettbewerbs auf mindestens drei begrenzt.

Das Verhandlungsverfahren ist nicht an strenge Verfahrensregeln gebunden, öffentlicher Auftraggeber und Bieter können insbesondere über Angebotsinhalte einschließlich des Entgelts verhandeln. Die vergaberechtlichen Prinzipien „Wettbewerb", „Gleichbehandlung" und „Transparenz" sind selbstverständlich auch hier zu beachten. Insbesondere muss der öffentliche Auftraggeber gem. § 3a Nr. 7 Abs. 2 VOB/A bzw. § 3a Nr. 1 Abs. 3 VOL/A gewährleisten, dass bis zum Abschluss des Verfahrens ein „echter Wettbewerb" besteht.

ee)   Wettbewerblicher Dialog

Seit 2005 kann als weitere Verfahrensart der wettbewerbliche Dialog zur Anwendung kommen. Diese   52
Verfahrensform ist auf besonders komplexe Beschaffungsvorhaben begrenzt. Bereits die Ausgestaltung der zu erbringenden Leistung ist Gegenstand eines Dialogs zwischen öffentlichem Auftraggeber und potentiellen Bietern.

b)   Pflicht zur Losbildung

Das Vergaberecht misst der Beteiligung kleiner und mittelständischer Unternehmen große Bedeu-   53
tung zu. Öffentliche Aufträge sind daher gem. § 97 Abs. 3 GWB in Lose aufzuteilen. Die durch das Gesetz zur Modernisierung des Vergaberechts Anfang 2009 nochmals verschärfte Vorschrift lässt Ausnahmen vom Gebot der Losbildung nur zu, wenn wirtschaftliche oder technische Gründe dies erfordern. Ob derartige Gründe vorliegen, ist vom Auftraggeber im Vorfeld der Vergabe zu ermitteln und im Streitfall nachzuweisen.

c)   Ausgestaltung der Vergabeunterlagen

Öffentliche Auftraggeber müssen für die Durchführung von Vergabeverfahren Vergabeunterlagen   54
(Ausschreibungsunterlagen/Verdingungsunterlagen) erstellen. Regelmäßig werden die Vergabeunterlagen mehrere Dokumente umfassen. Wichtigster Bestandteil ist die Leistungsbeschreibung. Sie muss die zu beschaffende Leistung so genau beschreiben, dass die Kalkulation und Erstellung eines Angebots für die Bieter zweifelsfrei möglich ist. Weitere Bestandteile der Vergabeunterlagen sind regelmäßig:

■ ein Leitfaden zur Darstellung der wesentlichen Vorgaben zur Durchführung des Vergabeverfahrens (z.B. Angebotsfrist, Zuschlags- und Bindefrist, Zuschlagskriterien, Regelungen für Nebenangebote und Optionen);

■ ein Angebotsformular, in dem der Bieter sein Angebot abgibt. Dieses Dokument kann aber auch in die Leistungsbeschreibung integriert werden;

■ Vertragsbedingungen, die die für die Abwicklung des Vertrags im Fall der Zuschlagserteilung maßgeblichen Vertragsbestimmungen enthalten.

55   Gem. § 9 Nr. 1 bis 3 VOB/A bzw. § 8 Abs. 1 VOL/A ist die ausgeschriebene Leistung in der Leistungsbeschreibung so „eindeutig und so erschöpfend zu beschreiben", dass sie alle Bieter „im gleichen Sinne verstehen müssen und die Angebote miteinander verglichen werden können". Für den öffentlichen Auftraggeber besteht eine Schwierigkeit häufig darin, dass den Bietern „kein ungewöhnliches Wagnis" für Umstände und Ereignisse aufgebürdet werden darf, „auf die sie keinen Einfluss haben und deren Einwirkung auf die Preise und Fristen nicht im Voraus geschätzt werden können".

Gleichwohl haben öffentliche Auftraggeber bei der Ausgestaltung der Leistungsbeschreibung einen großen Gestaltungsspielraum. Insbesondere kann anstelle eines detaillierten Leistungsverzeichnisses, welches alle Einzelpositionen des öffentlichen Auftrags enthält, auch eine funktionale Leistungsbeschreibung gewählt werden. Die ausgeschriebene Leistung wird bei dieser Gestaltung nach dem zu erreichenden Ziel beschrieben, wobei nur die zwingenden Rahmenbedingungen, die bei der Angebotsabgabe zu beachten sind, vorgegeben werden. Durch diese ergebnisorientierte Gestaltung überträgt der öffentliche Auftraggeber den Bietern zulässigerweise die Aufgabe, im Rahmen ihrer Angebotskalkulation geeignete Lösungen innerhalb des vorgegebenen Rahmens zu erarbeiten. Es erfolgt somit ein Konzeptwettbewerb zwischen den Bietern, der neben den reinen Preiswettbewerb bei Leistungsbeschreibungen mit Leistungsverzeichnis tritt. Eine derartige Ausgestaltung ist immer dann sinnvoll, wenn der Beschaffungsbedarf des öffentlichen Auftraggebers durch konzeptionell verschiedene Lösungen befriedigt werden kann und der öffentliche Auftraggeber sich die Ideen und das oft bessere Fachwissen der Bieter nutzbar machen möchte. Zu denken ist etwa an die Vergabe von Dienstleistungen (Reinigung, Wäscheversorgung, Speisenversorgung), aber auch an komplexe Bauvorhaben oder Public Private Partnerships. Die Vorgabe eines Leistungsverzeichnisses durch den öffentlichen Auftraggeber kommt demgegenüber dann in Betracht, wenn der Beschaffungsbedarf des öffentlichen Auftraggebers, beispielsweise beim Einkauf medizinischen Geräts, keinen Spielraum lässt.

56   Auch die Gestaltung der Vertragsbedingungen sollte mit großer Sorgfalt erfolgen. Wie auch außerhalb öffentlicher Vergabeverfahren müssen insbesondere spezifische Risiken einzelner Beschaffungsvorhaben vertraglich abgesichert werden. Gerade der Betrieb von Krankenhäusern ist in besonderer Weise auf einen hohen Grad an Versorgungssicherheit angewiesen. Ausbleibende Leistungen oder Schlechtleistungen können den Betrieb des Krankenhauses grundlegend gefährden. Die Verträge des Krankenhauses sollten daher effektive Einwirkungsmaßnahmen auf vertragsbrüchige Vertragspartner (Vertragsstrafen, Kündigung, Schadensersatz) ermöglichen. Allerdings stehen öffentliche Auftraggeber hierbei vor dem Problem, dass die von ihnen vorgegebenen Vertragsbestimmungen wegen des vergaberechtlichen Verhandlungsverbots regelmäßig als Allgemeine Geschäftsbedingungen anzusehen sind und daher den Vorgaben der §§ 305 ff. BGB genügen müssen.

d)   Festlegung der Eignungsnachweise

57   Öffentliche Aufträge werden gem. § 97 Abs. 4 GWB an „fachkundige, leistungsfähige und zuverlässige Unternehmen" vergeben. Diese Bestimmung gewährleistet, dass nur solche Bieter den Zuschlag erhalten können, die für die Erbringung der Leistung geeignet sind. Öffentliche Auftraggeber sollen davor geschützt werden, mit Unternehmen kontrahieren zu müssen, die die ausgeschriebene Leistung voraussichtlich nicht erbringen werden können. Die §§ 8, 8a VOB/A und §§ 7, 7a VOL/A geben hierfür einen Katalog von Eignungskriterien vor, auf den die öffentlichen Auftraggeber zurückgreifen können. Neben häufig abgefragten „Standardnachweisen" wie Unbedenklichkeitsbescheinigungen oder Eigennachweisen zur Zahlung von Steuern und Abgaben, Handelsregisterauszügen und Bilanzen kommen insbesondere Referenzen über vergleichbare Leistungen, Angaben zur Qualifikation des vorgesehenen Personals sowie die Darstellung der technischen Ausrüstung des Unternehmens in Betracht.

Welche Eignungskriterien im Einzelfall zur Anwendung gelangen, legen die öffentlichen Auftraggeber fest, wobei ihnen ein weitreichender Beurteilungsspielraum zukommt. Allerdings dürfen Eignungskriterien nicht so bemessen sein, dass sie im Verhältnis zur ausgeschriebenen Leistung unangemessen sind und den Wettbewerb in nicht gebotener Weise beschneiden. Auch im Interesse des öffentlichen Auftragebers selbst sollte jeweils im Einzelfall geprüft werden, welche Eignungsnachweise vernünftigerweise verlangt werden sollen, um nicht im Einzelfall überflüssige Nachweise abzufordern oder ggf. grundsätzlich geeignete und gewünschte Vertragspartner aus dem Verfahren ohne Not auszuschließen. Die Eignungsnachweise sind bei europaweiten Vergaben in der Vergabebekanntmachung abschließend anzugeben.

e)   Festlegung der Zuschlagskriterien

Gem. § 97 Abs. 5 GWB muss der Zuschlag auf das wirtschaftlichste Angebot erteilt werden. Das wirtschaftlichste Angebot muss – anders als vielfach behauptet – nicht das billigste Angebot sein. Es ist Aufgabe des öffentlichen Auftraggebers, die für die Auswahl des wirtschaftlichsten Angebots maßgeblichen Zuschlagskriterien festzulegen. Hierbei können, wie § 25a VOB/A und § 25a VOL/A entnommen werden kann, neben dem Preis auch Aspekte wie Qualität, Folgekosten, Lieferfristen, Kundendienst, Rentabilität, Umwelteigenschaften oder Ästhetik berücksichtigt werden. Voraussetzung ist lediglich, dass die wirtschaftlichen Kriterien einen Bezug zu dem konkreten Beschaffungsvorhaben haben. Bieterbezogene Eignungskriterien dürfen daher bei der Auswahl des wirtschaftlichsten Angebots ebenso wenig berücksichtigt werden wie sog. vergabefremde Kriterien (z.B. Tariftreue, Frauenförderung o.ä.), die häufig mit dem Ziel politischer Steuerung von Märkten vorgegeben werden sollen. Zuschlagskriterien sowie ihre Gewichtung und auch ggf. gebildete Unterkriterien sind in der Vergabebekanntmachung oder in den Vergabeunterlagen bekanntzumachen. 58

Durch die Festlegung der Zuschlagskriterien können die öffentlichen Auftraggeber auf die Angebotsgestaltung der Bieter Einfluss nehmen. Bei Aufnahme und hoher Gewichtung qualitativer Zuschlagskriterien werden die Bieter ihr Angebot anders ausgestalten, als bei Vergaben, bei denen der Preis einziges Zuschlagskriterium ist. Insbesondere dann, wenn öffentliche Auftraggeber den Bietern durch eine funktionale Leistungsbeschreibung auch Einfluss auf die Ausgestaltung der Leistung geben, erscheint eine hiermit korrespondierende Vorgabe qualitativer Zuschlagskriterien sinnvoll. 59

🛈 Beraterhinweis

Die verschiedenen Anforderungen an die Ausgestaltung von Vergabeverfahren stehen nicht isoliert nebeneinander. Die Wahl der Eignungs- und Zuschlagskriterien ist daher stets individuell auf die ausgeschriebene Leistung und die Ausgestaltung des Vergabeverfahrens anzupassen.

3.   Das Vergabeverfahren von der Bekanntmachung bis zur Angebotswertung

a)   Vergabebekanntmachung

Mit der Vergabebekanntmachung wird das Vergabeverfahren eingeleitet. Der öffentliche Auftraggeber gibt hiermit seinen Beschaffungsbedarf kund und fordert interessierte Unternehmen zur Teilnahme am Vergabeverfahren auf. 60

Europaweite Vergabeverfahren sind über die Homepage des Amtes für amtliche Veröffentlichungen der Europäischen Union (http://simap.eu.int) zwingend im Supplement zum Amtsblatt der Europäischen Union bekanntzumachen. Zusätzlich hierzu können Bekanntmachungen in geeigneten nationalen Medien erfolgen. Zu denken ist hier an Bundes- bzw. Staatsanzeiger, Landesausschreibungsblätter, Tageszeitungen sowie Fachzeitschriften und zunehmend auch an Online-Plattformen. Zusätzliche Bekanntmachungen sind für die Information regionaler und lokaler Unternehmen sinnvoll. Zudem ist es zulässig, als öffentlicher Auftraggeber einzelne Unternehmen gezielt anzusprechen und auf das Vergabeverfahren hinzuweisen.

❗ Beraterhinweis

Durch die Vergabebekanntmachung wird der Vergabewettbewerb eröffnet und das Verfahren eingeleitet. Die Vorgaben in der Vergabebekanntmachung sind für den Auftraggeber verbindlich und können im weiteren Verfahrensablauf nur in engen Grenzen geändert werden. Die Bekanntmachung darf daher erst erfolgen, wenn die Konzeption des Verfahrens abgeschlossen ist.

b)   Bieterfragen und -rügen

61   Enthalten die Vergabeunterlagen unklare Vorgaben bzw. ungewöhnliche Wagnisse, so können die Bieter den öffentlichen Auftraggeber um Klarstellung bitten, ungewöhnliche Wagnisse rügen und deren Beseitigung verlangen. Da Bieter fehlerhafte oder unklare Vergabeunterlagen nicht eigenmächtig ändern dürfen und Verhandlungen außerhalb des Verhandlungsverfahrens grundsätzlich unzulässig sind, ist dies der einzige Weg für Bieter, eine Änderung oder Klarstellung von Verdingungsunterlagen erreichen zu können. Öffentliche Auftraggeber müssen Anfragen von Bietern im eigenen Interesse ernst nehmen. Nicht zuletzt bieten sie auch die Möglichkeit der Selbstkontrolle und hierdurch die Chance, die Vorgaben der Vergabeunterlagen zu verbessern. Bieteranfragen sind vom öffentlichen Auftraggeber zeitnah zu beantworten.

c)   Angebotsabgabe und -wertung

62   Die Angebote sind innerhalb der Angebotsfrist schriftlich abzugeben. Während § 18a VOB/A und § 18a VOL/A konkrete Fristvorgaben enthalten (die Mindestfrist beim offenen Verfahren beträgt 52 Tage), sehen § 18 VOB/A und § 18 VOL/A für nationale Vergabeverfahren lediglich „angemessene" Fristen vor.

Nach Ablauf der Angebote erfolgt die Angebotsöffnung durch den öffentlichen Auftraggeber. Während die Angebotsöffnung bei Vergabeverfahren nach VOL/A unter Ausschluss der Bieter erfolgt, findet bei Vergabeverfahren nach VOB/A gem. § 22 VOB/A ein sog. „Submissionstermin" statt, in dem die Angebote unter Anwesenheit der Bieter geöffnet werden.

63   Die Angebotswertung ist in den §§ 25, 25a VOB/A bzw. §§ 25, 25a VOL/A geregelt und vollzieht sich auf vier streng voneinander getrennten Wertungsstufen. Eine Vermischung der Wertungsstufen oder eine Mehrfachwertung einzelner Angaben auf mehreren Wertungsstufen ist grundsätzlich unzulässig. Folgende Wertungsstufen sind zu unterscheiden:

- ▪ formale Angebotswertung: hier wird neben Formalia der Angebote (rechtzeitige Abgabe, Unterzeichnung) u.a. auch geprüft, ob Bieter die Verdingungsunterlagen unzulässigerweise geändert oder wettbewerbsbeschränkende Absprachen getroffen haben;
- ▪ Bietereignung: der öffentliche Auftraggeber prüft die Eignung der Bieter, insbesondere auf Grundlage der vom Auftraggeber geforderten Eignungsnachweise;

- Auskömmlichkeit der Angebote: die Auskömmlichkeitsprüfung dient dem Schutz des öffentlichen Auftraggebers vor fehlerhaft zu niedrig kalkulierten Angeboten, da diese das Risiko einer schlechten Leistungserbringung bergen. Ein zwingender Ausschluss außergewöhnlich niedrig oder nicht kostendeckender kalkulierter Angebote ist indes nicht geboten. Der öffentliche Auftraggeber kann solche Angebote bezuschlagen, wenn sie vom Bieter bewusst abgegeben wurden – beispielsweise um Zugang zu einem neuen Markt zu erhalten – und wenn die Leistungserbringung zu den angebotenen Kalkulationen nicht gefährdet ist;

- Auswahl des wirtschaftlichsten Angebots: unter den verbliebenen Angeboten wählt der öffentliche Auftraggeber nach den vom ihm vorgegebenen Zuschlagskriterien das wirtschaftlichste und daher zu bezuschlagende Angebot aus.

❶ Beraterhinweis

Die Angebotswertung steht nicht im Belieben des Auftraggebers. Insbesondere muss der Auftraggeber seine eigenen Vorgaben strikt beachten und darf die verschiedenen Wertungsphasen nicht vermischen.

4.   Bieterinformation und Zuschlagserteilung sowie Aufhebung des Verfahrens

a)   Information nicht berücksichtigter Bieter

Um den nicht berücksichtigten Bietern vergaberechtlichen Rechtsschutz zu gewährleisten, sehen die §§ 101a, 101b GWB für europaweite Vergabeverfahren eine Pflicht zur Information nicht berücksichtigter Bieter sowie eine sich hieran anschließende fünfzehntägige (bzw. bei Information per Fax oder auf elektronischem Wege zehntägige) Frist vor, vor deren Ablauf der Zuschlag nicht erteilt werden darf. Die Bieterinformation muss den Namen des Bieters, dessen Angebot bezuschlagt werden soll, die Gründe der Nichtberücksichtigung des eigenen Angebots sowie den Tag der beabsichtigten Zuschlagserteilung enthalten. Genügt die Bieterinformation diesen Vorgaben nicht oder wird der Zuschlag vor Fristablauf erteilt, so führt dies gem. § 101b GWB zur Unwirksamkeit des Vertrags, sofern dieser Verstoß im Rahmen eines Nachprüfungsverfahrens festgestellt wird.

Für nationale Verfahren bestehen entsprechende Vorgaben nicht. Der Zuschlag kann ohne vorausgehende Information der nicht berücksichtigten Bieter erfolgen.

b)   Zuschlagserteilung

Nach Ablauf der Informations- und Wartefrist des § 101a GWB kann der öffentliche Auftraggeber den Zuschlag auf das wirtschaftlichste Angebot erteilen. Mit der Zuschlagserteilung, die zivilrechtlich als Annahme des Angebots anzusehen ist, kommt der Vertrag über die ausgeschriebene Leistung zu den vom Bestbieter angebotenen Konditionen zustande. Allerdings sind besondere Formvorschriften (z.B. die notarielle Beurkundung von Grundstücksverträgen) auch im Vergabeverfahren zu beachten. Zugleich beendet der Zuschlag das Vergabeverfahren.

c)   Aufhebung des Vergabeverfahrens

66   Auch öffentliche Auftraggeber sind nicht zum Abschluss von Verträgen verpflichtet. Bei nicht mehr bestehendem Vergabewillen kann der öffentliche Auftraggeber daher von der Zuschlagserteilung absehen und das Vergabeverfahren durch Verfahrensaufhebung beenden.

Vergaberechtlich ist die Verfahrensaufhebung jedoch nur bei Vorliegen der in § 26 Nr. 1 VOB/A bzw. § 26 Nr. 1 VOL/A abschließend geregelten Voraussetzungen zulässig. Die Aufhebung des Vergabeverfahrens kommt demnach in Betracht, wenn

- kein Angebot eingegangen ist, das den Ausschreibungsbedingungen entspricht;
- sich die Grundlagen der Ausschreibung wesentlich geändert haben;
- die Ausschreibung kein wirtschaftliches Ergebnis gehabt hat oder
- andere schwerwiegende Gründe bestehen.

Die Ausnahmetatbestände sind eng auszulegen. Ihr Vorliegen darf insbesondere nicht durch den öffentlichen Auftraggeber zu vertreten sein. Eine unzulässige Verfahrensaufhebung kann im Nachprüfungsverfahren angegriffen werden und Schadensersatzansprüche der am Verfahren beteiligten Bieter begründen.

5.   Vergaberechtlicher Rechtsschutz

67   Die Rechtsschutzsysteme bei europaweiten Vergabeverfahren einerseits und nationalen Vergabeverfahren andererseits unterscheiden sich grundlegend. Bei europaweiten Vergabeverfahren besteht für Unternehmen auf Grundlage der europäischen Vergaberichtlinien ein Anspruch, die Verletzung bieterschützender Rechte überprüfen zu lassen. Nationale Vergabeverfahren können demgegenüber nicht in einem besonderen Rechtsschutzverfahren überprüft werden. Unternehmen sind daher auf die „normalen" Rechtsschutzmöglichkeiten des Zivilprozessrechts angewiesen.

a)   Rechtsschutz bei europaweiten Vergabeverfahren

68   Der nationale Gesetzgeber hat zur Umsetzung des europarechtlich gebotenen vergaberechtlichen Rechtsschutzes in den §§ 107 ff. GWB das sog. „Vergabenachprüfungsverfahren" eingeführt. Dieses stellt ein effizientes und schnelles Verfahren dar. In Verbindung mit der Bieterinformationspflicht nach §§ 101a, 101b GWB ermöglicht es Unternehmen insbesondere, für die Dauer des Nachprüfungsverfahrens die Beauftragung eines konkurrierenden Unternehmens zu verhindern.

Ca. 30 %-50 % aller Nachprüfungsverfahren sind für den antragstellenden Bieter erfolgreich. In dieser hohen Erfolgsquote zeigt sich die große Bedeutung des Vergaberechtsschutzes, der für öffentliche Auftraggeber zugleich eine nicht unbedeutende „disziplinierende" Wirkung hat.

aa)   Bedeutung der Rügeobliegenheit

69   Von besonderer Bedeutung für den vergaberechtlichen Rechtsschutz ist die Rügepflicht der Unternehmen. Gem. § 107 Abs. 3 GWB müssen Unternehmen demnach Vergabefehler vor Einleitung eines Nachprüfungsverfahrens gegenüber dem öffentlichen Auftraggeber rügen und Abhilfe verlangen. Hierdurch soll verhindert werden, dass Unternehmen die Geltendmachung von Rechtsschutz vom Ausgang des Vergabeverfahrens abhängig machen. Zugleich wird Bietern mit der Rügeverpflichtung eine Mitverantwortung für ein rechtmäßiges Vergabeverfahren auferlegt. Je nach Verfahrensstand sind Unternehmen zur Rüge der von ihnen positiv erkannten Vergaberechtsverstöße oder gar zur Rüge bloß erkennbarer Vergaberechtsverstöße verpflichtet. Durch das Gesetz zur Moderni-

sierung des Vergaberechts wurden die Anforderungen an die Rüge und ein sich ggf. anschließendes Nachprüfungsverfahren zu Lasten der Unternehmen deutlich verschärft.

bb) Ablauf eines Nachprüfungsverfahrens

Der Ablauf des Nachprüfungsverfahrens ist in den §§ 102 ff. GWB geregelt. Das Verfahren dient der Wahrung subjektiver Bieterrechte und wird durch Antrag eines Unternehmens eingeleitet. In erster Instanz wird das Verfahren vor den Vergabekammern – besonderen Verwaltungsbehörden – in einem gerichtsähnlichen Verfahren durchgeführt. Durch sofortige Beschwerde gegen die Entscheidung der Vergabekammer kann das Oberlandesgericht als zweite Instanz und zugleich als erste und regelmäßig einzige gerichtliche Instanz angerufen werden.

Dem Auftraggeber ist gem. § 115 Abs. 1 GWB die Erteilung des Zuschlags ab Übermittlung des Nachprüfungsantrags durch die Vergabekammer untersagt. Erteilt der öffentliche Auftraggeber gleichwohl den Zuschlag, so ist dieser gem. § 134 BGB nichtig. Der öffentliche Auftraggeber ist hierdurch daran gehindert, ein Vergabeverfahren während eines Nachprüfungsverfahrens fortzuführen und einen Vertrag über die ausgeschriebene Leistung abzuschließen. Nach Abschluss des Nachprüfungsverfahrens ist das Vergabeverfahren unter Beachtung der Rechtsauffassung der Vergabekammer bzw. des Oberlandesgerichts fortzuführen.

Verfahrensbeteiligte sind neben dem Antragsteller und dem öffentlichen Auftraggeber gem. § 109 GWB auch die weiteren Unternehmen, deren Interessen durch die Entscheidung schwerwiegend berührt werden. Das Unternehmen, welches mit der ausgeschriebenen Leistung beauftragt werden soll, wird daher zu dem Verfahren beigeladen.

Von besonderer Bedeutung und zugleich hohem Risiko für öffentliche Auftraggeber ist das Recht auf Akteneinsicht gem. § 111 GWB in die Vergabeakte. Das antragstellende Unternehmen gewinnt hierdurch die Möglichkeit, die Durchführung des Vergabeverfahrens aus Sicht des Auftraggebers in dessen Verfahrensakte nachzuvollziehen. Hierdurch können ggf. auch weitere Vergaberechtsverstöße festgestellt und zum Gegenstand des Nachprüfungsverfahrens gemacht werden. Akteneinsicht in die Angebote weiterer Bieter wird aus Gründen des Geheimschutzes sowie zur Wahrung des vergaberechtlichen Geheimwettbewerbs regelmäßig nicht gewährt.

b) Rechtsschutz bei nationalen Vergabeverfahren

Bei nationalen Vergabeverfahren besteht kein besonderer Rechtsschutz. Gleichwohl kann auch gegen die Entscheidungen öffentlicher Auftraggeber bei nationalen Vergabeverfahren Rechtsschutz geltend gemacht werden. Mittlerweile ist anerkannt, dass hierfür der Rechtsweg zu den ordentlichen Gerichten eröffnet ist.[19] Wegen der regelmäßig bestehenden Eilbedürftigkeit, den Zuschlag an einen konkurrierenden Bieter rechtzeitig zu verhindern, kommt mangels einer mit den §§ 101a, 101b GWB vergleichbaren Vorschrift zumeist nur einstweiliger Rechtsschutz in Frage.

c) Schadensersatz

Unabhängig vom vergaberechtlichen Primärrechtsschutz besteht sowohl bei europaweiten als auch bei nationalen Vergabeverfahren die Möglichkeit, Schadensersatzansprüche gegenüber dem öffentlichen Auftraggeber geltend zu machen. Für europaweite Vergabeverfahren stellt § 126 Satz 1 GWB eine besondere Anspruchsgrundlage für Schadensersatzansprüche dar. Hierüber hinaus können Schadensersatzansprüche aber auch aus Verschulden bei Vertragsverhandlungen (§ 311 Abs. 2 BGB) resultieren. Schadensersatzansprüche sind in den meisten Fällen auf den Ersatz des Vertrauensscha-

---

19 BVerfG, Beschluss vom 13.06.2006 – 1 BvR 1160/03.

dens, der die Aufwendungen umfasst, die den Bietern durch die Teilnahme an dem Vergabeverfahren (z.B. Sach- und Personalkosten) entstanden sind, begrenzt.

🛈 **Beraterhinweis**

Der Vergaberechtsschutz unterscheidet sich bei europaweiten und nationalen Vergabeverfahren beträchtlich. Während bei europaweiten Vergabeverfahren trotz umfassender Rügeobliegenheiten der Bieter ein effizientes Rechtsschutzsystem besteht, spielt Primärrechtsschutz bei nationalen Vergabeverfahren nur eine geringe Rolle. Bieter sind hier regelmäßig auf die Geltendmachung von Schadensersatz beschränkt.

B.   Public Private Partnerships (PPP)

I.   Begriff des PPP

73   Eine Vielzahl von Aufgaben, die von der öffentlichen Hand wahrgenommen werden, können und dürfen auch von privaten Dritten wahrgenommen werden. Ein Beispiel hierfür ist auch das Krankenhauswesen. Von der öffentlichen Hand getragene Krankenhäuser stehen neben solchen, die von Privaten, gemeinnützigen Institutionen oder Kirchen betrieben werden; die Angebote der verschiedenen Krankenhausträger ergänzen sich und sorgen gemeinsam für ein funktionierendes Krankenhauswesen.

Darüber hinaus können öffentliche Auftraggeber und private Dritte auch bei einzelnen Projekten kooperieren. Bei genauer Betrachtung stellt bereits jede Beschaffung öffentlicher Auftraggeber eine derartige Kooperation dar: zur Erbringung seiner Aufgaben bezieht der öffentliche Auftraggeber einzelne Leistungen oder Güter von privaten Dritten auf dem Markt; die Leistung des Privaten dient in der Folge der Erfüllung öffentlicher Aufgaben.

74   Über diese seit jeher praktizierte Beschaffung durch öffentliche Auftraggeber bei Privaten und der hieraus resultierenden vertraglichen Austauschverhältnisse bestehen jedoch auch komplexere Formen der Zusammenarbeit von öffentlichen Auftraggebern und privaten Unternehmen, die sich nicht in einem einfachen schuldrechtlichen Austauschverhältnis erschöpfen. Für diese Formen öffentlich-privater Zusammenarbeit hat sich die Bezeichnung „Public Private Partnership" (PPP) bzw. „Öffentlich-Private Partnerschaft" (ÖPP) als Sammelbezeichnung herausgebildet. Eine einheitliche Definition des Begriffs PPP besteht demgegenüber genauso wenig, wie ein abschließender Katalog hiervon umfasster Kooperationsformen. PPP kommt immer dort in Betracht, wo öffentliche Hand und private Unternehmen zur Erfüllung öffentlicher Aufgaben auf vertraglicher Basis und für einen längeren Zeitraum zusammenarbeiten und durch den Einsatz ihrer spezifischen Stärken Vorteile für das Gesamtprojekt erzielen. Neben der „klassischen" Beschaffung unterfallen jedenfalls Privatisierungen öffentlicher Leistungen nicht dem Begriff des PPP.

II.   Institutionelle PPP und schuldrechtliche PPP

75   Grundsätzlich kann zwischen institutionalisierten PPP und (rein) schuldrechtlichen PPP unterschieden werden.

1.   Institutionelle PPP

Institutionelle PPP zeichnen sich dadurch aus, dass die öffentlich-private Kooperation durch eine 76
gemeinsame Gesellschaft – eine sog. gemischtwirtschaftliche Gesellschaft – institutionalisiert wird.
Durch die gemeinsame Gesellschaft gewinnt die öffentlich-private Kooperation Bedeutung über einzelne Projekte hinaus und kann auf weitere Projekte ausgedehnt werden.

Institutionelle PPP finden sich im Krankenhaus bei der Erbringung nicht medizinischer (Unterstützungs-) Leistungen für das Krankenhaus. Als Gegenstand eines derartigen PPP sind alle Unterstützungsleistungen im Krankenhausbereich denkbar. Häufiger Anwendungsbereich sind Reinigungs- und Wäschedienstleistungen, Hausmeister- und Sicherheitsdienste sowie die Speisenversorgung.

Zur Erbringung dieser Leistungen gründen der öffentliche Krankenhausträger und der private Lei- 77
stungserbringer eine gemeinsame Gesellschaft. Insbesondere die Leistungen des sog. „Tertiärbereichs" bieten sich hierfür an. Durch die Einbindung des privaten Dritten sollen sowohl privates
Kapital als auch spezifisches Fachwissen privater Unternehmen für die Erbringung öffentlicher Aufgaben nutzbar gemacht werden. Das gemischtwirtschaftliche Unternehmen wird sodann durch die
öffentliche Hand, die weiterhin für die Wahrnehmung der jeweiligen Aufgabe verantwortlich bleibt,
mit der Erbringung der zur Aufgabenerfüllung erforderlichen Leistungen beauftragt.

Gesellschaftsgründung bzw. – bei bereits bestehenden Gesellschaften – Anteilsveräußerung und Beauftragung des gemischtwirtschaftlichen Unternehmens stellen bei wirtschaftlicher Betrachtung einen einheitlichen Vorgang dar. Der Private erhält mit den Anteilen an der gemeinsamen Gesellschaft
zugleich den dieser Gesellschaft von der öffentlichen Hand erteilten Auftrag. Gesellschaftsgründung
bzw. Anteilsveräußerung und Beauftragung der Gesellschaft sind daher eine vergabepflichtige Beschaffung nach § 99 Abs. 1 GWB und somit unter Beachtung der vergaberechtlichen Bestimmungen
auszuschreiben[20]. Wegen der spezifisch gesellschaftsrechtlichen Anforderungen dieser Vergaben
kann die Vergabe im Verhandlungsverfahren durchgeführt werden.

Die ursprüngliche Flexibilität, die mit der Gründung gemischtwirtschaftlicher Gesellschaften ver- 78
bunden war, ist aufgrund der Rechtsprechung des EuGH, wonach gemischtwirtschaftliche Unternehmen nach ihrer Gründung mit weiteren Leistungen nicht ohne vorherige Durchführung eines
Vergabeverfahrens beauftragt werden dürfen[21], allerdings verloren gegangen. Das Vergaberecht verhindert somit eine spätere vergabefreie Beauftragung gemischtwirtschaftlicher Gesellschaften mit
weiteren Aufgaben, die ein ursprüngliches Verfahren noch nicht vorhergesehen und berücksichtigt
hatte.

2.   Schuldrechtliche PPP-Modelle

Insbesondere im Baubereich haben in den vergangenen Jahren PPP auf ausschließlich schuldrecht- 79
licher Basis an Bedeutung gewonnen. Bei diesem PPP-Modell wird keine gemeinsame Gesellschaft
gegründet. Die Zusammenarbeit zwischen öffentlicher Hand und Privatem erfolgt in diesem Fall auf
der Grundlage eines umfassenden Austauschvertrags mit vieljähriger Vertragslaufzeit.

Anwendungsbereich derartiger PPP-Modelle sind (Hoch-) Bauvorhaben öffentlicher Auftraggeber.
Diese PPP-Projekte basieren auf dem sog. Lebenszyklus eines Gebäudes. Durch die Betrachtung des
gesamten Lebenszyklus eines Objekts einerseits und die Zusammenfassung von Planungs-, Bau-, Betriebs- und Finanzierungsleistungen andererseits können hier zu Gunsten öffentlicher Auftraggeber

---

20   OLG Brandenburg, Beschluss vom 03.08.2001, AZ: Verg 3/01; Vergabekammer Lüneburg, Beschluss vom 10.08.1999, AZ:
     VWK-6/99.
21   Siehe oben, FN 17.

Effizienzvorteile erzielt werden, die bei einer getrennten Betrachtung der einzelnen Lebensphasen eines Gebäudes und der hieraus resultierenden getrennten Vergabe von Planungs-, Bau- und Betriebsleistungen nicht möglich sind.

80   Im Krankenhausbereich kommt diese Form von PPP-Modellen bei der Errichtung von Neubauten für Krankenhäuser sowie der Sanierung bestehender Gebäude in Betracht.

Schuldrechtliche PPP-Modelle enthalten die Verpflichtung des Privaten zur Erbringung von Planungs-, Bau-, Betriebs- und Finanzierungsleistungen. Ein die Vergabepflicht begründender öffentlicher Auftrag nach § 99 GWB ist daher gegeben. Die durch die Zusammenfassung verschiedener Leistungen entstehende besondere Komplexität erlaubt regelmäßig auch hier die Vergabe im Rahmen eines Verhandlungsverfahrens.

III.   Besonderheiten bei PPPs im Krankenhausbereich

81   Die Chancen von PPP-Verfahren im Krankenhausbereich werden durch die Besonderheiten der Krankenhausfinanzierung beschränkt. Ursächlich hierfür ist das besondere dualistische System der Krankenhausfinanzierung in Deutschland: Während die laufenden Kosten der Krankenhäuser durch die Krankenkassen getragen werden, erfolgt die Finanzierung von Investitionen durch die Bundesländer. Regelungen hierzu finden sich in den Krankenhausgesetzen der Länder sowie den auf dieser Grundlage aufgestellten Krankenhausplänen. Hieraus folgen für PPP-Projekte im Krankenhaus zwei besondere Problemfelder:

Wirtschaftlichkeits- und Effizienzgewinne, die ein Krankenhaus im Rahmen eines PPP-Projekts realisiert, werden bei der Ermittlung der sog. Landesbasiswerte durch die Krankenkassen berücksichtigt. Die durch das PPP-Projekt erwirtschafteten Wirtschaftlichkeitsgewinne stehen dem Krankenhaus daher im Ergebnis nicht als zusätzliche Mittel für die Finanzierung zusätzlicher Investitionen zur Verfügung.

82   Darüber hinaus sind auch die förderrechtlichen Besonderheiten der Bundesländer für die Ausgestaltung von PPP-Projekten von Bedeutung. Investitionsförderung wird regelmäßig nur dann gewährt, wenn der Krankenhausträger Eigentümer des Krankenhauses ist oder nach Beendigung des PPP-Projekts wird. Steht dies noch nicht fest oder ist der Private Eigentümer des Investitionsobjekts (Gebäude, Anlagegüter), scheidet die staatliche Förderung vielfach aus. Da die Krankenhausförderung der Länder aufgrund der dualistischen Ausgestaltung der Krankenhausfinanzierung auf Investitionsmaßnahmen beschränkt ist, ist die strikte und nachvollziehbare Trennung von investiven und nicht-investiven Leistungen im Rahmen des PPP-Projekts weitere Voraussetzung für das Erlangen der Investitionsförderung. Bei Beachtung dieser besonderen förderrechtlichen Voraussetzungen können PPP-Verfahren auch im Krankenhausbereich zu einer effizienten, wirtschaftlichen und lebenszyklusorientierten Beschaffung führen.

> 🛈 Beraterhinweis
>
> *Der Begriff des PPP bezeichnet eine Vielzahl von Kooperationsformen zwischen öffentlicher Hand und privaten Unternehmen, die auf eine gewisse Dauer angelegt sind. Im Krankenhausbereich spielen bislang insbesondere gemischtwirtschaftliche Servicegesellschaften für patientenferne Dienstleistungen sowie lebenszyklusorientiere Bau- und Betriebsvergaben eine Rolle.*

§ 6 Kartell- und beihilferechtliche Aspekte

Das „Kartellrecht" befasst sich mit den verschiedenen Formen wettbewerbsbeschränkender Verhaltensweisen. Regelungsgegenstand und Zweck des Kartellrechts ist die Vermeidung von Wettbewerbsbeschränkungen und der Erhalt eines funktionierenden Wettbewerbs. Der Wettbewerb kann grundsätzlich auf verschiedene Arten beeinträchtigt werden:

1. In der Praxis kommen zunächst Vereinbarungen zwischen Wettbewerbern vor, die darauf abzielen, den Wettbewerb untereinander zu beschränken. Erscheinungsformen solcher nach Art. 81 Abs. 1 des EG-Vertrags („EGV") bzw. § 1 des Gesetzes gegen Wettbewerbsbeschränkungen („GWB") verbotenen Vereinbarungen sind etwa Preisabsprachen, beispielsweise bei der Beteiligung an Vergabeverfahren, oder die Aufteilung von Kunden oder Verkaufsgebieten. Aber auch die Vereinbarung einer Kooperation oder einer Spezialisierung zwischen verschiedenen Krankenhausbetreibern kann bereits gegen Art. 81 Abs. 1 EGV bzw. § 1 GWB verstoßen.

2. Der Wettbewerb kann darüber hinaus dadurch beschränkt werden, dass einzelne oder mehrere Unternehmen ihre marktbeherrschende Stellung missbrauchen. Aus diesem Grund werden marktbeherrschende Stellungen nach Maßgabe der Art. 82 EGV bzw. §§ 19, 20 GWB kontrolliert. Aspekte des Missbrauchs einer marktbeherrschenden Stellung werden im Rahmen der nachfolgenden Darstellung nicht erörtert.[1]

3. Der Wettbewerb kann schließlich durch Unternehmenskonzentrationen beeinträchtigt werden, wenn diese zu marktbeherrschenden Stellungen mehrerer Unternehmen, sog. Oligopole, oder sogar zu Monopolen, d.h. einer marktbeherrschenden Stellung eines einzelnen Unternehmens, führen. Zweck der Fusionskontrolle ist es deshalb, eine übermäßige Unternehmenskonzentration zu verhindern und ausgewogene Marktstrukturen zu sichern, durch die einseitige, nicht leistungsbedingte Verhaltensspielräume von Unternehmen im Interesse des umfassenden Schutzes der wirtschaftlichen Handlungsspielräume anderer Unternehmen verhindert werden.

Das Verbot wettbewerbsbeschränkender Verhaltensweisen, des Missbrauchs einer marktbeherrschenden Stellung sowie die Fusionskontrolle werden auch als die „drei Säulen" des GWB bezeichnet.

Im Krankenhausbereich sind insbesondere folgende Berührungspunkte mit dem Kartellrecht denkbar: so können Krankenhausübernahmen und -fusionen die Durchführung eines kartellbehördlichen Fusionskontrollverfahrens nach den §§ 35 ff. GWB erforderlich machen. Auf die hierfür geltenden Vorgaben sowie die bislang hierzu ergangenen Entscheidungen in Deutschland wird unter **A.** eingegangen. Des Weiteren können bestimmte Vereinbarungen, etwa Kooperationsvereinbarungen, zwischen Klinikbetreibern den Anwendungsbereich des Kartellverbots berühren. Unter **B.** wird deshalb die kartellrechtliche Beurteilung von Kooperationen zwischen verschiedenen Kliniken dargestellt.

Schließlich werden unter **C.** verschiedene beihilferechtliche Aspekte im Zusammenhang mit dem Betrieb und der Veräußerung von Krankenhäusern dargestellt. Zweck des Beihilfeverbots in Art. 87 Abs. 1 EGV ist es, Wettbewerbsverzerrungen zu Gunsten einzelner Unternehmen, beispielsweise Krankenhäuser in öffentlich-rechtlicher Trägerschaft, zu verhindern.

---

1 Vgl. hierzu etwa von Dietze/Janssen, Kartellrecht in der anwaltlichen Praxis, 3. Aufl. 2007, S. 83 ff.

A.   Fusionskontrolle

4   Die stetige Forderung nach Kostensenkungen im Gesundheitssystem übt erheblichen Druck auf die Krankenhausbetreiber aus. Dieser Kostendruck hat einen Konzentrationsprozess im deutschen Krankenhausbereich in Gang gesetzt, der einerseits bereits zu einem erheblichen Rückgang der insgesamt vorhandenen Krankenhausbetten und der bislang betriebenen Krankenhäuser geführt hat und andererseits aufgrund des Ausscheidens verschiedener öffentlich-rechtlicher Krankenhausträger aus dem Markt auch künftig deutlich ansteigende Markanteile der privaten Krankenhausbetreiber nach sich ziehen wird. Da eine Neugründung von Krankenhäusern in Deutschland aufgrund der Vorgaben des Krankenhausplanungsrechts und der vorhandenen erheblichen Überkapazitäten faktisch äußerst schwierig ist, kommt eine Ausweitung von Markanteilen nur durch externes Wachstum mittels der Akquisition bereits vorhandener Krankenhäuser, in erster Linie aus der Trägerschaft öffentlich-rechtlicher oder gemeinnütziger Krankenhausbetreiber, in Betracht.

Ein solcher Erwerb eines oder mehrerer Krankenhäuser unterliegt der Fusionskontrolle (in der Terminologie der §§ 35 ff. GWB „Zusammenschlusskontrolle") zum Bundeskartellamt, wenn dieser Erwerb die Voraussetzungen eines Zusammenschlusstatbestands im Sinne von § 37 Abs. 1 GWB erfüllt und die Umsatzschwellen in § 35 Abs. 1 GWB (sog. „Aufgreifschwellen") von den beteiligten Unternehmen überschritten werden. Dabei stellt sich aber zunächst die Vorfrage, ob das GWB auf Krankenhausfusionen überhaupt anwendbar ist.

I.   Formelle Voraussetzungen

1.   Anwendbarkeit des Kartellrechts auf Krankenhausfusionen

5   Im Bereich der Krankenhausübernahmen und -fusionen war geraume Zeit umstritten, ob die Anwendbarkeit der Fusionskontrolle durch § 69 Abs. 1 SGB V ausgeschlossen ist oder nicht. Auf diese Argumentation stützten sich insbesondere die privaten Klinikbetreiber, um ihre Akquisitionen unabhängig von den formalen Voraussetzungen der Fusionskontrolle vorantreiben zu können.

Das Bundeskartellamt geht allerdings seit der Entscheidung i. S. „Rhön-Klinikum/Landkreis Rhön-Grabfeld"[2] in ständiger Entscheidungspraxis davon aus, dass die Vorschriften der Fusionskontrolle nicht durch § 69 SGB V ausgeschlossen werden. Diese Rechtsauffassung ist sowohl vom Oberlandesgericht (OLG) Düsseldorf[3] als auch in letzter Instanz vom Bundesgerichtshof (BGH)[4] bestätigt worden. Der BGH hat insoweit ausdrücklich klargestellt, dass weder die sozialrechtlichen Regelungen der gesetzlichen Krankenversicherung noch die Bestimmungen des KHG die Anwendbarkeit der Fusionskontrolle ausschließen. Die unterschiedlichen Rechtsnormen haben nämlich jeweils unterschiedliche Regelungsgebiete. So wird beispielsweise im Rahmen der Krankenhausfinanzierung und -planung nicht geprüft, welche Auswirkungen eine Fusion von Krankenhäusern auf die Marktstruktur hat. Dies ist vielmehr Regelungsgegenstand der Fusionskontrolle.

6   Der BGH hat in der Entscheidung „Kreiskrankenhaus Bad Neustadt" darüber hinaus bejaht, dass Krankenhäuser „Unternehmen" im kartellrechtlichen Sinne sind. Die Anwendung der Vorschriften über die Fusionskontrolle setzt nämlich voraus, dass es sich um einen Zusammenschluss von „Unternehmen" handelt. Insoweit ist zu beachten, dass das GWB universell für alle Unternehmen sämtlicher Rechtsträger gilt, auch für solche der öffentlichen Hand (vgl. § 130 Abs. 1 Satz 1 GWB). Der

---

2   BKartA, Beschluss vom 10.03.2005, Gesch.-Z.: B 10 – 123/04 = WuW/E DE-V 1087 – „Rhön-Grabfeld".
3   OLG Düsseldorf, Beschluss vom 11.04.2007, AZ: VI Kart 6/05 (V) = WuW/E DE-R 1958 – „Rhön-Grabfeld".
4   BGH, Beschluss vom 16.01.2008, AZ: KVR 26/07 = WuW/E DE-R 2327 – „Kreiskrankenhaus Bad Neustadt".

kartellrechtliche Unternehmensbegriff ist streng „funktional", also unabhängig von der Rechtsform und der Art der Finanzierung, zu verstehen. Dies hat zur Folge, dass selbst Privatpersonen, Bund, Länder und Kommunen, Anstalten des öffentlichen Rechts, Stiftungen, Vereine etc. Unternehmen i.S.d. Kartellrechts sein können. Entscheidend ist insoweit, dass eine wirtschaftliche bzw. unternehmerische Tätigkeit ausgeübt wird.

Dies ist nach der Entscheidung des BGH auch für Krankenhäuser endgültig geklärt, da diese gesetzlich Versicherten und Privatpatienten gegen Entgelt medizinische Behandlungsleistungen (stationäre Behandlung) anbieten. Dabei bieten die Krankenhäuser ihre Leistungen auch auf einem Markt an, der Wettbewerbskräften unterworfen ist. Dies gilt nach Auffassung des BGH insbesondere auch hinsichtlich der gesetzlich Versicherten, da auch insoweit die stationäre Krankenhausbehandlung aufgrund eines entgeltlichen Leistungsaustauschs gewährt wird, bei dem Angebot und Nachfrage durch einen privatrechtlichen Vertrag zusammengeführt werden. Die fusionsrechtlich maßgebliche Marktgegenseite für das Angebot von Krankenhausleistungen sind auch im Anwendungsbereich des Sachleistungsprinzips der gesetzlichen Krankenversicherung die Patienten und nicht die Krankenkassen, da der gesetzlich versicherte Patient als Marktteilnehmer das Krankenhaus autonom unter den nach § 108 SGB V zur Behandlung von Kassenpatienten zugelassenen Krankenhäusern auswählt, auch wenn diese Wahlfreiheit in gewissem Umfang durch die sozialrechtlichen Vorgaben Einschränkungen unterliegt. Die Krankenhäuser stehen deshalb trotz der staatlichen Regulierung, Planung und Förderung des Krankenhaussektors untereinander im Wettbewerb um Patienten. Bedeutender Wettbewerbsparameter ist dabei insbesondere der Qualitätswettbewerb.

Die Anwendbarkeit der fusionskontrollrechtlichen Vorschriften auf Zusammenschlüsse von Krankenhäusern dürfte deshalb heute kaum mehr in Frage zu stellen sein. Allerdings ist zu beachten, dass bloße trägerinterne Konsolidierungen bzw. Umstrukturierungen, beispielsweise Umgliederungen innerhalb einer Gebietskörperschaft (z.B. die Zusammenlegung der zwischenzeitlich privatisierten Universitätskliniken in Gießen und Marburg) oder gesellschaftsrechtliche Veränderungen der Struktur innerhalb eines privaten Klinikkonzerns im Regelfall nicht der Fusionskontrolle unterliegen.

2. Vorliegen eines Zusammenschlusstatbestands

Die Pflicht zur Durchführung eines Zusammenschlusskontrollverfahrens zum Bundeskartellamt entsteht nur dann, wenn ein Zusammenschlusstatbestand vorliegt. Das GWB unterscheidet in § 37 Abs. 1 GWB vier Formen von Zusammenschlusstatbeständen, die auch nebeneinander erfüllt sein können.

a) Vermögenserwerb

Nach § 37 Abs. 1 Satz 1 Nr. 1 GWB liegt ein Zusammenschluss vor, wenn der Erwerb des Vermögens eines anderen Unternehmens ganz oder zu einem wesentlichen Teil beabsichtigt ist. Wesentlich ist ein Vermögensteil, der eine abgrenzbare, selbstständige Betriebseinheit darstellt, die im Rahmen der gesamten nach außen gerichteten wirtschaftlichen Tätigkeit des Veräußerers qualitativ von eigener Bedeutung und deren Erwerb geeignet ist, die Marktstellung vom Veräußerer auf den Erwerber zu übertragen und dadurch seine Stellung auf dem relevanten Markt spürbar zu stärken. Ausreichend hierfür ist, dass der Erwerber durch die Übertragung in die Lage versetzt wird, in die Marktstellung des Veräußerers einzutreten.[5]

---

5 BGH, Beschluss vom 07.07.1992, AZ: KVR 14/91 = WuW/E BGH 2783 – „Warenzeichenerwerb".

Nach Auffassung des Bundeskartellamts kommt es dabei nicht auf den Rechtsgrund des Erwerbs an, da für die Fusionskontrolle lediglich das Ergebnis entscheidend sein soll. Ob ein Zusammenschluss auf Gesetz, staatlichem Hoheitsakt oder privatrechtlichem Rechtsgeschäft beruht, soll für die Fusionskontrolle ohne Belang sein. Gestützt auf diese Argumentation hat das Bundeskartellamt beispielsweise in einem Fall, in dem durch Landesgesetz die Bildung einer neuen Gebietskörperschaft aus Landkreis, Stadt und Kommunalverband und in diesem Zusammenhang auch der Übergang der Trägerschaft der öffentlich-rechtlichen Krankenhäuser auf die neue „Region" angeordnet wurde, gleichwohl eine Anmeldung dieses „Zusammenschlusses" der betroffenen Krankenhäuser verlangt. Einen Vorrang öffentlichen Organisationsrechts vermochte das Bundeskartellamt insoweit nicht zu erkennen.[6]

❗ Beraterhinweis

Dieser Ansatz des Bundeskartellamts ist aber nicht unumstritten und bislang auch noch nicht durch die Rechtsprechung geklärt worden. Die dargestellte Entscheidungspraxis macht aber deutlich, dass auch in Fällen, in denen die Fusionskontrolle aufgrund öffentlich-rechtlichen Organisationsrechts vermeintlich nicht anwendbar zu sein scheint, dennoch eine Prüfung der Anmeldepflicht eines solchen „Zusammenschlussvorhabens" vorzunehmen ist. In Zweifelsfällen bietet sich eine informelle Abstimmung mit dem Bundeskartellamt an.

b)   Kontrollerwerb

10   Ein Kontrollerwerb liegt nach § 37 Abs. 1 Satz 1 Nr. 2 GWB im Erwerb der unmittelbaren oder mittelbaren Kontrolle durch ein (sog. alleinige Kontrolle) oder mehrere Unternehmen (sog. gemeinsame Kontrolle) über die Gesamtheit oder Teile eines oder mehrerer anderer Unternehmen vor. Die Kontrolle wird durch Rechte, Verträge oder andere Mittel begründet, die einzeln oder zusammen unter Berücksichtigung aller tatsächlichen und rechtlichen Umstände die Möglichkeit gewähren, einen bestimmenden Einfluss auf die Tätigkeit eines Unternehmens auszuüben, insbesondere durch Eigentums- oder Nutzungsrechte an einer Gesamtheit oder an Teilen des Vermögens des Unternehmens oder durch Rechte oder Verträge, die einen bestimmenden Einfluss auf die Zusammensetzung, die Beratungen oder die Beschlüsse der Organe des Unternehmens gewähren.

c)   Anteilserwerb

11   Sobald – allein oder zusammen mit sonstigen, dem erwerbenden Unternehmen bereits gehörenden Anteilen – 25 % oder 50 % des Kapitals oder der Stimmrechte an einem anderen Unternehmen erworben werden, liegt der Zusammenschlusstatbestand des Anteilserwerbs nach § 37 Abs. 1 Satz 1 Nr. 3 GWB vor. Erwerben mehrere Unternehmen gleichzeitig oder nacheinander Anteile in diesem Umfang an einem anderen Unternehmen, gilt dies nach § 37 Abs. 1 Satz 1 Nr. 3 Satz 3 GWB hinsichtlich der Märkte, auf denen das andere Unternehmen tätig ist, auch als Zusammenschluss der sich beteiligenden Unternehmen untereinander. Damit werden die Fälle der Gründung von bzw. Beteiligung an Gemeinschaftsunternehmen erfasst.

❗ Beraterhinweis

Soweit kommunale Krankenhäuser in der Rechtsform des Eigenbetriebs betrieben werden, erfüllt der Erwerb sämtlicher Aktiva und Passiva sowie des Geschäftsbetriebs regelmäßig die Zusammenschlusstatbestände des Vermögenserwerbs sowie des Kontrollerwerbs.

---

6   Beschluss vom 11.12.2006, Gesch.-Z.: B 3 – 1002/06 – „Klinikum Region Hannover".

Wird ein Krankenhaus in einer privatrechtlichen Rechtsform erworben, werden üblicherweise die Zusammenschlusstatbestände des Kontroll- und des Anteilserwerbs zu bejahen sein.

d)   Erwerb wettbewerblich erheblichen Einflusses

Im Einzelfall kann sogar der Erwerb einer geringeren Beteiligung als 25 % anmeldepflichtig sein,   12
wenn die mit der Beteiligung erworbene Rechtsstellung bedeutender ist, als dies für gewöhnlich bei
einer Beteiligung in der erworbenen Höhe der Fall wäre (z.B. aufgrund der Gewährung von Veto-
rechten im Hinblick auf strategische Entscheidungen zu Budget, Geschäftsplan, Besetzung der Unternehmensleitung oder Investitionen). Dies ist nach § 37 Abs. 1 Satz 1 Nr. 4 GWB bei jeder sonstigen
Verbindung von Unternehmen der Fall, aufgrund derer ein oder mehrere Unternehmen unmittelbar
oder mittelbar einen wettbewerblich erheblichen Einfluss auf ein anderes Unternehmen ausüben
können. Dabei handelt es sich um einen Auffangtatbestand, mit dem insbesondere Gestaltungen zur
Umgehung der anderen Zusammenschlusstatbestände des § 37 Abs. 1 GWB erfasst werden sollen.

🛈 **Beraterhinweis**

*Der Zusammenschlusstatbestand des Erwerbs wettbewerblich erheblichen Einflusses kommt insbesondere beim Abschluss sog.
Managementverträge zwischen Krankenhäusern in öffentlicher Trägerschaft und privaten Klinikbetreibern in Betracht. Ob das
Vorliegen dieses Zusammenschlusstatbestands und damit ggf. dessen Fusionskontrollpflicht im Ergebnis zu bejahen ist, hängt von
der vertraglichen Gestaltung im Einzelfall ab.*

3.   Aufgreifschwellen

a)   Die Aufgreifschwellen in § 35 Abs. 1 GWB

Ist nach den dargestellten Grundsätzen das Vorliegen eines Zusammenschlusstatbestands zu beja-   13
hen, ist ein Zusammenschlussvorhaben dann nach § 35 Abs. 1 GWB zum Bundeskartellamt anzumelden, wenn im letzten Geschäftsjahr vor dem Zusammenschluss

1.   die beteiligten Unternehmen insgesamt weltweit Umsatzerlöse von mehr als € 500 Mio. und

2.   im Inland mindestens ein beteiligtes Unternehmen Umsatzerlöse von mehr als € 25 Mio. und ein
anderes beteiligtes Unternehmen Umsatzerlöse von mehr als € 5 Mio.

erzielt haben.

Die Fusionskontrolle kommt allerdings nicht zur Anwendung, soweit sich ein unabhängiges Unter-   14
nehmen, das im letzten Geschäftsjahr weltweit Umsatzerlöse von weniger als € 10 Mio. erzielt hat,
mit einem anderen Unternehmen zusammenschließt (sog. Bagatellklausel, § 35 Abs. 2 Satz 1 Nr. 1
GWB), oder soweit ein Markt betroffen ist, auf dem seit mindestens fünf Jahren Waren oder gewerbliche Leistungen angeboten werden und auf dem im letzten Kalenderjahr weniger als € 15 Mio. umgesetzt wurden (sog. Bagatellmarktklausel, § 35 Abs. 2 Satz 1 Nr. 2 GWB). Die Bagatellklausel gilt
entgegen ihrem Wortlaut auch dann, wenn entweder der Umsatz der gesamten Erwerber-Gruppe
oder der Umsatz der gesamten Veräußerer-Gruppe unter diesem Schwellenwert liegt.

🛈 **Beraterhinweis**

*Insbesondere der Erwerb von „Kleinst-Krankenhäusern" ist regelmäßig fusionskontrollfrei möglich, wenn der Veräußerer ein-
schließlich der Umsätze des von ihm verkauften Krankenhauses weniger als € 10 Mio. Umsatz erzielt hat.*

b)   Berechnung der Umsatzerlöse

15   Im Zusammenhang mit den relevanten Umsatzerlösen ist regelmäßig fraglich, welche Unternehmen „beteiligt" im Sinne von § 35 Abs. 1 GWB sind. Hierfür gelten folgende Grundsätze:

Zunächst fällt unter den kartellrechtlichen Unternehmensbegriff jede aktive Teilnahme im geschäftlichen Verkehr, die nicht nur dem privaten Verbrauch dient. Aber auch eine natürliche Person, sogar eine Familie oder ein Gesellschafterstamm können als Unternehmen anzusehen sein. „Beteiligte" Unternehmen sind im Hinblick auf die maßgeblichen Umsatzerlöse grundsätzlich der Erwerber einerseits und das Zielunternehmen bzw. die Gesamtheit der erworbenen Vermögensgegenstände des Veräußerers andererseits, nicht aber dessen zurückbehaltener Vermögensteil. Bei der Gründung eines Gemeinschaftsunternehmens besteht insofern eine Besonderheit, als auch der Veräußerer, der 25 % oder mehr der Anteile an dem Zielunternehmen hält, als beteiligtes Unternehmen anzusehen ist.

16   Beim Erwerb eines Krankenhauses sind beispielsweise die Umsätze des Erwerbers sowie die Umsätze des erworbenen Krankenhauses, also des Ziel-Unternehmens, maßgeblich. Dabei sind auf der Seite des Erwerbers neben den Umsätzen des unmittelbar erwerbenden Unternehmens aber auch die Umsätze aller mit ihm nach § 36 Abs. 2 GWB verbundenen Unternehmen zu addieren. Das sind abhängige oder herrschende Unternehmen sowie Konzernunternehmen. Zusätzlich sind die Umsatzerlöse derjenigen Unternehmen mit einzubeziehen, über die ein Unternehmen der Gruppe einen beherrschenden Einfluss ausübt. Wird eine Unternehmensgruppe von einer natürlichen Person kontrolliert, zählen zu den Umsatzerlösen auch alle weiteren kontrollierenden Beteiligungen dieser Person. Wird ein Unternehmen von mehreren anderen Unternehmen gemeinsam beherrscht, gilt jedes von ihnen als herrschend. Diesen gemeinsam beherrschenden Gesellschaftern wird das Gemeinschaftsunternehmen jeweils als Ganzes zugerechnet.

Für die Berechnung der relevanten Umsatzerlöse selbst ist stets der im letzten abgeschlossenen Geschäftsjahr vor dem Zusammenschluss erzielte Umsatz maßgeblich. Einzelheiten sind in § 38 GWB geregelt, der auf § 277 Abs. 1 HGB verweist. Umsatzerlöse in diesem Sinne sind etwa die Erlöse aus Verkauf und Vermietung oder Verpachtung von für die gewöhnliche Geschäftstätigkeit des Unternehmens typischen Erzeugnissen und Waren sowie Dienstleistungen nach Abzügen von Erlösschmälerungen und Umsatzsteuer. Konzerninterne Umsätze sowie Verbrauchssteuern bleiben nach § 38 Abs. 1 Satz 2 GWB außer Betracht.

17   Die Umsatzberechnung insbesondere bei Unternehmen der öffentlichen Hand bereitet in der Praxis einige Schwierigkeiten: so werden auch bei Bund, Ländern und Kommunen die Umsätze verbundener Unternehmen zugerechnet. Dabei sind aber Steuereinnahmen und Finanzzuweisungen nicht zu berücksichtigen, sondern nur „echte" Umsätze, etwa aus den Bereichen Energie, Wasser, Nahverkehr, Krankenhäuser und Abfallentsorgung als Netto-Umsätze heranzuziehen.

Im Fall des Erwerbs der gemeinnützigen Klinikgesellschaft des Landkreises Neunkirchen GmbH durch die Marienhaus Kranken- und Pflegegesellschaft mbH[7] wurde beispielsweise die € 500 Mio.-Schwelle nur deshalb erreicht, weil das Bundeskartellamt die Beteiligung der Konzernmuttergesellschaft an der Gemeinschaftskrankenhaus St. Elisabeth / St. Petrus / St. Johannes gGmbH in Bonn aufgrund der Annahme einer gemeinsamen Kontrolle sowie die Umsätze des ctt Caritas Trägerverein Trier e. V. aufgrund personeller Verflechtungen bei der Umsatzschwellenberechnung berücksichtigte.

---

7   Beschluss vom 06.06.2006, Gesch.-Z.: B 10 – 024/06.

Beraterhinweis

In der Praxis besonders komplex ist die Prüfung, ob dem Erwerber eines Krankenhauses im Hinblick auf seine Beteiligungen an Gemeinschaftsunternehmen eine gemeinsame Kontrolle gemeinsam mit einem oder mehreren Gesellschaftern zukommt. Dies ist beispielsweise denkbar bei zwei Gesellschaftern, die jeweils 50 % der Gesellschaftsanteile halten, oder wenn zwei Gesellschafter jeweils 40 % der Gesellschaftsanteile halten und Beschlüsse einer Mehrheit von 60,1 % bedürfen.

In dem Fusionskontrollverfahren „Enzkreis-Kliniken"[8] war die € 500 Mio.-Schwelle nur deshalb   18
überschritten, weil auf Seiten des Landkreises Ludwigsburg neben Umsatzerlösen aus dem Klinik-
betrieb, der Kliniken Service GmbH, der Abfallverwertungsgesellschaft mbH, der Parkraumbe-
wirtschaftung, der Verpachtung von Schul-Cafeterien und der Herausgabe und dem Vertrieb von
Büchern auch die Umsatzerlöse der Kreissparkasse Ludwigsburg zu berücksichtigen waren, deren
alleiniger Träger der Landkreis ist.

Bei der Prüfung des Zusammenschlussvorhabens „Universitätsklinikum Greifswald/Kreiskranken-
haus Wolgast gGmbH"[9] hat das Bundeskartellamt schließlich das Universitätsklinikum als abhän-
giges Unternehmen des Landes Mecklenburg-Vorpommern im fusionskontrollrechtlichen Sinne
eingeordnet. Dies hatte zur Folge, dass sämtliche Umsatzerlöse dieses Bundeslandes einschließlich
der mit ihm verbundenen Unternehmen aus allen sachlichen und räumlichen Tätigkeitsgebieten
und nicht nur die Klinik-Umsätze zu berücksichtigen waren. Dabei wurden auch die Umsätze von
unselbstständigen Landesbetrieben („Staatslotterien Totto und Lotto in Mecklenburg-Vorpommern") und Sondervermögen einbezogen. Nur deshalb war in diesem Fall die € 500 Mio.-Schwelle
überschritten. Das OLG Düsseldorf hob diese Entscheidung zwar auf, aber nur deshalb, da bei der
Ermittlung der Umsatzerlöse nach § 38 Abs. 1 GWB i. V. m. § 277 HGB von den Einnahmen staatlicher Lotterien diejenigen Beträge als Erlösschmälerung i. S. v. § 277 Abs. 1 HGB in Abzug zu bringen
sind, die als Gewinnausschüttung an die Spieler ausbezahlt werden.[10] Dies hatte zur Folge, dass die
insgesamt zu berücksichtigenden Umsatzerlöse letztlich unter der € 500 Mio.-Schwelle blieben und
eine Anmeldepflicht des Zusammenschlusses im Ergebnis nicht bestand.

Beraterhinweis

Sind die Umsatzschwellen des § 35 Abs. 1 GWB erfüllt, ist des Weiteren die Bagatellklausel des § 35 Abs. 2 Satz 1 Nr. 1 GWB zu beachten (siehe oben). Dabei sind sämtliche vom Veräußerer erzielten Umsätze und nicht nur diejenigen, die den veräußerten Vermögensteil betreffen, maßgeblich. Nur wenn diese Umsätze insgesamt unter € 10 Mio. liegen, kommt die Anwendung der Bagatellklausel in Betracht.

4.   Anwendungsbereich der EU-Fusionskontrolle

Die Zusammenschlusskontrolle zum Bundeskartellamt wird allerdings ggf. durch die EU-Fusions-   19
kontrolle nach der EU-Fusionskontrollverordnung (FKVO)[11] verdrängt. Die Zusammenschlusskontrolle nach dem GWB und die EU-Fusionskontrolle stehen zueinander im Verhältnis der gegenseitigen Ausschließlichkeit. Die Anwendbarkeit des jeweiligen Rechts hängt in erster Linie von den
jeweils erreichten Umsatzschwellenwerten ab. Bei einer gemeinschaftsweiten Bedeutung eines Zusammenschlusses ist die Europäische Kommission ausschließlich zuständig, und es kommt nur die
FKVO zur Anwendung. Liegt kein Zusammenschluss i.S.d. FKVO vor oder werden die dort nor-

---

8   Beschluss vom 13.12.2006, Gesch.-Z. B 3 – 1003/06 = WuW/E DE-V 1335.
9   Beschluss vom 11.12.2006, Gesch.-Z.: B 3 – 1002/06.
10   OLG Düsseldorf, Beschluss vom 07.05.2008, AZ: VI-Kart 1/07 (V) = WuW/E DE-R 2347 – „Universitätsklinikum
     Greifswald".
11   Verordnung (EG) Nr. 139/2004 des Rates vom 20.1.2004 über die Kontrolle von Unternehmenszusammenschlüssen,
     ABl. 2004, L 24/1.

mierten Schwellenwerte nicht erreicht, kommt dem Vorhaben keine gemeinschaftsweite Bedeutung zu. In diesem Fall kommen ausschließlich die nationalen Vorschriften der einzelnen EU-Mitgliedstaaten zur Anwendung. Dies bedeutet, dass für alle EU-Mitgliedstaaten, die von einem Zusammenschluss betroffen sind, d.h. in denen sich ein solcher auswirkt, geprüft werden muss, ob eine kartellbehördliche Anmeldepflicht besteht. Daneben gibt es in der FKVO allerdings auch verschiedene Verweisungsmöglichkeiten von den Mitgliedstaaten an die Europäische Kommission und umgekehrt.

20   Ein Zusammenschluss wird nach der FKVO dadurch bewirkt, dass eine dauerhafte Veränderung der Kontrolle stattfindet, indem entweder zwei oder mehrere bisher voneinander unabhängige Unternehmen fusionieren oder eine oder mehrere Personen, die bereits mindestens ein Unternehmen kontrollieren, durch Vertrag oder in sonstiger Weise die unmittelbare oder mittelbare Kontrolle über die Gesamtheit oder über Teile eines oder mehrerer anderer Unternehmen erwerben.

Ist das Vorliegen eines Zusammenschluss nach der FKVO zu bejahen, hat dieser nach Art. 1 Abs. 2 FKVO gemeinschaftsweite Bedeutung, wenn

- der weltweite Gesamtumsatz aller beteiligten Unternehmen zusammen mehr als € 5 Mrd. beträgt und

- ein gemeinschaftsweiter Gesamtumsatz von mindestens zwei beteiligten Unternehmen von jeweils mehr als € 250 Mio. erzielt wird.

21   Werden diese Schwellen nicht erreicht, hat ein Zusammenschluss nach Art. 1 Abs. 3 FKVO gleichwohl gemeinschaftsweite Bedeutung, wenn

- der weltweite Gesamtumsatz aller beteiligten Unternehmen zusammen mehr als € 2,5 Mrd. beträgt,

- der Gesamtumsatz aller beteiligten Unternehmen in mindestens drei Mitgliedstaaten jeweils € 100 Mio. übersteigt,

- in jedem von mindestens drei dieser Mitgliedstaaten der Gesamtumsatz von mindestens zwei beteiligten Unternehmen jeweils mehr als € 25 Mio. beträgt und

- der gemeinschaftsweite Umsatz von mindestens zwei beteiligten Unternehmen jeweils € 100 Mio. übersteigt.

Trotz des Überschreitens dieser Schwellenwerte entfällt die gemeinschaftsweite Bedeutung eines Zusammenschlusses, wenn die beteiligten Unternehmen jeweils mehr als zwei Drittel ihres gemeinschaftsweiten Gesamtumsatzes in ein und demselben Mitgliedstaat erzielen.

🛈 Beraterhinweis

In der Praxis wird anhand dieser Umsatzschwellen geprüft, ob überhaupt und ggf. wo eine Anmeldepflicht besteht. Aufgrund des Vorrangs der FKVO wird dabei zunächst untersucht, ob die europäischen Schwellenwerte überschritten sind. Aufgrund der sog. „Zwei-Drittel-Regelung" dürfte die europäische Fusionskontrolle im Krankenhausbereich nur dann relevant werden, wenn es entweder zur Ausweitung der Aktivitäten deutscher Krankenhausketten ins europäische Ausland oder aber zu Beteiligungen bzw. Übernahmen von deutschen Krankenhäusern durch europäische Partner / Krankenhauskonzerne kommt.

22   In der bisherigen Praxis gab es – soweit ersichtlich – bislang nur eine Entscheidung der Europäischen Kommission im Hinblick auf den deutschen Krankenhausmarkt. Darin hat diese zwar bejaht, dass in Deutschland Krankenhausdienstleistungen auf einem fusionsrechtlich relevanten Markt angeboten werden. In der Sache hat sie die räumliche und sachliche Abgrenzung dieses Marktes aber offen gelassen.[12] Auf weitere Ausführungen zur materiellen EU-Fusionskontrolle kann daher im Rahmen

---

12   Entscheidung vom 08.12.2005, COMP/M.4010 – „Fresenius/HELIOS".

der vorliegenden Darstellung verzichtet werden. Hinsichtlich weiterer Einzelheiten wird auf die einschlägige kartellrechtliche Fachliteratur verwiesen.[13]

5.   Fusionskontrolle in Drittstaaten

Unabhängig von der Frage, ob die FKVO oder die nationalen fusionskontrollrechtlichen Vorschriften der einzelnen EU-Mitgliedstaaten einschlägig sind, sind stets parallel auch die Fusionskontrollregeln von Drittstaaten außerhalb der EU auf ihre Anwendbarkeit zu untersuchen und Zusammenschlussvorhaben ggf. zusätzlich auch bei den dortigen Kartellbehörden anzumelden.   23

II.   Materielle Aspekte

Ein Zusammenschlussvorhaben ist vom Bundeskartellamt nach § 36 Abs. 1 GWB zu untersagen, wenn zu erwarten ist, dass dadurch eine marktbeherrschende Stellung begründet oder verstärkt wird, es sei denn, die beteiligten Unternehmen weisen nach, dass der Zusammenschluss auch Verbesserungen der Wettbewerbsbedingungen mit sich bringt und diese die Nachteile der Marktbeherrschung überwiegen. Entscheidend für die kartellbehördliche Prüfung ist, ob mit dem Unternehmenszusammenschluss eine derartige Verschlechterung der Marktstruktur verbunden ist, dass ein vom Wettbewerb nicht mehr hinreichend kontrollierter Verhaltensspielraum entsteht. Ob dies der Fall ist, hängt in erster Linie davon ab, wie der relevante und für die Beurteilung des Zusammenschlussvorhabens maßgebliche Markt sachlich und räumlich abzugrenzen ist.   24   **6**

1.   Marktabgrenzung

a)   Sachliche Marktabgrenzung

Der sachlich relevante Markt wird mittels des sog. Bedarfsmarktkonzepts bestimmt. Hierfür wird aus Sicht der Marktgegenseite (regelmäßig der Abnehmer) geprüft, welche Waren und Dienstleistungen nach Beschaffenheit, Verwendungszweck und Preis als gegeneinander austauschbar angesehen werden.   25

Im Bereich der Krankenhausübernahmen und -fusionen war die sachliche Marktabgrenzung mehrere Jahre umstritten: Das Bundeskartellamt hat als sachlich relevanten Markt den einheitlichen Markt für akutstationäre Krankenhausdienstleistungen definiert.

Dieser ist abzugrenzen von den Märkten

- für ambulante Dienstleistungen in ärztlichen Praxen,
- für Rehabilitationseinrichtungen[14] sowie von
- reinen Privatkliniken (für ästhetische Chirurgie etc.).

---

13 Z.B. Bechtold/Bosch/Brinker/Hirsbrunner, EG-Kartellrecht, Kommentar, 2. Aufl. 2009; Kapp, Kartellrecht in der Unternehmenspraxis, 2005, S. 183 ff.
14 In dem Verfahren „Helios Kliniken GmbH / Humaine Kliniken GmbH", Beschluss vom 07.09.2006, Gesch.-Z.: B 3 – 1000/06, hat das BKartA u.a. den Markt für Rehabilitationskliniken untersucht, die genauere sachliche und räumliche Marktabgrenzung aber offen lassen können.

❗ Beraterhinweis

Die Herausnahme ambulanter medizinischer Dienstleistungen aus dem „Krankenhausmarkt" ist angesichts der zunehmenden Tendenz von Krankenhäusern, angeschlossene Medizinische Versorgungszentren zu betreiben, nicht unumstritten. Vor diesem Hintergrund ist es nicht ausgeschlossen, dass das Bundeskartellamt die sachliche Marktabgrenzung künftig ändern und erweitern wird.

26   Eine weitere Unterscheidung des Marktes in Fachkliniken und Allgemeinkrankenhäuser wird vom Bundeskartellamt in Anwendung des sog. Sortimentsgedankens ebenso abgelehnt wie eine weitergehende Untergliederung nach den verschiedenen Versorgungsstufen. Das Bundeskartellamt hat schließlich auch eine weitere Unterteilung von Krankenhausleistungen innerhalb der Allgemeinkrankenhäuser nach Fallgruppen oder Fachabteilungen abgelehnt.[15]

Dagegen hat das OLG Düsseldorf innerhalb des Markts für akutstationäre Krankenhausdienstleistungen eine weitergehende Abgrenzung nach den einzelnen medizinischen Fachbereichen (entsprechend den Vorgaben des jeweiligen Landeskrankenhausplans) favorisiert und dies insbesondere damit begründet, dass sich der Bedarf eines Patienten auf eine spezifische Behandlung aus einem medizinischen Fachbereich richte, die mit Behandlungsangeboten anderer Fachbereiche nicht austauschbar sei.[16]

27   Der BGH hat dagegen die sachliche Marktabgrenzung des Bundeskartellamts jedenfalls dann bestätigt, wenn Zielobjekt eines Zusammenschlusses von Krankenhäusern ein Allgemeinkrankenhaus mit den dafür typischen Fachabteilungen ist. Im Hinblick auf den Sortimentsgedanken und die Praktikabilität der Marktabgrenzung soll es auch nicht erforderlich sein, gesonderte sachlich relevante Märkte für Behandlungsleistungen der Gynäkologie und Geburtshilfe sowie der Augenheilkunde anzunehmen, auch wenn insoweit nur geringe Überschneidungen mit anderen Fachabteilungen bestehen. Gleichwohl hat der BGH im Hinblick auf eine mögliche engere Marktabgrenzung offen gelassen, ob im Einzelfall nicht gesonderte Märkte anzunehmen sind, wenn sich der Zusammenschluss in besonderer Weise auf bestimmte Fachgebiete auswirkt.[17]

❗ Beraterhinweis

Jedenfalls für den Regelfall der Krankenhausfusion ist somit der Markt für akutstationäre Krankenhausdienstleistungen durch Allgemeinkrankenhäuser und Fachkliniken als sachlich relevanter Markt heranzuziehen.

28   In der Entscheidung „Gründung eines Gemeinschaftsunternehmens im Bereich „Herz"[18] hat das Bundeskartellamt die Frage diskutiert, ob die Behandlung von Herz-/Kreislauferkrankungen, auf die das Gemeinschaftsunternehmen spezialisiert sein wird, einen eigenständigen sachlich relevanten Markt darstellt. Die empirischen Ermittlungen des Bundeskartellamt hatten ergeben, dass die beteiligten Unternehmen zwar einige Leistungen anbieten, die von den Allgemeinkrankenhäusern in der Region nicht angeboten werden, etwa Bypass-Operationen. Allerdings hatten die Ermittlungen auch ergeben, dass die Zusammenschlussbeteiligten und die Allgemeinkrankenhäuser in der Region hinsichtlich eines weiten Teils der von ihnen angebotenen Leistungen im Wettbewerb stehen. Aufgrund dieses Überschneidungsbereichs kam das Bundeskartellamt zu dem Ergebnis, dass eine Abweichung von der bisher entwickelten Marktabgrenzung nicht sachgerecht ist.

---

15   Leitentscheidung ist auch insoweit der Beschluss vom 10.03.2005, Gesch.-Z.: B 10 – 123/04 = WuW/E DE-V 1087 – „Rhön-Grabfeld".
16   OLG Düsseldorf, Beschluss vom 11.04.2007, AZ: VI Kart 6/05 (V) = WuW/E DE-R 1958/1970 ff. – „Rhön-Grabfeld".
17   BGH, Beschluss vom 16.01.2008, AZ: KVR 26/07 = WuW/E DE-R 2327 – „Kreiskrankenhaus Bad Neustadt".
18   Beschluss vom 08.01.2009, Gesch.-Z.: B 3 – 174/08.

Als weiteren sachlich relevanten Markt hat das Bundeskartellamt zwischenzeitlich den Markt für psychiatrische Krankenhausleistungen abgegrenzt. Darunter fällt das Angebot aller psychiatrischen Fachabteilungen in Fachkliniken und allgemeinen Krankenhäusern. Leistungen, die im Rahmen des Maßregelvollzugs erbracht werden, sind hingegen in diesen Markt nicht einzubeziehen. Gründe hierfür sind die landesrechtlichen Rahmenbedingungen sowie die fachspezifischen Besonderheiten der psychiatrischen Krankenhausleistungen.[19]

b) Räumliche Marktabgrenzung

Der räumlich relevante Markt ist das Gebiet, in dem homogene Wettbewerbsbedingungen herrschen und das sich insoweit von anderen Gebieten unterscheidet. Dabei kommt es auf die Ausweichmöglichkeiten aus Sicht der Nachfrager an. Entscheidend ist dabei das beobachtete tatsächliche Verhalten der Nachfrager im jeweiligen Marktgebiet. Im Krankenhausbereich bleiben daher Patienten außer Betracht, die die Leistungen der am Zusammenschluss beteiligten Krankenhäuser aufgrund der räumlichen Entfernung tatsächlich nicht nachfragen. Kommt andererseits für die Patienten auf dem so abgegrenzten Markt als Bezugsalternative auch die Leistung eines Krankenhauses außerhalb dieses Gebiets tatsächlich in Betracht, handelt es sich um ein Angebot im räumlich relevanten Markt.[20]

Bei der räumlichen Marktabgrenzung lässt das Bundeskartellamt ungewöhnliche Spezialbehandlungen, für die eine deutlich weitere Marktabgrenzung sachgerecht sein könnte, außer Betracht. Dies gilt auch für Zufallspatienten wie Urlauber, da ihr eigentlicher Wohnsitz das tatsächliche Einzugsgebiet eines Krankenhauses nicht realistisch widerspiegelt.

Eine vertiefte Prüfung der Marktbedingungen erfolgt immer dann, wenn die Zusammenschlussbeteiligten über (mehrere) Krankenhäuser in unmittelbarer räumlicher Nähe verfügen. Dann werden die Krankenhausmärkte in der Umgebung des Zielkrankenhauses genauer untersucht. Das Bundeskartellamt ermittelt in solchen Fällen mittels Fragebögen, die an alle potenziellen Wettbewerber in der weiteren Umgebung des Zielkrankenhauses versandt werden, woher die Patienten stammen, die in dem Jahr, welches dem Zusammenschluss vorausging, in den betroffenen Krankenhäusern stationär behandelt wurden. Aus den erhobenen Daten wird dann das räumliche Nachfrageverhalten der Patienten erkennbar, so dass festgestellt werden kann, ob die Patienten eher vor Ort bleiben und in welchem Ausmaß sie andere, weiter entfernte Krankenhäuser nutzen und in welche Richtung sie sich dabei bewegen.

Die Ermittlung der Einzugsgebiete der von dem Zusammenschluss betroffenen und der benachbarten Krankenhäuser führt regelmäßig zu dem Ergebnis relativ kleiner räumlicher Märkte (sog. „Regionalmärkte"), da die Patienten typischer kleinerer Krankenhäuser zu ganz überwiegenden Prozentzahlen aus dem Gebiet stammen, in dem das einzelne Krankenhaus seinen Standort hat, und nur zu einem ganz geringen Teil aus anderen Gebieten. Patienten, die außerhalb des räumlich relevanten Marktes wohnen, nutzen die Krankenhäuser innerhalb des räumlich relevanten Marktes faktisch nicht. Dies rührt daher, dass akutstationäre Krankenhausbehandlungen typischerweise relativ nah vom Wohnort angeboten werden, um die Bevölkerung entsprechend der staatlichen Krankenhausplanung bedarfsgerecht zu versorgen.

🛈 Beraterhinweis

Insbesondere in ländlichen Gebieten, die auch nicht durch Autobahnen etc. verkehrstechnisch gut erschlossen sind, wird die Erhebung der Einzugsgebiete von Allgemein-Krankenhäusern im Regelfall zum Ergebnis haben, dass diese räumlich sehr eng sind und keine wesentlichen Austauschbeziehungen zu benachbarten Krankenhäusern bestehen.

---

19 Beschluss vom 10.05.2007, Gesch.-Z.: B 3 – 85110-Fa-587/06 – „Landeskrankenhaus Wunstorf".
20 BGH, Beschluss vom 16.01.2008, AZ: KVR 26/07 = WuW/E DE-R 2327 – „Kreiskrankenhaus Bad Neustadt".

31 Die Abgrenzung des räumlichen Marktes auf der Grundlage der tatsächlichen Marktverhältnisse bedeutet aber nicht, dass potenzielle Ausweichmöglichkeiten der Nachfrager außerhalb dieses Gebiets für die Zusammenschlusskontrolle keine Rolle spielen. Sie sind vielmehr bei der Prüfung der Entstehung oder Verstärkung einer marktbeherrschenden Stellung infolge des Zusammenschlusses zu berücksichtigen, wenn sie die wettbewerblichen Verhaltensspielräume der durch den Zusammenschluss entstandenen Unternehmensverbindung beschränken. Das ist etwa dann der Fall, wenn zu erwarten ist, dass Patienten bei einer Verschlechterung der Behandlungsqualität des aufgesuchten Krankenhauses auf ein Krankenhaus außerhalb des als räumlich relevant betrachteten Marktes ausweichen. Zudem werden außerhalb des räumlich relevanten Markts gelegene Krankenhäuser, die in erheblichem Ausmaß als Behandlungsalternative von Patienten aus dem räumlich relevanten Markt wahrgenommen werden, insoweit in die wettbewerbsrechtliche Beurteilung einbezogen, als deren Marktanteile bei den im räumlich relevanten Markt wohnhaften Patienten für die Ermittlung der Marktanteile im jeweils räumlich relevanten Markt berücksichtigt werden. Eine Ausdehnung des räumlich relevanten Markts auf solche Krankenhäuser kommt dagegen regelmäßig nicht in Betracht, es sei denn, dass für die dort wohnhaften Patienten die anderen Krankenhäuser in dem hypothetischen „Marktgebiet" in einem wettbewerblich erheblichen Umfang eine Behandlungsalternative darstellen.[21]

2. Begründung oder Verstärkung einer marktbeherrschenden Stellung

32 Nach § 36 Abs. 1 GWB ist ein Zusammenschluss, von dem zu erwarten ist, dass er eine marktbeherrschende Stellung begründet oder verstärkt, vom Bundeskartellamt zu untersagen, es sei denn, die beteiligten Unternehmen weisen nach, dass durch den Zusammenschluss auch Verbesserungen der Wettbewerbsbedingungen eintreten und dass diese Verbesserungen die Nachteile der Marktbeherrschung überwiegen. Dabei ist zur Klarstellung darauf hinzuweisen, dass die Fusionskontrolle sich nicht gegen marktbeherrschende Stellungen als solche richtet.[22] Sie zielt vielmehr darauf ab, die Begründung oder Verstärkung einer marktbeherrschenden Stellung im Wege des externen Unternehmenswachstums, d.h. durch einen Zusammenschluss zwischen mehreren Unternehmen, der behördlichen Kontrolle zu unterwerfen, da der Erwerb einer solchen Stellung nicht auf eigenen wettbewerblichen Anstrengungen des Erwerbers auf dem relevanten Markt beruht.

Nach § 19 Abs. 1 Satz 1 GWB ist ein Unternehmen marktbeherrschend, soweit es als Anbieter oder Nachfrager einer bestimmten Art von Waren oder gewerblichen Leistungen auf dem sachlich und räumlichen Markt ohne Wettbewerber ist oder keinem wesentlichen Wettbewerb ausgesetzt ist oder eine im Verhältnis zu seinen Wettbewerbern überragende Marktstellung hat. Hierbei sind insbesondere sein Marktanteil, seine Finanzkraft, sein Zugang zu den Beschaffungs- oder Absatzmärkten, Verflechtungen mit anderen Unternehmen, rechtliche oder tatsächliche Schranken für den Marktzutritt anderer Unternehmen, der tatsächliche oder potenzielle Wettbewerb durch innerhalb oder außerhalb des Geltungsbereichs des GBW ansässige Unternehmen, die Fähigkeit, sein Angebot oder seine Nachfrage auf andere Waren oder gewerbliche Leistungen umzustellen, sowie die Möglichkeit der Markgegenseite, auf andere Unternehmen auszuweichen, zu berücksichtigen.

33 Für die Feststellung einer marktbeherrschenden Stellung enthält das GWB gesetzliche Vermutungsregelungen: Nach § 19 Abs. 3 Satz 1 GWB wird vermutet, dass ein Unternehmen mit einem Marktanteil von mindestens einem Drittel marktbeherrschend ist. Aufgrund des im Zusammenschlusskon-

---

21 BGH, Beschluss vom 16.01.2008, AZ: KVR 26/07 = WuW/E DE-R 2327 – „Kreiskrankenhaus Bad Neustadt".
22 Soweit ein Krankenhausbetreiber über eine marktbeherrschende Stellung verfügt, darf er diese allerdings nicht missbräuchlich oder diskriminierend ausnutzen bzw. einsetzen, vgl. §§ 19, 20 GWB.

trollverfahren geltenden Amtsermittlungsgrundsatzes kann diese Vermutung zwar widerlegt werden; verbleibende Zweifel an der Widerlegung der Vermutung gehen aber zu Lasten des Unternehmens. Wenn drei oder weniger Unternehmen zusammen einen Marktanteil von 50 % erreichen, gilt die Gesamtheit der Unternehmen nach § 19 Abs. 3 Satz 2 Nr. 1 GWB ebenfalls als marktbeherrschend (Oligopol- bzw. Duopol-Vermutung). Dies gilt auch, wenn fünf oder weniger Unternehmen zusammen einen Marktanteil von zwei Dritteln erreichen (§ 19 Abs. 3 Satz 2 Nr. 2 GWB, Oligopol-Vermutung). Auch diese Vermutung kann widerlegt werden.

Aus den gesetzlichen Vorgaben ergibt sich, dass für die Prüfung, ob eine marktbeherrschende Stellung auf einem sachlich und räumlich relevanten Markt begründet oder verstärkt wird, eine umfassende Gesamtbetrachtung aller für die Marktstärke eines Unternehmens relevanten Umstände vorzunehmen ist. Hierfür ist es ausreichend, dass die Auswirkungen des Zusammenschlusses auf die Markt- und Wettbewerbsverhältnisse erst künftig zu erwarten sind. Dies ist durch das Bundeskartellamt im Wege einer Prognose zu ermitteln. **34**

Eine bereits bestehende marktbeherrschende Stellung kann dadurch verstärkt werden, dass der Wettbewerb in noch höherem Maß eingeschränkt wird, als dies vor dem Zusammenschluss der Fall war. Auf eine Vergrößerung des Marktanteils kommt es dabei nicht an; ausreichend ist vielmehr bereits eine Vergrößerung des Verhaltensspielraums des marktbeherrschenden Unternehmens, etwa durch Erhaltung und Sicherung der schon errungenen marktbeherrschenden Position gegen aktuelle oder potentielle Konkurrenz.

Als Leitlinie ist zu beachten, dass die Höhe des Marktanteils im Rahmen der Prüfung der Untersagungsvoraussetzungen nach § 36 Abs. 1 GWB ein besonders aussagekräftiges und bedeutsames Merkmal darstellt.[23] Im Falle von Krankenhausfusionen werden die jeweiligen Marktanteile der beteiligten Unternehmen und ihrer Wettbewerber nicht auf der Grundlage von Umsatzzahlen, sondern auf der Grundlage der Fallzahlen akut-stationärer Patienten im jeweiligen Regionalmarkt errechnet. Die Aufnahme eines Patienten gilt dabei als ein Fall, während interne Verlegungen innerhalb eines Krankenhauses und die Verweildauer des Patienten im Krankenhaus unberücksichtigt bleiben. Wird aber ein Patient mehrmals während eines Jahres in ein Krankenhaus eingewiesen, handelt es sich entsprechend um mehrere Fälle.[24] **35**

Bereits aufgrund des deutlichen Marktanteilsvorsprungs des jeweiligen Erwerbers gegenüber den nachfolgenden Wettbewerbern ist in vielen Fällen die Annahme einer überragenden Marktstellung begründet. In dem Verfahren „Röhn-Grabfeld" hat das Bundeskartellamt festgestellt, dass auf den räumlich relevanten Märkten „Bad Neustadt/Bad Kissingen" bzw. „Meiningen" aufgrund des Marktanteils der Röhn-Klinikum AG von 40 % bzw. 57,5 % bereits vor dem Zusammenschluss eine marktbeherrschende Stellung der Rhön-Klinikum AG bestanden hatte. Nach dem Zusammenschluss hätte die Rhön-Klinikum AG sogar Marktanteile von 65 % in „Bad Neustadt/Bad Kissingen" bzw. 58 % in „Meiningen" erreicht.[25]

! Beraterhinweis

In der Praxis besteht für die beteiligten Unternehmen regelmäßig das Problem, dass diese nicht über die notwendige Datenbasis verfügen und deshalb ihre eigenen Marktanteile nicht selbst ermitteln können. Zusammenschlüsse im Krankenhausbereich sind deshalb regelmäßig durch eine gewisse Rechtsunsicherheit gekennzeichnet, die auch durch Hilfsberechnungen (etwa den Vergleich der Bettenzahlen o. ä.) nur begrenzt vermindert werden kann.

23 BGH, Beschluss vom 13.07.2004, AZ: KVR 2/03 = WuW/E DE-R 1302/1303 – „Sanacorp/ANZAG".
24 BKartA, Beschluss vom 10.03.2005, Gesch.-Z.: B 10 – 123/04 = WuW/E DE-V 1087 – „Rhön-Grabfeld".
25 BKartA, Beschluss vom 10.03.2005, Gesch.-Z.: B10 – 123/04 = WuW/E DE-V 1087 – „Rhön-Grabfeld".

36 Zusätzlich zu den Marktanteilen und deren Verteilung berücksichtigt das Bundeskartellamt aber auch eine ganze Reihe struktureller Gesichtspunkte, um zu prüfen, ob auch insoweit die Annahme einer marktbeherrschenden Stellung gerechtfertigt ist. Dabei handelt es sich insbesondere um folgende Aspekte:

37 ■ **Berücksichtigung des Wettbewerbsumfelds:** Hier wird geprüft, welche Wettbewerber innerhalb des räumlich relevanten Markts tätig sind und welche Krankenhäuser in der Umgebung der räumlich relevanten Märkte ggf. als Wettbewerber in Frage kommen.

38 ■ **Breite des Versorgungsangebots der Wettbewerber:** Das Bundeskartellamt geht insoweit davon aus, dass die Breite des Versorgungsangebots, d.h. insbesondere die Anzahl der Fachabteilungen und medizinischen Behandlungen, für Krankenhäuser ein wichtiges Wettbewerbselement ist, um Patienten für ihr Krankenhaus zu gewinnen. Darüber hinaus ist die Breite des Versorgungsangebots auch ein wichtiger Wettbewerbsparameter für die Budgetverhandlungen mit den Krankenkassen. Das Bundeskartellamt geht dabei davon aus, dass private Kliniken im Hinblick auf die Versorgungsqualität Krankenhäusern in öffentlich-rechtlicher Trägerschaft strukturell überlegen sind.

39 ■ **Zugang zum Absatzmarkt:** Hier wird untersucht, ob und inwieweit die Krankenhäuser im relevanten Markt zu Investitionen in Service und Komfort (Ausstattung der Patientenzimmer etc.) und in die medizinische Qualität (fachlicher Ruf eines Krankenhauses; Rekrutierung von Fachpersonal und ärztlichen Spezialisten) bzw. die technische Ausstattung (Anschaffung moderner medizinischer Großgeräte) in der Lage sind. Der zwischen den Krankenhäusern bestehende Wettbewerb um Patienten wird nämlich in erheblicher Weise durch Innovationen geführt, welche Investitionen erfordern. Auch insoweit geht das Bundeskartellamt von einer strukturellen Überlegenheit privater Kliniken gegenüber Krankenhäusern in öffentlich-rechtlicher Trägerschaft aus. Daneben wird die Ausweitung von ambulanten Behandlungen, etwa durch die Errichtung Medizinischer Versorgungszentren, als ein weiteres wichtiges wettbewerbliches Instrument von Krankenhäusern, stationäre Patienten an sich zu ziehen und dadurch Umsätze und Erträge zu stabilisieren, berücksichtigt.

40 ■ **Wettbewerbsvorsprünge bei Verhandlungen mit Krankenkassen:** Für die Frage, ob ein Krankenhausbetreiber gegenüber seinen Wettbewerbern einen Wettbewerbsvorsprung bei den Verhandlungen mit den Krankenkassen hat, kommt es darauf an, ob der jeweils betrachtete Krankenhausbetreiber relative Vorteile gegenüber seinen Wettbewerbern hat. Dabei ist grundsätzlich davon auszugehen, dass private Krankenhauskonzerne und Krankenhausketten gegenüber einzelnen Krankenhäusern einen Wettbewerbsvorsprung haben, weil sie über einen größeren Erfahrungsschatz und Vergleichsdaten verfügen.

41 ■ **Finanzkraft des Erwerbers:** Insoweit wird geprüft, ob sich aus der finanziellen Leistungsfähigkeit eines Krankenhausbetreibers, ggf. unter Berücksichtigung des Gesamt-Konzerns bzw. der gesamten Umsätze eines öffentlich-rechtlichen Trägers, deutlich bessere Finanzierungsmöglichkeiten im Vergleich mit denjenigen der relevanten Wettbewerber ergeben.

42 ■ **Synergieeffekte:** Schließlich untersucht das Bundeskartellamt, ob die betroffenen Krankenhäuser durch ihre Spezialisierung und Größenvorteile über Synergievorteile verfügen, die andere Wettbewerber im räumlich relevanten Markt nicht erzielen können. Synergieeffekte haben in erster Linie interne Kosteneinsparungen zur Folge. Im Vergleich zu den Wettbewerbern profitieren insbesondere die Kliniken, die zu einem großen Krankenhauskonzern gehören, regelmäßig von solchen Synergieeffekten. Ein wesentlicher Vorteil der Krankenhauskonzerne ist der konzernweite Einkauf. Schließlich kommt auch dem internen Wissensmanagement und der elektronischen Wissensübermittlung eine steigende Bedeutung für die Qualität der medizinischen Dienstleistung zu.

■ **Berücksichtigung potenziellen Wettbewerbs:** Schließlich wird untersucht, ob eine überragende   43
Marktstellung eines Krankenhausbetreibers durch potenzielle Wettbewerber eingeschränkt wird.
Angesichts der Überkapazitäten auf dem Krankenhausmarkt ist insoweit regelmäßig nur denk-
bar, dass ein anderer Krankenhauskonzern ein Krankenhaus in der Umgebung aufkauft.

Ist nach diesen Grundsätzen bereits eine marktbeherrschende Stellung des Erwerbers zu bejahen,   44
stellt das Bundeskartellamt für die Frage der Verstärkung der marktbeherrschenden Stellung darauf ab, ob es durch den Zusammenschluss zu einer Marktanteilsaddition in dem räumlich relevanten Markt kommt und wie sich die Marktanteilsaddition auf den Marktanteilsabstand zum verbleibenden nächstfolgenden Wettbewerber auswirkt. Dabei ist zu beachten, dass die Annahme einer
relevanten Verstärkung einer marktbeherrschenden Stellung nicht voraussetzt, dass die marktan-
teilsbezogene Verstärkung der Stellung des Erwerbers „erheblich" oder „spürbar" ist. Dies gilt insbesondere dann, wenn die marktbeherrschende Stellung bereits vor dem Zusammenschluss stark
ausgeprägt war. Eine Verstärkung der Marktbeherrschung kann nämlich bereits darin liegen, dass
die bislang errungene Marktposition lediglich erhalten und gesichert wird. Dadurch wird regelmäßig die Fähigkeit gestärkt, nachstoßenden Wettbewerb abzuwehren und den von Wettbewerbern zu
erwartenden Wettbewerbsdruck zu mindern.[26] Darüber hinaus prüft das Bundeskartellamt auch,
ob im Hinblick auf die dargestellten strukturellen Elemente eine Verschlechterung der Markt- und
Wettbewerbsbedingungen zu befürchten ist.

3. Ursächlichkeit der Begründung oder Verstärkung einer marktbeherrschenden Stellung

Ist die Begründung oder Verstärkung einer marktbeherrschenden Stellung zu bejahen, ist zu prüfen,   45
ob der Zusammenschluss hierfür ursächlich ist. Dabei ist insbesondere der Sonderfall der sog. „**Sa-
nierungsfusion**" zu berücksichtigen. Danach entfällt die Kausalität der Begründungs- oder Verstär-
kungswirkung, wenn ein Vergleich mit der hypothetischen Entwicklung ergibt, dass derselbe Erfolg
auch ohne den Zusammenschluss eingetreten wäre, d.h. wenn eine Untersagung letztlich zu keiner
anderen Marktstruktur führen würde als eine Freigabe des Zusammenschlusses. Dies setzt das ku-
mulative Vorliegen folgender drei Voraussetzungen voraus:

■ Die veräußerten Krankenhäuser wären ohne den Zusammenschluss mit hoher Wahrscheinlich-
keit nicht überlebensfähig. Daran fehlt es insbesondere bei Krankenhäusern in der Hand von
Landkreisen oder Kommunen regelmäßig aufgrund des Sicherstellungsauftrags hinsichtlich der
Krankenhausversorgung als Teil der staatlichen Daseinsvorsorge.[27]

■ Es gibt keine Alternative zu einem Verkauf an den nun vorgesehenen Erwerber bzw. keine alternativen Erwerber, bei denen es zu keinen oder jedenfalls geringeren Markanteilszuwächsen käme.
Die Unveräußerbarkeit wäre etwa dadurch nachzuweisen, dass im Anschluss an die Durchführung eines Veräußerungsverfahrens nur ein ernsthafter Erwerbsinteressent verblieben ist.

■ Im Falle einer zu erwartenden Schließung der veräußerten Krankenhäuser würden sich deren
Patienten stattdessen in Krankenhäuser des nun vorgesehenen Erwerbers begeben, d.h. die Begründung oder Verstärkung einer marktbeherrschenden Stellung des vorgesehenen Erwerbers
würde sich auch im Falle der Untersagung des Zusammenschlussvorhabens einstellen und die
Marktanteile würden sich auch nicht auf andere Krankenhäuser verteilen. Diese Voraussetzung
ist ebenfalls im Regelfall schwierig nachzuweisen, da üblicherweise zu erwarten ist, dass sich die

---

26 BGH, Beschluss vom 21.12.2004, AZ: KVR 26/03 = WuW/E DE-R 1419 – „trans-o-flex".
27 Vgl. weiterführend hierzu OLG Düsseldorf, Beschluss vom 11.04.2007, AZ: VI Kart 6/05 (V) = WuW/E DE-R 1958/1972 f.
    – „Rhön-Grabfeld".

Marktanteile der geschlossenen Krankenhäuser auf alle am Markt verbleibenden Wettbewerber im Verhältnis ihrer Marktanteile verteilen.

4.   Keine Verbesserung der Wettbewerbsbedingungen (Abwägungsklausel)

46   Die Untersagung eines Zusammenschlusses kann aber dadurch vermieden werden, dass die beteiligten Unternehmen nachweisen, dass durch den Zusammenschluss auch Verbesserungen der Wettbewerbsbedingungen eintreten und diese die Nachteile der Marktbeherrschung überwiegen. Dies ist etwa denkbar durch eine anderweitige zusammenschlussbedingte Abschmelzung von Marktanteilen, etwa wenn ein Krankenhausträger nur einen Teil seiner Krankenhäuser privatisiert oder diese an unterschiedliche Erwerber veräußert.

Die Verbesserung der Wettbewerbsbedingungen wird in der Praxis häufig durch mit der Freigabe verbundene Bedingungen und Auflagen (Veräußerungsverpflichtungen etc.) hergestellt. Dadurch können die bestehenden Untersagungsgründe – unter Berücksichtigung des Grundsatzes der Verhältnismäßigkeit – beseitigt werden. Hiervon hat das Bundeskartellamt im Krankenhausbereich bereits verschiedentlich Gebrauch gemacht. Denkbar ist dabei eine Freigabe verbunden mit der Auflage, eines oder mehrere (ggf. bereits namentlich benannte) Krankenhäuser an einen Dritten zu veräußern.[28] Alternativ kann die Freigabe sogar an die aufschiebende Bedingung einer erfolgreichen Veräußerung solcher Krankenhäuser bis zu einem bestimmten Stichtag geknüpft werden. Im Falle der Verhängung einer solchen aufschiebenden Bedingung kann der Zusammenschluss somit erst dann vollzogen werden, wenn die Übertragung des Krankenhauses an einen unabhängigen Wettbewerber erfolgt ist.[29]

5.   Entscheidungen des Bundeskartellamts und Argumentationsspielräume

47   Bislang wurden vom Bundeskartellamt die Zusammenschlüsse „Rhön-Klinikum AG/Landkreis Röhn-Grabfeld"[30], „Rhön-Klinikum AG/Städtisches Krankenhaus Eisenhüttenstadt"[31], „Universitätsklinikum Greifswald/Kreiskrankenhaus Wolgast"[32], „Landesbetrieb Krankenhäuser Hamburg/Krankenhaus Mariahilf"[33] und „Gesundheit Nordhessen Holding/Gesundheitsholding Werra Meißner"[34] untersagt. Darüber hinaus war der Zusammenschluss zwischen dem Universitätsklinikum Tübingen und den Krankenhäusern des Zollernalbkreises nachträglich rückabzuwickeln.[35] Der Fall „Universitätsklinikum Greifswald/Kreiskrankenhaus Wolgast" war dabei der erste Fall, in dem eine Fusion öffentlich-rechtlicher Krankenhausträger untersagt wurde.[36]

---

28 So etwa im Verfahren „Asklepios / LBK Hamburg", Beschluss vom 28.04.2005, Gesch.-Z.: B 10 – 161/04; im Verfahren „AKK Altonaer Kinderkrankenhaus GmbH", Beschluss vom 08.03.2006, Gesch.-Z.: B 10 – 090/05 = WuW/E DE-V1297 – „AKK/UKE".

29 Beschluss vom 10.05.2007, Gesch.-Z.: B 3 – 85110-Fa-587/06 – „Landeskrankenhaus Wunstorf".

30 Beschluss vom 10.03.2005, Gesch.-Z.: B 10 – 123/04 = WuW/E DE-V 1087 – „Rhön-Grabfeld".

31 Beschluss vom 23.03.2005, Gesch.-Z.: B 10 – 109/04.

32 Beschluss vom 11.12.2006, Gesch.-Z.: B 3 – 1002/06.

33 Beschluss vom 06.06.2007, Gesch.-Z.: B 3 – 85111-Fa-6/07 = WuW/E DE-V 1407 – „LBK Hamburg/Mariahilf".

34 Beschluss vom 18.06.2009, Gesch.-Z.: B 3 – 215/08.

35 Vgl. Pressemitteilung des BKartA vom 14.05.2009.

36 Aufgrund der erteilten Ministererlaubnis konnte der Zusammenschluss gleichwohl vollzogen werden.

Dagegen hat das Bundeskartellamt beispielsweise in der Entscheidung „Krankenhausgesellschaft Nürnberger Land"[37] trotz eines Markanteilszuwachses der Klinikum Nürnberg AöR auf rund 40 % und eines erheblichen Marktanteilsabstands zum nächsten Wettbewerber von 17 % weder eine Verstärkung noch eine Entstehung einer marktbeherrschenden Stellung angenommen, da es aufgrund der großen Zahl nahe gelegener Wettbewerber, insbesondere eines Maximal- und eines Schwerpunktversorgers, ausreichenden Wettbewerbsdruck als gewährleistet angesehen hat.

48

❗ Beraterhinweis

Auch wenn die Marktanteile der beteiligten Unternehmen über der Marktbeherrschungsvermutung liegen, ist es nicht ausgeschlossen, dass ein Zusammenschlussvorhaben dennoch (ohne Nebenbestimmungen) freigegeben wird. Voraussetzung hierfür ist aber nicht zuletzt eine möglichst frühzeitige und umfassende Analyse des Wettbewerbsumfelds in dem jeweils relevanten Marktgebiet. Dies ermöglicht zumindest ansatzweise eine bessere Einschätzung sowohl der eigenen Marktstellung als auch derjenigen der verschiedenen Wettbewerber innerhalb des voraussichtlich abzugrenzenden Regionalmarkts.

Darüber hinaus kann der Erwerb einer bereits bestehenden marktbeherrschenden Stellung im Ergebnis kartellrechtlich unbedenklich sein, wenn er sich als isolierter „Trägerwechsel" darstellt. Dies kann etwa der Fall sein, wenn der Erwerber in dem räumlich relevanten Markt bislang noch über keine Marktanteile verfügt, es also nicht zu einer Marktanteilsaddition, sondern lediglich zu einer Übertragung der Marktanteile kommt. Dies ist etwa denkbar im Falle der Privatisierung von Krankenhäusern in öffentlich-rechtlicher Trägerschaft.

49

III. Der Ablauf des Fusionskontrollverfahrens beim Bundeskartellamt

Das Verfahren beginnt mit der Anmeldung des Zusammenschlussvorhabens vor dessen Vollzug beim Bundeskartellamt, § 39 Abs. 1 GWB. Dabei ist zu beachten, dass die gesetzlichen Fristen erst zu laufen beginnen, wenn die Anmeldung vollständig ist, d.h. alle gesetzlichen Mindestangaben nach § 39 Abs. 3 GWB enthält. Die Tatsache der Anmeldung wird auch auf der Website des Bundeskartellamts veröffentlicht, so dass ein Zusammenschlussvorhaben nach der Anmeldung nicht mehr geheim gehalten werden kann. Eine bestimmte „Anmeldefrist" für ein Zusammenschlussvorhaben gibt es im GWB nicht, insbesondere ist eine Anmeldung bereits vor Unterzeichnung der erforderlichen Verträge möglich. Allerdings sollte das Zusammenschlussvorhaben bereits so weit konkretisiert sein, dass eine kartellbehördliche Prüfung möglich ist. Die Unterlassung der Anmeldung wird durch das Vollzugsverbot nach § 41 Abs. 2 GWB sanktioniert.

50

❗ Beraterhinweis

Gerade in Fällen, die nicht auf den ersten Blick als unproblematisch erscheinen, sollte frühzeitig der – zunächst informelle – Kontakt mit dem Bundeskartellamt gesucht werden, um zeitnah eine erste Einschätzung im Hinblick auf die Erfolgsaussichten einer Anmeldung zu erhalten.

Das Verfahren als solches verläuft in zwei Stufen:

51

Die erste Stufe besteht aus einer sog. „Vorprüfung" des Zusammenschlussvorhabens. Dabei muss das Bundeskartellamt den anmeldenden Unternehmen innerhalb eines Monats nach Eingang der vollständigen Anmeldung mitteilen, ob es in eine vertiefte Prüfung des Zusammenschlusses eintreten wird. Unterbleibt eine solche Mitteilung, gilt das Vorhaben kraft gesetzlicher Fiktion als freigegeben. In der Praxis kommt ein solches Verstreichenlassen der Frist allerdings nie vor. Weit über 90 % al-

---

37 BKartA, Beschluss vom 16.12.2005, Gesch.-Z.: B 10 – 70/05 – „Krankenhausgesellschaft Nürnberger Land".

ler angemeldeten Fälle werden innerhalb der Monatsfrist durch eine formlose Mitteilung des Bundeskartellamts freigegeben, dass das Zusammenschlussvorhaben nicht die Untersagungsvoraussetzungen des § 36 Abs. 1 GWB erfüllt und deshalb vollzogen werden kann. In diesem Verfahren gibt es keine Rechtsschutzmöglichkeiten, insbesondere nicht für Dritte.

52 Ist eine vertiefte Prüfung eines Zusammenschlussvorhabens erforderlich, etwa weil ernstzunehmende Bedenken gegen dessen Zulässigkeit vorliegen, tritt das Bundeskartellamt in die zweite Verfahrensstufe ein. Hierzu teilt es den anmeldenden Unternehmen innerhalb einer Frist von einem Monat seit Eingang der vollständigen Anmeldung mit, dass es in die Prüfung des Zusammenschlusses im sog. Hauptprüfverfahren eingetreten ist (§ 40 Abs. 1 Satz 1 GWB). Diese Mitteilung wird auch als „Monatsbrief" bezeichnet. Im Hauptprüfverfahren entscheidet das Bundeskartellamt durch eine Verfügung, ob das Zusammenschlussvorhaben freigegeben oder untersagt wird (§ 40 Abs. 2 Satz 1 GWB). Für diese Prüfung hat das Bundeskartellamt insgesamt vier Monate nach Eingang der vollständigen Anmeldung Zeit, § 40 Abs. 2 Satz 2 GWB. Allerdings kann diese Frist – mit Zustimmung der anmeldenden Unternehmen – verlängert werden (§ 40 Abs. 2 Satz 4 Nr. 1 GWB). Dies kann in der Praxis insbesondere bei komplexeren Transaktion vorkommen. Die Freigabeentscheidung kann auch mit Bedingungen und Auflagen verbunden werden. Hiervon hat das Bundeskartellamt im Krankenhausbereich bereits verschiedentlich Gebrauch gemacht (s.o.).

> 🛈 **Beraterhinweis**
>
> *In der Praxis signalisiert das Bundeskartellamt im Rahmen des Hauptprüfverfahrens frühzeitig, ob eine Freigabeentscheidung nur mit Nebenbestimmungen in Betracht kommt oder nicht. Über die Ausgestaltung der Nebenbestimmungen kann dann in gewissem Rahmen noch mit dem Bundeskartellamt „verhandelt" werden. Eine Verpflichtung der beteiligten Unternehmen, solche Nebenstimmungen zu akzeptieren, besteht dabei nicht. Allerdings wird der Zusammenschluss dann ansonsten regelmäßig untersagt.*

53 Nach der Freigabe ist der Vollzug eines Zusammenschlusses nachträglich nochmals nach § 39 Abs. 6 GWB dem Bundeskartellamt anzuzeigen. Dabei handelt es sich im Regelfall um eine bloße Formalie, bei der im Wesentlichen auf die Anmeldung Bezug genommen wird.

Das Bundeskartellamt kann Dritte, deren Interessen durch eine mögliche Freigabe des Zusammenschlusses erheblich berührt werden – z.B. Wettbewerber, Abnehmer oder Lieferanten – auf ihren Antrag nach § 54 Abs. 2 Nr. 3 GWB zum Verfahren beiladen. Die Beiladung liegt im pflichtgemäßen Ermessen des Bundeskartellamts. Beigeladene haben ein Akteneinsichtsrecht, können zum Verfahren Stellung nehmen und müssen vor dem Erlass einer Entscheidung nach § 56 Abs. 1 GWB gehört werden.

54 Gegen eine Entscheidung des Bundeskartellamts im Hauptprüfverfahren kann nach § 63 Abs. 1 Satz 1 GWB Beschwerde zum Oberlandesgericht Düsseldorf eingelegt werden. Auch Dritte, die sich zum Verfahren als Beteiligte beiladen ließen bzw. deren Beiladungsantrag aus Gründen der Verfahrensökonomie abgelehnt worden ist, können die Entscheidung mit der Beschwerde gerichtlich anfechten.[38]

Alternativ können die betroffenen Unternehmen nach einer Untersagung eines Zusammenschlusses auch einen Antrag auf Ministererlaubnis stellen, § 42 GWB. In der Praxis wurden Fälle der Ministererlaubnis bislang nur in ganz wenigen, meist herausragenden Fällen relevant. Aufgrund der politischen Brisanz der Thematik hat es im Bereich der Krankenhausfusionen in den vergangenen Jahren gleichwohl mehrere Ministererlaubnisverfahren gegeben. Voraussetzung für die Erteilung einer Ministererlaubnis ist, dass die durch den Zusammenschluss bewirkten Wettbewerbsbeschränkungen im konkreten Einzelfall durch gesamtwirtschaftliche Vorteile aufgewogen werden oder durch ein

---

38 BGH, Beschluss vom 07.11.2006, AZ: KVR 37/05 = WuW/E DE-R 1857 – „pepcom".

überragendes Interesse gerechtfertigt sind. Gemeinwohlvorteile, die im Rahmen der Abwägungsentscheidung berücksichtigt werden, sind etwa der Erhalt von Arbeitsplätzen oder die Sicherstellung einer ortsnahen medizinischen Versorgung. Weiterhin darf es für die Realisierung der Gemeinwohlvorteile keine wettbewerblich weniger bedenklichen Alternativen geben, etwa die Möglichkeit einer Veräußerung von Krankenhäusern an einen anderen Erwerber. Während der Landkreis Röhn-Grabfeld[39] und die Asklepios Kliniken Hamburg GmbH mit ihren Anträgen gescheitert sind, hat der Bundesminister für Wirtschaft im Verfahren „Universitätsklinikum Greifswald/Kreiskrankenhaus Wolgast gGmbH"[40] eine Ministererlaubnis erteilt und damit erstmals seit 1981 ein Fusionsverbot des Bundeskartellamts ohne Auflagen aufgehoben. In dem Fall überwogen zwei Gemeinwohlgründe, nämlich der langfristige Erhalt und die Profilierung des Universitätsklinikums Greifswald sowie der Ausbau des Forschungsschwerpunkts Community Medicine, eines Alleinstellungsmerkmals, die erheblichen Wettbewerbsbeschränkungen. Wird eine Ministererlaubnis beantragt, ist zwingend eine Stellungnahme der Monopolkommission (sog. Sondergutachten) zu der Frage einzuholen, ob die Ministererlaubnis in dem konkreten Fall zu erteilen ist oder nicht.[41]

Der mögliche Ablauf eines Fusionskontrollverfahrens ist in der nachfolgenden Abbildung nochmals überblicksartig dargestellt: 55

---

39   Verfügung vom 22.05.2006, Gesch.-Z.: I B 2 – 22 14 10/2.
40   Verfügung vom 17.04.2008, Gesch.-Z.: I B 1 – 22 14 10/3 = WuW/E DE-V 1691 – „Universitätsklinikum Greifswald".
41   Vgl. Sondergutachten Nr. 45 zum Ministererlaubnisverfahren Rhön-Klinikum AG/Landkreis Rhön-Grabfeld, April 2006 = WuW/E DE-V 1204 – „Rhön-Grabfeld"; Sondergutachten Nr. 52 zum Ministererlaubnisverfahren Asklepios Kliniken Hamburg GmbH/Krankenhaus Mariahilf gGmbH, Dezember 2007; Sondergutachten Nr. 53 zum Ministererlaubnisverfahren Universitätsklinikum Greifswald/Kreiskrankenhaus Wolgast gGmbH, März 2008 = WuW/E DE-V 1595 – „Universitätsklinikum Greifswald".

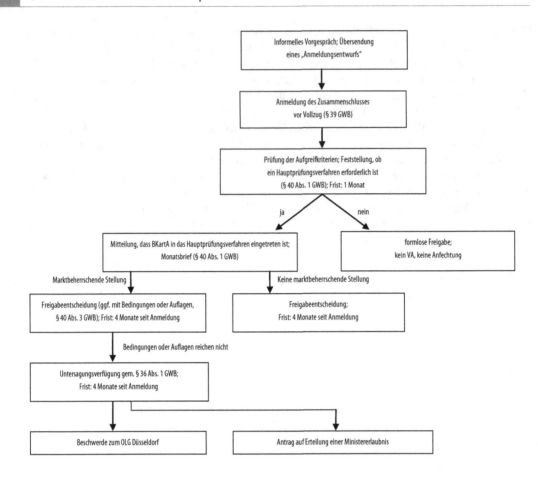

IV.   Rechtsfolgen der Nichtanmeldung von Zusammenschlussvorhaben

56   Die Fusionskontrolle ist eine ex ante-Kontrolle, d.h. ein Zusammenschluss muss vor seinem Vollzug geprüft und freigegeben werden. Bis zur möglichen Freigabe durch das Bundeskartellamt besteht nach § 41 Abs. 1 Satz 1 GWB ein Vollzugsverbot. Gegenstand des Vollzugsverbots sind sämtliche Maßnahmen, welche die Vollendung des Zusammenschlusses herbeiführen. Unzulässig sind beispielsweise die Übertragung von Teilen des zu übernehmenden Vermögens in Fällen des Vermögenserwerbs, die Einweisung in Kundenbeziehungen, die Herbeiführung einer Eintragung im Handelsregister, etc. Demgegenüber sind bloße Vorbereitungshandlungen, etwa die Hinterlegung von Anteilen bei einer Bank zwecks Weiterleitung an den Erwerber nach positivem Abschluss der kartellbehördlichen Prüfung oder zur Rückübertragung an den jeweiligen Hinterleger bei Scheitern des Zusammenschlusses oder die Einräumung von Informationsrechten des Erwerbers über wesentliche Vorgänge bei dem zu erwerbenden Unternehmen, zulässig.

Der Vollzug eines Zusammenschlusses vor seiner Freigabe ist nach § 41 Abs. 1 Satz 2 GWB zivil-   57
rechtlich (schwebend) unwirksam. Der Erwerb eines oder mehrer Krankenhäuser darf also vor der
behördlichen Freigabe noch nicht vollständig abgewickelt werden. Aus diesem Grund enthalten Verträge über den Erwerb von Krankenhäusern in aller Regel als aufschiebende Bedingung für die Wirksamkeit des Vertrags die Freigabe des Zusammenschlussvorhabens durch das Bundeskartellamt.

Trotz der Geltung des Vollzugsverbots gibt es in der Praxis immer wieder Fälle, in denen der Verdacht besteht, dass das Zusammenschlussvorhaben bereits vor Anmeldung und Freigabe durch das
Bundeskartellamt vollzogen worden ist. Besteht ein solcher Verdacht, fordert das Bundeskartellamt
die beteiligten Unternehmen zur Stellungnahme auf oder kann sogar im Extremfall eine Durchsu-
chung anordnen, um Beweismittel sicherzustellen.[42]

Ist ein Zusammenschlussvorhaben ohne vorherige Anmeldung vollzogen worden, forderte das Bun-   58
deskartellamt die beteiligten Unternehmen in der Vergangenheit regelmäßig zur nachträglichen „Anmeldung" auf.[43] Mitte des Jahres 2008 hat das Bundeskartellamt aber eine Mitteilung veröffentlicht,[44]
wonach eine nachträgliche Anmeldung bereits vollzogener Zusammenschlüsse nicht mehr möglich
sein soll. Vielmehr sollen die beteiligten Unternehmen verpflichtet sein, den Vollzug des Zusammenschlusses anzuzeigen. Das Bundeskartellamt prüft dann im Rahmen eines nicht fristgebundenen
Entflechtungsverfahrens, ob durch den Zusammenschluss eine marktbeherrschende Stellung begründet oder verstärkt worden ist. Dies kann im Extremfall dazu führen, dass ein eigentlich anmel-
depflichtiger Zusammenschluss, der unter Verstoß gegen das Vollzugsverbot und ohne Anmeldung
vollzogen wurde, von den beteiligten Unternehmen wieder rückabgewickelt werden muss.[45]

Ein Verstoß gegen das Vollzugsverbot kann mit der Verhängung eines Bußgelds geahndet werden.
Ein solches Bußgeld kann den handelnden Personen, der Unternehmensleitung sowie dem Unternehmen selbst auferlegt werden. Gegen natürliche Personen ist die Verhängung eines Bußgelds i.H.v.
maximal € 1 Mio. möglich. Für Unternehmen beträgt der Bußgeldrahmen bis zu 10 % des im vergangenen Geschäftsjahr erzielten Konzernumsatzes. Bei nicht-vorsätzlichen bzw. erstmaligen Ver-
stößen gegen das Vollzugsverbot belässt es das Bundeskartellamt aber regelmäßig bei der Aufforde-
rung zur nachträglichen Anzeige.

B.   Kartellrechtliche Zulässigkeit von Kooperationen

Neben der Fusion bzw. dem Erwerb von Krankenhäusern gibt es in der Praxis zunehmend Koope-   59
rationen zwischen Krankenhäusern, etwa im Hinblick auf einzelne Abteilungen, verschiedene Auf-
gabengebiete, Spezialbereiche, unterschiedliche Schwerpunktbereiche etc. (vgl. hierzu ausführlich
§ 3). Zielsetzung solcher Kooperationen ist es etwa, sich gegenseitig Patienten zuzuführen und einen
Beitrag zur Kostensenkung sowie einem möglichst hohen Auslastungsgrad zu leisten. Angesichts des
vom BGH festgestellten Qualitätswettbewerbs zwischen den einzelnen Krankenhäusern können solche Formen der Kooperation aber auch Beschränkungen des Wettbewerbs zwischen Krankenhäusern nach sich ziehen. Durch die Kooperation mit anderen Wettbewerbern wird nämlich die Position der beteiligten Unternehmen gegenüber anderen Wettbewerbern verbessert.

---

42 Vgl. Pressemitteilung des BKartA vom 08.11.2006 „Bundeskartellamt durchsucht Hamburger Krankenhäuser".
43 So etwa im Verfahren „Klinikum Region Hannover", Beschluss vom 13.12.2006, Gesch.-Z.: B 3 – 1001/06 und im
    Verfahren „Enz-Kreis-Kliniken", Beschluss vom 13.12.2006, Gesch.-Z. B 3 – 1003/06 = WuW/E DE-V 1335.
44 Abzurufen unter www.bundeskartellamt.de unter der Rubrik „Merkblätter/Fusionskontrolle".
45 Vgl. Pressemitteilung des BKartA vom 14.05.2009 „Bundeskartellamt erwirkt Rückabwicklung des Zusammenschlusses
    zwischen dem Universitätsklinikum Tübingen und dem Zollernalbkreis".

I.   Reichweite des Kartellverbots im Krankenhausbereich

60   Zunächst gilt – ebenso wie bei Krankenhausfusionen – auch für Krankenhauskooperationen, dass diese auch durch § 69 SGB V nicht aus dem Anwendungsbereich des GWB ausgenommen sind. Die Zulässigkeit von Kooperationen zwischen Wettbewerbern ist vielmehr am Maßstab des Kartellverbots in Art. 81 Abs. 1 EGV bzw. § 1 GWB zu prüfen:

Nach Art. 81 Abs. 1 EGV sind Vereinbarungen zwischen Unternehmen, welche den Handel zwischen den Mitgliedstaaten zu beeinträchtigen geeignet sind und eine Verhinderung, Einschränkung oder Verfälschung des Wettbewerbs bezwecken oder bewirken, verboten. § 1 GWB lautet entsprechend, ohne allerdings die Eignung zur Beeinträchtigung des zwischenstaatlichen Handels zu verlangen. Die Anpassung des nationalen Kartellrechts im Zuge der 2005 in Kraft getretenen 7. GWB-Novelle an das europäische Recht beendete die Diskussion um die Anwendungsbereiche von europäischem Kartellrecht einerseits und nationalem Kartellrecht andererseits. Für die hier relevante Frage der kartellrechtlichen Zulässigkeit von Kooperationen sind europäisches und deutsches Kartellrecht nunmehr inhaltsgleich.

61   Darüber hinaus ist im Zuge der Angleichung des nationalen Rechts an das europäische Recht mit dem Übergang zum Prinzip der Legalausnahme allerdings auch die in der Vergangenheit praktizierte Möglichkeit entfallen, sich bei Zweifeln im Hinblick auf die kartellrechtliche Unbedenklichkeit von Vereinbarungen und Verhaltensweisen eine „Freigabe" des Bundeskartellamts zu holen. Die Einführung des Prinzips der Selbstveranlagung (Selbsteinschätzung) hat eine Rücknahme der kartellrechtlichen Kontrolldichte und somit eine deutlich größere Rechtsunsicherheit für den Abschluss von Kooperationsvereinbarungen zwischen Krankenhäusern wie auch Vereinbarungen zwischen Krankenhäusern und Dritten, z.B. Medizinischen Versorgungszentren oder Ärztenetzen, zur Folge.

Das Kartellverbot des Art. 81 Abs. 1 EGV bzw. § 1 GWB erfasst sowohl ausdrücklich als solche bezeichnete Kooperationsverträge als auch – schriftlich fixierte oder auch nur informelle – Abstimmungen des Leistungsspektrums zwischen Krankenhäusern, z.B. Qualitätssicherungskonzepte. Denkbar sind beispielsweise Verträge zwischen mehreren Krankenhäusern über eine Aufteilung der Abteilungen und eine Spezialisierung, über die gegenseitige Zuführung von Patienten, über einen gemeinsamen Einkauf, über die gemeinsame Nutzung medizinischer Großgeräte etc. Allen diesen Vereinbarungen oder abgestimmten Verhaltensweisen ist gemeinsam, dass sie den Tatbestand der Wettbewerbsbeschränkung erfüllen können. Die Europäische Kommission verlangt ebenso wie das Bundeskartellamt zwar eine gewisse „Spürbarkeit" der Wettbewerbsbeschränkung. An dieser soll es nach der sog. „de-minimis-Bekanntmachung"[46] fehlen, wenn der von den an der Vereinbarung beteiligten Unternehmen insgesamt gehaltene Marktanteil unter 10 % liegt. Diese Marktanteilsschwelle kommt aber dann nicht zur Anwendung – mit der Folge, dass die Spürbarkeit zu bejahen ist –, wenn es bei der Kooperation im Grunde darum geht, eine Aufteilung von Märkten oder Patienten vorzunehmen (sog. Kernbeschränkung). Die kartellrechtlichen Vorgaben müssen deshalb bei Fragen der Kooperation zwischen mehreren Krankenhäusern genauer berücksichtigt werden, als dies in der Vergangenheit der Fall gewesen sein mag.

62   Eine Kooperation von Wettbewerbern ist etwa unter dem Gesichtspunkt des sog. „Arbeitsgemeinschaftsgedankens" kartellrechtlich zulässig, wenn die einzelnen daran beteiligten Unternehmen das von der Zusammenarbeit erfasste Projekt nicht eigenständig durchführen können. In diesem Fall fehlt es nämlich bereits an wettbewerblichen Handlungsfreiheiten zwischen den Beteiligten, die beschränkt werden könnten. Reichen dagegen die eigenen Kapazitäten, technischen Einrichtungen

---

46   Bekanntmachung der Kommission über Vereinbarungen von geringer Bedeutung, die den Wettbewerb gemäß Art. 81 Abs. 1 des Vertrags zur Gründung der Europäischen Gemeinschaft nicht spürbar beschränken (de minimis), ABl. 2001, C 368/13.

und fachlichen Kenntnisse der beteiligten Unternehmen jeweils aus, so ist die Bildung einer Arbeitsgemeinschaft nach der Rechtsprechung nur dann kartellrechtlich zulässig, wenn sich die Zusammenarbeit für die beteiligten Unternehmen als wirtschaftlich vernünftig und kaufmännisch zweckmäßig darstellt. Insoweit verbleiben in jedem Fall gewisse Restrisiken, die sorgfältig geprüft werden sollten.

II.   Freistellungsmöglichkeiten vom Kartellverbot

Ist der Anwendungsbereich des Kartellverbots eröffnet, können bestimmte Formen der Kooperation gleichwohl durch sog. Gruppenfreistellungsverordnungen nach Art. 81 Abs. 3 EGV bzw. § 2 Abs. 2 GWB kraft Gesetzes vom Kartellverbot freigestellt und damit zulässig sein. Diesen Gruppenfreistellungsverordnungen sind durch den Leitgedanken geprägt, dass Wettbewerbsbeschränkungen dann vom Kartellverbot freigestellt sein können, wenn sie mit typischen Effizienzvorteilen verbunden sind, die die Nachteile der eingetretenen Wettbewerbsbeschränkung überwiegen. So kommt im Krankenhausbereich beispielsweise eine Freistellung von einseitigen oder gegenseitigen Spezialisierungsvereinbarungen, etwa auf bestimmte Behandlungsmethoden, auf Grundlage der Gruppenfreistellungsverordnung für Spezialisierungsvereinbarungen[47] in Betracht. Allerdings ist eine Spezialisierung danach nur freigestellt, wenn der Markanteil der beteiligten Unternehmen auf dem sachlich und räumlich relevanten Markt 20 % nicht überschreitet. Anderenfalls ist die Freistellung ausgeschlossen. Insofern kommt es maßgeblich auf die Abgrenzung des sachlich und räumlich relevanten Marktes an. Handelt es sich bei der Spezialisierung um außergewöhnliche Behandlungen, die ggf. aus dem allgemeinen Krankenhausmarkt, wie er vom Bundeskartellamt abgegrenzt worden ist, herausfallen, dürften die Marktanteile regelmäßig unter der 20 %-Schwelle liegen. Ist dagegen die im Fusionskontrollbereich entwickelte Marktabgrenzung für den Krankenhausmarkt heranzuziehen, dürften Spezialisierungen vielfach an der 20 %-Schwelle scheitern. Dies ist im Einzelfall im Wege einer sorgfältigen Marktanteilsanalyse zu prüfen.

63

Zulässig kann auch die Bildung von Einkaufsgemeinschaften durch mehrere Krankenhäuser sein. Für die kartellrechtliche Beurteilung ist insoweit die durch die Bündelung der Nachfrage entstehende Marktmacht entscheidend. Nach Auffassung der Europäischen Kommission erfüllen Einkaufskooperationen zwischen Wettbewerbern mit einem kumulierten Marktanteil von weniger als 15 % sowohl auf den Einkaufs- als auch auf den Verkaufsmärkten regelmäßig die Freistellungsvoraussetzungen des Art. 81 Abs. 3 EGV und sind somit zulässig.[48]

Aber auch dann, wenn eine Gruppenfreistellung nicht in Betracht kommt, kann eine (vertragliche) Kooperation zwischen Wettbewerbern nach Art. 81 Abs. 3 EGV bzw. § 2 Abs. 1 GWB im Wege der Einzelfreistellung zulässig sein. Art. 81 Abs. 3 EGV verlangt insoweit, dass

64

a)   die Kooperation zur Verbesserung der Warenerzeugung und -verteilung oder zur Förderung des technischen oder wirtschaftlichen Fortschritts beiträgt (sog. Effizienzgewinne),

b)   die Verbraucher angemessen an dem entstehenden Gewinn beteiligt werden,

c)   den beteiligten Unternehmen keine Beschränkungen auferlegt werden, welche für die Verwirklichung der Ziele nicht unerlässlich sind und

d)   den beteiligten Unternehmen keine Möglichkeiten eröffnet werden, den Wettbewerb auszuschalten.

---

47   Verordnung (EG) Nr. 2658/2000 der Kommission vom 29.11.2000 über die Anwendung von Art. 81 Abs. 3 des Vertrages auf Gruppen vorn Spezialisierungsvereinbarungen, ABl. 2000, L 304/3.
48   Bekanntmachung der Kommission, Leitlinien zur Anwendbarkeit von Art. 81 EG-Vertrag auf Vereinbarungen über horizontale Zusammenarbeit, ABl. 2001, C 3/2.

65 Ob die Freistellungsvoraussetzungen erfüllt sind, kann nur im jeweiligen Einzelfall geprüft und ggf. bejaht werden. In diesem Zusammenhang ist zu berücksichtigen, dass die Prüfung und Bejahung der Freistellungsvoraussetzungen aufgrund des Grundsatzes der „Selbstveranlagung" auf eigenes Risiko der beteiligten Unternehmen erfolgt.

> **⊕ Beraterhinweis**
>
> *Aufgrund der Selbstveranlagung tragen die beteiligten Unternehmen das Irrtumsrisiko im Hinblick auf die kartellrechtliche Beurteilung. Aus diesem Grund ist zum einen eine besonders sorgfältige Prüfung möglichst unter Heranziehung externen kartellrechtlichen Sachverstands als auch eine entsprechend sorgfältige Dokumentation erforderlich, um im Zweifel gegenüber den Kartellbehörden belegen zu können, dass die Selbstveranlagung auf Basis einer nachvollziehbaren Prüfung der Sach- und Rechtslage erfolgt ist.*

66 Ist eine Kooperationsvereinbarung o. ä. kartellrechtswidrig und wird diese auch nicht nach den oben dargestellten Grundsätzen vom Kartellverbot freigestellt, sind die zugrundeliegenden Vereinbarungen zivilrechtlich nichtig. Darüber hinaus besteht das Risiko, dass die jeweils zuständige Kartellbehörde ein Bußgeld gegen die an der Kooperation beteiligten Unternehmen verhängt. Dabei sind Bußgelder gegen die handelnden Personen i.H.v. maximal € 1 Mio. möglich. Gegen die Unternehmen können Bußgelder in einer Höhe von maximal bis zu 10 % des im vergangenen Geschäftsjahr erzielten Konzernumsatzes verhängt werden.

> **⊕ Beraterhinweis**
>
> *Es kann nur eindringlich davor gewarnt werden, Kartellrechtsverstöße als bloße „Kavaliersdelikte" abzutun. Insbesondere die Praxis der Kartellbehörden in den vergangenen Jahren hat deutlich gemacht, dass es heute keine „kartellrechtsfreien" Räume mehr gibt.*

C. Beihilferechtliche Aspekte

I. Allgemeine Voraussetzungen

1. Die Tatbestandsvoraussetzungen des Beihilfeverbots

67 Nach Art. 87 Abs. 1 EGV sind staatliche oder aus staatlichen Mitteln gewährte Beihilfen gleich welcher Art, die durch die Begünstigung bestimmter Unternehmen oder Produktionszweige den Wettbewerb verfälschen oder zu verfälschen drohen, mit dem Gemeinsamen Markt unvereinbar, soweit sie den Handel zwischen Mitgliedstaaten beinträchtigen. Aufgabe der Europäischen Kommission ist es, zu verhindern, dass staatliche Beihilfen an wirtschaftliche Unternehmen den Wettbewerb verzerren. Aus diesem Grund müssen Beihilfen vor ihrer Gewährung grundsätzlich bei der Europäischen Kommission angemeldet (sog. „Notifizierung") und von dieser genehmigt werden.

68 Eine Beihilfe liegt somit vor bei Erfüllung folgender Tatbestandsvoraussetzungen:

(1) Es muss sich um eine Maßnahme zu Gunsten eines Unternehmens handeln:

Als Unternehmen im beihilferechtlichen Sinne gilt „jede eine wirtschaftliche Tätigkeit ausübende Einheit, unabhängig von ihrer Rechtsform und der Art ihrer Finanzierung". Entscheidend ist somit allein die wirtschaftliche Art der Tätigkeit, die durch ihren Marktbezug gekennzeichnet ist. Dagegen kommt es weder auf die Rechts-, Organisations- oder Finanzierungsform, noch auf die mitgliedstaatliche Einordnung des Handelns einer Einheit als privat- oder öffentlich-rechtlich oder die Zielsetzung der Tätigkeit (Vorhandensein einer Gewinnerzielungsabsicht) an. Dies bedeutet, dass auch kommunale Krankenhäuser, die als Eigen- und sogar Regiebetriebe geführt werden, als Unternehmen einzuordnen sein können.

(2) Sie muss aus öffentlichen Mitteln finanziert werden: 69

Dies bedeutet, dass ein dem Staat zurechenbarer Transfer von Mitteln stattfinden muss, der auf der einen Seite die Begünstigung von Unternehmen oder Produktionszweigen bewirkt und auf der anderen Seite zu einer finanziellen Einbuße beim Staat führt, d.h. zu Lasten der staatlichen Haushalte geht. Eine Identität zwischen dem Vorteil und dem Verlust an staatlichen Mitteln ist dabei nicht erforderlich.

(3) Sie muss begünstigende Wirkung für das Unternehmen haben: 70

Form, Bezeichnung Art und Weise, Gründe, Motive oder Ziele der Beihilfegewährung sind für die Beurteilung unerheblich. Entscheidend ist allein die Wirkung der Maßnahme bei ihrem Empfänger, nämlich der Erlangung eines spezifischen (geldwerten) Vorteils. Diese Wirkung ist zu ermitteln durch einen Vergleich der Lage, wie sie für das begünstigte Unternehmen ohne die jeweilige Maßnahme bestehen würde, mit der Situation des begünstigten Unternehmens nach ihrer Gewährung. Die Begünstigung liegt dann in der Verschaffung eines wirtschaftlichen Vorteils, den das Unternehmen im normalen Verlauf seiner Tätigkeit – d.h. bei normalen Marktbedingungen – nicht erhalten hätte. Eine Begünstigung liegt aber regelmäßig nur dann vor, wenn die vereinbarten Bedingungen marktunüblich sind. Für die Frage der Marktüblichkeit wird darauf abgestellt, ob sich ein privater marktwirtschaftlich handelnder Unternehmer in einer vergleichbaren Situation wie die jeweilige Kommune oder staatliche Stelle genauso verhalten würde oder nicht (sog. „Private-Investor-Test"). Immer dann, wenn das Vorgehen der öffentlichen Hand nach Durchführung dieses hypothetischen Vergleichstests marktwirtschaftlichen Prinzipien entspricht, ist davon auszugehen, dass keine Begünstigung vorliegt. Ist dies hingegen zu verneinen, liegt in der Differenz zwischen den Bedingungen, die ein privater Dritter vereinbaren würde, und den tatsächlich vereinbarten Bedingungen die Begünstigung.

(4) Es muss sich um eine selektive Maßnahme handeln, d.h. sie muss ein bestimmtes Unternehmen begünstigen: 71

Von der Begünstigung bestimmter Unternehmen sind allgemeine staatliche Maßnahmen der Konjunktur- oder Wirtschaftspolitik abzugrenzen, die der gesamten Wirtschaft zu Gute kommen.

(5) Sie muss die Gefahr einer Verfälschung des Wettbewerbs sowie eine Beeinträchtigung des grenzüberschreitenden Handels hervorrufen: 72

Eine Wettbewerbsverfälschung ist zu bejahen, wenn durch die Begünstigung eines oder mehrer bestimmter Unternehmen die Marktbedingungen der (nichtbegünstigten) Wettbewerber verändert werden. Dies ist i.d.R. ohne Weiteres zu bejahen.

Schließlich kommt das Beihilfeverbot nur bei einer Möglichkeit der Beeinträchtigung des zwischenstaatlichen Handels zur Anwendung. Diese Möglichkeit besteht eigentlich immer, wenn Beihilfen die Wettbewerbsposition von einzelnen Unternehmen stärken. Dieses Tatbestandsmerkmal wird von EuGH und Europäischer Kommission weit ausgelegt: Auch bei finanziellen Maßnahmen für bestimmte – mit lokalen oder regionalen öffentlichen Dienstleistungen betraute – Unternehmen ist es keineswegs ausgeschlossen, dass sich die Zuwendung auf den Handel zwischen den Mitgliedstaaten auswirken kann. Eine fehlende Eignung der Begünstigung zur Beeinträchtigung des zwischenstaatlichen Handels kann insbesondere im Fall öffentlicher, lokaler und relativ kleiner Krankenhäuser angenommen werden, die auf einem lokalen Krankenhausmarkt mit klarer Unterkapazität tätig sind und weder Investitionen noch Patienten aus anderen Mitgliedstaaten anziehen. Dies dürfte aber für die Krankenhäuser in Deutschland im Regelfall nicht zutreffen.

Darüber hinaus verlangt die Europäische Kommission aus praktischen Gesichtspunkten eine gewisse Spürbarkeit der Wettbewerbsbeschränkung bzw. Beeinträchtigung des zwischenstaatlichen Handels. Nach der De-minimis-Verordnung[49] gelten Einzelbeihilfen bis € 200.000,00 innerhalb eines Zeitraums von drei Jahren als Maßnahmen, die nicht alle Merkmale von Art. 87 Abs. 1 EGV erfüllen und daher nicht der Anmeldepflicht unterliegen.

73 Fehlt es im Fall einer Maßnahme zu Gunsten eines Unternehmens an einer der genannten Voraussetzungen, dann liegt keine Beihilfe vor, so dass keine Verpflichtung zur vorherigen Anmeldung und Genehmigung durch die Europäische Kommission besteht. Sind hingegen sämtliche Tatbestandsvoraussetzungen erfüllt, ist jeweils zu prüfen, ob die einzelne Maßnahme ggf. nach Art. 87 Abs. 2 EGV oder auf Grundlage verschiedener Gruppenfreistellungsverordnungen kraft Gesetzes vom Beihilfeverbot freigestellt ist und damit keine Notifizierungspflicht besteht. Ist dies nicht der Fall, so ist zu prüfen, ob die jeweilige Maßnahme auf Grundlage von Art. 87 Abs. 3 EGV oder bestimmter anderer Regelungen genehmigungsfähig ist. Vor einer abschließenden Entscheidung der Europäischen Kommission über die Zulässigkeit der Beihilfe darf diese nicht gewährt werden (Durchführungsverbot, Art. 88 Abs. 3 Satz 3 EGV).

Ein Wettbewerber eines begünstigten Unternehmens kann die nationalen Gerichte anrufen, um die Auszahlung (noch) nicht genehmigter Beihilfen zu verhindern oder deren vorläufige Rückzahlung zu verlangen. Das Durchführungsverbot nach Art. 88 Abs. 3 Satz 3 EGV besitzt von Anfang unmittelbare Geltung und begründet Rechte des Einzelnen, die von den nationalen Gerichten zu beachten sind und worauf sich beispielsweise Wettbewerber berufen können. In der Rechtsprechung des BGH ist anerkannt, dass beihilfegewährende Verträge, die gegen das Durchführungsverbot verstoßen, nach § 134 BGB nichtig sind.[50] Parallel hierzu ist eine Beschwerde bei der Europäischen Kommission denkbar. Diese hat das materielle Entscheidungsmonopol im Hinblick auf die Vereinbarkeit einer Beihilfe mit dem Gemeinsamen Markt nach Art. 87 Abs. 1 EGV.

II. Beihilferechtliche Vorgaben für die Finanzierung und den Verlustausgleich bei Krankenhäusern

1. Die Vorgaben des „Monti-Pakets"

74 Um die Verluste von Krankenhäusern in öffentlich-rechtlicher Trägerschaft abzudecken oder deren Schuldendienstleistungen für Investitionsmaßnahmen zu erstatten, gewähren die jeweiligen Trägerkörperschaften (Landkreise oder Kommunen) den von ihnen gehaltenen Krankenhäusern regelmäßig jährliche Ausgleichszahlungen. Diese beruhen auf landesgesetzlichen Vorgaben bzw. einer ständigen Praxis und erfüllen ohne Weiteres den Beihilfetatbestand des Art. 87 Abs. 1 EGV. Zwar ist es nach der Rechtsprechung des EuGH in Sachen „Altmark Trans"[51] nicht ausgeschlossen, aufgrund der Betrauung mit der Erbringung von Dienstleistungen von allgemeinem wirtschaftlichem Interesse unter bestimmten Voraussetzungen eine Ausnahme vom Beihilfeverbot anzunehmen. Dies setzt aber u.a. voraus, dass die Höhe der erforderlichen Ausgleichszahlung auf der Grundlage einer Analy-

---

49 Verordnung (EG) Nr. 1998/2006 der Kommission über die Anwendung der Art. 87 und 88 auf „De-minimis"-Beihilfen, ABl. 2006, L 379/5.
50 BGH, Urteil vom 04.04.2003, AZ: V ZR 314/02, EuZW 2003, 444.
51 EuGH, Urteil vom 24.07.2003, Rs. C-280/00 =WuW/E VERG 801 – „Altmark Trans GmbH".

se der Kosten bestimmt worden ist, die ein durchschnittliches, gut geführtes und angemessen ausgestattetes Unternehmen bei der Erfüllung der betreffenden Verpflichtungen hätte. Diese Kosten sind die Obergrenze für einen möglichen Verlustausgleich. Da die privaten Krankenhäuser im Regelfall Gewinne erwirtschaften und ihnen daher keine auszugleichenden Kosten für die Erbringung von Dienstleistungen von allgemeinem wirtschaftlichem Interesse entstehen, ist die Berufung auf diese Rechtsprechung in der Praxis in aller Regel bedeutungslos.

Vor dem Hintergrund, dass es einerseits ein praktisches Bedürfnis für öffentlich-rechtliche Körper-   75
schaften gibt, die Verluste ihrer Krankenhäuser abzudecken, andererseits aber Wettbewerbsverzerrungen zu Lasten der privaten Krankenhausbetreiber vermieden werden müssen, hat die Europäische Kommission im November 2005 das sog. „Monti-Paket" verabschiedet. Dieses setzt sich aus drei Bausteinen zusammen, deren Kernstück die Entscheidung der Europäischen Kommission vom 28. November 2005 über die Anwendung von Artikel 86 Abs. 2 EG-Vertrag auf staatliche Beihilfen, die bestimmten mit der Erbringung von Dienstleistungen von allgemeinem wirtschaftlichem Interesse betrauten Unternehmen als Ausgleich gewährt werden (sog. Freistellungsentscheidung)[52], ist. Danach sind staatliche Beihilfen für Dienstleistungen von allgemeinem wirtschaftlichem Interesse mit dem Gemeinsamen Markt vereinbar, soweit sie die dort niedergelegten Kriterien erfüllen. Ist dies zu bejahen, sind solche Beihilfen von der Notifizierungspflicht nach Art. 88 Abs. 3 EGV freigestellt:

Der Betrieb von Krankenhäusern durch öffentlich-rechtliche Träger ist eine Tätigkeit im Bereich der   76
kommunalen Daseinsvorsorge und in der europäischen Praxis als Dienstleistung von allgemeinem Interesse im Sinne von Art. 86 Abs. 2 EGV anerkannt. Krankenhäuser werden deshalb in der Freistellungsentscheidung ausdrücklich genannt. Darüber hinaus muss das Krankenhaus mit der Erbringung von Dienstleistungen von allgemeinem wirtschaftlichem Interesse betraut sein. Sind diese Voraussetzungen zu bejahen, ist eine „Ausgleichszahlung" auf Grundlage der Freistellungsentscheidung möglich.

Als Ausgleichszahlung gelten dabei „alle vom Staat oder aus staatlichen Mitteln jedweder Art ge-   77
währten Vorteile". Die im Rahmen der Ausgleichszahlungen berücksichtigungsfähigen Kosten umfassen nach der Freistellungsentscheidung sämtliche mit der Erbringung der Dienstleistung von allgemeinem wirtschaftlichem Interesse verbundenen Ausgaben, unabhängig davon, in welcher Form diese „Zahlungen" tatsächlich erfolgen (denkbar ist insoweit auch die Stellung von Bürgschaften anstelle unmittelbarer Zahlungen). Ihre Berechnung muss anhand gemeinhin akzeptierter Rechnungslegungsgrundsätze erfolgen. Nach der Freistellungsentscheidung sollen zwar in erster Linie Zuschüsse für den laufenden Betrieb von Einrichtungen geleistet und nicht die tatsächlichen Voraussetzungen (d.h. Herstellung der erforderlichen Infrastruktur) für die Aufgabenerstellung geschaffen werden. Allerdings umfassen die zu berücksichtigenden Kosten ausdrücklich auch die Kosten für etwaige Investitionen, wenn sie für das Funktionieren der Dienstleistung von allgemeinem wirtschaftlichem Interesse erforderlich sind. Nach der Freistellungsentscheidung sind Ausgleichszahlungen an Krankenhäuser in unbegrenzter Höhe möglich. Die absolute Höhe der von den öffentlich-rechtlichen Trägern der Krankenhäuser übernommenen Verpflichtungen ist deshalb vor dem Hintergrund der Freistellungsentscheidung – sofern deren Voraussetzungen erfüllt sind – beihilferechtlich irrelevant.

Die Freistellung vom Beihilfeverbot und der Notifizierungspflicht setzt dabei die Einhaltung fol-   78
gender formaler Vorgaben voraus:

(1) Zunächst muss die Erbringung der Dienstleistungen von allgemeinem wirtschaftlichem Interesse dem jeweiligen Unternehmen im Wege eines oder mehrerer Verwaltungs- oder Rechtsakte übertragen worden sein (sog. „Betrauungsakt"). Ein Unternehmen ist mit den angesprochenen Dienstleistungen betraut, wenn die Gemeinwohlverpflichtung ausdrücklich, bestimmt und ver-

---

52   ABl. 2005, L 312/67.

bindlich auferlegt wurde. Die Rechtsform ist nicht entscheidend, auch eine Betrauung durch Vertrag, etwa in einem Gesellschaftsvertrag, reicht aus.

Aus dem Betrauungsakt muss Folgendes hervorgehen:

a) Art und Dauer der Gemeinwohlverpflichtungen;

b) das beauftragte Unternehmen und der geografische Geltungsbereich;

c) Art und Dauer der dem Unternehmen ggf. gewährten ausschließlichen oder besonderen Rechte;

d) die Parameter für die Berechnung, Überwachung und etwaige Änderung der Ausgleichszahlungen;

e) die Vorkehrungen, die getroffen wurden, damit keine Überkompensierung entsteht bzw. etwaige überhöhte Ausgleichszahlungen zurückgezahlt werden.

Wesentliche Voraussetzung ist dabei insbesondere, dass die Grundlagen für die Berechnung aller künftiger Ausgleichszahlungen vorab im Rahmen des Betrauungsakts konkret und nachvollziehbar aufgeführt werden und die Betrauung vor dem Ausgleich der entstandenen Defizite erfolgen muss.

79 (2) Darüber hinaus enthält die Freistellungsentscheidung detaillierte Parameter zur Berechnung der Ausgleichszahlungen, da durch die Ausgleichszahlungen keine Überkompensation erfolgen dar. Die Ausgleichszahlung darf deshalb nicht über das hinausgehen, was erforderlich ist, um die durch die Erfüllung der Gemeinwohlverpflichtung verursachten Kosten unter Berücksichtigung der dabei erzielten Einnahmen und einer angemessenen Rendite aus dem für die Erfüllung dieser Verpflichtungen eingesetzten Eigenkapital abzudecken. Insbesondere sind Regelungen zur Vermeidung einer Überkompensierung von Verlusten vorzusehen. Detaillierte Vorgaben hierzu sind in der Freistellungsentscheidung enthalten.

🛈 Beraterhinweis

Im Zusammenhang mit der Ausgestaltung des Betrauungsakts gibt es zwar zwischenzeitlich Muster, an denen sich die öffentlich-rechtlichen Krankenhausträger orientieren können. Gleichwohl kann nur empfohlen werden, bei der Ausgestaltung des Betrauungsakts die rechtlichen, steuerlichen und buchhalterischen Aspekte im Wege einer fachübergreifenden Beratung zu berücksichtigen, um hier „böse Überraschungen" (insbesondere aus umsatz- oder körperschaftsteuerlicher Sicht) zu vermeiden.

2. Probleme im Zusammenhang mit dem Betrieb von Medizinischen Versorgungszentren und sonstigen wirtschaftlichen Tätigkeiten

80 Soweit die Krankenhäuser neben ihren originären Tätigkeiten von allgemeinem wirtschaftlichem Interesse auch noch andere (insbesondere wirtschaftliche) Tätigkeiten – wie z.B. den Betrieb von Medizinischen Versorgungszentren – ausüben, muss bei der Formulierung des Betrauungsakts klargestellt werden, dass insbesondere der Betrieb von Medizinischen Versorgungszentren von dem Betrauungsakt nicht umfasst ist. Darüber hinaus ist sicherzustellen, dass ein Medizinisches Versorgungszentrum weder direkt noch indirekt Vorteile durch die Investitionsförderung des Krankenhauses oder durch Defizitausgleiche von Kommunen für das Krankenhaus erlangt.

Aufgrund des zunehmenden Wettbewerbs von Medizinischen Versorgungszentren in der Trägerschaft von Krankenhäusern mit niedergelassenen Ärzten ist die denkbare Quersubventionierung von Medizinischen Versorgungszentren durch ihre Trägerkliniken mehr und mehr in den Fokus der Interessenvertretungen der Ärzteschaft geraten. So ist beispielsweise ein auf Betreiben der MEDI Deutschland betriebenes Beschwerdeverfahren bei der Europäischen Kommission u.a. nur deshalb eingestellt worden, weil diese aufgrund verschiedener Hinweisschreiben deutscher Ministerien davon überzeugt werden konnte, dass in Deutschland generell gewährleistet ist, dass ein Ausgleich von Betriebsverlusten von öffentlichen Krankenhäusern nicht einem von diesen betriebenen Medizinischen Versorgungszentrum zugute kommt und dass die durch ein Medizinisches Versorgungszentrum in Anspruch genommenen Leistungen und Einrichtungen eines Krankenhauses (z.B. Laborleistungen oder Personalgestellung) in sachgerechter Höhe (auf Vollkostenbasis oder in marktüblicher Höhe) zu Lasten des Medizinischen Versorgungszentrums abgerechnet werden. Diese Verpflichtung gilt auch für die Bereitstellung von Räumen oder Geräten, die öffentlich gefördert sind. Dem Medizinischen Versorgungszentrum sind hierfür Kosten in sachgerechter Höhe oder marktübliche Entgelte (z.B. Mieten) einschließlich entsprechender Investitionskostenanteile in Rechnung zu stellen.

Aus beihilferechtlicher Sicht wird deshalb auch eine getrennte Buchführung für die Einnahmen und Ausgaben im Zusammenhang mit der Erbringung der betreffenden Dienstleistungen von allgemeinem wirtschaftlichem Interesse einerseits und der Ausführung von anderweitigen (wirtschaftlichen) Leistungen andererseits verlangt. Dabei ist anzugeben, nach welchen Parametern die Zuordnung der Einnahmen und Ausgaben erfolgt.   81

❗ Beraterhinweis

Aufgrund des Wettbewerbsverhältnisses mit niedergelassenen Ärzten ist Krankenhäusern mit angeschlossenen Medizinischen Versorgungszentren zu empfehlen, sich mittels einer sorgfältigen Formulierung des Betrauungsakts weitestgehend unangreifbar zu machen, auch wenn Restrisiken nie ausgeschlossen werden können.

3.   Gewährung von Bürgschaften oder Gewährträgerhaftung

Soweit es in der Praxis an einem entsprechenden Betrauungsakt fehlt oder ein solcher aufgrund des Tätigwerdens des öffentlich-rechtlichen Krankenhauses im „gewerblichen" Bereich außerhalb der Erbringung von Dienstleistungen von allgemeinem wirtschaftlichem Interesse nicht möglich ist, kommen die allgemeinen beihilferechtlichen Vorgaben uneingeschränkt zur Anwendung. Dies gilt etwa für die in einigen Bundesländern eingreifende Gewährträgerhaftung des Krankenhausträgers gegenüber den Gläubigern der von ihnen betriebenen Krankenhäuser. Eine solche Gewährträgerhaftung wirkt sich im Ergebnis wie eine Bürgschaft aus. Da Krankenhäusern in öffentlich-rechtlicher Trägerschaft im Regelfall günstigere Konditionen („Kommunalkredit-Konditionen") gewährt werden, wenn ihre Trägerkörperschaft eine Bürgschaft für diese Kredite gewährt, kann der aus der Bürgschaftsgewährung resultierende Vorteil ohne Weiteres den Beihilfetatbestand des Art. 87 Abs. 1 EGV erfüllen.   82

Allerdings liegt nach der sog. Bürgschaftsmitteilung[53] der Europäischen Kommission im Falle der Gewährung von Einzelbürgschaften bei kumulativer Erfüllung der nachfolgenden vier Tatbestandsmerkmale keine Beihilfe vor: 83

a)   Der Kreditnehmer befindet sich nicht in finanziellen Schwierigkeiten.

b)   Der Umfang der Garantie kann zum Zeitpunkt ihrer Übernahme ermittelt werden. Dies bedeutet, dass die Garantie an eine bestimmte finanzielle Transaktion geknüpft, auf einen festen Höchstbetrag beschränkt und von begrenzter Laufzeit sein muss.

---

53   Mitteilung der Kommission über die Anwendung der Art. 87 und 88 des EG-Vertrags auf staatliche Beihilfen in Form von Haftungsverpflichtungen und Bürgschaften, ABl. 2008, C 155/10.

c) Die Garantie deckt höchstens 80 % des ausstehenden Kreditbetrags oder der sonstigen finanziellen Verpflichtung.

d) Für die Garantie wird ein marktübliches Entgelt gezahlt. Hierfür sind grundsätzlich die entsprechenden Garantieprämien auf den Finanzmärkten als Vergleichsmaßstab heranzuziehen.

84 Sind diese Voraussetzungen nicht erfüllt, kann hingegen eine anmeldepflichtige Beihilfe vorliegen.

🛈 Beraterhinweis

In den letzten Jahren ist festzustellen, dass die finanzierenden Banken von den öffentlich-rechtlichen Körperschaften, die Bürgschaften übernehmen sollen, zunehmend verlangen, dass diese erklären, dass die beihilferechtlichen Vorgaben für Kommunalbürgschaften etc. eingehalten werden und dass die öffentliche Hand die Risiken trägt, die sich aus einer möglichen Beihilferechtswidrigkeit ergeben. Dieser „Umweg" über die Finanzierungspraxis verdeutlicht, dass der Anwendungsbereich des Beihilferechts in den kommenden Jahren weiter zunehmen wird.

III.   Beihilferechtliche Vorgaben im Zusammenhang mit der Privatisierung von Krankenhäusern

85 Die Vorgaben des Beihilferechts sind schließlich auch im Rahmen der Privatisierung, d.h. Veräußerung von Krankenhäusern, zu beachten. Grundsätzlich kann nämlich auch in der Veräußerung eines Unternehmens, die nicht durch eine marktgerechte Gegenleistung des Erwerbers kompensiert wird, eine verbotene Beihilfe liegen. Zur beihilferechtlichen Bewertung von Privatisierungsvorhaben gibt es mittlerweile eine langjährige Entscheidungspraxis der Europäischen Kommission.

Das Vorliegen einer marktgerechten Gegenleistung mit der Folge einer grundsätzlichen Beihilfefreiheit wird nach der Praxis der Europäischen Kommission dann vermutet, wenn der Verkauf öffentlicher Unternehmen über die Börse oder im Rahmen eines Ausschreibungswettbewerbs erfolgt. Dabei müssen Ausschreibungen transparent und bedingungsfrei sein, ausreichend lange Fristen für Bieter vorsehen, und es ist zwingend an den Meistbietenden zu veräußern. Werden diese Rahmenbedingungen eingehalten, geht die Europäische Kommission davon aus, dass das beste Gebot den „Marktwert" des Unternehmens reflektiert und eine Beihilfe deshalb ausgeschlossen ist. In allen anderen Fällen, etwa wenn nur mit ausgewählten Bietern verhandelt wurde oder die Bedingungen des Verkaufs den am privaten Markt üblichen Bedingungen nicht entsprechen, legt die Europäische Kommission dagegen eine Notifizierung nahe.[54]

86 Für den Bereich der Veräußerung von öffentlichen Grundstücken gibt es eine Mitteilung der Europäischen Kommission[55], die insoweit großzügiger ist, als sie für die Verkehrswertermittlung neben der Durchführung eines offenen, transparenten und bedingungsfreien Bieterverfahrens auch die Einholung eines Sachverständigengutachtens ausreichen lässt. Die Grundsätze der sog. „Grundstücksmitteilung" wurden in der Praxis der Europäischen Kommission auch als ergänzender Interpretationsmaßstab bei Privatisierungen öffentlicher Unternehmen herangezogen und auch insoweit die Einholung eines Sachverständigengutachtens als ausreichend für die Verkehrswertermittlung angesehen. Die Europäische Kommission und der EuGH bevorzugen zwar in der Praxis das Bieterverfahren gegenüber dem Wertgutachten, zwingend ist dies beihilferechtlich aber nicht. Es wird jedoch vielfach als das überzeugendere Verfahren angesehen, weil hier eigens ein Markt für Unternehmen und Beteiligungsbewertungen geschaffen wird und Bewertungsfehler vermieden werden.

---

54 Vgl. XXIII. Wettbewerbsbericht 1993, RN 403.
55 Mitteilung betreffend Elemente staatlicher Beihilfe bei Verkäufen von Bauten oder Grundstücke durch die öffentliche Hand, ABl. 1997, C 209/3.

In einer Entscheidung aus dem Jahr 2008 hat die Europäische Kommission allerdings ausgeführt, dass die Grundstücksmitteilung bei Privatisierungen generell nicht anwendbar und ein vor dem Verkauf erstelltes unabhängiges Sachverständigengutachten nicht ausreichend sei.[56] Ob die bisherige Praxis, Wertgutachten bei Privatisierungen zuzulassen, damit lediglich relativiert wird oder solche Gutachten künftig vollständig ausgeschlossen sein sollen, ist bislang noch nicht abschließend geklärt. Die weitere Entwicklung der Entscheidungspraxis der Europäischen Kommission ist daher aufmerksam zu verfolgen.

87

Wird im Falle einer Krankenhausprivatisierung gegen die dargestellten beihilferechtlichen Vorgaben der Europäischen Kommission verstoßen, können Erwerbsinteressenten, die nicht zum Zuge kommen sollen bzw. gekommen sind, eine Beihilfebeschwerde bei der Europäischen Kommission einlegen. Darüber hinaus können sie vor den nationalen Gerichten die zivilrechtliche Nichtigkeit der Veräußerungsverträge aufgrund des Verstoßes gegen die beihilferechtlichen Vorgaben geltend machen.

❗ Beraterhinweis

Die beihilferechtlichen Regelungen kommen in vielen Sachverhaltskonstellationen zur Anwendung, bei denen man auf den ersten Blick nicht damit rechnet. Aufgrund der möglichen erheblichen Rechtsfolgen von Beihilferechtsverstößen sollten diese auch im Rahmen von Privatisierungsvorhaben stets beachtet und geprüft werden.

6

---

56   Kommissionsentscheidung 2008/719/EG, ABl. 2008, L 239/32 – „Bank Burgenland".

§ 7 Steuerliche Aspekte

A. Überblick

1 Krankenhäuser werden heute in öffentlich-rechtlicher, freigemeinnütziger (auch kirchlicher) oder privater Trägerschaft geführt. Ebenso unterschiedlich sind die Organisationsformen. Es existieren öffentlich-rechtliche Organisationsformen (z.B. Eigenbetrieb, Regiebetrieb und Anstalten des öffentlichen Rechts). Verbreitet sind auch privat-rechtliche Rechtsformen, wie überwiegend die GmbH, die Aktiengesellschaft oder auch Personengesellschaften, Vereine und Stiftungen. Aus steuerlicher Sicht besteht die Besonderheit, dass all diese Erscheinungsformen einer unterschiedlichen steuerlichen Behandlung unterliegen.

B. Einzelne Steuerarten

I. Ertragsteuerbefreiung für Krankenhäuser

1. Gemeinnütziger Zweck

2 Krankenhäuser in freigemeinnütziger oder öffentlich-rechtlicher Trägerschaft werden als ausschließlich und unmittelbar gemeinnützigen Zwecken dienend anerkannte Einrichtungen geführt.

Die Förderung des öffentlichen Gesundheitswesens und die öffentliche Gesundheitspflege durch Krankenhäuser sind gemeinnützige Zwecke (§ 52 Abs. 2 Nr. 3 AO). Unter den Begriff des öffentlichen Gesundheitswesens fallen vor allem die Bekämpfung von Seuchen und ähnlichen Krankheiten, ebenso wie die vorbeugende Gesundheitspflege i.S.d. § 30 BFKG.

Zu würdigen ist außerdem, dass Krankenhäuser durchaus auch im Rahmen ihrer typischen Tätigkeit weitere gemeinnützige Zwecke verfolgen können. In erster Linie wäre hier die Verfolgung mildtätiger Zwecke zu nennen, da die Patienten wegen körperlicher Hilfsbedürftigkeit auf die Hilfe anderer angewiesen sind, oder die Umsetzung neuer Erscheinungsformen im Krankenhauswesen, wie die Medizinischen Versorgungszentren[1], die oft als Einrichtungen der Wohlfahrtspflege im Krankenhausbetrieb mitgeführt werden.

3 Für den Krankenhaus-Kernbereich hat der BFH in seinem Urteil vom 11. Dezember 1974[2] entschieden, dass sich die Tätigkeit der Krankenhäuser überwiegend auf den diagnostischen Bereich und auf das Gebiet der vorbeugenden Gesundheitspflege erstreckt und nicht ausschließlich mildtätige Zwecke gefördert werden und deshalb die Förderung der Gesundheitspflege als maßgebend für die Steuerbefreiung der Krankenhäuser angesehen wird.

Darüber hinaus unterhalten zahlreiche Krankenhäuser heutzutage Forschungsabteilungen, so dass auch der Bereich der Forschung ebenso wie der Bereich der Bildung und Erziehung durch die Unterhaltung von Krankenpflegeschulen berührt ist.

---

1 Vgl. dazu § 3 D.
2 BStBl 1974 II S. 458

Neben der tatsächlichen Erfüllung der gemeinnützigen Zwecke muss darüber hinaus die Satzung   4
den maßgeblichen gesetzlichen Anforderungen der Abgabenordnung Genüge tun (sog. satzungsgemäße Gemeinnützigkeit) und die Elemente der Gemeinnützigkeit, nämlich:

- die Förderung der Allgemeinheit,

- der Grundsatz der Unmittelbarkeit,

- der Grundsatz der Selbstlosigkeit,

- der Grundsatz der Ausschließlichkeit und

- die Grundsätze der Mittelverwendung

müssen darüber hinaus erfüllt sein[3].

2.   Zweckbetrieb „Krankenhaus"

Grundsätzlich begünstigt der Steuergesetzgeber sog. Zweckbetriebe, also dem Grunde nach wirt-   5
schaftliche Geschäftsbetriebe i.S.d. § 14 AO, die ausdrücklich steuerbegünstigt gestellt werden.

Mit § 67 AO besteht für Krankenhäuser eine eigene Zweckbetriebsnorm, so dass die weiteren Voraussetzungen des § 65 AO zur Zweckbetriebseigenschaft nicht mehr explizit geprüft werden müssen, wenn die in § 67 AO genannten Voraussetzungen erfüllt sind. Dies hat insbesondere Bedeutung
im Hinblick auf die Wettbewerbsklausel des § 65 Nr. 3 AO, da bei einem Zweckbetrieb i.S.d. § 67 AO
(Zweckbetriebskatalog) die Wettbewerbssituation nicht geprüft werden muss.

§ 67 AO lautet:

(1) Ein Krankenhaus, das in den Anwendungsbereich des Krankenhausentgeltgesetzes oder der
Bundespflegesatzverordnung fällt, ist ein Zweckbetrieb, wenn mindestens 40 % der jährlichen
Belegungstage oder Berechnungstage auf Patienten entfallen, bei denen nur Entgelte für
allgemeine Krankenhausleistungen (§ 7 des Krankenhausentgeltgesetzes, § 10 der Bundespflegesatzverordnung) berechnet werden.

(2) Ein Krankenhaus, das nicht in den Anwendungsbereich des Krankenhausentgeltgesetzes oder
der Bundespflegesatzverordnung fällt, ist ein Zweckbetrieb, wenn mindestens 40 % der jährlichen Belegungstage oder Berechnungstage auf Patienten entfallen, bei denen für die Krankenhausleistungen kein höheres Entgelt als nach Abs. 1 berechnet wird.

§ 67 AO regelt also, unter welchen Voraussetzungen der wirtschaftliche Geschäftsbetrieb „Kran-   6
kenhaus" als Zweckbetrieb zu qualifizieren ist. Abs. 1 der Vorschrift beschäftigt sich mit Krankenhäusern, die in den Anwendungsbereich des KHEntG und der BPflV fallen. Abs. 2 ist eingeführt
worden, da verschiedene Krankenhaustypen weiterhin nicht nach dem KHEntG oder der BPflV abrechnen. Die Unterscheidung ist notwendig geworden, da die Krankenhäuser i.d.R. nicht mehr wie
früher nach Pflegetagen, sondern nach DRG-Fallpauschalen abrechnen.

Den Begriff des Krankenhauses selbst regelt § 67 AO aber nicht. Hier wird stets die Definition in § 2
KHG herangezogen. So hat auch der Bundesfinanzhof (BFH) im Urteil vom 6. April 2005[4] ausgeführt, dass sich die steuerliche Definition des Begriffs Krankenhaus nach dem KHG bestimmt. Das
KHG sieht in § 2 Nr. 1 KHG vor, dass Krankenhäuser Einrichtungen sind, in denen durch ärztliche
und pflegerische Hilfeleistung Krankheiten, Leiden oder Körperschäden festgestellt, geheilt oder gelindert werden sollen oder Geburtshilfe geleistet wird und in denen die zu versorgenden Patienten
untergebracht und gepflegt werden. Folgerichtig geht der BFH (a.a.O.) auch davon aus, dass zum
Zweckbetrieb Krankenhaus alle damit im Zusammenhang stehenden Einnahmen und Ausgaben ge-

---

3   Vgl. im Einzelnen Augsten/Bartmuß/Rehbein/Sausmekat, Besteuerung im Krankenhaus, § 2 II
4   BStBl 2005 II S. 545

hören, die mit den ärztlichen und pflegerischen Leistungen an die Patienten als Benutzer des jeweiligen Krankenhauses erbracht werden. Hierzu zählen in erster Linie die stationäre oder teilstationäre Aufnahme (Unterbringung und Verpflegung) von Patienten, deren ärztliche und pflegerische Betreuung einschließlich der Lieferung zur Behandlung erforderlicher Arznei-, Heil- und Hilfsmittel sowie die Versorgung ambulanter Patienten[5].

7   Die Finanzverwaltung hat schon bisher ambulante Leistungen eines Krankenhauses dem Zweckbetrieb „Krankenhaus" zugeordnet. Klassische Beispiele sind die sogenannten Institutsambulanzen nach § 117 SGB V, Institutsermächtigungen i.S.d. § 116 SGB V oder Hochschulambulanzen nach § 177 SGB V.

Um den Krankenhausbegriff i.S.d. § 67 AO zu erfüllen, ist es zudem nicht erforderlich, dass das Krankenhaus eine Konzession nach § 33 GewO besitzt oder dass es in den Krankenhausplan eines Landes aufgenommen ist. Derartige Merkmale können lediglich als Beweisanzeichen für das Vorliegen eines Krankenhauses i.S.d. § 67 AO gewertet werden. Krankenhäuser können nur mit ihren ärztlichen oder pflegerischen Leistungen einen Zweckbetrieb i.S.d. § 67 AO begründen. Leistungen der Belegärzte sowie der Beleghebammen und Entbindungspfleger gehören nicht zu den allgemeinen Krankenhausleistungen.

🛈 Beraterhinweis:

8   *Weiter ist zu beachten, dass § 67 AO eine Spezialregelung ist und nur in dem dort abgebildeten Umfang einen Zweckbetrieb begründet. Wirtschaftliche Betätigungen mit anderem Gegenstand (z.B. Medizinische Versorgungszentren, Werkstätten für Orthopädie, o.ä.) sind gesondert zu betrachten. Insoweit ist stets zu prüfen, ob ein eigenständiger steuerpflichtiger wirtschaftlicher Geschäftsbetrieb oder ein anderer Zweckbetrieb vorliegt[6].*

Ergänzend ist die Frage zu stellen, wie das Vorliegen der Voraussetzungen des § 67 AO zu prüfen ist und welche Abgrenzungen hier notwendig sind. Allgemeine Krankenhausleistungen sind nur solche Leistungen, die unter Berücksichtigung der Leistungsfähigkeit des Krankenhauses im Einzelfall für die medizinisch zweckmäßige und ausreichende Versorgung der Patienten notwendig sind. Dabei erfolgt die Vergütung nach einem einheitlichen Katalog für die jeweils in Anspruch genommenen Leistungen grundsätzlich unabhängig von der Dauer des Krankenhausaufenthalts. Die Begrenzung auf mindestens 40 % der jährlichen Belegungstage auf Patienten, bei denen noch Pflegetage berechnet werden, bewirkt, dass die Belegungstage der Patienten auch für steuerliche Zwecke nachgehalten werden müssen.

9   Zusätzlich erbrachte Leistungen, sogenannte Wahlleistungen, fallen nicht unter die 40 %-Grenze des § 67 AO. Beispielhaft seien als nichtärztliche Wahlleistungen genannt:

- besondere Unterbringung (Ein- und Zweibettzimmer),
- besondere Ausstattung des Zimmers (z.B. Fernseher, Telefon etc.),
- bessere Verpflegung.

Gleiches gilt für therapeutische Leistungen, die nicht unter die allgemeinen Krankenhausleistungen fallen.

10   Zur Einzelberechnung und Nachweisführung ist beim fünften Senat des BFH ein Revisionsverfahren anhängig[7], in dem u.a. folgende Fragen gestellt werden:

- Hängt es vom Abrechnungsmodus eines Krankenhauses ab, welche Krankenhausleistungen bei der Beurteilung des Vorliegens der Voraussetzungen des § 67 Abs. 2 AO (Zweckbetrieb) zu berücksichtigen sind?

---

5   Buchna, Gemeinnützigkeit im Steuerrecht, 9. Auflage, S. 308, Rau/Dürrwächter/Flick/Geist, § 4 Nr. 16 UStG, Anmerkung 156.
6   Vgl. im Einzelnen Augsten/Bartmuß/Rehbein/Sausmekat. a.a.O., § 2 d, IV.
7   Az. V R 5/08

- Welche Vergütungsbestandteile der BPflV sind in den Entgeltvergleich nach § 67 Abs. 2 AO (Zweckbetrieb) einzubeziehen, sind insbesondere bei den Pflegesätzen nach § 10 Abs. 1 Nr. 1 BPflV auch Sonderentgelte zu berücksichtigen?

3.   Weitere Bedeutung des § 67 AO

Die Bedeutung des § 67 AO geht über den Bereich der steuerbegünstigten Krankenhäuser in frei- 11 gemeinnütziger oder öffentlich-rechtlicher Trägerschaft hinaus. Die Bestimmung gilt auch für die Fälle, in denen ein Krankenhaus in freier Trägerschaft (einer nicht steuerbegünstigten Körperschaft, einer natürlichen Person oder einer Personengesellschaft) betrieben wird und ist maßgebend für die Anwendung einzelner steuerlicher Vorschriften. Beispielhaft seien § 7 f GewStG, § 3 Nr. 20 EStG, § 4 Nr. 6 GrdStG oder § 4 Nr. 16 UStG a.F. genannt. Hierzu nachfolgend im Einzelnen.

II.   Körperschaftsteuer

Soweit ein Krankenhaus in freigemeinnütziger Trägerschaft geführt wird, ist dieses grundsätzlich 12 von der Körperschaftsteuerbefreiungsvorschrift des § 5 Abs. 1 Nr. 9 KStG erfasst, die bestimmt, dass die Einrichtung wegen ausschließlicher und unmittelbarer Verfolgung gemeinnütziger Zwecke von der Körperschaftsteuer befreit ist. Diese Steuerbefreiung ist jedoch ausgeschlossen, soweit steuerpflichtige wirtschaftliche Geschäftsbetriebe vorliegen, die von keiner Zweckbetriebsnorm erfasst sind.

Als steuerpflichtige wirtschaftliche Geschäftsbetriebe gelten beispielsweise: 13

- Krankenhausapotheken, soweit sie Lieferungen an andere Krankenhäuser erbringen,
- Krankenhausküchen und Krankenhauswäschereien, soweit sie Leistungen an Außenstehende vornehmen und die Grenzen für Selbstversorgungsbetriebe überschritten sind[8],
- Personal- und Sachmittelüberlassungen an Privatkliniken, an Arztpraxen, an die Chefärzte,
- Telefonüberlassung und Fernsehgerätevermietung[9],
- Besuchercafeterien,
- entgeltliche Überlassung von Parkplätzen an Besucher,
- Erbringung von EDV-Leistungen für Dritte,
- Automatenumsätze,
- Beschaffungsstelle für andere Einrichtungen,
- Blutalkoholuntersuchungen,
- Gästeübernachtung, so lange dies nicht für die Genesung unerlässlich ist,
- Großgeräteüberlassung,
- eigenbetriebene Kioske,
- Mobilfunkanlagen,
- Schönheitsoperationen,
- Verkäufe medizinischer Hilfsmittel.

Mit diesen und anderen steuerpflichtigen wirtschaftlichen Geschäftsbetrieben unterliegt das Krankenhaus der Körperschaftsteuer, wobei noch die Besteuerungsgrenze des § 64 Abs. 3 AO (€ 35.000,00)

---

8   BFH vom 18.01.1995 BStBl, 1995 II S. 446; Augsten/Bartmuß/Rehbein/Sausmekat, a.a.O., § 2 III 3.
9   FG Köln vom 01.02.2001 (Az. 13 K 6633/00) – nv; FinMin NRW vom 09.03.2005, DB 2005, S. 582.

und bei Überschreiten derselben ein Freibetrag gem. § 24 KStG i.H.v. € 5.000,00 (ab Veranlagungszeitraum 2009) zu berücksichtigen sind.

14   Soweit die Krankenhäuser in öffentlich-rechtlicher Trägerschaft geführt werden und sich eine Satzung gegeben haben, die den maßgeblichen gesetzlichen Anforderungen der satzungsmäßigen Gemeinnützigkeit entspricht, ergeben sich für Krankenhäuser in öffentlich-rechtlicher Trägerschaft keine abweichenden Regelungen. Die Krankenhäuser werden dann als steuerbegünstigte Betriebe gewerblicher Art geführt, auf die gleichfalls die Regelungen des § 67 AO Anwendung finden.

Von besonderer Bedeutung ist jedoch, dass es im Übrigen keine Körperschaftsteuerbefreiungsvorschrift für Krankenhäuser in privater Trägerschaft oder Privatkliniken gibt.

III.   Gewerbesteuer

15   Nach den einschlägigen gesetzlichen Bestimmungen des Gewerbesteuergesetzes unterliegt jeder im Inland betriebene stehende Gewerbebetrieb der Gewerbesteuer (§ 2 Abs. 1 Satz 1 GewStG). Somit unterliegen grundsätzlich auch Krankenhäuser der Gewerbesteuer, soweit keine Befreiungsvorschrift greift. Für Krankenhäuser, je nach dem, in welcher Trägerschaft sie geführt werden, sind zwei Befreiungsvorschriften maßgebend, nämlich die Befreiungsvorschrift des § 3 Nr. 6 GewStG und die Vorschrift des § 3 Nr. 20 GewStG.

1.   Gewerbesteuerbefreiung nach § 3 Nr. 6 GewStG

16   § 3 Nr. 6 GewStG befreit – der Vorschrift des § 5 Abs. 1 Nr. 9 KStG folgend – steuerbegünstigte Körperschaften im Rahmen ihrer steuerbegünstigten Tätigkeit von der Gewerbesteuer. Dies erfolgt allerdings mit der Einschränkung, dass für steuerpflichtige wirtschaftliche Geschäftsbetriebe die Anwendung der Gewerbesteuerbefreiungsvorschrift ausgeschlossen ist. Es liegt insoweit eine partielle Steuerpflicht vor.

2.   Gewerbesteuerbefreiung nach § 3 Nr. 20 GewStG

17   Die Spezialvorschrift des § 3 Nr. 20 GewStG befreit Krankenhäuser, Einzelwohnheime und Pflegeheime von der Gewerbesteuer, auch wenn sie von nicht steuerbegünstigten Körperschaften betrieben werden. § 3 Nr. 20 GewStG stellt, obwohl er ausdrücklich auch für Krankenhäuser in privater Trägerschaft Anwendung findet, wiederum auf die Voraussetzungen des § 67 AO ab.

§ 3 Nr. 20 GewStG sieht grundsätzlich zwei Anwendungsfälle vor. In lit. a) der Vorschrift werden speziell Krankenhäuser in öffentlich-rechtlicher Trägerschaft befreit, soweit diese von Gebietskörperschaften, Kirchen, Ortskrankenkassen oder Berufsgenossenschaften selbst betrieben werden. In diesen Fällen wird nicht auf die Voraussetzungen des § 67 AO abgestellt. § 3 Nr. 20 a) GewStG findet aber nur Anwendung, wenn das Krankenhaus in einer öffentlich-rechtlichen Organisationsform, also einem Regie- oder Eigenbetrieb, geführt wird[10]. Folgerichtig gilt die Gewerbesteuerbefreiung nach § 3 Nr. 20 a) GewStG dann nicht, wenn die Körperschaft des öffentlichen Rechts das Krankenhaus in einer Tochterkapitalgesellschaft betreibt.

18   Lit. b) der Vorschrift betrifft Häuser in privater Trägerschaft und setzt weiter voraus, dass zum einen ein Krankenhaus vorliegt und zum anderen, dass die Voraussetzungen des § 67 AO erfüllt sind. Die Rechtsform, in der das Krankenhaus betrieben wird, ist für die Anwendung der Befreiungsvorschrift

---

10 Glanegger/Bürow, Kommentar zum Gewerbesteuergesetz, 6. Auflage 2006, § 3 Anmerkung 177.

nicht maßgebend. Die Anwendung des § 67 AO bewirkt, dass das Krankenhaus in seiner Wesens-struktur erhalten bleiben muss. Wird beispielsweise eine Privatklinik betrieben, bei der die Patienten ausschließlich ärztliche Wahlleistungen in Anspruch nehmen können, greift § 3 Nr. 20 b) GewStG nicht[11].

Darüber hinaus schließt § 3 Nr. 20 GewStG nicht typischerweise die vorhin genannten steuerpflich-tigen wirtschaftlichen Geschäftsbetriebe von der Befreiung aus. Vielmehr hat der BFH bereits in einem Urteil vom 20. September 1996[12] entschieden, dass nicht krankenhaustypische Tätigkeiten, wie der Verkauf von Speisen, Getränken, Obst, Postkarten und Andenken an Patienten und Dritte, von der Befreiungsvorschrift ausgeschlossen sind.

3.   Wechselwirkung der beiden Befreiungsvorschriften

Da § 3 Nr. 20 GewStG einen weit geringeren Ausschluss an wirtschaftlichen Tätigkeiten von der   19
Gewerbesteuerbefreiungsvorschrift vornimmt, wird seit jeher diskutiert, ob und inwieweit § 3 Nr.
20 GewStG auch bei gemeinnützigen Krankenhäusern Anwendung findet. Hintergrund ist hierbei,
dass beispielsweise die vermögensverwaltende Tätigkeit einer gemeinnützigen Krankenhaus-GmbH
von § 3 Nr. 6 GewStG umfasst wird, nicht aber von § 3 Nr. 20 GewStG[13]. Andererseits könnte überlegt werden, dass Tätigkeiten, die bei der Befreiungsvorschrift des § 3 Nr. 6 GewStG (z.B. Wäsche-
reibetriebe, die die Grenze für Selbstversorgungsbetriebe überschreiten oder der Verkauf von Medikamenten durch die Krankenhausapotheke) nicht erfasst sind über die Gewerbesteuerbefreiung
des 3 Nr. 20 GewStG von der Gewerbesteuerbelastung ausgenommen werden könnten. § 3 Nr. 20
GewStG gilt als lex specialis gegenüber § 3 Nr. 6 GewStG[14]. Einer möglichen Anwendung des § 3 Nr.
20 GewStG auf gemeinnützige Häuser ist nunmehr aber das FG Brandenburg in seinem Urteil vom
21. Januar 2009 entgegentreten. Die Befreiungsvorschrift wäre damit bezogen auf gemeinnützige
Häuser enger gezogen als der Rahmen des § 3 Nr. 20 GewStG. Gegen dieses Urteil wurde Revision
beim BFH zugelassen.

IV.   Umsatzsteuer

Das Umsatzsteuerrecht sah schon bisher in § 4 Nr. 14 UStG bzw. vor allem in § 4 Nr. 16 UStG weitrei-   20
chende Umsatzsteuerbefreiungen für Krankenhäuser vor. Im Jahressteuergesetz 2009 sind allerdings
zahlreiche Änderungen erfolgt. Seit dem 1. Oktober 2008 sind die meisten Regelungen des § 4 Nr.
16 UStG in die Befreiungsvorschrift des § 4 Nr. 14 UStG integriert, der nunmehr nicht nur die von
Einzelpersonen erbrachten heilberuflichen Leistungen freistellt, sondern auch die Leistungen der
Krankenhäuser, die bisher ausdrücklich in § 4 Nr. 16 UStG geregelt waren.

> **§ 4 Nr. 14 UStG in der Fassung des Jahressteuergesetzes 2009 lautet nunmehr:**
>
> Umsatzsteuerfrei sind:
>
> a) Heilbehandlungen im Bereich der Humanmedizin, die im Rahmen der Ausübung der Tätigkeit als Arzt, Zahnarzt, Heilpraktiker, Physiotherapeut, Hebamme oder einer ähnlichen heilberufli-chen Tätigkeit durchgeführt werden. Satz 1 gilt nicht für die Lieferung oder Wiederherstellung von Zahnprothesen (aus Unterpositionen 9021 21 und 9021 29 00 des Zolltarifs) und kieferor-thopädischen Apparaten (aus Unterposition 9021 10 des Zolltarifs), soweit sie der Unterneh-mer in seinem Unternehmen hergestellt oder wiederhergestellt hat;

---

11   BFH vom 02.10.2003, DStR 2004, S. 221 bis 224.,
12   BStBl 1997 III, S. 90.
13   Knorr/Klaßmann, Die Besteuerung der Krankenhäuser, 3. Auflage 2004, S. 340.
14   Stoiber in: Lenski/Steinberg, Gewerbesteuerkommentar, Anmerkung 22 zu § 3 GewStG.

b) Krankenhausbehandlungen und ärztliche Heilbehandlungen einschließlich der Diagnostik, Befunderhebung, Vorsorge, Rehabilitation, Geburtshilfe und Hospizleistungen sowie damit eng verbundene Umsätze, die von Einrichtungen des öffentlichen Rechts erbracht werden. Die in Satz 1 bezeichneten Leistungen sind auch steuerfrei, wenn sie von

aa) zugelassenen Krankenhäusern nach § 108 des Fünften Buches Sozialgesetzbuch,

bb) Zentren für ärztliche Heilbehandlung und Diagnostik oder Befunderhebung, die an der vertragsärztlichen Versorgung nach § 95 des Fünften Buches Sozialgesetzbuch teilnehmen oder für die Regelungen nach § 115 des Fünften Buches Sozialgesetzbuch gelten,

cc) Einrichtungen, die von den Trägern der gesetzlichen Unfallversicherung nach § 34 des Siebten Buches Sozialgesetzbuch an der Versorgung beteiligt worden sind,

dd) Einrichtungen, mit denen Versorgungsverträge nach den §§ 111 und 111a des Fünften Buches Sozialgesetzbuch bestehen,

ee) Rehabilitationseinrichtungen, mit denen Verträge nach § 21 des Neunten Buches Sozialgesetzbuch bestehen,

ff) Einrichtungen zur Geburtshilfe, für die Verträge nach § 134a des Fünften Buches Sozialgesetzbuch gelten, oder

gg) Hospizen, mit denen Verträge nach § 39a Abs. 1 des Fünften Buches Sozialgesetzbuch bestehen,

erbracht werden und es sich ihrer Art nach um Leistungen handelt, auf die sich die Zulassung, der Vertrag oder die Regelung nach dem Sozialgesetzbuch jeweils bezieht, oder

hh) von Einrichtungen nach § 138 Abs. 1 Satz 1 des Strafvollzugsgesetzes erbracht werden;

c) Leistungen nach den Buchstaben a und b, die von Einrichtungen nach § 140b Abs. 1 des Fünften Buches Sozialgesetzbuch erbracht werden, mit denen Verträge zur integrierten Versorgung nach § 140a des Fünften Buches Sozialgesetzbuch bestehen;

d) sonstige Leistungen von Gemeinschaften, deren Mitglieder Angehörige der in Buchstabe a bezeichneten Berufe oder Einrichtungen i.S.d. Buchstaben b sind, gegenüber ihren Mitgliedern, soweit diese Leistungen für unmittelbare Zwecke der Ausübung der Tätigkeiten nach Buchstabe a oder Buchstabe b verwendet werden und die Gemeinschaft von ihren Mitgliedern lediglich die genaue Erstattung des jeweiligen Anteils an den gemeinsamen Kosten fordert;

21   Anzumerken bleibt allerdings, dass sich an den zu befreienden Tätigkeiten nicht allzu viel geändert hat. Jedoch hat der Bundesrat bei seiner Zustimmung zum Jahressteuergesetz 2009 am 19. Dezember 2008 zutreffend die Befürchtung geäußert, dass ab 2009 nicht mehr alle Krankenhäuser, die bisher die Steuerbefreiung gem. § 4 Nr. 16 UStG in Anspruch nehmen konnten, gem. § 4 Nr. 14 UStG n.F. die Umsatzsteuerbefreiung erlangen können, und hat verlangt, dass hier ggf. gesetzgeberisch nachgebessert werden müsse, da eine Schlechterstellung mit der Neuregelung nicht verfolgt worden sei. Für reine Privatkliniken kann diese Befürchtung zutreffen (vgl. nachfolgend).

Zudem muss angemerkt werden, dass die Vorschrift durch zahlreiche Verweisungen auf Vorschriften des Sozialgesetzbuches (SGB) anwendungsunfreundlich geworden ist und die Auseinandersetzung mit den Begrifflichkeiten des SGB verlangt, so dass die Vorschrift aus sich selbst heraus nicht mehr verständlich ist. Im Grundsatz müssen die Vorschriften des SGB berücksichtigt werden, um festzustellen zu können, welcher Umsatz umsatzsteuerbefreit ist. Dies bewirkt außerdem, dass jede Änderung des SGB künftig auch zu einer Änderung des Umsatzsteuergesetzes führen wird (sog. fließende Verweisung).

22   Eine wesentliche Neuerung ist insoweit eingetreten, als durch § 4 Nr. 14 UStG nun auch ausdrücklich Managementleistungen im Gesundheitswesen umsatzsteuerbefreit worden sind.

Andere Abgrenzungsfragen zwischen nicht steuerbefreiter „bloßer" ärztlicher Tätigkeit und steuerfreier Heilbehandlung sind im Gesetzgebungsverfahren nicht aufgenommen worden, so dass es weiterhin separater Regelungen bedarf, um festzustellen, ob Leistungen wie Schönheitsoperationen, Empfängnisverhütung oder Schwangerschaftsunterbrechungen umsatzsteuerpflichtig sind[15].

Klargestellt ist durch § 4 Nr. 14 UStG, dass nicht die Tätigkeit von Angehörigen bestimmter Heilberufe von der Umsatzsteuer befreit wird, sondern dass nur Heilbehandlungen am Menschen an sich befreit werden. Was beispielsweise zur Folge hat, dass die meisten Gutachtertätigkeiten von Ärzten nicht unter die Umsatzsteuerbefreiungsvorschrift fallen[16].   23

Die Umsatzsteuerbefreiungsvorschrift des § 4 Nr. 14 UStG setzt ebenso wenig wie die Vorgängervorschrift des § 4 Nr. 16 UStG auf der Gemeinnützigkeit auf. Dies ist damit begründet, dass das Umsatzsteuerrecht keine allgemeine Vergünstigung wegen Gemeinnützigkeit kennt. Unter § 4 Nr. 14 UStG fallen also auch Umsätze von Einrichtungen, die von nicht steuerbegünstigten Organisationen betrieben werden.

Unter die Umsatzsteuerbefreiungsvorschrift fallen alle Einrichtungen, bei denen durch ärztliche Leistung Krankheiten, Leiden oder Körperschäden festgestellt, geheilt oder gelindert werden oder Geburtshilfe geleistet wird. Ausdrücklich steuerfrei gestellt nach § 4 Nr. 14 b) UStG sind diese Leistungen, soweit sie von Einrichtungen des öffentlichen Rechts erbracht werden. Sie sind jedoch aber auch dann steuerfrei, wenn es sich um in § 4 Nr. 14 b) lit. aa) bis hh) UStG genannte Fälle handelt. Insoweit findet keine Verweisung mehr auf § 67 AO statt, sondern hier sind nunmehr die Verweisungen auf das SGB maßgebend. Bedeutend ist jedoch, dass durch den Regelungsverweis auf das SGB die Steuerbefreiung von jährlich nachzuweisenden bestimmten einrichtungsbezogenen sog. Sozialkriterien (Kriterien des § 67 AO) nicht mehr erforderlich ist.   24

Nunmehr sind z.B. zugelassene Krankenhäuser nach § 108 SGB V von der Umsatzsteuerbefreiungsvorschrift begünstigt. Der Verweis auf das SGB bedingt auch, dass – in Anlehnung an die im SGB definierten Leistungen – Leistungen der Geburtshilfe, Diagnostik, Vorsorge, Rehabilitation und die Hospizleistungen ausdrücklich zusätzlich im Gesetz steuerfrei gestellt werden mussten.

Von Bedeutung ist weiterhin, dass § 4 Nr. 14 UStG stets von Einrichtungen spricht. Die in Satz 2 bezeichneten Einrichtungen des privaten Rechts umfassen nach gefestigter Rechtsprechung des EuGH auch natürliche Personen.   25

Die Verweisungen auf die Regelungen des SGB sollen bewirken, dass keine Einrichtung die Steuerbefreiung für einrichtungsfremde Leistungen in Anspruch nimmt. Dies bedeutet z.B., dass eine Einrichtung, mit der ein Versorgungsvertrag nach § 111 SGB V besteht, keine steuerfreien Krankenhausbehandlungen erbringen kann, wenn sie nicht auch über eine Zulassung nach § 108 SGB V verfügt.

Als zugelassene Krankenhäuser i.S.d. § 108 SGB V gelten: 26

- Krankenhäuser, die nach landesrechtlichen Vorschriften als Hochschulkliniken anerkannt sind,

- Krankenhäuser, die in den Krankenhausplan eines Landes aufgenommen sind (Plankrankenhäuser),

- Krankenhäuser, die einen Versorgungsvertrag mit den Landesverbänden der Krankenkassen und den Verbänden der Ersatzkassen abgeschlossen haben (Vertragskrankenhäuser).

Dies hat aber zur Folge, dass Krankenhäuser, die nicht von juristischen Personen des öffentlichen Rechts betrieben werden und die nicht nach § 108 SGB V zugelassen sind, mit ihren in § 4 Nr. 14 b) Satz 1 UStG beschriebenen Leistungen umsatzsteuerpflichtig sind, also auch mit ihren in einer Vielzahl sonstiger Krankenhausleistungen eingebetteten ärztlichen Heilbehandlungsleistungen[17]. Der Gesetzgeber hat hierbei verkannt, dass dadurch zwar der Nachweis der Sozialkriterien des § 67 AO

---

15 Lippross, UR 2008, S. 690.
16 Augsten/Bartmuß/Rehbein/Sausmekat, a.a.O., § 2 Tz. 111 bis 116.
17 BFH vom 18.03.2004 BStBl 2004 II, S. 677.

weggefallen ist, dass über die Sozialkriterien aber durchaus auch eine sogenannte Privatklinik umsatzsteuerbefreit gestellt werden konnte.

27 Im Urteil vom 18. März 2004 hatte der BFH einen Fall zu entscheiden, ob eine Privatklinik, die die Voraussetzungen des § 67 AO nicht erfüllt und trotzdem vielfache medizinische Leistungen erbracht hat, von der Umsatzsteuerbefreiungsvorschrift des § 4 Nr. 16 UStG (a.F.) profitieren kann. Von Bedeutung war hierbei auch die Fragestellung, ob die nach § 4 Nr. 16 UStG grundsätzlich gegebene Steuerfreiheit für ärztliche und arztähnliche Leistungen unabhängig von der Rechtsform durch die Spezialvorschrift des § 4 Nr. 16 b) UStG ausgeschlossen ist. Der BFH hat dahingehend entschieden, dass die Umsätze der Krankenhäuser, die ärztliche Heilbehandlungen erbringen, nach § 4 Nr. 16 b) UStG nur dann umsatzsteuerbefreit sein können, wenn die Voraussetzungen des § 67 AO (Sozialkriterien) erfüllt sind. Mit dem jetzigen Gesetzeswortlaut sind allerdings Privatkliniken wiederum von der Umsatzsteuerbefreiung ausgeschlossen[18].

Hierbei ist zu berücksichtigen, dass viele Privatkliniken keine Zulassung nach § 108 SGB V besitzen. In der Bundestags-Drucksache zum JStG 2009 wurde ausgeführt, dass sich an der Steuerbefreiung im Klinikums-Bereich keine Änderung ergibt, wenn die bisherigen Voraussetzungen des § 4 Nr. 16 UStG a.F. vorliegen. Die Praxis zeigt jedoch, dass es Fälle gibt, in denen Privatkliniken zwar die Voraussetzungen des § 4 Nr. 16 UStG erfüllen, aber die in § 108 SGB V geforderte Voraussetzung nicht erfüllt sind. Dies würde bedeuten, dass diese Kliniken ab dem 01. Januar 2009 mit sämtlichen Umsätzen voll steuerpflichtig sind, somit auch mit ihren in einer Vielzahl sonstiger Krankenhausleistungen eingebetteten ärztlichen Heilbehandlungsleistungen[19].

28 Ursprünglich wollte sich die Finanzverwaltung um eine Klärung und ggf. Änderung der entsprechenden Regelung bemühen, da damit wohl eine vom Gesetzgeber nicht gewollte Rechtsfolge eingetreten ist. Eine entsprechende Klärung ist zumindest mit dem BMF Schreiben v. 26.06.2009 (AZ IV B9 – S7170/08/10009) erfolgt.

Wie bisher sollen Umsätze von der Umsatzsteuer befreit sein, die mit dem Betrieb der Einrichtung eng verbunden sind.[20] Nähere Einzelheiten sind im BMF Schreiben v. 26.06.2009 enthalten.

§ 4 Nr. 16 UStG in der heutigen Form beschäftigt sich in erster Linie mit Pflege- und Betreuungseinrichtungen, hat jedoch auch in diesem Bereich erhebliche Verweise auf das SGB mit sich gebracht.

V. Lohnsteuer

29 Krankenhäuser sind Arbeitgeber und müssen deshalb auch alle lohn- und sozialversicherungsrechtlichen Arbeitgeberpflichten erfüllen. Nachfolgend sind nur einige Besonderheiten im Krankenhausbereich dargestellt. Bezüglich der grundsätzlichen lohnsteuerlichen Behandlung der Arbeitnehmer wird auf die einschlägige Literatur verwiesen[21].

1. Chefärzte

30 Mit Urteil vom 10. Mai 2005[22] hat der BFH unter Änderung seiner Rechtsprechung entschieden, dass sich die Abgrenzung von selbständiger bzw. nichtselbständiger Arbeit bei Chefarzttätigkeiten im wahlärztlichen Bereich in jedem Einzelfall nach dem Gesamtbild der Verhältnisse beurteilt, insbe-

---

18 Schmidt/Bauer/Wittstock, Umsatzsteuerliche Behandlung einer Privatklinik im Lichte der BFH-Rechtsprechung, UR 2005, S. 297.
19 BFH vom 18.03.2004, BStBl II S. 677.
20 Vgl. insoweit Augsten/Bartmuß/Rehbein/Sausmekat, a.a.O., 2008, § 2 Tz. 90 ff.
21 Hartz/Meeßen/Wolf, ABC-Führer Lohnsteuer, 02/2009.
22 BStBl 2006 II S. 94.

sondere danach, ob wahlärztliche Leistungen innerhalb oder außerhalb des Dienstverhältnisses des Chefarztes erbracht werden. Hierbei kommt es auf eine Vielzahl von Kriterien an, die ggf. zu gewichten sind. Zu diesen Kriterien gehören: Dienstaufgabe, Weisungsgebundenheit, Vertragspartner des Vertrages über die Wahlarztleistungen usw.[23].

Im Urteilsfall ist der BFH zu dem Schluss gelangt, dass ein angestellter Chefarzt mit Einnahmen aus dem ihm eingeräumten Liquidationsrecht für die gesondert berechenbaren wahlärztlichen Leistungen Arbeitslohn bezieht, wenn die wahlärztlichen Leistungen innerhalb des Dienstverhältnisses erbracht werden. Bei näherer Analyse des Urteils ergibt sich, dass Einkünfte aus selbständiger Arbeit bei Chefärzten nur dann vorliegen können, wenn die Verträge über die wahlärztlichen Leistungen auch unmittelbar zwischen dem Patienten und dem Chefarzt geschlossen werden und die Liquidation durch den Chefarzt erfolgt[24]. Des Weiteren nimmt die Finanzverwaltung eine Selbständigkeit nur dann an, wenn nur der liquidationsberechtigte Arzt für die von ihm vorgenommenen wahlärztlichen Behandlungen haftet, er direkt mit dem Patienten abrechnet und die geschuldeten Beträge selbst vereinnahmt.

2. Warenabgaben aus der Krankenhausapotheke an Mitarbeiter

Die Warenabgabe von Medikamenten aus der Krankenhausapotheke an Mitarbeiter stellt einen steuerpflichtigen wirtschaftlichen Geschäftsbetrieb dar. Diese Warenabgabe ist aber auch lohnsteuerlich zu würdigen. Bei der Abgabe von Medikamenten an die Belegschaft eines Krankenhauses kann lohnsteuerlich der sog. Rabattfreibetrag gem. § 8 Abs. 3 EStG i.H.v. € 1.080,00 in Betracht kommen. Dies ist damit begründet, dass die Preisvorteile, die seitens des Krankenhauses an die Arbeitnehmer gewährt werden, als Sachbezüge i.S.d. § 8 Abs. 3 Satz 1 EStG anzusehen sind. Die Gewährung des Rabattfreibetrages ist von den üblichen steuerlichen Voraussetzungen[25] abhängig. | 31

Als eine der Voraussetzungen gilt jedoch, dass die Sachbezüge dem Arbeitnehmer aufgrund seines Dienstverhältnisses zufließen müssen. Dies hat vor allem bei Holdingkonstruktionen Bedeutung, in denen die Krankenhausapotheke einer Krankenhaus-GmbH Medikamente an Arbeitnehmer anderer Tochter- oder Schwestergesellschaften liefert. In diesen Fällen werden die Arbeitnehmer der Tochter- und Schwestergesellschaften zu Dritten und erhalten somit die Medikamente nicht unmittelbar vom Arbeitgeber. Der Rabattfreibetrag kommt in diesen Fällen nur dann in Betracht, wenn der Arbeitnehmer eine vom Arbeitgeber hergestellte Ware auf dessen Veranlassung und Rechnung erhält[26]. Für zugekaufte Medikamente findet diese Regelung keine Anwendung.

Da der Rabattfreibetrag in erster Linie Rabatte auf Waren oder Dienstleistungen erfasst, die vom Arbeitgeber nicht überwiegend für den Bedarf seiner Arbeitnehmer hergestellt, vertrieben oder erbracht werden, sind auch die Auswirkungen des BFH-Urteils vom 27. August 2002[27] zu beachten. Im Urteilsfall hatte ein Krankenhaus seinen Arbeitnehmern aus der Krankenhausapotheke nicht verschreibungspflichtige Medikamente und sonstige medizinische Artikel mit Rabatt überlassen. Der BFH hat in diesem Fall die Anwendung des Rabattfreibetrags gewährt und festgestellt, dass es nicht darauf ankäme, ob das Krankenhaus mit anderen Vertreibern von Medikamenten und medizinischen Artikeln in Wettbewerb tritt. Es reicht aus, dass das Krankenhaus überhaupt an andere, nämlich die Patienten, die Medikamente abgibt. Es spielt hierbei keine Rolle, dass die Güter regelmä- | 32

---

23 Vgl. auch Augsten/Bartmuß/Rehbein/Sausmekat, a.a.O., § 2 IV 1.
24 OFD Karlsruhe vom 24.04.2006, DStR 2006, S. 1041.
25 Vgl. BMF vom 27.09.1993, BStBl 1993 I, S. 814 ff.
26 BFH vom 04.06.1993, BStBl 1993 II, S. 687 bis 692.
27 BStBl 2002 II, S. 881 bis 883.

ßig nur neben anderen Leistungen wie z.B. ärztliche Betreuung, Unterkunft, Verpflegung, usw. abgegeben werden. Eine Einschränkung durch die BFH-Rechtsprechung ergibt sich allerdings insoweit, als ein Krankenhaus neben Medikamenten für den eigenen Bedarf auch spezielle Medikamente für die Beschäftigten bestellt. In diesen Fällen kommt der Rabattfreibetrag auf die von den Beschäftigten bestellten Medikamente nur dann zur Anwendung, wenn Medikamente dieser Art mindestens im gleichen Umfang an Patienten abgegeben werden[28].

3. Steuerfreiheit von Zuschlägen (Sonntags-, Feiertags- und Nachtarbeit)

33 Nach § 3 b Abs. 1 EStG können Zuschläge, die für tatsächlich geleistete Sonntags-, Feiertags- oder Nachtarbeit neben dem Grundlohn gezahlt werden, teilweise steuerfrei ausbezahlt werden. Dies hat für viele Krankenhäuser Bedeutung.

Im Urteil vom 27. August 2002[29] hat der BFH sich mit den Zuschlägen für die Rufbereitschaft an Sonn- und Feiertagen beschäftigt, für die je Stunde Rufbereitschaft ein prozentualer Zuschlag gezahlt wurde. Der BFH hat hierbei entschieden, dass Zuschläge für Rufbereitschaften unter die Regelung des § 3 b EStG fallen, wenn sie für die nach § 3 b EStG genannten begünstigten Zeiten gewährt und die vorgesehenen Prozentsätze (z.B. für Nachtarbeit 25 %) nicht überstiegen werden. Der BFH stellt aber hierbei ausdrücklich darauf ab, dass die Grenzen der Steuerbefreiung nicht an dem bei voller Arbeitsleistung auf einen Stundenlohn umzurechnenden Grundlohn zu orientieren sind, sondern an dem Entgelt, das für Stunden gewährt wird, für die Rufbereitschaft angeordnet ist.

4. Ehrenamtliche Tätigkeit

34 Teilweise kommen auch die Sonderregelungen des § 3 Nr. 26 EStG und § 3 Nr. 26 a EStG für die ehrenamtlich Tätigen im Krankenhaus in Betracht[30]. Voraussetzung für deren Anwendbarkeit ist jedoch, dass es sich bei dem Krankenhaus um ein Krankenhaus handelt, das als ausschließlich und unmittelbar gemeinnützigen Zwecken dienend anerkannt ist.

VI. Grundsteuer

35 Für unterhaltenen Grundbesitz ist grundsätzlich Grundsteuer zu entrichten. Allerdings sind in § 3 GrdStG auch diverse Befreiungen geregelt. Für Krankenhäuser kommen hierbei insbesondere in Betracht:

- § 3 Abs. 1 Nr. 1 GrdStG,
- § 3 Abs. 1 Nr. 3 GrdStG,
- § 4 Nr. 6 GrdStG.

1. Steuerbefreiung nach § 3 Abs. 1 Nr. 1 GrdStG

36 § 3 Abs. 1 Nr. 1 GrdStG befreit Grundbesitz von der Grundsteuer, der von einer inländischen juristischen Person des öffentlichen Rechts für den öffentlichen Dienst gebraucht oder genutzt wird.

---

28 BFH vom 27.08.2002, BStBl 2003 II, S. 95.
29 Az. VI R 64/96, BStBl 2002 II, S. 883.
30 Wegen der Einzelheiten vgl. Augsten/Bartmuß/Rehbein/Sausmekat, a.a.O., § 2 II Tz. 144 ff.

Grundsätzlich gilt diese Befreiung also für die hoheitliche Tätigkeit der Körperschaften. § 3 Abs. 3 GrdStG verneint zwar die Anwendung im Bereich eines Betriebes gewerblicher Art (BgA) – den ein Krankenhaus in öffentlich-rechtlicher Trägerschaft grundsätzlich steuerlich darstellt –, allerdings gehört das Krankenhaus zu der Daseinsfürsorge der öffentlichen Hand, so dass folgerichtig Grundbesitz, der für Zwecke eines Krankenhauses genutzt wird, für eine juristische Person des öffentlichen Rechts nach § 3 Abs. 1 Nr. 1 GrdStG befreit sein kann. Allerdings muss die Körperschaft des öffentlichen Rechts den Grundbesitz unmittelbar nutzen. Bei einer Nutzung durch Tochterkapitalgesellschaften findet die Befreiungsvorschrift keine Anwendung.

2. Steuerbefreiung nach § 3 Abs. 1 Nr. 3 GrdStG

Die Vorschrift des § 3 Abs. 1 Nr. 3 a) GrdStG befreit Grundbesitz, der von einer inländischen juristischen Person des öffentlichen Rechts für gemeinnützige oder mildtätige Zwecke genutzt wird, von der Grundsteuer. 37

3. Steuerbefreiung nach § 4 Nr. 6 GrdStG

§ 4 Nr. 6 GrdStG befreit Grundbesitz von der Grundsteuer, der ausdrücklich für Zwecke eines Krankenhauses genutzt wird, wenn das Krankenhaus in dem Kalenderjahr, das dem Veranlagungszeitpunkt vorangeht, die Voraussetzungen des § 67 AO erfüllt hat. 38

In diesem Zusammenhang ist auf das Urteil des BFH vom 25. April 2007[31] hinzuweisen. Hier hat der BFH ausgeführt, dass die Steuerbefreiung nach § 4 Nr. 6 GrdStG voraussetzt, dass der Grundbesitz ausschließlich demjenigen, der ihn nutzt oder einer juristischen Person des öffentlichen Rechts zuzurechnen sein muss und diesbezüglich auf das formale Kriterium der Rechtsträgeridentität abzustellen ist. Aufgrund dieser Rechtsträgeridentität schließt die Vermietung oder Verpachtung des Grundbesitzes an den Betreiber des Krankenhauses die Steuerbefreiung aus, weil das Grundstück in diesem Fall nicht vom Eigentümer unmittelbar für den Krankenhausbetrieb genutzt wird[32]. Mithin ist die Grundsteuerbefreiung in Fällen der Betriebsaufspaltung nicht anwendbar.

VII. Sonstige Steuerarten

Zur Erbschaft- und Schenkungsteuer sowie zur Grunderwerbsteuer vgl. Augsten/Bartmuß/Rehbein/Sausmekat, a.a.O. , § 2 V und VI. 39

C. Umstrukturierungen und Kooperationen

I. Privatisierungen

Privatisierungen sind ausführlich unter § 2 dargestellt, so dass insoweit darauf verwiesen werden kann. 40

---

31 BFH/NV 2007, S. 1924.
32 Vgl. auch BFH vom 16.01.1991, BStBl 1991 II, S. 535.

II. Outsourcing

41 Outsourcing hat neben arbeitsrechtlichen Folgen (vgl. hierzu auch § 2 B. IV.) auch erhebliche steuerliche Folgen, die häufig im Bereich der Servicegesellschaften auftreten, deren Aufgabe es ist, patientenferne, nicht medizinische Dienstleistungen (wie Wäscheversorgung, Gebäudereinigung, Facility-Management, Speisenversorgung, u.ä.) zu erbringen. In der Praxis tritt häufig die Konstellation auf, dass entweder der Krankenhausträger der alleinige Gesellschafter ist, oder ein privater Dienstleister als Mitgesellschafter beteiligt wird (sog. gemischt-wirtschaftliche Servicegesellschaft).

Am häufigsten werden solche Servicegesellschaften in der Rechtsform der GmbH begründet, soweit die Gründung durch kommunale Krankenhausträger erfolgt. Dies liegt in den jeweiligen Kommunalverfassungen der Länder begründet, wonach Kommunen sich nur dann an Unternehmen in privater Rechtsform beteiligen dürfen, wenn ihre Haftung auf einen angemessenen Betrag beschränkt wird. Aus steuerlicher Sicht sind hierbei insbesondere folgende Eckpunkte zu beachten.

42 Für den öffentlichen oder gemeinnützigen Anteilseigner ist bedeutend, ob die Beteiligung an der Service-GmbH in der Vermögensverwaltung oder im steuerpflichtigen Bereich gehalten wird. Diese Frage entscheidet sich nach den Grundsätzen der bisherigen BFH-Rechtsprechung. Der BFH hatte bereits sehr früh, nämlich im Urteil vom 21. Mai 1957[33], entschieden, dass die Beteiligung im Rahmen eines steuerpflichtigen wirtschaftlichen Geschäftsbetriebs gehalten wird, wenn die Beteiligung im Geschäftsbetrieb der Körperschaft eine ins Gewicht fallende Rolle gewonnen hat. Mit Urteil vom 30. Juni 1971[34] zur Beteiligung eines Berufsverbandes an einer Tochterkapitalgesellschaft und in weiteren Urteilen stellt der BFH darauf ab, ob tatsächlich ein entscheidender Einfluss auf die Geschäftsführung der Kapitalgesellschaft im Tagesgeschäft genommen wird[35]. Grundsätzlich gilt, dass eine Einflussnahme auf die Kapitalgesellschaft lediglich im Rahmen der gesetzlichen Gesellschafterrechte und -pflichten allein keinen steuerpflichtigen wirtschaftlichen Geschäftsbetrieb bzw. keinen BgA begründet. Erst ein aktives Eingreifen in die tatsächliche Geschäftsführung qualifiziert die Tätigkeit zur steuerpflichtigen Tätigkeit.

Von der tatsächlichen Einflussnahme sind Tagesgeschäfte betroffen, die nach der BFH-Rechtsprechung wie folgt definiert werden:

„Tagesgeschäfte sind die tatsächlichen und rechtsgeschäftlichen Handlungen, die der gewöhnliche Betrieb des Handelsgewerbes der Gesellschaft mit sich bringt, und solche organisatorischen Maßnahmen, die zur Verwaltung der Gesellschaft gehören"[36].

43 Beispiele für Tagesgeschäfte sind:

- gesetzlich zugewiesene Aufgaben eines Geschäftsführers,
- Planung,
- Vorbereitung und Abwicklung der Tagesgeschäfte,
- Überwachung,
- Tätigkeiten, deren genaue Ausprägung im Einzelnen von Größe und Gegenstand des Unternehmens abhängig sind[37].

Im Einzelnen haben sich die folgenden Kriterien für eine Zuordnung zum ertragsteuerpflichtigen Bereich herauskristallisiert:

---

33 BStBl 1957 III, S. 251.
34 BStBl 1971 II, S. 753.
35 Fabry/Augsten, Handbuch Unternehmen der öffentlichen Hand, Teil V RN 51 ff., Augsten in: Lademann, Kommentar zum Körperschaftsteuergesetz, Tz. 83 zu § 5 KStG.
36 BFH vom 07.12.1994, BStBl 1995 II, S. 175.
37 Koch/Scholtz, AO, RN 17; Lex: Die Mehrheitsbeteiligung einer steuerbegünstigten Körperschaft an einer Kapitalgesellschaft – Vermögensverwaltung oder wirtschaftlicher Geschäftsbetrieb?, DB 1997, S. 349 f.

1. Einfluss des Gesellschafters auf die laufende Geschäftstätigkeit

Ein solcher Einfluss wird unterstellt, wenn die Organe der steuerbegünstigten Körperschaft bzw. des steuerbegünstigten BgA aktiv in die Geschäftsführung der Tochterkapitalgesellschaft dergestalt eingreifen, dass zwischen den geschäftsleitenden Personen der GmbH und den Organen oder den geschäftsleitenden Personen des BgA bzw. der steuerbegünstigten Körperschaft Personenidentität besteht. Insoweit wird dann davon ausgegangen, dass aufgrund der Personalunion eine eindeutige Trennung der jeweiligen Entscheidungsfindung und damit der Tagesgeschäfte nicht mehr möglich ist.

44

2. Einflussnahme über einen Aufsichtsrat/Beirat

Dem Grunde nach könnte eine Einflussnahme vermieden werden, wenn bei der Service-GmbH ein Aufsichtsrat oder Beirat installiert wird und der Gesellschafter auf sein GmbH-rechtliches Weisungsrecht gegenüber der Geschäftsführung in Fragen des Tagesgeschäfts ausdrücklich zu Gunsten des Aufsichtsrats/Beirats verzichtet. Ein solcher Aufsichtsrat/Beirat verhindert aber die Einflussnahme auf die tatsächliche Geschäftsführung nicht, wenn dieser überwiegend mit der Geschäftsführung des Anteilseigners (somit des Krankenhauses) besetzt ist.

45

7

3. Betriebsaufspaltung

Das Vorliegen einer Betriebsaufspaltung wird als wesentliche Einflussnahme auf die tatsächliche Geschäftsführung gewertet. Sie setzt voraus, dass eine sachliche und personelle Verflechtung vorliegt.

46

Eine personelle Verflechtung ist stets gegeben, wenn der öffentliche oder steuerbegünstigte Gesellschafter mit mindestens 51 % an der Service-GmbH beteiligt ist (Anteile und Stimmrechte).

Eine sachliche Verflechtung ist hingegen gegeben, wenn der Gesellschafter der Tochterkapitalgesellschaft wesentliche Betriebsgrundlagen überlässt. Unter wesentlichen Betriebsgrundlagen sind solche Vermögensgegenstände zu verstehen, die zur Führung des Betriebs notwendig sind. Eine wesentliche Betriebsgrundlage kann deshalb bereits in der Überlassung von Räumen gegeben sein,

- wenn das Gebäude die räumliche und wesentliche Grundlage für die Geschäftstätigkeit der Betriebsgesellschaft bildet,
- wenn ein Büro oder Verwaltungsgebäude für den Bereich des Unternehmens benötigt wird,
- und das angemietete Gebäude auch für diesen Zweck geeignet ist.

Hinzu kommt, dass das Gebäude für die Betriebsführung nicht von untergeordneter Bedeutung sein darf.

III. Vorliegen von Organschaftsverhältnissen

Ein Einfluss auf die tatsächliche Geschäftsführung wird auch dann unterstellt, wenn zwischen der ausgliedernden Körperschaft und der Tochterkapitalgesellschaft ein umsatzsteuerliches Organschaftsverhältnis vorliegt (vgl. nachfolgend).

47

Dies ergibt sich daraus, dass die Begründung von Organschaftsverhältnissen die Eingliederung in ein Unternehmen voraussetzt[38].

Sind diese Voraussetzungen oder Teile davon erfüllt, liegt die Beteiligung stets im ertragsteuerpflichtigen Bereich. Dies wird bei Servicegesellschaften meistens der Fall sein, da das Krankenhaus sich seinen Einfluss sichern will und zur steuerlichen Optimierung in diesen Fällen regelmäßig umsatzsteuerliche Organschaften gegründet werden, um etwaige Kosteneinsparungen nicht durch umsatzsteuerliche Mehrbelastungen zu konterkarieren.

1.   Selbstversorgungsbetriebe

48   Eine Besonderheit besteht dann, wenn in die Servicegesellschaften Selbstversorgungsbetriebe ausgegliedert werden[39].

Küchen, Labore und Wäschereien sind oftmals Selbstversorgungsbetriebe des Krankenhauses. Dies setzt jedoch voraus, dass die Leistungen an Außenstehende die 20 %-Grenze nicht übersteigen dürfen. Durch die Ausgliederung auf eine Tochterkapitalgesellschaft wird das Krankenhaus aber selbst zum Außenstehenden, so dass bei einer Ausgliederung dieser Tätigkeiten ein steuerlicher Vorteil verloren gehen kann.

Des Weiteren ist zu beachten, dass eine gemeinnützige Körperschaft ihre Zweckbetriebe nicht ohne weiteres auf steuerpflichtige Tochterkapitalgesellschaften übertragen kann, da insoweit steuerlich begünstigtes Vermögen übertragen wird.

2.   Finanzierung der Beteiligung

49   Da – wie ausgeführt – die Beteiligung an einer Service-GmbH bei einem gemeinnützigen Krankenhaus regelmäßig im steuerpflichtigen wirtschaftlichen Geschäftsbetrieb gehalten wird und Anteilseigner eine steuerbegünstigte Körperschaft ist, muss überlegt werden, mit welchen Mitteln das Stammkapital finanziert werden kann. Auch hier gilt, dass mit der Aufbringung des Stammkapitals die gemeinnützigkeitsrechtlichen Mittel auf Dauer gebunden sind und damit nicht mehr zeitnah verwendet werden können. Insoweit muss die Finanzierung aus Mitteln erfolgen, die nicht der zeitnahen Mittelverwendung unterliegen. Als nicht zeitnah zu verwendende Mittel gelten:

- durch Umschichtung entstandenes Vermögen, z.B. Veräußerungserlös bei Verkauf eines Grundstückes, Verkauf von Aktien;
- Mittel, die ihrer Natur nach der Vermögensbildung dienen, wie z.B. Mietwohngrundstücke;
- Zuwendungen von Todes wegen, soweit nicht eine Verwendung für den laufenden Aufwand vorgeschrieben wurde;
- Zuwendungen aufgrund eines ausdrücklichen Spendenaufrufs zur Aufstockung des Vermögens;
- Zuwendungen mit ausdrücklicher Zweckbestimmung zur Aufstockung bzw. zur Erhöhung des Vermögens;
- Mitgliedsbeiträge und Spenden aus der Zeit vor dem 01. Januar 1977, d.h. vor Inkrafttreten der AO 1977 (aber nicht unstreitig);
- freie Rücklagen nach § 58 Nr. 7 a) AO;

---

38 Fabry/Augsten, Handbuch der Unternehmen des öffentlichen Rechts, S. 315.
39 Augsten/Bartmuß/Rehbein/Sausmekat, a.a.O., § 2 III.

■ zweckgebundene Rücklagen (auch Projekt- oder Zweckerfüllungsrücklagen genannt[40]), allerdings dadurch eingeschränkt, dass durch die Verwendung der Mittel im gemeinnützigen Bereich durchzuführende Projekte nicht zeitlich verzögert oder verhindert werden.

Vorrangig sieht die Finanzverwaltung hierbei die Finanzierung durch freie Rücklagen als maßgebend an.   50

Darüber hinaus kann auch über eine Fremdfinanzierung nachgedacht werden, wobei wiederum gemeinnützigkeitsrechtliche Besonderheiten zu beachten sind. Grundsätzlich wird die Fremdfinanzierung als schädlich angesehen, wenn für Zins- oder Tilgungsleistungen Mittel verwendet werden, die der zeitnahen Verwendungspflicht unterliegen. Unschädlich ist eine Fremdfinanzierung aber dann, wenn diese sich aus den steuerpflichtigen Aktivitäten selbst tragen kann[41]. Hierbei ist nach wie vor umstritten, ob dies sowohl für die Tilgungs- als auch für die Zinsleistungen gilt.

Grundsätzlich geht im Falle des steuerpflichtigen wirtschaftlichen Geschäftsbetriebs die Finanzverwaltung davon aus, dass Tilgung und Zinsen für das Darlehen ausschließlich aus Mitteln des steuerpflichtigen wirtschaftlichen Geschäftsbetriebs geleistet werden dürfen. Andere Meinungen gehen derzeit davon aus, dass nur die Zinsen aus den Überschüssen zu finanzieren sind und für die Tilgung nicht zeitnah zu verwendende Mittel verwendet werden können. Dieser Argumentation verweigert die Finanzverwaltung jedoch überwiegend die Zustimmung.

3. Umsatzsteuerliche Organschaft

Krankenhäuser erbringen überwiegend umsatzsteuerfreie Leistungen i.S.d. § 4 Nr. 14 UStG. § 15   51
UStG schränkt den Vorsteuerabzug aber insoweit ein, als ein Vorsteuerabzugsverbot besteht, soweit umsatzsteuerfreie Ausgangsleistungen vorliegen. Dies hätte zur Folge, dass das Krankenhaus die Umsatzsteuer, die auf den Rechnungen der Service-GmbH (z.B. für die Lieferung von Patiententenessen) lastet, nicht zum Abzug bringen kann. Aus diesen Gründen wird bei der Errichtung von Servicegesellschaften regelmäßig gleichzeitig eine umsatzsteuerliche Organschaft begründet. Diese bewirkt, dass die Leistungen zwischen der Muttergesellschaft (Krankenhaus) und der Servicegesellschaft als nicht steuerbare Innenumsätze zu werten sind. Eine umsatzsteuerliche Organschaft ist aber an mehrere Voraussetzungen geknüpft:

■ das Vorliegen von Organträger und Organgesellschaft sowie

■ die Erfüllung der sogenannten Eingliederungsvoraussetzungen.

a) Organträger und Organgesellschaft

aa) Organträger

Als Organträger kommen grundsätzlich nur unbeschränkt steuerpflichtige Personen in Betracht,   52
wobei die Rechtsform des Organträgers unerheblich ist. Dies bedeutet aber auch, dass Organträger nur solche Gebilde sein können, die der unbeschränkten Steuerpflicht unterliegen. Wird das Krankenhaus in der Rechtsform der GmbH geführt, ist diese gem. § 1 Abs. 1 Nr. 1 KStG unbeschränkt körperschaftsteuerpflichtig. Würde das Krankenhaus als Stiftung oder Verein geführt, greift § 1 Abs. 1 Nr. 4 KStG. Ist Krankenhaus-Träger eine Körperschaft des öffentlichen Rechts, ist diese nur mit den von ihr unterhaltenen Betrieben gewerblicher Art gem. § 1 Abs. 1 Nr. 6 KStG unbeschränkt steuerpflichtig, so dass als Organträger der „BgA Krankenhaus" in Betracht kommt.

---

40 § 58 Nr. 11 AO.
41 OFD Hannover vom 12.07.2000, DStR 2000, S. 1564.

Die Tatsache, dass die o.g. Körperschaften bzw. der BgA die Körperschaftsteuerbefreiung des § 5 Abs. 1 Nr. 9 KStG beanspruchen können, ist unschädlich für die Begründung der Organträgereigenschaft, da Grundvoraussetzung lediglich die unbeschränkte Steuerpflicht ist. Das Vorliegen einer Steuerbefreiungsvorschrift ist für die Stellung als Organträger nicht relevant.

bb) Organgesellschaft

53 Als Organgesellschaft kommen entsprechend den gesetzlichen Bestimmungen nur bestimmte Körperschaften in Betracht, dies sind vorrangig Kapitalgesellschaften.

b) Eingliederungsvoraussetzungen

54 Anders als die Organschaft im Ertragsteuerrecht, fordert die umsatzsteuerliche Organschaft nach wie vor eine finanzielle, wirtschaftliche und organisatorische Eingliederung.

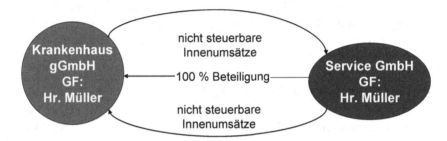

- finanzielle Eingliederung
  ⟹ Mehrheit der Stimmrechte
- organisatorische Eingliederung
  ⟹ z.B. Identität in der Geschäftsführung
- wirtschaftliche Eingliederung
  ⟹ ergänzende Tätigkeit
     z.B. Leistungen für das Krankenhaus

aa) Finanzielle Eingliederung

55 Eine finanzielle Eingliederung ist stets dann gegeben, wenn der Organträger die Mehrheit der Stimmrechte und Anteile auf sich vereinigt.

bb) Organisatorische Eingliederung

56 Die Organgesellschaft muss nach dem Gesamtbild der tatsächlichen Verhältnisse organisatorisch eingegliedert sein. Grundvoraussetzung ist hierfür, dass sich der Wille des Organträgers tatsächlich realisiert, in dem die Anordnungen des Organträgers durch die Organgesellschaft tatsächlich laufend ausgeführt werden[42].

Die organisatorische Eingliederung verlangt also, dass die mit der finanziellen Eingliederung verbundene Möglichkeit der Beherrschung in der laufenden Geschäftsführung wahrgenommen und durchgesetzt wird. Dies wird in aller Regel durch personelle Verflechtungen, die von anderen organisatorischen Maßnahmen, die in den Kernbereich der laufenden Geschäftsführung eingreifen, begleitet werden, erfüllt, mit der Folge, dass die Geschäftsführer die gewöhnlichen anfallenden Geschäfte nicht selbständig und eigenverantwortlich ausüben können. Als Hauptanzeichen für die organisato-

---

42 BFH vom 20.02.1992, BFH/NV 1993, S. 133; Schmidt/Müller/Strecker, Die Organschaft im Körperschaftsteuer-, Gewerbesteuer- und Umsatzsteuerrecht, 6. Auflage 2003, Tz 1375.

rische Eingliederung gilt die personenidentische Besetzung in der Geschäftsführung von Organträger und Organgesellschaft[43].

Hierbei ist allerdings zu berücksichtigen, dass zur organisatorischen Eingliederung bei umsatzsteuerlichen Organschaften eine verschärfte Rechtsprechung des Bundesfinanzhofs existiert. Der BFH hat sich in den Urteilen vom 5. Dezember 2007[44] und 14. Februar 2008[45] intensiv mit der organisatorischen Eingliederung im Rahmen von umsatzsteuerlichen Organschaftsverhältnissen auseinander gesetzt. Er hat sich hierbei insbesondere mit der Frage beschäftigt, wie die organisatorische Eingliederung dergestalt umzusetzen ist, dass in der Organschaft der Wille des Gesellschafters tatsächlich durchgeführt und umgesetzt wird. In einem weiteren Urteil vom 3. April 2008[46] hat der BFH ausgeführt, dass die aktienrechtliche Abhängigkeitsvermutung aus dem Aktiengesetz keine Bedeutung im Hinblick auf die organisatorische Eingliederung hat und dass die organisatorische Eingliederung in aller Regel die personelle Verflechtung der Geschäftsführung des Organträgers und der Organgesellschaft voraussetzt.

Die herrschende Meinung geht derzeit davon aus, dass eine umsatzsteuerliche Organschaft in folgenden Teilbereichen nicht mehr ohne weiteres gegeben ist:

- die Organgesellschaft hat mehrere einzelvertretungsberechtigte Geschäftsführer, wobei mit mindestens einem Geschäftsführer keine Personalunion zum Organträger besteht und die übrigen Geschäftsführer kein Letztentscheidungsrecht besitzen;

- die Organgesellschaft erstellt zwar monatliche Berichte über die Geschäftsführung, weitere Einflussmöglichkeiten sind jedoch nicht gegeben;

- es existieren vertraglich eingeräumte Einflussmöglichkeiten, von denen der Gesellschafter aber keinen Gebrauch macht.

Ist einer dieser Einzelfälle gegeben, ist zur Sicherstellung der umsatzsteuerlichen Organschaft i.d.R. eine Geschäftsordnung zu erlassen. Diese muss manifestieren, dass eine einheitliche Willensbildung im Organkreis sichergestellt ist.

❗ Beraterhinweis:

Aus den Wortlauten aller Urteile ist aber zu entnehmen, dass bei einer nicht-personenidentischen oder einer nicht hinreichend personenidentischen Besetzung der Organe die umsatzsteuerliche Organschaft auch auf andere Weise, z.B. durch eine Geschäftsordnung, umgesetzt werden kann[47].

cc) Wirtschaftliche Eingliederung

Die wirtschaftliche Eingliederung verlangt, dass eine fördernde und ergänzende Tätigkeit der Organgesellschaft zum Organträger vorliegt. Insbesondere bei Servicegesellschaften ist diese wirtschaftliche Eingliederung (z.B. durch die Erbringung von Wäschereileistungen) für das Krankenhaus dem Grunde nach gegeben.

Bezüglich des Umfang des Leistungsaustauschs wäre zu beachten, dass der BFH im Urteil vom 3. April 2003[48] ausgeführt hat, dass die wirtschaftliche Eingliederung bereits dann gegeben ist, wenn zwischen dem Organträger und der Organgesellschaft aufgrund gegenseitiger Förderung und Ergänzung mehr als nur unerhebliche wirtschaftliche Beziehungen bestehen. Die Organgesellschaft muss hierbei aber nicht wirtschaftlich vom Organträger abhängig sein.

57

58

7

59

---

43 BFH vom 12.01.1977, BStBl 1977 II, S. 355.
44 BStBl 2008 II, S. 451.
45 BFH/NV 2008, S. 1365.
46 BStBl 2008 II, S. 905.
47 Kaufmann/Schmitz-Herscheidt, BB 2008, S. 2111.
48 BStBl 2004 II, S. 432.

60   Ergänzend sei erwähnt, dass die Rechtsprechung des BFH davon ausgeht, dass die Eingliederungsmerkmale nicht gleichmäßig deutlich vorhanden sein müssen, sondern dass es auf das Gesamtbild der tatsächlichen Verhältnisse ankommt. Die umsatzsteuerliche Organschaft kann auch gegeben sein, wenn die Eingliederung auf einem der Gebiete nicht vollkommen ist[49].

Zu berücksichtigen ist aber, dass aufgrund der Regelung des § 2 Abs. 2 Nr. 2 UStG die von der Organgesellschaft bewirkten Umsätze, auch soweit sie an Dritte erfolgen, dem Organträger zuzurechnen sind. Weiter ist bedeutend, dass auch im Rahmen der umsatzsteuerlichen Organschaft ein Vorsteuerabzug nicht erfolgt, wenn es sich um einen Warenbezug handelt, der beim Organträger für steuerfreie Umsätze verwendet wird[50].

IV.   Ausgliederung von Zweckbetrieben

1.   Auf steuerbefreite Gesellschaften

61   Im Grundsatz bewirkt § 20 Umwandlungsteuergesetz (UmwStG), dass die Einbringung eines Zweckbetriebs in eine Kapitalgesellschaft zum Buchwert oder Zwischenwert erfolgen kann, soweit ein gesamter Betrieb oder Teilbetrieb übergeht. Mit dem Gesetz über steuerliche Begleitmaßnahmen zur Einführung der Europäischen Aktiengesellschaft und zur Änderung weiterer steuerlicher Vorschriften vom 17. Dezember 2006 (SEStEG) hat sich bei der Fassung des § 20 Abs. 2 UmwStG jedoch eine wesentliche Änderung ergeben. Danach ist das eingebrachte Betriebsvermögen grundsätzlich mit dem gemeinen Wert anzusetzen. Das bisherige Wahlrecht des § 20 UmwStG, das übernommene Betriebsvermögen mit dem gemeinen Wert, einem Zwischenwert oder einem Buchwert anzusetzen, ist seit dem an drei Voraussetzungen geknüpft, die kumulativ vorliegen müssen:

- es muss sichergestellt sein, dass das übernommene Betriebsvermögen später bei der übernehmenden Körperschaft der Besteuerung mit Körperschaftsteuer unterliegt,
- die Passivposten dürfen nicht die Aktivposten übersteigen und
- das Besteuerungsrecht der Bundesrepublik Deutschland muss sichergestellt sein.

62   Genau hieraus ergeben sich aber Probleme bei der Ausgliederung von Zweckbetrieben oder steuerbegünstigten Betrieben gewerblicher Art auf steuerbegünstigte Tochterkapitalgesellschaften. Bei der Verlagerung auf eine steuerbefreite, also eine ausschließlich und unmittelbar gemeinnützigen Zwecken dienende Körperschaft, findet eine Besteuerung beim Übernehmer nicht statt, da dieser ebenfalls nach § 5 Abs. 1 Nr. 9 KStG von der Körperschaftsteuer befreit ist. Spätere Gewinne aus der Veräußerung des übertragenen Zweckbetriebs unterliegen folgerichtig nicht der Körperschaftsteuer, so dass das Besteuerungsrecht nicht sichergestellt ist.

Hierbei ist aber zu berücksichtigen, dass ein „Besteuerungsverlust" dem Grunde nach nur dann vorliegen kann, wenn die stillen Reserven im übertragenen Betriebsvermögen zum Zeitpunkt der Einbringung steuerverstrickt sind. Denn nur in diesem Fall besteht die Gefahr, dass Betriebsvermögen der Besteuerung entzogen wird. Im Fall der Übertragung eines Zweckbetriebs auf eine gemeinnützige GmbH ist das zu übertragende inländische Betriebsvermögen aber nicht steuerverstrickt, da die stillen Reserven im steuerbegünstigten Zweckbetrieb gebildet wurden. Auch eine Veräußerung des Zweckbetriebs würde dementsprechend nicht zu einem steuerpflichtigen Veräußerungsgewinn führen[51]. Es scheint daher systemwidrig, dass § 20 Abs. 2 Nr. 1 UmwStG zu einem Ausschluss der Mög-

---

49   BFH vom 25.06.1998, BFH/NV 1998, S. 1534; BFH vom 22.11.2001, BStBl 2002 II, S. 187.
50   Müller/Strecker, Die Organschaft, 7. Auflage 2008, S. 371.
51   Schröder, DStR 2001, S. 1416.

lichkeit führt, das eingebrachte Betriebsvermögen auf Antrag mit dem Buchwert zu bewerten, wenn es sich bei der aufnehmenden Gesellschaft um eine steuerbefreite Körperschaft handelt.

Aus diesem Grund wird die Auffassung vertreten, dass eine Übertragung auch nach den gemeinnützigkeitsrechtlichen Vorschriften des § 58 Nr. 1 bzw. § 58 Nr. 2 AO möglich wäre und somit bereits aus diesem Grunde die Aufdeckung stiller Reserven vermieden werden kann. **63**

2. Auf steuerpflichtige Gesellschaften

Nach den Grundsätzen des Mittelverwendungsgebots ist es nicht möglich, im Rahmen der Ausgliederung einen steuerbegünstigten Zweckbetrieb in eine steuerpflichtige Tochterkapitalgesellschaft zu überführen, da die steuerbegünstigte Muttergesellschaft ihre Mittel nur für satzungsgemäße Zwecke verausgaben darf. Würde nun der Zweckbetrieb in eine steuerpflichtige Kapitalgesellschaft eingebracht werden, würden diese Mittel auf Dauer der zeitnahen Mittelverwendung für satzungsgemäße Zwecke entzogen werden. Die bisher vom gemeinnützigen Anteilseigner unmittelbar gehaltenen Mittel würden die Bindung des Gemeinnützigkeitsrechts verlieren. Dies ist damit begründet, dass weder die Mittel, noch die Erträge ab dem Einlagezeitpunkt bei der steuerpflichtigen Kapitalgesellschaft zu der Verpflichtung führen, diese ausschließlich und unmittelbar zeitnah für steuerbegünstigte Zwecke zu verwenden. **64**

🔵 Beraterhinweis:

Sollte dennoch eine Überführung der Wirtschaftsgüter des Zweckbetriebs angedacht sein, so bliebe nur, die entsprechenden Wirtschaftsgüter zu einem sachgerechten Preis zu übertragen. Hierbei wäre auf deren Marktgängigkeit zu achten, da eine gemeinnützige Körperschaft einem steuerpflichtigen Wirtschaftsunternehmen keine Vorteile zukommen lassen darf, die zu einer Verringerung von gemeinnützigen Mitteln führen. Demnach müssten Gegenleistung bzw. Kaufpreis angemessen sein. Rechtliche Aspekte sind zusätzlich zu beachten.

V. Kooperationen

Zur Kostensenkung und optimalen Ausschöpfung vorhandener Kapazitäten kooperieren immer mehr Krankenhäuser miteinander oder mit niedergelassenen Ärzten[52]. **65**

1. Gesellschaft bürgerlichen Rechts

Wie unter § 3 C. II. ausgeführt, entstehen Gesellschaften bürgerlichen Rechts durch den Abschluss von Gesellschaftsverträgen oder auch durch konkludentes Verhalten. Die Begründung einer Gesellschaft bürgerlichen Rechts hat jedoch auch steuerrechtliche Folgen, wobei steuerlich ebenfalls zwischen der Außen- und der Innengesellschaft unterschieden wird. **66**

a) Außengesellschaft

Bei der Außengesellschaft ist zu beachten, dass diese selbst Objekt der Besteuerung wird. Die GbR unterliegt zwar nicht der Einkommensteuer oder Körperschaftsteuer, vielmehr wird der Gewinn einheitlich und gesondert festgestellt und den einzelnen Gesellschaftern zugewiesen. **67**

---

52 Zu den Gründen im Einzelnen vgl. § 3 A. II. sowie Augsten/Bartmuß/Rehbein/Sausmekat, a.a.O., § 5.

Anders verhält es sich bei der Gewerbesteuer und bei der Umsatzsteuer. Hier wird die GbR Steuerschuldner. Bei der Gewerbesteuer ist allerdings zu beachten, dass die Personengesellschaft selbst den Status der Gemeinnützigkeit nicht erlangen kann und somit eine Gewerbesteuerbefreiung i.S.d. § 3 Nr. 6 GewStG nicht möglich ist.

aa) Ertragsteuern

68 Grundsätzlich gilt, dass im gesonderten und einheitlichen Gewinnfeststellungsbescheid der Personengesellschaft bindend festgestellt wird, ob eine an einer Personengesellschaft beteiligte Körperschaft gewerbliche Einkünfte bezieht. Hierbei ist zu beachten, dass die gesamte Tätigkeit der Personengesellschaft bereits durch einzelne gewerbliche Tätigkeiten im vollen Umfang als gewerbliche Tätigkeit qualifiziert werden kann. Dies wäre beispielsweise dann der Fall, wenn neben der nicht gewerblichen Kooperation zwischen zwei Krankenhäusern auch weitere gewerbliche Tätigkeiten koordiniert und ausgeführt werden und diese nicht gewerblichen und gewerblichen Einkünfte derselben Personengesellschaft zuzuordnen sind. Der Umfang dieser sogenannten gewerblichen Infektion wurde im Rahmen des SEStEG erweitert. Danach sind nun auch die Fälle betroffen, in denen eine originär nicht gewerbliche Personengesellschaft an einer weiteren gewerblichen Personengesellschaft beteiligt ist und aus dieser Beteiligung Einkünfte bezieht. Auch in diesem Fall würden die Einkünfte der originär nicht gewerblichen Personengesellschaft in vollem Umfang als gewerbliche Einkünfte gelten.

Der Umfang der Einkünfte der Gesellschafter ist nicht nur auf das direkt zurechenbare Einkommen beschränkt, vielmehr werden auch die Vergütungen erfasst, die der Gesellschafter von der Personengesellschaft für seine Tätigkeit im Dienst der Gesellschaft, für die Hingabe von Darlehen oder für die Übertragung von Wirtschaftsgütern erhält. Insoweit können diesen sog. Sonderbetriebseinnahmen aber auch Sonderbetriebsausgaben gegenübergestellt werden.

bb) Sonderregelung für gemeinnützige Einrichtungen

69 Aus Sicht eines Krankenhauses in gemeinnütziger oder öffentlicher Trägerschaft ist wiederum entscheidend, wie die Beteiligung an der GbR bei diesem behandelt wird, d.h. welcher Vermögenssphäre sie zuzuordnen ist. Nach der Rechtsprechung des BFH bewirkt die Beteiligung an einer gewerblich tätigen Personengesellschaft, dass die gemeinnützige oder öffentlich-rechtliche Körperschaft Mitunternehmerinitiative entfaltet und Mitunternehmerrisiko trägt[53] und insoweit die Beteiligung im ertragsteuerpflichtigen Bereich gehalten wird.

Für steuerbegünstigte Körperschaften, die solche Kooperationen eingehen, besteht hinsichtlich der Beurteilung des steuerpflichtigen wirtschaftlichen Geschäftsbetriebs bei der Beteiligung an einer Personengesellschaft aber eine Besonderheit. Ob ein Zweckbetrieb i.S.d. § 65 AO oder ein steuerpflichtiger wirtschaftlicher Geschäftsbetrieb vorliegt, entscheidet sich danach, ob sich steuerbegünstigte Körperschaften zu einer GbR zusammengeschlossen haben, um gemeinsam steuerbegünstigte Zwecke umzusetzen (z.B. Durchführung von gemeinsamen Lehrgängen in einer Krankenpflegeschule). Dies bedeutet also, dass falls die Körperschaft die Tätigkeit allein ausüben würde (ohne Mitgesellschafter) und die Tätigkeit einen Bereich umfasst, der bei dieser dann einen Zweckbetrieb darstellen würde, auch die Beteiligung dem Zweckbetrieb zugerechnet wird.[54]

cc) Umsatzsteuer

70 Soweit die GbR als Außengesellschaft nach außen auftritt, ist diese auch als umsatzsteuerlicher Unternehmer anzusehen. Auch hier wäre zunächst festzustellen, dass die GbR den Status der Gemeinnützigkeit nicht erlangen kann, da gem. § 52 AO als ausschließlich und unmittelbar gemeinnützigen Zwecken dienend nur Körperschaften i.S.d. § 1 KStG anerkannt werden können. Dies ist bei der

---

53 Großer Senat des BFH vom 15.06.1984, BStBl 1984 II, S. 751; AEAO Nr. 13 zu § 64 AO.
54 AEAO Nr. 13 zu § 64 AO; Buchna, Gemeinnützigkeit im Steuerrecht, 9. Auflage, S. 259 f.

GbR nicht der Fall. Bestimmte Umsatzsteuerbefreiungsvorschriften, die auf die Gemeinnützigkeit des Unternehmers abstellen, können deshalb nicht angewendet werden. Beispielsweise sei die Umsatzsteuerbefreiungsvorschrift des § 4 Nr. 22 a) UStG genannt, die bei einer GbR nicht anwendbar ist, da die Kurse oder Veranstaltungen von Einrichtungen durchgeführt werden müssen, die gemeinnützigen Zwecken dienen, so dass eine Anwendung dieser Befreiungsvorschrift rechtsformbedingt ausscheidet. Als Gegenbeispiel wäre die Vorschrift des § 4 Nr. 21 UStG zu nennen. Sie ist rechtsformneutral formuliert und nicht an die Steuerbegünstigung wegen Gemeinnützigkeit geknüpft. Voraussetzung ist jedoch, dass die GbR von der zuständigen Landesbehörde bescheinigt erhält, dass die von ihr durchgeführten Maßnahmen auf einen Beruf oder eine von einer juristischen Person des öffentlichen Rechts abzunehmende ordnungsgemäße Prüfung vorbereitet. Die Anwendung dieser Vorschrift käme beispielsweise in Betracht, wenn zwei Krankenhäuser gemeinsam in der Rechtsform der GbR eine Krankenpflegeschule betreiben würden.

Des Weiteren besteht die Besonderheit, dass eine GbR, an der ausschließlich steuerbegünstigte Körperschaften beteiligt sind, von dem ermäßigten Umsatzsteuersatz i.H.v. 7 % gem. § 12 Abs. 2 Nr. 8 UStG profitieren kann. Dies kommt immer dann in Betracht, wenn die Gesellschaft Leistungen erbringt, die – soweit sie die Gesellschafter selber ausführen würden – steuerbegünstigt wären. § 12 Abs. 2 Nr. 8 UStG ist grundsätzlich auch bei Betrieben gewerblicher Art von juristischen Personen des öffentlichen Rechts anwendbar. Wie ausgeführt, ist Voraussetzung für die Anwendung des ermäßigten Umsatzsteuersatzes aber wiederum, dass die Leistungen, die erbracht werden, als Zweckbetrieb zu beurteilen wären, wenn sie die steuerbegünstigte Körperschaft selbst ausführen würde. Dies hat jedoch auch zur Folge, dass der ermäßigte Umsatzsteuersatz für die GbR insgesamt verloren geht, wenn diese auch Leistungen erbringt, die außerhalb von Zweckbetrieben liegen. Dies bedeutet, dass, soweit die GbR einen Bereich unterhält, der bei der gemeinnützigen Körperschaft selbst einen steuerpflichtigen wirtschaftlichen Geschäftsbetrieb darstellen würde, die Anwendbarkeit des ermäßigten Umsatzsteuersatzes für die GbR insgesamt verloren geht.

71

b)   Innengesellschaft

Die Innengesellschaft, die im Rechtsverkehr nicht nach außen auftritt, wird steuerlich oft auch gewählt, um umsatzsteuerliche Mehrbelastungen zu vermeiden. Die Rechtsbeziehungen werden i.d.R. nur von einem geschäftsführenden Kooperationspartner in eigenem Namen und für Rechnung der Gesellschaft wahrgenommen. Dem ist der BFH im Urteil vom 11. November 1965[55] gefolgt und hat ausgeführt, dass Unternehmer i.S.d. Umsatzsteuergesetzes nur die an der Innengesellschaft beteiligten Personen, nicht aber die Innengesellschaft selbst sein kann. Wird z.B. die Innengesellschaft für ein bestimmtes Projekt begründet, setzt jeder der Partner seine eigenen Mitarbeiter für die Projektumsetzung nach dem eigenen Bedarf ein.

72

2.   Managementgesellschaft

Unter § 3 C. III. sind die Managementgesellschaften ausführlich beschrieben. Steuerlich wäre hierzu anzumerken, dass die bezahlten Vergütungen beim Krankenhaus Betriebsausgaben darstellen, die je nach Ausgestaltung des Krankenhauses (steuerpflichtig oder steuerbegünstigt) steuerlich abziehbar oder steuerlich nicht relevant sind.

73

---

55   BStBl 1966 III, S. 28.

Aufgrund der Besonderheit, dass die Krankenhausleistungen aber überwiegend von der Umsatzsteuer befreit sind, würde sich die Managementleistung durch die nicht abziehbare Vorsteuer de facto verteuern. Mittlerweile ist aber in § 4 Nr. 14 UStG geregelt worden, dass auch die Leistungen der Managementgesellschaften im Gesundheitswesen von der Umsatzsteuer befreit sind.

3. Holdinggesellschaften

74 Bei Holdingstrukturen, an denen Krankenhäuser in gemeinnütziger Trägerschaft beteiligt sind, ist zu beachten, dass sich eine gemeinnützige Gesellschaft nicht einem steuerpflichtigen Wirtschaftsgebilde unterordnen kann, da dies die Gemeinnützigkeit tangieren würde. Deshalb ist es bei derartigen Holdingkonstruktionen von Bedeutung, dass auch die Holdinggesellschaft als ausschließlich und unmittelbar gemeinnützigen Zwecken dienend anerkannt ist. Damit die Holdinggesellschaft als gemeinnützig anerkannt werden kann, setzt dies voraus, dass diese selbst eine gemeinnützige Tätigkeit ausübt (z.B. den Betrieb einer Krankenpflegeschule) oder aber auch eine Fördertätigkeit i.S.d. § 58 Nr. 1 AO[56] erbringt.

Bis zum Jahr 2003 bestand zudem die Möglichkeit, dass die Holding als Hilfsperson i.S.d. § 57 Abs. 1 Satz 2 AO ausgestaltet wurde und somit ebenfalls als gemeinnützig galt oder die Tochterkapitalgesellschaft als Hilfsperson für die Holding tätig war. Diese Möglichkeit basiert auf § 57 Abs. 1 Satz 2 AO, der besagt, dass die gemeinnützige Tätigkeit auch dann unmittelbar erbracht wird, wenn dies durch Hilfspersonen erfolgt.

75 Das Wirken der Hilfsperson muss nach den rechtlichen und tatsächlichen Beziehungen, die zwischen der Körperschaft und der Hilfsperson bestehen, wie ein eigenes Wirken der Hilfsperson anzusehen sein und die Körperschaft muss jederzeit rechtlich und tatsächlich auf die Tätigkeit Einfluss nehmen können. Dennoch wurde im Anwendungserlass zur Abgabenordnung geregelt, dass ein Handeln als Hilfsperson nach § 57 AO keine eigene steuerbegünstigte Tätigkeit darstellt[57]. Diese Änderung hat dazu geführt, dass die Tätigkeit als Hilfsperson einer gemeinnützigen Kapitalgesellschaft nunmehr nicht mehr als unmittelbare gemeinnützige Tätigkeit qualifiziert wird. Dies bedeutet, dass die Hilfspersonentätigkeit keine doppelte Gemeinnützigkeit (für die ausführende Hilfsperson und für die die Hilfsperson beauftragende Person) bewirkt. Dies bedingt, dass sich die Holdinggesellschaft in diesen Fällen nicht auf das Verwalten der Beteiligung an Betriebsgesellschaften beschränken kann, sondern eben eine eigene gemeinnützige Tätigkeit aufweisen muss.

Allerdings wird u.E. zutreffend die Auffassung vertreten, dass die Tätigkeit der Hilfsperson selbst als ein steuerbegünstigter Zweckbetrieb beurteilt werden kann, wenn die Tätigkeit der steuerbegünstigten Körperschaft zugleich von deren eigenen satzungsgemäßen Zielen gedeckt ist[58].

4. Sonderfall Medizinische Versorgungszentren

76 Wie unter § 3 D. III. ausgeführt, können MVZ sich grundsätzlich aller Rechtsformen bedienen. Auch hier besteht jedoch im Hinblick auf gemeinnützige Krankenhausträger eine Besonderheit.

Werden die MVZ in einer steuerpflichtigen Rechtsform geführt, können nicht ohne weiteres gemeinnützigkeitsrechtlich gebundene Mittel auf dieses Gebilde überführt werden.

Besondere Bedeutung erlangt im Übrigen der Fall, dass die Gründung des MVZ in der Rechtsform einer juristischen Person (z.B. der GmbH) erfolgt und die Muttergesellschaft gemeinnützig ist. Die

---

56 Augsten, Steuerrecht in Nonprofit-Organisationen, § 1 D I. 1.
57 AEAO Nr. 2 zu § 57 AO Satz 11.
58 Märkle/Alber, Der Verein im Zivil- und Steuerrecht, 12. Auflage 2008, S. 198.

Gesellschafter der MVZ-GmbH müssen – wie in § 3 D. III. ausgeführt – Bürgschaftserklärungen für die Forderungen von kassenärztlichen Vereinigungen und Krankenkassen gegen das MVZ vorlegen. Hierbei wird eine selbstschuldnerische Bürgschaft gefordert. Dies kann beim gemeinnützigen Krankenhausträger zu Problemen führen, da für diese Bürgschaft gemeinnützigkeitsrechtlich gebundenes Vermögen zur Verfügung gestellt werden müsste. Aus diesen Gründen werden bei dieser Konstellation die MVZ entweder im gemeinnützigen Krankenhaus integriert oder als gemeinnützige Tochterkapitalgesellschaft ausgestaltet. Dies setzt voraus, dass das MVZ als Zweckbetrieb anerkannt ist.

Ein MVZ erfüllt die Voraussetzungen der §§ 53 und 66 AO, da die behandelten Personen aufgrund ihres körperlichen Zustandes auf die Hilfe anderer angewiesen sind. Körperliche Hilfsbedürftigkeit ist nämlich dann anzunehmen, wenn eine medizinische Indikation zur Behandlung besteht oder der Patient aufgrund seiner Erkrankung auf ärztliche Hilfe angewiesen ist[59]. So bestätigt auch die OFD Frankfurt in ihrer bundesweit abgestimmten Verfügung vom 26. September 2006[60], dass MVZ bei Vorliegen der übrigen Voraussetzungen der Gemeinnützigkeit Zweckbetriebe nach § 66 AO sein können.   77

Weitere Voraussetzung ist, dass mindestens zwei Drittel der behandelten Personen der Personengruppe angehören, die auf die Hilfe anderer angewiesen ist. In der Literatur wird vertreten, dass das Merkmal der Hilfsbedürftigkeit im Allgemeinen bereits dann als erfüllt angesehen werden kann, wenn die Behandlungskosten durch die gesetzlichen oder privaten Krankenkassen ohne ergänzende Zuzahlung durch den Patient übernommen werden.[61] Zwischenzeitlich hat sich dieser Auffassung auch die Finanzverwaltung in Einzelfällen angeschlossen. Man geht davon aus, dass die Kostenübernahme der Krankenkassen bzw. Beihilfeleistungen bei Privatpatienten als Nachweis i.S.d. § 66 Abs. 3 AO heranzuziehen ist. Damit sind die Leistungen begünstigt, wenn die Kosten von den Krankenkassen bzw. der Beihilfe übernommen werden; bei Nichtübernahme sind sie nicht begünstigt.   7

---

59   Bartmuß, Wann sind Medizinische Versorgungszentren gemeinnützig?, DB 2007, S. 106.
60   Az.: S 0184 A – 11 – St 53, DB 2006, S. 2261.
61   Buchna, a.a.O., S. 306.

§ 8 Die transaktionsbedingte Bewertung von Krankenhäusern[1]

A. Situative Marktlage

1 Akutkrankenhäuser, die nach dem landesspezifischen Krankenhausplan als Regel-, Grund- oder Maximalversorger auf dem Gesundheitsmarkt in Erscheinung treten, werden von freigemeinnützigen, insbesondere den kirchlichen sowie kommunalen und privaten Trägern betrieben. Hierbei ist zu beobachten, dass kommunal geführte Krankenhäuser zunehmend aufgrund der bestehenden defizitären Haushaltslage der kommunalen Träger (Städte, Gemeinden und Landkreise) an private Betreiber veräußert wurden und voraussichtlich auch künftig werden.

Darstellung der Veränderung des Marktanteils der Krankenhausträger anhand der Anzahl der betriebenen Krankenhauseinrichtungen:

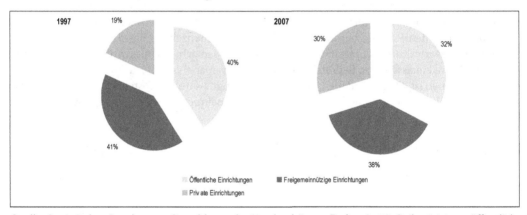

Quelle: Statistisches Bundesamt, Grunddaten der Krankenhäuser, Fachserie 12, Reihe 6.1.1, veröffentlicht am 10.12.2008

2 Wie oben ersichtlich, nahm der Anteil der Einrichtungen, die sich in kommunaler Trägerschaft befinden, deutlich ab. Hintergrund ist die prekäre Finanzsituation der Kommunen, die zunehmend die Finanzierung laufender operativer Verluste oder zwingend notwendiger Sachinvestitionen in Immobilien und langlebige Mobilien verhindert. Zwar ist die Finanzierung von Investitionen der im Krankenhausplan aufgenommenen Krankenhäusern aufgrund der im deutschen Krankenhauswesen bestehenden Dualfinanzierung grundsätzlich Sache der jeweiligen Bundesländer (§ 6 KHG), diese können jedoch in Anbetracht existierender finanzieller Engpässe ihren Verpflichtungen nicht mehr vollumfänglich nachkommen. Während die Betriebs- und Behandlungskosten über die sog. Diagnoses Related Groups (DRG) fallbezogen und (gegenüber früher) nicht zwingend kostendeckend über die Krankenkassen finanziert werden (KHEntG, BPflV, FPV), erfolgt im Rahmen der Dualfinanzierung die Finanzierung der langlebigen Wirtschaftsgüter mittels pauschaler (§ 9 Abs. 3 KHG) bzw. insbesondere einzelfallbezogener Finanzierungsbewilligungen (§ 9 Abs. 1 und 2 KHG) der Bundesländer unter Berücksichtigung der jeweiligen Landeskrankenhausfinanzierungsgesetze (vgl. § 11 KHG).

---

1 Mein besonderer Dank gilt Herrn Marc Langner für die Unterstützung bei der Erstellung der nachfolgenden Ausführungen.

Aufgrund der angespannten Haushaltslage der Bundesländer ist zu beobachten, dass diese sich immer mehr aus der langfristigen Finanzierung von Krankenhausinvestitionen zurückgezogen haben. Diese Entwicklung hat Schätzungen zufolge inzwischen zu einem Investitionsstau in der Größenordnung von € 30 bis 50 Mrd. in der Bundesrepublik Deutschland geführt. Damit wird das für Krankenhäuser zur Verfügung stehende Investitionskapital zu einem zentralen Wettbewerbsfaktor. Krankenhäuser müssen der Finanzierungsseite immer stärkere Beachtung schenken und sich aktiv mit der Erschließung neuer Finanzierungsquellen auseinander setzen.[2]

Fehlende investive Finanzmittel verhindern oftmals den dringend notwendigen Neu- bzw. Umbau, der gleichzeitig prozessoptimierte Behandlungsabläufe sicherstellen und damit die operative Ertragslage des Krankenhauses deutlich verbessern könnte. Davon sind insbesondere ältere Bauten betroffen, deren Errichtung bereits längere Zeit zurückliegt und die im Zeitablauf im Rahmen zunehmender Versorgungsnotwendigkeiten und -möglichkeiten durch verschiedenste Anbauten ergänzt wurden, ohne einen prozessoptimalen Behandlungsablauf sicherzustellen. Beispielhaft sei in diesem Zusammenhang auf die oftmals erheblichen Laufwege und damit verbundenen Laufzeiten verwiesen, die zwischen Bettenhaus und Operationstrakt bestehen. Fehlende Optimierung der Geschäftsprozessabläufe führen zu operativen Mehrkosten gegenüber dem Wettbewerb. Die investive Notlage bedingt damit mittelbar die finanzielle Notlage im operativen Bereich.

Einen wesentlichen Kostenfaktor bilden neben den Materialkosten die Personalkosten. Kommunale Krankenhäuser sind i.d.R. an den Tarifvertrag des öffentlichen Dienstes (TVöD, vormals BAT) gebunden. Den vertraglich zugesicherten Pensions- und Rentenansprüchen der Mitarbeiter lag bis 2001 das auch aus der gesetzlichen Rentenversicherung bekannte Umlageverfahren zugrunde. Altersbezüge werden im Umlageverfahren aus den laufenden Beitragseinzahlungen aktiver Mitarbeiter beglichen. Im Rahmen der zunehmenden Lebenserwartung, verbunden mit einer Reduktion potenzieller Beitragzahler, drohte das Alterssicherungssystem mancherorts mangels ausreichender finanzieller Reserven zu kollabieren. Das Umlageverfahren wurde daher mit Wirkung ab dem 01. Januar 2002 auf ein kapitalgedecktes Punktwertverfahren umgestellt. Bestehende Unterdeckungen der zu Rentenzahlungen verpflichteten Einrichtungen wie beispielsweise der Versorgungsanstalt des Bundes und der Länder (VBL) sowie die Zentrale Zusatzversorgungskasse (ZVK) etc., sind mittels zusätzlich zu leistender Sanierungsbeiträge durch die Krankenhäuser und Arbeitnehmer zu finanzieren und belasten das operative Ergebnis zusätzlich.

Obige nicht abschließend aufgeführten Beispiele zur Entstehung und Verdeutlichung finanzieller Nöte, insbesondere kommunaler Einrichtungen, führen in schwierigen Wirtschaftslagen und damit verbundenen geringeren kommunalen Haushaltsmitteln zur Privatisierung in Form des Verkaufs dieser Häuser an private, aber auch kirchliche Betreiber.

Bei den kirchlichen Trägern und Krankenhausbetreibern ist tendenziell zu beobachten, dass der finanzwirtschaftliche Druck noch nicht die Intensität wie bei kommunalen Trägern erlangt hat. Hier wurden in der Vergangenheit investive Maßnahmen beim Ausbleiben von öffentlichen Fördergeldern teilweise mit Eigenmittel umgesetzt, wodurch die operative Organisation wie auch die Ergebnissituation im Vergleich zu Krankenhäusern in kommunaler Trägerschaft verbessert werden konnte. Ebenso ist zu beobachten, dass im Bereich der kirchlichen Trägerschaft bereits seit längerem Kooperationsvereinbarungen und strategische Partnerschaften vorangetrieben und umgesetzt wurden.

Zusammenfassend bleibt damit festzustellen, dass kommunale Träger mangels ausreichender Finanzkraft oftmals vor der Frage stehen, Einrichtungen zu schließen oder zu veräußern. Da zur Sicherung der regionalen Krankenhausversorgung Schließungen nicht gewünscht sind, wird bei zunehmend ausbleibenden Steuermitteln für die nächsten Jahre ein zunehmender Verkaufsdruck von Krankenhauseinrichtungen an andere Träger zu erwarten sein.

---

2   Branchen-Report Krankenhäuser, Dresdner Bank, Juli 2008.

6 Nachfolgend werden, ausgehend von der Skizzierung verschiedenster Bewertungsanlässe, die wesentlichen Bewertungsverfahren und -regelungen dargestellt, um im Anschluss vertiefend auf in der Praxis gängige Bewertungsverfahren und Überlegungen zur Ermittlung eines möglichen Unternehmenswerts (= Kauf- bzw. Verkaufspreis) einzugehen. Darüber hinaus wird darauf eingegangen, wie mögliche, häufig nicht unmittelbar monetär zu bewertende Sachverhalte den letztendlichen Verhandlungspreis bzw. Unternehmenswert und damit den Transaktionserfolg beeinflussen.

B. Unternehmensbewertung im Einzelnen

I. Bewertungsanlässe

7 Unternehmensbewertungen werden aus verschiedensten Anlässen und zu verschiedensten Zwecken durchgeführt. Die Anlässe für Unternehmensbewertungen können sich im Zusammenhang mit unternehmerischen Initiativen, aus Gründen der externen Rechnungslegung, aus gesellschaftsrechtlichen oder anderen gesetzlichen Vorschriften bzw. vertraglichen Vereinbarungen oder aus sonstigen Gründen ergeben.[3]

1. Unternehmerische Initiativen

8 Unternehmensbewertungen im Zusammenhang mit unternehmerischen Initiativen repräsentieren einen Großteil der in der Praxis durchgeführten Unternehmensbewertungen. Anlass sind der Kauf oder Verkauf von Unternehmen und Unternehmensanteilen, Fusionen von bisher rechtlich selbständigen Unternehmen, Eigenkapital- und Fremdkapitalzuführungen, Sacheinlagen und (im Krankenhausbereich aber eher selten) Börsengänge von Krankenhausbetreibern sowie Restrukturierungen und Sanierungen.

2. Externe Rechnungslegung

9 Für Zwecke der externen Rechnungslegung kann die Unternehmensbewertung im Rahmen einer Kaufpreisallokation nach einer durchgeführten Transaktion erfolgen, für die Überprüfung der Werthaltigkeit einer Finanzanlage und/oder aus steuerlichen Gründen bei einer konzerninternen Umstrukturierung einzelner Konzerngesellschaften.

3. Gesetzliche Vorschriften

10 Bewertungen aufgrund gesetzlicher Regelungen ergeben sich im Wesentlichen aus dem Aktiengesetz und dem Umwandlungsgesetz. Unternehmensbewertungen werden z.B. für die Ermittlung einer angemessenen Barabfindung oder bei dem Abschluss von Unternehmensverträgen wie z.B. Beherrschungs- und Gewinnabführungsverträgen benötigt sowie bei der Umwandlung, Verschmelzung und Einbringungsvorgängen von Unternehmen.

---

3 Vgl. WP Handbuch 2008, Band II, 13. Auflage, S. 5 f. sowie IDW S1 i.d.F. 2008 S. 4, Tz. 8.

4.   Vertragliche Grundlage und sonstige Bewertungsanlässe

Weitere Bewertungsanlässe sind Veränderungen des Gesellschafterkreises, gerichtliche und außer- 11
gerichtliche Streitfälle, Erbauseinandersetzungen, Abfindungsfälle im Familienrecht, Schiedsgutachten, Strategieüberlegungen und Wertsteigerungsanalysen (Wertmanagement).

Überblick über mögliche Bewertungsanlässe

- Unternehmerische Initiative
  - Kauf, Verkauf oder Einlage von Unternehmen und Unternehmensteilen
  - Fusionen im Rahmen der Festlegung der Umtauschverhältnisse
  - Eigenkapitalzuführung im Rahmen von Kapitalerhöhungen bei nicht börsennotierten Unternehmen
  - Börsengänge für Zwecke der Wertindikation
  - Restrukturierungen und Sanierungen
- Externe Rechnungslegung
  - Überprüfung der Werthaltigkeit von Finanzanlagen
  - Konzerninterne Umstrukturierungen
  - Kaufpreisallokation
- Gesetzliche Vorschriften
  - Ermittlung eines Ausgleich- oder Abfindungsanspruchs im Rahmen von Unternehmensverträgen oder Umwandlungen (z.B. Verschmelzung)
- Vertragliche Grundlagen und sonstige Bewertungsanlässe
  - Veränderungen des Gesellschafterkreises
  - Gerichtliche / außergerichtliche Streitfälle
  - Erbauseinandersetzungen
  - Abfindungsfälle
  - Schiedsgutachten

Dem weiteren Beitrag liegt die Annahme eines möglichen Verkaufs bzw. Kaufs eines kommunalen
Akutkrankenhauses zugrunde.

II.   Bewertungsrichtlinien und Bewertungsverfahren

Der Wert eines Unternehmens wird von dem subjektiven Nutzen bestimmt, den seine Eigentümer 12
aus ihm ziehen können. Dabei können sowohl finanzielle als auch nicht unmittelbar finanzielle Nut-
zenbestandteile für die subjektive Werteinschätzung relevant sein. Unter der Voraussetzung ausschließlich finanzieller Ziele bestimmt sich der Unternehmenswert allein aus der Ertragskraft des
Unternehmens, d.h. seiner Eigenschaft, finanzielle Überschüsse für die Unternehmenseigner zu erwirtschaften (Zukunftserfolgswert).[4]

---

4   Vgl. WP Handbuch 2008, Band II, 13. Auflage, S. 3.

1.   Bewertungsrichtlinien

13   Neben den wesentlichen vorzufindenden Bewertungsverfahren bestehen in Literatur und Rechtsprechung verschiedene anerkannte Bewertungsgrundsätze und -richtlinien, die bei der Bestimmung der Preisfindung ggf. Berücksichtigung finden können.

Der IDW Standard S 5 des Instituts der Wirtschaftsprüfer legt vor dem Hintergrund der in Theorie und Praxis entwickelten Standpunkte die Grundsätze dar, nach denen Wirtschaftsprüfer immaterielle Vermögenswerte bewerten.[5] Mit immateriellen Vermögenswerten in Zusammenhang stehende Bilanzierungs- und Bewertungsfragen werden hingegen in der IDW Stellungnahme zur Rechnungslegung: Bewertungen bei der Abbildung von Unternehmenserwerben und bei Werthaltigkeitsprüfungen nach IFRS (IDW RS HFA 16) geregelt.[6] Diese Regelungen finden bei der Kaufpreisbestimmung meist keine Berücksichtigung.

14   Im IDW Standard S 1 werden die Grundsätze zur Durchführung von Unternehmensbewertungen dargestellt.[7] Der Standard gilt als grundsätzliches Regelwerk einzuhaltender Bewertungsgrundsätze (z.B. Stichtagsprinzip, Stand-Alone-Prinzip, Bewertung des nicht betriebsnotwendigen Vermögens, etc.) und legt vor dem Hintergrund der in Theorie, Praxis und Rechtsprechung entwickelte Standpunkte die Grundsätze dar, nach denen Wirtschaftsprüfer Unternehmen bewerten. Die Ausführungen stellen wesentliche allgemeine Grundsätze dar, da jeder Bewertungsfall seine fachgerechte Problemlösung erfordert und die Grundsätze nur den Rahmen der eigenverantwortlichen Wertfindung festlegen können.

Die Grundsätze des IDW S 1 finden bei der Bewertung von Beteiligungen und sonstigen Unternehmensanteilen für die Zwecke des handelsrechtlichen Jahresabschlusses in der Stellungnahme des IDW RS HFA 10 Anwendung.[8] Während der IDW S1 Wertermittlungen unter der Annahme einer der die Beteiligung haltenden natürlichen Person objektiviert bestimmt, geht die Wertfindung des IDW RS HFA 10 grundsätzlich, wenn keine Veräußerungsabsicht besteht, von einem die Beteiligung haltenden und bilanzierenden Unternehmen aus.[9] Die Wertfindung berücksichtigt damit mögliche Synergieeffekte, die künftig bei der erwerbenden Gesellschaft oder bei Vorhandensein eines darüber hinausgehenden Konzernverbunds innerhalb des Verbunds realisiert werden können sowie noch nicht eingeleitete Maßnahmen im operativen Bereich, geplante Veränderungen der Unternehmensfinanzierungen und des Managements. Diese Wertermittlungsgrundsätze dienen der Ermittlung eines subjektiven Unternehmenswerts, der als Preisobergrenze eines potenziellen Erwerbers beim Kauf eines Krankenhauses betrachtet werden kann.[10] Während dieser Bewertungsansatz grundsätzlich dem eines potenziellen Kaufinteressenten entspricht, beschränkt IDW RS HFA 10 die Berücksichtigung von Synergiepotenzialen auf Synergien zwischen der die Beteiligung haltenden Gesellschaft und der zu bewertenden Tochtergesellschaft nebst weiterer Tochter- und Enkelgesellschaften. Darüber hinaus finden weitere konzernmögliche Synergien keine Berücksichtigung. Gerechtfertigt wird dies damit, dass der handelrechtliche Jahresabschluss der Ermittlung des Schuldendeckungspotenzials und letztlich den Zwecken des Gläubigerschutzes dient.

---

5   IDW S 5 (Stand 12.07.2007).
6   IDW RS HFA 16 (Stand 18.10.2005).
7   IDW S 1 (Stand 02.04.2008).
8   IDW RS HFA 10 (Stand 18.10.2005).
9   Vgl. IDW RS HFA 10, Tz. 6.
10 Vgl. IDW RS HFA 10, Tz. 5.

❗ Beraterhinweis:

Diese einschränkende kaufpreis- bzw. anschaffungskostenbestimmende Regelung kann bei der Ermittlung möglicher Kaufpreise den potenziellen Erwerber hindern, höhere mögliche Kaufpreise anzubieten, da er sich sonst möglicherweise unmittelbar nach Erwerb notwendigen aufwandswirksamen und ergebnisbelastenden Abschreibungen auf den Beteiligungsansatz gegenübersieht.

Solche Ergebnisbelastungen können Fremdfinanzierungen verteuern oder gar schwierig werden lassen (z.B. durch Verletzung von in den Fremdfinanzierungsverträgen vorgesehenen und einzuhaltenden Covenants).

Aus Sicht eines potenziellen Erwerbers bestimmt sich der Wert einer Beteiligung durch den Barwert   15
der ihm aus der Inhaberschaft am Unternehmen zukommenden Nettozuflüsse, d.h. nach Abzug seiner persönlichen Ertragsteuern. Für einen beliebigen potenziellen unbeschränkt steuerpflichtigen Inländer als Erwerber sind daher nach den Grundsätzen für die Ermittlung objektivierter Unternehmenswerte des IDW S 1 typisierte persönliche Ertragsteuern (gem. IDW S 1, Tz. 43 ff.) zu berücksichtigen. Bei der Wertermittlung des subjektiven Kaufpreises nach IDW RS HFA 10 bleibt der persönliche Einkommensteuersatz außer Betrachtung. Zum Abzug kommen allenthalben die vom Krankenhaus oder mit den Einzahlungsströmen beim Anteilseigner in Zusammenhang stehenden Ertragsteuerbelastungen wie Körperschaftsteuer, Solidaritätszuschlag und Gewerbeertragsteuer.

Die Beachtung rechnungslegungsbezogener Bewertungsregelungen nach dem HGB ist daher sinnvollerweise bei der Ermittlung der Kaufpreisbandbreite für den Käufer zu berücksichtigen. Dies gilt   **8**
insbesondere vor dem Hintergrund, als das für Krankenhäuser die Rechnungslegungsvorschriften der Krankenhausbuchführungsverordnung (§ 1 KHBV) gelten, die wiederum für die Bewertung von Finanzanlagen auf das HGB (§ 4 Abs. 3 KHBV i.V.m. § 253 Abs. 2 HGB) verweisen. Für transaktionsorientierte Bewertungen können daher die Grundsätze des IDW RS HFA 10 als richtungsweisende Grundlage zur Einschätzung möglicher Kaufpreise herangezogen werden.

Eigenständige Verfahren zur Bewertung von Beteiligungen für Zwecke der IFRS bestehen nicht. Die   16
Ermittlung des sog. fair value basiert i.d.R. entweder auf aktuellen Marktpreisen oder auf dem Discounted-Cash-Flow-Verfahren (WACC). Als wesentlicher Unterschied bei der Wertbestimmung nach IFRS gegenüber den handelsrechtlichen Wertansätzen ist die Berücksichtigung einer allgemeinen „Peergroup" zur Bestimmung einer allgemein üblichen Fremdfinanzierung und den damit in Zusammenhang stehenden Berechnungen des Diskontierungszinssatzes zu nennen. Eine unmittelbar objektbezogene Fremdfinanzierung findet nach den IFRS keine Beachtung.

Zusammenfassend ist festzustellen, dass der Bewertungszweck das anzuwendende Bewertungsverfahren bestimmt. Für transaktionsorientierte Bewertungen können die Grundsätze des IDW RS HFA 10 als richtungsweisende Grundlagen zur Einschätzung möglicher Kaufpreise herangezogen werden.

2. Bewertungsverfahren im Überblick

17 Die nachfolgende Übersicht stellt die gängigsten Bewertungsverfahren dar:

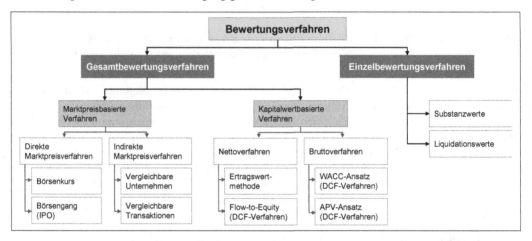

Die dargestellten Bewertungsverfahren lassen sich grundsätzlich in Gesamtbewertungsverfahren und Einzelbewertungsverfahren untergliedern.

18 Bei den Gesamtbewertungsverfahren wird der Wert eines Unternehmens unter finanziellen Leitmotiven ermittelt und ergibt sich demnach maßgeblich aus den künftigen Überschüssen, die das Unternehmen in erster Linie aufgrund seiner zum Bewertungszeitpunkt vorhandenen materiellen Substanz, seiner Innovationskraft, seiner Produktgestaltung und Stellung am Markt, seiner inneren Organisation sowie seines disponierenden Managements in der Zukunft erwirtschaften kann.

Im Rahmen von Einzelbewertungsverfahren werden einzelne Vermögensgegenstände und Schulden des Bewertungsobjekts separat bewertet und zur Ermittlung des Unternehmenswertes zusammengefasst.

a) Einzelbewertungsverfahren

aa) Substanzwert

19 Der Substanzwert ergibt sich als Rekonstruktions- oder Wiederbeschaffungswert aller im Unternehmen vorhandenen immateriellen und materiellen Werte (und Schulden), der wegen der im Einzelnen nicht vollständig erfassbaren und zu bewertenden immateriellen Werte (z.B. Wert der Organisation, Stellung im Markt) nur ein Teilrekonstruktionswert ist. Dieser hat nur in wenigen Ausnahmefällen, z.B. wenn die beste alternative Kapitalverwendung der Unternehmensnachbau wäre, einen selbstständigen Aussagewert.

In der Bewertungspraxis wird diskutiert, dass bei Unternehmen, die nicht rein finanzielle Ziele, sondern Gesichtspunkte der Leistungserstellung verfolgen (z.B. Krankenhaus), als Wert des Unternehmens nicht der Zukunftserfolgswert nach den Gesamtbewertungsverfahren, sondern der Substanzwert zu ermitteln sei.[11] Dem Substanzwert fehlt jedoch grundsätzlich der direkte Bezug zu künftigen finanziellen Überschüssen. Ihm kommt daher bei der Unternehmenswertermittlung in der Praxis keine eigenständige Bedeutung zu.

---

11 Vgl. WP Handbuch 2008, Band II, 13. Auflage, S. 150.

bb)   Liquidationswert

Der Liquidationswert ist der Barwert der Nettoerlöse, die sich aus der Veräußerung aller immateri-   20
ellen und materiellen Vermögensgegenstände abzüglich Schulden und Liquidationskosten ergeben.
Die Bestimmung des Liquidationswertes hat unter Beachtung des im jeweiligen Einzelfall bestmöglichen Verwertungs- und Liquidationskonzeptes zu erfolgen.[12] Anwendung findet der Liquidationswert, wenn es sich gegenüber der Unternehmensfortführung insgesamt als vorteilhafter erweist, die
einzelnen Vermögensteile des Unternehmens gesondert zu veräußern.

b)   Gesamtbewertungsverfahren

aa)   Marktpreisbasierte Verfahren

Die grundlegende Konzeption von marktpreisbasierten Verfahren beruht darauf, bestehende Erwar-   21
tungen (z.B. Risiken, Renditen und Wachstumsraten, etc.) von Kapitalmarktteilnehmern in der Unternehmensbewertung zu berücksichtigen. Diese Erwartungen spiegeln sich in den am Kapitalmarkt
gehandelten Preisen für Unternehmen bzw. deren Anteilen wider.

(1)   Direkte Marktpreisverfahren

Die Anwendung des direkten Marktpreisverfahrens setzt voraus, dass bereits Anteile des Bewer-   22
tungsobjekts am Kapitalmarkt gehandelt werden (Börsenkurs) oder aufgrund eines anstehenden
Börsengangs mögliche Preisspannen für die Anteile des Unternehmens durch verschiedene Markt-
erhebungen bestehen (Emissionspreis). Das Unternehmen ist somit durch unmittelbare Kauf-/Ver-
kaufstransaktionen am Kapitalmarkt bewertet. Dieser über Marktpreisfindungsmechanismen ermittelte Unternehmenswert kann von einem „objektivierten Wert" sowie vom subjektiven Wert eines
einzelnen Marktteilnehmers abweichen. Beispielhaft sei auf individuelle Einschätzungen der künftigen Ergebnislage (subjektiver Wert) verwiesen.

Direkte Marktpreisbewertungen finden ihre Rechtfertigung insbesondere bei der Plausibilisierung
von Unternehmenswerten, die auf Basis von kapitalwertbasierten Verfahren im Zusammenhang mit
gesetzlichen Bewertungsanlässen ermittelt wurden.[13]

(2)   Indirekte Marktpreisverfahren (Multiplikatorenverfahren)

Indirekte Marktpreisverfahren werden angewandt bei Unternehmen, die nicht am Kapitalmarkt ge-   23
handelt werden. Der Unternehmenswert kann entweder durch einen Vergleich von Börsenpreisen
ähnlicher am Kapitalmarkt gehandelter Unternehmen oder durch einen Vergleich von Preisen bei
vollzogenen Unternehmensverkäufen ermittelt bzw. geschätzt werden. Da ausreichende Informationen bei Unternehmensverkäufen von Vergleichsunternehmen häufig schwer zugänglich sind bzw.
nicht veröffentlicht werden, wird in der Bewertungspraxis häufig der Marktwert des Unternehmens
über Börsenkurse vergleichbarer Unternehmen ermittelt.

Es handelt sich hierbei um in der Bewertungspraxis häufig angewandte und international stark ver-
breitete vereinfachte Bewertungsmethoden. Aufgrund der bestehenden Praxisrelevanz wird das Verfahren unter B. III. 1 detailliert dargestellt.

bb)   Kapitalwertbasierte Verfahren

Im Rahmen von kapitalwertbasierten Verfahren wird der Unternehmenswert durch Diskontierung   24
künftiger finanzieller Überschüsse auf einen Bewertungsstichtag ermittelt.[14]

---

12 Vgl. WP Handbuch 2008, Band II, 13. Auflage, S. 141.
13 Vgl. WP Handbuch 2008, Band II, 13. Auflage, S. 14 f.
14 Vgl. WP Handbuch 2008, Band II, 13. Auflage, S. 59.

Bei den kapitalwertbasierten Verfahren werden die Bruttoverfahren von den Nettoverfahren unterschieden. Bei den Bruttoverfahren wird zunächst der Gesamtwert des Unternehmens (= Enterprise Value) bestehend aus dem Marktwert des Eigenkapitals und dem Marktwert des Fremdkapitals ermittelt. Zu diesem Zweck werden die erwarteten künftigen Finanzströme, die den Eigen- und Fremdkapitalgebern gemeinsam zur Verfügung stehen, auf den Bewertungsstichtag mit einem Alternativzinssatz diskontiert. Im Anschluss wird der Marktwert des Eigenkapitals (= Unternehmenswert oder Equity Value) dadurch bestimmt, dass der Gesamtwert des Unternehmens um den Marktwert des Fremdkapitals reduziert wird. Hierzu wird in der Praxis vereinfachend der bilanziell ausgewiesene Buchwert des Fremdkapitals dem Marktwert des Fremdkapitals gleichgestellt und in Abzug gebracht.

Die Nettoverfahren ermitteln den Marktwert des Eigenkapitals (= Unternehmenswert oder Equity Value) unmittelbar durch Diskontierung der erwarteten Finanzströme, die ausschließlich dem Eigentümer zuzurechnen sind.

(1)   Kapitalwertbasierte Nettoverfahren

25   Zu den kapitalwertbasierten Nettoverfahren zählen die Ertragswertmethode und das Flow to Equity-Verfahren, das als einziges Discounted Cash-Flow (DCF-)Verfahren, den Nettoverfahren zuzuordnen ist.

Der wesentliche Unterschied der Verfahren besteht darin, dass beim Ertragswertverfahren unter Berücksichtigung der geltenden Rechnungslegungsgrundsätze ausschüttbare Jahresergebnisse auf den Bewertungsstichtag abgezinst werden, während beim Flow to Equity-Verfahren die ausschließlich den Eigenkapitalgebern zustehenden Liquiditätsüberschüsse (Cash Flows) diskontiert werden.

Beide Bewertungsverfahren führen bei gleichen Bewertungsannahmen, insbesondere hinsichtlich der Finanzierung, zu gleichen Unternehmenswerten.

(2)   Kapitalwertbasierte Brutto-Verfahren

26   Die Brutto-DCF-Verfahren (WACC-Ansatz oder APV-Ansatz) bestimmen den Unternehmenswert durch Diskontierung von finanziellen Liquiditätsüberschüssen (Cash Flows).[15]

Bei den Brutto-DCF-Verfahren stellt der Cash-Flow jenen Zahlungsmittelüberschuss dar, der sowohl Eigen- als auch Fremdkapitalgebern zur Verfügung steht.

Dieser Cash Flow wird beim WACC-Ansatz mit einem gewogenen Kapitalkostensatz (Eigen- und Fremdkapitalkostensatz) auf den Bewertungsstichtag diskontiert, wodurch sich der Marktwert des gesamten Unternehmens ergibt. Nach Abzug des Marktwertes des Fremdkapitals ergibt sich der Marktwert des Eigenkapitals (= Unternehmenswert oder Equity Value).

Bei dem Konzept des angepassten Barwerts (engl. Adjusted Present Value; APV) wird von der Verschuldung des Bewertungsobjekts abstrahiert zunächst der Marktwert des „modellhaft" unverschuldeten Unternehmens ermittelt. Im Anschluss wird der so bestimmte Unternehmensgesamtwert um Werteinflüsse, die sich durch Fremdfinanzierung ergeben, ergänzt.

Auch diese Bewertungsverfahren führen bei gleichen Bewertungsannahmen zu gleichen Unternehmenswerten wie die kapitalwertbasierten Nettoverfahren.

c)   Fazit

27   In der deutschen Bewertungspraxis haben zur Ermittlung von Transaktionspreisen die Bruttoverfahren sehr an Bedeutung gewonnen. Dabei ist das APV-Verfahren nicht stark verbreitet. Vielmehr kommt der WACC-Ansatz zur Ermittlung von Transaktionspreisen zur Anwendung. Auch das in-

---

15   Vgl. WP Handbuch 2008, Band II, 13. Auflage, S. 123 f.

direkte Marktpreisverfahren findet aufgrund seiner Einfachheit zur Pausibilisierung und zur ersten Werteinschätzung häufig Anwendung.

III.   Wichtigste Verfahren zur Kaufpreisbestimmung

Im Folgenden werden die in der Bewertungspraxis kaufpreisbestimmenden gängigen Bewertungs-   28
verfahren vorgestellt.

1.   Multiplikatoren-Verfahren

Bei der Anwendung dieser Verfahren werden Bewertungsrelationen, die man auf dem Kapitalmarkt   29
bei Vergleichsunternehmen beobachtet, auf das zu bewertende Unternehmen übertragen.[16] Im Gesundheitswesen stehen oftmals keine Informationen oder nur bedingt vergleichbare Transaktionen der Berechnung zur Verfügung. Daher wird im folgenden Abschnitt das Verfahren zur Berechnung von Unternehmenswerten anhand von Multiplikatoren börsennotierter Vergleichsunternehmen dargestellt.

Auch bei den Multiplikatorenverfahren wird in Brutto- und Nettoverfahren unterschieden. Während beim Bruttoverfahren sich der Multiplikator aus der Division des Gesamtmarktwerts des Unternehmens und einer Ergebnisgröße vor Berücksichtigung von Fremdkapitalzinsen (z.B. EBITDA oder EBIT) ergibt, stellt sich der Multiplikator im Nettoverfahren aus der Division des Marktwerts des Eigenkapitals und einer Ergebnisgröße nach Fremdkapitalzinsen (z.B. EBT, Jahresüberschuss) dar.

Ebenso findet sich die Mischform, bei der der Marktwert des Eigenkapitals (netto) mit einer Ver-   30
gleichsgröße vor Berücksichtigung von Fremdkapitalzinsen (brutto) in Beziehung gesetzt wird. Dieser Ansatz setzt voraus, dass die einzelnen Vergleichsunternehmen und das Bewertungsobjekt eine weitgehend identische Finanzierungsstruktur aufweisen.

Eine Kaufpreiseinschätzung mit Hilfe von Multiplikatoren findet häufig zu Beginn von Kaufpreisverhandlungen statt und wird bei fortgeschrittenen Verhandlungen um detailliertere DCF-Bewertungsverfahren ergänzt. Dies ist vor allem durch den im Zeitablauf eines Transaktionsprozesses zunehmenden Informationsumfang bedingt. Stehen zu Beginn von Kaufpreisverhandlungen bzw. eines Bieterprozesses meist nur allgemeine Informationen wie ein Teaser oder ein Informationsmemorandum zur Verfügung, sind zu einem späteren Zeitpunkt detaillierte Informationen (z.B. Jahresabschlussdaten, Controllingdaten, Fallzahlen, Casemix, Personalkennziffern, etc.) verfügbar.

Bei der Transaktionspreisermittlung werden vorwiegend Brutto-Verfahren verwendet. Die folgenden Ausführungen beziehen sich daher auf die Anwendung des Bruttoverfahrens (Entity-Multiples).

Die Ermittlung von Multiplikatoren und die Berechnung des Unternehmenswerts bedürfen fol-   31
gender Schritte:

1. Auswahl von Vergleichsunternehmen

2. Analyse und ggf. Bereinigung der Finanzdaten der Vergleichsunternehmen

3. Berechnung des Multiplikators

4. Anwendung des Multiplikators

---

16   Vgl. WP Handbuch 2008, Band II, 13. Auflage, S. 143.

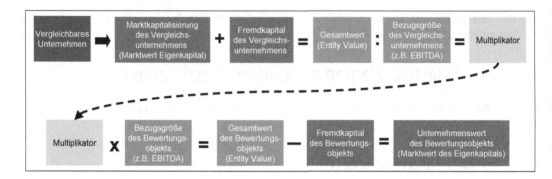

a) Auswahl von Vergleichsunternehmen (Peer Group)

32 Um Unternehmen identifizieren zu können, die mit dem Bewertungsobjekt vergleichbar sind, müssen zunächst die Charakteristika des Bewertungsobjekts sorgfältig herausgearbeitet werden.[17] Entsprechend der jeweiligen Branche, Wettbewerbs- und Absatzsituation, Kostenstruktur und Wachstumsaussichten des Bewertungsobjekts sind möglichst vergleichbare börsennotierte Unternehmen auszuwählen. Im Gesundheitswesen sind börsennotierte Unternehmen oftmals als Mischkonzerne aufgestellt, die neben dem Betreiben von Krankenhäusern auch Pflegeheime und/oder Rehabilitationszentren unterhalten. Diesbezüglich sind ggf. ergänzende segmentspezifische Analysen und Bereinigungen durch den Bewerter notwendig.

b) Analyse und ggf. Bereinigung der Finanzdaten der Vergleichsunternehmen

33 Wesentliche Grundlage der Bewertung sind von aperiodischen, außerordentlichen und einmaligen Effekten bereinigte Ergebniszahlen. Insofern sind auf Basis der zur Verfügung stehenden Informationen (veröffentlichte Jahresabschlüsse, Quartalsberichte, etc.) die vorliegenden Ergebniszahlen zu bereinigen.

c) Berechnung der Multiples

34 Anhand des Börsenkurses der Aktie und Anzahl der Aktien erfolgt die Ermittlung der Marktkapitalisierung (= Wert des Eigenkapitals) eines Vergleichsunternehmens. Basierend auf möglichst aktuell verfügbarer Informationen werden bestehende Finanzverbindlichkeiten dem ermittelten Eigenkapitalwert hinzugerechnet. (= Gesamtwert). Im Anschluss wird dieser durch die (ggf. bereinigte) Bezugsgröße (z.B. EBITDA) dividiert, um einen Multiple (hier EBITDA-Multiple) zu erhalten.

d) Berechnung des Unternehmenswertes

35 Die Multiplikation der entsprechenden (ggf. ebenfalls bereinigten) Vergleichsgröße des zu bewertenden Unternehmens (z.B. EBITDA) mit dem ermittelten Multiplikator führt zu einer ersten Wertindikation des Gesamtkapitalwertes. Zur Berechnung des Marktwertes des Eigenkapitals (= möglicher Transaktionspreis) sind die Finanzverbindlichkeiten des Bewertungsobjekts abzusetzen.

---

17 Vgl. WP Handbuch 2008, Band II, 13. Auflage, S. 144.

Beraterhinweis:

Bei der Bewertung von Krankenhäusern, die nach dem Krankenhausfinanzierungsgesetz (KHG) gefördert werden, sind bei zweckfremder Verwendung der Fördermittel diese bei Ermittlung des Transaktionspreises vom Unternehmenswert zusätzlich abzusetzen.

Beispiel (vereinfacht)   36

Angaben:

Marktkapitalisierung des Vergleichsunternehmens (MK$_{VU}$)	50.469.000 €
Fremdkapital des Vergleichsunternehmens (FK$_{VU}$)	17.400.240 €
EBITDA des Vergleichsunternehmens (EBITDA$_{VU}$)	8.324.217 €
EBITDA des Bewertungsobjektes (EBITDA$_{BO}$)	2.571.400 €
Außerordentlicher Ertrag des Bewertungsobjektes (AO$_{BO}$)	100.000 €
Fremdkapital des Bewertungsobjekts (FK$_{BO}$)	5.700.000 €

Berechnung EBITDA-Multiplikator des Vergleichsunternehmens

$$\text{EBITDA Multiplikator}_{VU} = \frac{MK_{VU} + FK_{VU}}{EBITDA_{VU}}$$

$$\text{EBITDA Multiplikator}_{VU} = \frac{50.469.000€ + 17.400.240€}{8.324.217 €} = \text{rd. } \textbf{8,15 *)}$$

*) Weitere Berechnungen unter Berücksichtigung sämtlicher Nachkommastellen

Berechnung Gesamtwert des Bewertungsobjektes (GW$_{BO}$)

$$GW_{BO} = (EBITDA_{BO} - AO_{BO}) * \text{EBITDA Multiplikator}_{VU}$$

$$GW_{BO} = (2.571.400€ - 100.000€) * 8,15 = \textbf{20.149.889€}$$

Berechnung Unternehmenswert des Bewertungsobjektes

$$UW_{BO} = GW_{BO} - FK_{BO}$$

$$UW_{BO} = 20.149.889€ - 5.700.000€ = \textbf{14.449.889€}$$

e) EBITDA-Multiplikatoren im deutschen Gesundheitsmarkt (Auswahl)

Im Wesentlichen Pflege- und Rehaeinrichtungen		
Curanum AG	7,8	
Marseille-Kliniken AG	5,9	
Eifelhoehen-Klinik AG	4,6	
Arithmetisches Mittel		6,1
Median		5,9
Im Wesentlichen Akutkrankenhäuser		
Fresenius SE	6,3	
Rhoen Klinikum AG	8,2	
Mediclin AG	7,1	
Arithmetisches Mittel		7,2
Median		7,1

Quelle: Bloomberg, Abfrage März 2009

37 Obige Tabelle zeigt EBITDA-Multiplikatoren börsennotierter Betreiber von Gesundheitseinrichtungen im Akut-, Pflege- und Rehabiliationsmarkt. Sämtliche Werte stellen eine erste Indikation hinsichtlich Höhe und Bandbreite möglicher EBITDA-Multiplikatoren im deutschen Gesundheitsmarkt börsennotierter Gesellschaften dar. Es gilt zu beachten, dass infolge der geringen Anzahl deutscher börsennotierter Gesellschaften im Gesundheitswesen bei gleichzeitig geringer Umschlagshäufigkeit der am Kapitalmarkt gehandelten Aktien, Multiplikatoren lediglich ein grobes Indiz möglicher Bewertungsspannen darstellen. Ebenso wird die Aussagekraft der Multiplikatoren durch die Tätigkeitsbereiche der börsennotierten Gesellschaften insofern eingeschränkt, als der Tätigkeitsbereich vielfach unterschiedliche Branchensegmente beinhaltet.

🛈 Beraterhinweis:

Im Rahmen aktueller Transaktionen sind daher stets zeitnah verlässliche Multiplikatoren zu ermitteln.

Dies setzt in aller Regel Marktkenntnis laufender oder vor kurzem abgeschlossener Transaktionen voraus. Da solche Vorgänge meist nicht am Kapitalmarkt beobachtbar sind, sind die Multiplikatoren basierend auf dem deutschen Kapitalmarkt nur eingeschränkt verwendbar.

2. Discounted Cash Flow- Verfahren (WACC-Ansatz)

38 Dem DCF-Verfahren (WACC-Ansatz) liegt folgender Bewertungsablauf zugrunde:

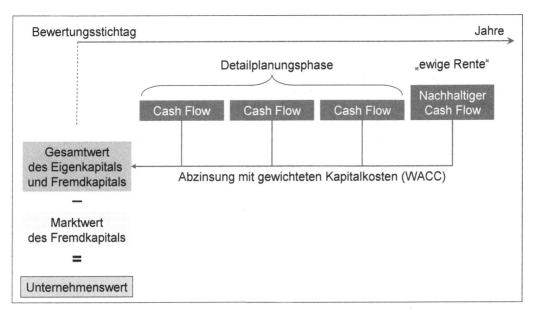

Basis der Bewertung bilden die jährlichen Cash Flows des Bewertungsobjekts. Diese Cash Flows wer-   39
den anhand der Ertrags-, Finanz-, Investitions- und Bilanzplanung des Bewertungsobjekts ermittelt.
Eine integrierte Planung ist notwendig, um geplante Finanzierungs- und Investitionsmaßnahmen
entsprechend mit allen ihren Auswirkungen auf die Ergebnisplanung korrekt abzubilden. Ebenso
müssen durch Veränderungen des Geschäftsvolumens bedingte Erhöhungen/Reduzierungen der
Vorräte, Forderungen und Verbindlichkeiten aus Lieferungen und Leistungen und die Veränderung
weitere Bilanzpositionen berücksichtigt werden (Nettoumlaufvermögen). Die Detailplanungsphase
umfasst i.d.R. drei bis fünf Jahre.

Nach Ende der Detailplanungsphase lassen sich die zukünftigen Entwicklungen nicht mehr (mit
ausreichender Genauigkeit) planen. Ausgehend vom letzten konkreten Planjahr wird unter Berücksichtigung der wesentlichen Trends der Cash Flow des letzten Jahres mit einer angenommenen
Wachstumsrate fortgeschrieben. Da von einer unbegrenzten Fortführung des Geschäftsbetriebs des
Bewertungsobjekts ausgegangen wird, wird dieser angenommene nachhaltig Cash Flow auch als
„ewige Rente" bezeichnet.

Die Cash Flows werden unter Verwendung der gewichteten Kapitalkosten (WACC) auf den Bewer-   40
tungsstichtag abgezinst. Die Addition der so ermittelten Barwerte liefert den Gesamtwert des Eigenkapitals und des Fremdkapitals des Bewertungsobjekts zum Bewertungsstichtag. Da es sich bei
diesem DCF-Verfahren um eine Bruttomethode handelt, ist vom ermittelten Gesamtwert der Marktwert des Fremdkapitals abzuziehen, um den Wert des Eigenkapitals (= Unternehmenswert) zu erhalten.

🛈 Beraterhinweis:

Bei der Bewertung von Krankenhäusern, die nach dem Krankenhausfinanzierungsgesetz (KHG) gefördert werden, sind bei
zweckfremder Verwendung der Fördermittel diese bei Ermittlung des Transaktionspreises vom Unternehmenswert zusätzlich
abzusetzen.

Formelmäßige Darstellung der Unternehmenswertermittlung (Detailplanungsphase von 3 Jahren unterstellt):

$$\text{Unternehmenswert} = \sum_{t=1}^{3} \frac{CF_t}{(1+WACC)^t} + \frac{CF_3 * (1+g)}{(WACC-g) * (1+WACC)^3} - FK_0$$

Wobei CF die jeweils jährlichen Cash Flows, WACC die gewichteten Kapitalkosten, g die nachhaltige Wachstumsrate und FK den Marktwert des Fremdkapitals darstellen. Im Folgenden besteht die Detailplanungsphase aus drei Jahren.

41   **▶ Beispiel:**

Angaben

WACC	9,93%
Nachhaltiges Wachstum	0,50%
Fremdkapital	5.700.000 €
Cash Flow 1. Planjahr	1.800.000 €
Cash Flow 2. Planjahr	1.850.000 €
Cash Flow 3. Planjahr	2.000.000 €

Berechnung

$$\text{Unternehmenswert} = \frac{1.800.000€}{(1+9,93\%)^1} + \frac{1.850.000€}{(1+9,93\%)^2} + \frac{2.000.000€}{(1+9,93\%)^3} + \frac{2.000.000€ * (1+0,5\%)}{(9,93\%-0,5\%) * (1+9,93\%)^3} - 5.700.000€$$

$$\text{Unternehmenswert} = 1.637.358€ + 1.530.785€ + 1.505.371€ + 16.038.040€ - 5.700.000€ = 15.011.554€$$

Der Unternehmenswert lässt sich aufgrund des nachfolgend erläuterten Zirkularitätsproblems nur in einem integrierten Bewertungsmodell korrekt ermitteln. Obige Berechnung berücksichtigt weitere nicht dargestellte Nachkommastellen.

a)   Ermittlung des Diskontierungszinssatzes (WACC)

42   Die gewichteten Kapitalkosten werden anhand der Eigen- und Fremdkapitalkostensätze und der entsprechenden Eigen- und Fremdkapitalquoten ermittelt. Aufgrund der ertragsteuerlichen Abzugsfähigkeit der Fremdkapitalzinsen ist der gewichtete Fremdkapitalkostensatz um diesen Entlastungseffekt zu reduzieren.

Formelmäßige Darstellung der WACC-Ermittlung

$$WACC = \text{Eigenkapitalkostensatz} * \frac{EK}{GK} + \text{Fremdkapitalkostensatz} * \frac{FK}{GK} * (1-T)$$

Wobei EK den Wert des Eigenkapitals (= Unternehmenswert), FK den Marktwert des Fremdkapitals, GK den Marktwert des Eigenkapitals und des Fremdkapitals und T dem nominellen Ertragsteuersatz (vereinfachend) des Bewertungsobjekts entspricht.

43   Bei der Ermittlung des WACC entsteht ein Zirkularitätsproblem. Dieses Problem besteht bei allen kapitalwertbasierten Verfahren. Es ist dadurch bedingt, dass einerseits die Kenntnis über den Unternehmenswert zur Berechnung der Kapitalkosten erforderlich ist, andererseits die Ermittlung des

gewichteten Kapitalkostensatzes wiederum die Kenntnis des Unternehmenswerts voraussetzt Dieses Zirkularitätsproblem kann durch iterative Berechnung gelöst werden.

Nachfolgend wird die Ermittlung des Eigenkapitalkostensatzes und des Fremdkapitalkostensatzes zur Ermittlung des gewogenen Kapitalkostensatzes dargestellt.

aa) Eigenkapitalkostensatz

Der Eigenkapitalkostensatz lässt sich grundsätzlich in einen Basiszinssatz und eine von den Anteilseignern aufgrund der Übernahme unternehmerischen Risikos geforderte Risikoprämie zerlegen. Bei dieser Aufteilung kann auf Kapitalmarktmodelle, wie insbesondere auf das sog. Capital Asset Pricing Model („CAPM") zurückgegriffen werden. Die Eigenkapitalkosten ergeben sich mathematisch wie folgt   44

$$Eigenkapitalkosten = Basiszinssatz + Marktrisikoprämie * \beta$$

bb) Basiszinssatz

Die Ermittlung des Basiszinssatzes erfolgt unter Anwendung der Svensson-Methode und der von der Deutsche Bundesbank veröffentlichten Parameter der Zinsstrukturkurve für hypothetische Zerobonds. Die laufzeitabhängigen Zinssätze (= Zinsstrukturkurve) werden in einen barwertäquivalenten Einheitszinssatz finanzmathematisch überführt. Um kurzfristige Marktschwankungen auszugleichen, werden i.d.R. die täglichen Zinsstrukturkurven der letzten drei Monate vor dem Bewertungsstichtag und Durchschnittszinssätze ermittelt. Aus Praktikabilitätsgesichtspunkten wird dieser durchschnittliche Basiszinssatz meist auf 0,25 Prozentpunkte gerundet.[18] Der so ermittelte Basiszinssatz belief sich Anfang März 2009 auf 4,0 %.   45

cc) Marktrisikoprämie

Schätzungen zur Ermittlung der Marktrisikoprämien am deutschen Kapitalmarkt basieren vornehmlich auf empirischen Analysen auf Basis historischer Daten des deutschen Aktienmarktes.[19] Die in der deutschen Bewertungspraxis meist verwendete Marktrisikoprämie bezieht sich auf eine wissenschaftliche Studie von Stehle unter Zugrundelegung von deutschen Kapitalmarktdaten der Jahre 1955 bis 2003 und unter Berücksichtigung der steuerlichen Gesetzgebung der letzten Jahre. Für Bewertungsstichtage ab dem 01. Januar 2009 wird von einer Marktrisikoprämie von 5,0 % ausgegangen.[20]   46

dd) Beta-Faktor (β)

Der Beta-Faktor soll das unternehmensspezifische Risiko im Vergleich zum Marktrisiko abbilden. Dabei bedeutet ein Beta-Faktor größer 1,0 ein im Vergleich zum Gesamtmarkt überdurchschnittliches, ein Beta-Faktor kleiner 1,0 ein im Vergleich zum Gesamtmarkt unterdurchschnittliches Risiko. Zur Ermittlung des unternehmensindividuellen Risikos wird die Marktrisikoprämie mit dem Beta-Faktor des Bewertungsobjektes (β) multipliziert. Der Beta-Faktor repräsentiert die Schwankungsbreite (Volatilität) des Kurses einer Aktie im Verhältnis zum Gesamtmarkt in einem bestimmten Zeitintervall und ergibt sich aus Erhebungen von am öffentlichen Kapitalmarkt gehandelten vergleichbaren Unternehmen (Peer-Group). Diese Daten werden u.a. von Finanzinformationsdienstleistern (z.B. Bloomberg) zur Verfügung gestellt.   47

---

18 Vgl. WP Handbuch 2008, Band II, 13. Auflage, S. 104 ff. sowie für die Parameterabfrage: http://www.bundesbank.de/statistik/statistik_zeitreihen.php?func=list&tr=www_s300_it03; Abfrageparameter WT3201 bis WT3206.
19 Vgl. WP Handbuch 2008, Band II, 13. Auflage, S. 107 ff.
20 Vgl. WPg 2004, S. 906 ff sowie WPg 2008, S. 731 ff.

Beta-Faktoren im deutschen Gesundheitsmarkt (Auswahl)

Im Wesentlichen Pflege- und Rehaeinrichtungen		
Curanum AG	0,65	
Marseille-Kliniken AG	0,47	
Eifelhoehen-Klinik AG*	0,10	
*Arithmetisches Mittel**		*0,56*
*Median**		*0,56*
Im Wesentlichen Akutkrankenhäuser		
Fresenius SE	0,64	
Rhoen Klinikum AG	0,61	
Mediclin AG	0,39	
Arithmetisches Mittel		*0,55*
Median		*0,61*

* Nicht signifikant, bei der Durchschnittsberechnung wurden nicht signifikante Werte ausgeschlossen

Quelle: Bloomberg, Abfragezeitraum: 2 Jahre; Intervall: wöchentlich; Index: CDAX, Zeitpunkt: März 2009

48   Obige Tabelle weist Beta-Faktoren börsennotierter Betreiber von Gesundheitseinrichtungen im Akut-, Pflege- und Rehabilitationsmarkt aus. Die dargestellten Beta-Faktoren wurden vom Finanzinformationsdienstleister Bloomberg bezogen. Sie sind teilweise mathematisch-statistisch nicht signifikant und erfüllen daher nicht die Bedingungen, um im Rahmen einer Unternehmenswertermittlung ohne weitere Würdigung abschließend verwendet zu werden.

Die Werte stellen eine erste Indikation dar und sollen Höhe und Bandbreite der Beta-Faktoren im Gesundheitsmarkt illustrieren.

Zur Ableitung geeigneter Beta-Faktoren sind der unternehmerischen Tätigkeit des Bewertungsobjekts vergleichbare börsennotierte Unternehmen, ein hinreichender Beobachtungszeitraum (meist 2 oder 5 Jahre) und die Häufigkeit der Datenermittlung (z.B. wöchentlich, monatlich) zu bestimmen. Als vergleichender Markt ist ein möglichst breiter Performance–Index zu bevorzugen (z.B. CDAX). Ebenso sind die Aktienkursverläufe der Vergleichsunternehmen auf mögliche Strukturbrüche (z.B. Veränderung des operativen Geschäftsbetriebs, Aktienrückkauf, Aktienausgabe, Aktiensplit usw.) zu überprüfen, da bei Vorkommen solcher Strukturbrüche der ermittelte Beta-Faktor nicht verwendet werden sollte.

❗ Beraterhinweis:

Die Nachfrage nach Gesundheitsdienstleistungen ist im Vergleich zur Nachfrage nach Konsumgütern oder Industriegütern geringer durch gesamtwirtschaftliche Konjunkturzyklen, sondern stärker durch demographische Faktoren und gesetzliche Regelungen bestimmt. In der Vergangenheit unterlag in Deutschland der Gesundheitsmarkt geringeren Schwankungen als der Gesamtmarkt. Vorbehaltlich einer Überprüfung im Einzelfall sind tendenziell Beta-Faktoren geringer als 1 bei Betreibern von Gesundheitseinrichtungen zu erwarten.

Formelmäßige Darstellung der Beta-Berechnung 49

$$\beta = \frac{Cov(Rendite_{BO};Rendite_M)}{Var(Rendite_M)}$$

Wobei der Zähler die Kovarianz der Rendite (= Kursverlauf) des Bewertungsobjektes zur Rendite des Gesamtmarktes und der Nenner die Varianz der Rendite des Gesamtmarktes darstellt.

Die Wahl des Zeitintervalls und die Anzahl der verwendeten Datenpunkte muss so gewählt werden, dass die statistischen Modellannahmen (z.B. Signifikanz) erfüllt sind. 50

🚫 Beraterhinweis:

Zu berücksichtigen ist, dass im Zeitintervall keine grundlegende Veränderung des Geschäftsmodells des Bewertungsobjektes stattfinden darf, da sonst die Zielsetzung der Beta-Berechnung, Abbildung des unternehmensindividuelle Risikos im Vergleich zum Gesamtmarkt, nicht mehr erfüllt werden kann.

Häufig ist in der Bewertungspraxis eine Berechnung über einen Zwei-Jahreszeitraum mit wöchentlicher Datenabfrage oder eine Berechnung über einen Fünf-Jahreszeitraum mit monatlicher Datenabfrage anzutreffen.

Zur Ermittlung des Beta-Faktors wird auf eine Gruppe von vergleichbaren börsennotierten Unternehmen (Peer Group) zurückgegriffen. Das durch den Beta-Faktor der Vergleichsunternehmen repräsentierte unternehmensindividuelle Risiko ist aber nicht nur durch die operative Geschäftstätigkeit, sondern auch durch das Finanzstrukturrisiko (Verschuldungsgrad) der Unternehmen bestimmt. Daher ist das Finanzstrukturrisiko der Vergleichsunternehmen zu eliminieren (unlevering) und das Finanzstrukturrisiko des Bewertungsobjekts zu berücksichtigen (relevering).

Zur Eliminierung des Finanzstrukturrisikos kann folgende Formel verwendet werden:[21] 51

$$\beta_{uVU} = \frac{\beta_{VU}}{1 + (1 - T_{VU}) * \frac{FK_{VU}}{EK_{VU}}}$$

Wobei βvu der berechnete Beta-Faktor eines Vergleichsunternehmens ist, Tvu der nominelle Steuersatz des Vergleichsunternehmens, FKvu der Marktwert des Fremdkapitals des Vergleichsunternehmens, EKvu der Marktwert des Eigenkapitals des Vergleichsunternehmens und βuvu den unlevered Beta-Faktor des Vergleichsunternehmens darstellt.

Zur Berücksichtigung des Finanzstrukturrisikos des Bewertungsobjektes (relevering) wird folgende Formel verwendet:

$$\beta_{BO} = \beta_D * (1 + (1 - T_{BO}) * \frac{FK_{BO}}{EK_{BO}})$$

Wobei β_D den durchschnittlichen unlevered Beta-Faktor der Vergleichsunternehmen, T_{BO} den nominellen Steuersatz des Vergleichsunternehmens, FKvu den Marktwert des Fremdkapitals des Vergleichsunternehmens, EKvu den Marktwert des Eigenkapitals des Vergleichsunternehmens und βuvu den unlevered Beta-Faktor des Vergleichsunternehmens abbildet.

---

21 Vgl. Vgl. WP Handbuch 2008, Band II, 13. Auflage, S. 111 und Brealey/Myers/Allen, Principles of Corporate Finance, Boston 2006, S. 518 f.

ee)   Bestimmung des Fremdkapitals und der Fremdkapitalzinsen

52   Um den Marktwert des Eigenkapitals zu bestimmen, ist wie zuvor erläutert, vom Unternehmensgesamtwert der Marktwert des Fremdkapitals abzusetzen. Als Fremdkapital werden dabei üblicherweise ausschließlich zinstragende Verbindlichkeiten definiert. Hierzu zählen im Wesentlichen neben den Verbindlichkeiten gegenüber Kreditinstituten auch die Pensionsverpflichtungen.

Die diesen Verpflichtungen zugrunde liegenden Fremdkapitalzinssätze führen unter Berücksichtigung erwarteter künftiger Refinanzierungszinssätze zur Bestimmung des erwarteten künftigen durchschnittlichen Fremdkapitalzinssatzes.

> 🛈 **Beraterhinweis:**
>
> *Bei Krankenhäusern, die nach der Krankenhausbuchführungsverordnung zur Bilanzaufstellung verpflichtet sind, gelten Sonderposten aus Zuführung zur Finanzierung von Sachanlagevermögen, nach dem KHG geförderte Verbindlichkeiten gegenüber Kreditinstituten, Verbindlichkeiten nach dem Krankenhausfinanzierungsrecht, Verbindlichkeiten aus sonstigen Zuwendungen zur Finanzierung des Anlagevermögens sowie Ausgleichsposten aus Darlehensförderung üblicherweise als nicht zu berücksichtigende Fremdkapitalbestandteile.*

ff)   Beispielberechnung zur Ermittlung der gewichteten Kapitalkosten (WACC)

53   (1)   Angaben

Basiszinssatz	4,00%
Marktrisikoprämie	5,00%
Durchschnitt der unlevered Betas der Vergleichsunternehmen	0,61
Nomineller Ertragsteuersatz des Bewertungsobjekts	16,00%
Fremdkapitalkostensatz	6,80%
Marktwert Fremdkapital des Bewertungsobjekts	5.700.000 €
Marktwert Eigenkapital des Bewertungsobjekts*	15.011.554 €

* Der Marktwert des Eigenkapitals lässt sich aufgrund des Zirkularitätsproblems nur in einem integrierten Bewertungsmodell ermitteln.

54   (2)   Berechnung

1. Relevering Beta

$$\beta_{BO} = 0,61 * \left(1 + (1 - 0,16) * \frac{5.700.000€}{15.011.554€}\right) = 0,81$$

2. Eigenkapitalkostensatz

Eigenkapitalkosten =	4,0% + 0,81 * 5,0% = **8,04%**

Der vorstehend ermittelte Eigenkapitalkostensatz repräsentiert die Rendite, die Investoren für die Übernahme unternehmerischen Risikos erwarten.

55   Im Rahmen eines möglichen Verkaufs eines Akutkrankenhauses durch einen kommunalen Träger zeigten Transaktionen aus der Vergangenheit, dass die jeweiligen Akutkrankenhäuser zum Zeitpunkt der Veräußerung sich in einer angespannten Finanzlage und einer geschwächten Wettbewerbssituation im Vergleich zu Akutkrankenhäusern in privater oder kirchlicher Trägerschaft befanden.

Aus Sicht eines potentiellen Investors bzw. Erwerbers sind dies zusätzliche Risiken, die in der allgemeinen Ermittlung der Eigenkapitalkosten nicht abgebildet sind. Aufgrund des zusätzlichen Risikos erwartet ein möglicher Käufer eine höhere Rendite seines eingesetzten Kapitals. Erfolgt eine Unternehmensbewertung mit dem WACC-Ansatz wird häufig dieses zusätzliche Risiko durch einen Risikozuschlag im Eigenkapitalkostensatz abgebildet. In der Bewertungspraxis sind Risikozuschläge von 1,0 % – 4,0 % anzutreffen.

Im vorliegenden Beispiel wird ein Risikozuschlag von 3,5 % angewandt. Daraus folgt ein Eigenkapitalkostensatz von 11,54 % (= 8,04 %+3,5 %).

3. WACC

$$\text{WACC} = 11{,}54\% * \frac{15.011.554€}{20.711.554€} + 6{,}80\% * \frac{5.700.000€}{20.711.554€} * (1-0{,}16) = 9{,}93\%$$

b)   Ermittlung der zu diskontierenden Cash Flows

Die künftigen Cash Flows sind jene finanziellen Überschüsse, die allen Kapitalgebern des Unternehmens zur Verfügung stehen (Eigen- und Fremdkapitalgeber). Der Cash Flow entspricht dem Nettozufluss aus der Umsatztätigkeit und anderen laufenden operativen Geschäftstätigkeiten des Unternehmens. Die Ermittlung erfolgt unter Zuhilfenahme von Planbilanzen und Plan-Gewinn- und Verlustrechnungen. Eine integrierte Planung, die die jeweiligen gegenseitigen Abhängigkeiten der Teilplanungen (Finanz-, Investitions-, Ergebnisplanung usw.) berücksichtigt und entsprechend vollständig abbildet, ist Voraussetzung für eine korrekte Cash Flow Berechnung.

56

Schematische Darstellung der Cash Flow Berechnung

Gemäß Ertragsplanung

   Jahresüberschuß

  + Sonstige nicht auszahlungswirksame Aufwendungen

  - Sonstige nicht einzahlungswirksame Erträge

  + Abschreibungen

Gemäß Investitionsplanung

  - Investitionen (eigenfinanziert)

  + Einzahlungen aufgrund von Veräußerungen von Gegenständen des Anlagevermögens

Gemäß Finanzplanung

  + Fremdkapitalzinsen

  +/- Aufnahme / Rückzahlung Kreditverbindlichkeiten

Gemäß Bilanzplanung

  +/- Veränderung des Nettoumlaufvermögens

Bewertungstechnische Korrektur (Tax Shield)

- Unternehmenssteuerersparnis aufgrund der Abzugsfähigkeit von Fremdkapitalzinsen

=Cash Flow

---

57 Die bewertungstechnische Korrektur (Unternehmenssteuerersparnis aufgrund der Abzugsfähigkeit von Fremdkapitalzinsen) ist zur Vermeidung einer doppelten Berücksichtigung der ertragsteuerlichen Abzugsfähigkeit von Fremdkapitalzinsen notwendig. Die Abzugsfähigkeit wird im WACC-Ansatz, wie oben erläutert, bereits bei der Ermittlung des gewogenen Kalkulationszinssatzes berücksichtigt.

Da das geplante Fördermittelergebnis grundsätzlich im Rahmen der Krankenhausbuchführung dem Ergebnis von € 0,00 entspricht, hat das Fördermittelergebnis keine bewertungsrelevante Auswirkung.

🛈 Beraterhinweis:

In der Praxis sind jedoch durchaus abweichende Größenordnungen anzutreffen. In diesen Fällen bedarf es einer Analyse, um nicht zahlungswirksame Fördermittelplanergebnisbestandteile korrekt in der Liquiditätsberechnung des Cash Flow zu berücksichtigen.

IV. Vergangenheits- und Planungsanalyse

58 Wesentliche Grundlage jeder Bewertung ist die Bestimmung der für das Krankenhaus zu erwartenden zukünftigen Cash Flows.

1. Operative Nachhaltigkeit der Ergebnisse (Vergangenheitsanalyse)

59 Da jede Planung eine verlässliche Grundlage der Vergangenheit benötigt, sind die Vergangenheitsdaten um aperiodische, einmalige, außerordentliche und/oder in Zukunft nicht mehr zu erwartende Ergebnisbeiträge zu bereinigen, um das nachhaltige Ergebnispotenzial, das in der Vergangenheit erwirtschaftet wurde, als Grundlage weiterer Planungstätigkeiten zu bestimmen. Aperiodische Ergebnisbeiträge sind der jeweiligen Periode zuzuordnen, die für die Entstehung ursächlich war. So sind beispielsweise „Erträge aus der Auflösung von Rückstellungen" aufgrund fehlender Nachhaltigkeit in der Ertragslage zu bereinigen. Gleichzeitig sind jedoch auch die in Vorperioden erfassten Aufwendungen zur Bildung dieser Rückstellungen aufwandsmindernd zu berücksichtigen. Ebenfalls häufig anzutreffende Ergebnisbeiträge, die einer Bereinigung bedürfen sind folgende:

- Einzelwertberichtigungen auf Forderungen,
- Außerordentliche Abschreibungen,
- Rückflüsse aus Schadensabwicklungen,
- Aufwendungen und Erträge aus dem Abgang von Sach- und Finanzanlagevermögen,
- Erträge aus der Ausbuchung von Verbindlichkeiten,
- Ergebniswirksame Zuschüsse (die nicht Bestandteil der Fördermittel sind, da das Fördermittelergebnis grundsätzlich ein Nullergebnis darstellen sollte).

2. Planungsrechnung

60 Eine vollumfänglich integrierte Planung besteht aus einer Ertrags- und Bilanzplanung nebst Finanz- und Investitionsplanung.

a)   Allgemeines

Die meisten kommunalen Krankenhäuser erstellen ausschließlich einen Wirtschaftsplan für das folgende Geschäftsjahr. Während die Ertragsplanung für das Folgejahr (allein schon aufgrund notwendiger Budgetierungen) i.d.R. vorliegt, fehlen häufig vollumfängliche längerfristige Ertrags-, Investitions-, Finanz und Bilanzplanungen. In diesem Fall ist es Aufgabe des Kaufinteressenten nach eingehenden Untersuchungen der im Rahmen eines Datenraums zur Verfügung gestellten Unterlagen (Due Diligence) Einschätzungen der weiteren darüber hinausgehenden Ergebnisentwicklungen vorzunehmen. Die längerfristige Zukunftsplanung umfasst meist einen dreijährigen, in Fällen erheblicher notwendiger langfristiger Sachinvestitionen auch einen über diesen Zeitraum hinaus gehenden Planungszeitraum. Die Ausweitung des Planungszeitraums stellt die ausreichende Berücksichtigung sich mittelfristig erheblich auswirkender Ergebnisse und damit verbundener Ertrags-, Aufwands- und Zahlungsströme sicher.

61

❗ Beraterhinweis:

In einer voll integrierten Planungsrechnung sollten käuferseitig insbesondere folgende wesentliche Bestandteile, die i.d.R. für eine Bewerbung als möglicher Kaufinteressent zu erarbeiten sind, Berücksichtigung finden:

■ *Medizinisches Konzept,*

■ *beabsichtigte Maßnahmen im Personalbereich,*

■ *Sachkostenplanung,*

■ *Konzepte der Finanzierung von Forschung und Lehre (speziell bei Universitätskliniken),*

■ *geförderte und notwendige nicht geförderte Investitionszusagen.*

b)   Ergebnisplanung

aa)   Umsatz

Unter Berücksichtigung der auf das medizinische Leistungsspektrum abgestellten erwarteten Fallzahlen und des damit verbundenen DRG-Budgetvolumens ist der künftige krankenhausindividuelle Basisfallsatz zu schätzen.

62

Ein Vergleich dieses Basisfallsatzes mit dem landesspezifischen Basisfallsatz bis zum Ende der Konvergenzphase führt im Einzelfall zu erwarteten Erlöserhöhungen bzw. zu erwarteten Erlösminderungen (sog. Konvergenzgewinner bzw. Konvergenzverlierer). Gleichzeitig gilt es, die Konvergenz für die Einführung des bundeseinheitlichen Basisfallwerts zu planen. Darüber hinaus sind Einschätzungen über die zu erwartenden Erlöse aus Wahlleistungen, ambulanten Leistungen sowie über die Höhe der künftigen Nutzungsentgelte zu treffen.

Zusätzlich wird der Käufer Potentiale aus Prozessoptimierung berücksichtigen. Diese können u.a. aus folgenden Sachverhalten resultieren:

63

■ Spezialisierungen auf bestimmte Behandlungsarten im Rahmen des medizinischen Konzepts,

■ Potenzialhebung durch Verbesserung der DRG-Codierung,

■ Aktives Marketing bei Einweisern in der Umgebung und dadurch erhöhte Fallzahlen,

■ Anbindung von Spezialisten durch Ärztehäuser und Medizinische Versorgungszentren.

bb) Personalaufwand

64 Ausgehend von dem medizinischen Konzept sowie erwarteten Einsparpotenzialen aufgrund von Veränderungen / Verbesserungen von Geschäftsprozessen bestehen in der Praxis häufig Personaleinsparpotenziale. Um Personalfreisetzungen zu begegnen, fordern kommunale Veräußerer häufig Bestandsgarantien für das Personal (oft bis zu 10 Jahre). Diesen Bestandsgarantien wird käuferseitig häufig entsprochen.

🔵 Beraterhinweis:

Um einen wirtschaftlichen Betrieb des Krankenhauses zu ermöglichen, werden deshalb häufig folgende planerische Anpassungen berücksichtigt:

1. Fluktuation ohne Neubesetzung,

2. Personalabbau durch Aufhebungsvereinbarungen mit den jeweils betroffenen Mitarbeitern,

3. Personalflexibilisierung.

65 Die aufwandsmindernden Personaleinsparungen durch Fluktuation und Einsparungen durch aufhebungsvertragsbedingten Personalabbau nebst aufwandsmehrenden Abfindungszahlungen sind unter Berücksichtigung des entsprechenden zeitlichen Anfalls zu planen.

Die Personalplanung setzt dabei möglichst auf den Erkenntnissen der Due Diligence auf, die den Personalbestand nach Funktionsbereichen, in Vollzeitkräften, Dauer der Betriebszugehörigkeit und unter Angabe durchschnittlicher Personalkosten pro Funktionsbereich ermittelt hat.

🔵 Beraterhinweis:

Es gilt zu berücksichtigen, dass gem. § 613a BGB vor Ablauf eines Jahres nach Übergang auf den Erwerber keine für die Arbeitnehmer nachteiligen Änderungen an den bestehenden Regelungen der Arbeitsverhältnisse, insbesondere den Tarif- und Betriebsvereinbarungen, vorgenommen werden können.

66 Soweit ein Personalabbau erforderlich erscheint, orientiert man sich oftmals zur Einschätzung erwarteter Zahlungen für Abfindungen aus Aufhebungsverträgen an in der Praxis beobachtbaren Abfindungszahlungen. Diese berechnen sich je Mitarbeiter i.d.R. zwischen dem 0,5 bis 1,0-fachen des monatlichen Bruttogehalts multipliziert mit den geleisteten Jahren der Betriebszugehörigkeit. Da eine individualisierte Berechnung zum Zeitpunkt der Transaktionspreisbestimmung noch nicht möglich ist, sind gröbere Einschätzungen erforderlich.

Die zu erwartenden Gehaltssteigerungen der einzelnen Funktionsbereiche sind unter Berücksichtigung ggf. bestehender tarifvertraglicher Regelungen sowie nach ihrem zeitlichen Anfall in der Planung zu berücksichtigen.

67 Soweit das zu übernehmende Krankenhaus infolge bestehender finanzieller Unterdeckungen der Pensionskassen zu Sanierungsbeitragszahlungen verpflichtet ist, sind diese bei der Personalaufwandsplanung zu berücksichtigen.

🔵 Beraterhinweis:

Sollte der potenzielle Erwerber beabsichtigen, den künftigen Pensionslasten durch Austritt aus den Versorgungskassen (VBL, ZVK, etc.) zu entgehen, sind zu erwartende erhebliche Abstandszahlungen, die sich am Barwert der Pensionslast je Mitarbeiter orientieren, zu planen.

Aufgrund der Größenordnung der zu leistenden Abstandszahlung wird seitens des Erwerbers von 68
dieser Möglichkeit meist Abstand genommen. Soweit die Satzung der Versorgungskassen einer Mit-
gliedschaftsaufnahme des Erwerbers entgegensteht, sind im Rahmen bilateraler Verhandlungen
Möglichkeiten des Beitritts zu diskutieren und das jeweilige Ergebnis planungstechnisch zu verar-
beiten.

Soweit unmittelbare Pensionsverpflichtungen bestehen und diese im Rahmen der Nettofinanzpositi-
on fremdkapitalähnlich bei der Kaufpreisermittlung subtrahiert werden, sind diese Pensionsaufwen-
dungen in der Personalplanung nicht zu berücksichtigen.

cc)   Sachkosten

Die Planung basiert auf den zur Erbringung des geplanten Umsatzes benötigten Materialien / 69
Leistungen. Dabei wird der Erwerber die aus seiner Sicht erzielbaren Synergieeffekte berücksich-
tigen. Dies können u.a. Einsparmöglichkeiten aus Gruppentarifen für Versicherungen oder bessere
Konditionen bei Leasingverträgen und beim Einkauf von Versorgungsgütern sein.

Künftig erwartete Preissteigerungen sind in der Planung entsprechend zu berücksichtigen.

dd)   Abschreibungen

Die Höhe der geplanten Abschreibungen ermittelt sich unter Berücksichtigung der anzuwendenden 70
Abschreibungsmethoden aus den zu übernehmenden Investitionsgütern und deren verbleibender
Restnutzungsdauer sowie der Investitionsplanung.

ee)   Zinsen

Die Höhe der zukünftig zu leistenden Zinsaufwendungen basiert auf der Einschätzung der zu über- 71
nehmenden bzw. neu zu finanzierenden Fremdmittel, die hinsichtlich ihrer Entwicklung in der Finanzplanung dargestellt werden.

ff)   Steuern

Steuerliche Einmaleffekte und Steuerbelastungen, die aus Vorjahren resultieren, werden vertraglich 72
i.d.R. dem Verkäufer zugewiesen. Die künftige steuerliche Planbelastung basiert auf den allgemeinen
im Zeitpunkt der Transaktion bestehenden steuerlichen Regelungen.

c)   Investitionsplanung

Im Rahmen der Investitionsplanung muss von Seiten des Käufers die Überlegung angestellt werden, 73
inwieweit zukünftige Investitionsvorhaben die Bilanzplanung sowie die Ertragsplanung beeinflussen.

Zunächst ist eine Unterscheidung in bereits eingeleitete Investitionen des Verkäufers und neue Investitionen des Erwerbers zu treffen.

Bei vom Verkäufer initiierten Investitionen gilt es zu prüfen, wieweit diese in das Konzept des Käufers integriert werden können. In diesem Zusammenhang ist eine Identifikation bestehender oder
beantragter Fördermittel vorzunehmen. Für die Investitionsplanung ist dabei insbesondere die Ein-
zelförderung von Bedeutung. Es wird unterschieden in:

- Fördermittelanträge, für die bereits ein Bescheid vorliegt sowie
- Fördermittelanträge, für die der Bescheid noch offen ist.

Für bereits beschiedene Fördermittelanträge ist zu untersuchen, ob die zweckentsprechende Mittel- 74
verwendung bereits durch einen Steuerberater oder Wirtschaftsprüfer bestätigt wurde. Ist dies noch
nicht erfolgt, sind diese Sachverhalte im Rahmen der Analyse der Nettofinanzverbindlichkeiten zu
untersuchen.

Für Fördermittelanträge, die noch nicht beschieden sind, ist eine Einschätzung zu treffen, ob Fördermittel für diese Maßnahme bewilligt werden. Da Anträge regelmäßig nur teilweise Förderung erhalten, ist zudem die Höhe der zugewiesenen Fördermittel einzuschätzen. Für diese Zwecke sind sowohl politische als auch finanzielle Einflussfaktoren zu berücksichtigen.

Zahlungen für Investitionsvorhaben des Erwerbers sind entsprechend dem zeitlichen Anfall in der Liquiditätsplanung zu berücksichtigen.

❗ Beraterhinweis:

Hinsichtlich der Investitionen ist zu beachten, dass kommunale Verkäufer bei vertraglichen Investitionszusagen zeitnahe Investitionen bevorzugen.

Für Zwecke der Finanzierung ist zu untersuchen, inwieweit Fördermittel erlangt werden können. Dabei gilt es zu beachten, dass etwaige mit Eigen- oder Fremdmitteln zu finanzierende und vertraglich festgelegte Investitionszusagen nicht unterschritten werden.

75 Die aus der Nutzungsdauer abgeleiteten Abschreibungen sind zusammen mit erwarteten Kosteneinsparungen sowie Zinsaufwendungen aus Fremdfinanzierungen in der Ertragsplanung zu berücksichtigen. Darüber hinaus sind Mindereinnahmen, beispielsweise resultierend aus eingeschränkten Nutzungsmöglichkeiten aufgrund von Umbaumaßnahmen, zu planen.

❗ Beraterhinweis:

Bewährt haben sich in diesem Zusammenhang Szenarioplanungen (Best-, Worst-, Real-Case), bei deren Erstellung mögliche Probleme und deren Lösung bereits in der Planung berücksichtigt werden.

d) Bilanzplanung

76 In die Bilanzplanung fließen die Ergebnisse der Ertrags- und Investitionsplanung ein. Zudem wird benötigtes Fremdkapital entsprechend dem zeitlichen Anfall der Aufnahme und Tilgungsleistungen berücksichtigt.

Weiterer wesentlicher Punkt ist die Planung des Nettoumlaufvermögens. Dies wird für Forderungen regelmäßig auf Basis der geplanten Umschlagshäufigkeit vorgenommen. Verbindlichkeiten werden anhand der durchschnittlichen Zahlungsziele berechnet. Weiterer Bestandteil des Nettoumlaufvermögens sind Überlieger. Da diese nicht exakt geplant werden können, wird hier häufig von einem Wert analog der Vorjahre ausgegangen.

V. Unternehmenswert

77 Basierend auf den Ergebnissen des oben dargestellten Planungsprozesses wird unter Zuhilfenahme des ermittelten Diskontierungszinssatzes und der Plan-Cash Flows der Unternehmenswert des zu bewertenden Krankenhauses berechnet. Wie zuvor beschrieben, ermittelt das Brutto-DCF-Verfahren einen Unternehmensgesamtwert, von dem der Marktwert des Fremdkapitals zur Ermittlung des Marktwerts des Eigenkapitals (= möglicher Kaufpreis) abzusetzen ist. Weitere Abzugspositionen bilden daneben auch nicht zinstragende Verpflichtungen, die den Käufer künftig belasten, ohne dass hierfür eine Gegenleistung (Umsatzerlöse, Arbeitsleistung etc.) zu erwarten ist. Unter Einbeziehung dieser Abzugspositionen werden im Folgenden die so definierten Nettofinanzverbindlichkeiten dargestellt.

1.   Nettofinanzverbindlichkeiten

Zinstragende Verbindlichkeiten   78

– zinstragende Forderungen

– liquide Mittel

= Finanzierungssaldo

+ nicht zinstragende Verbindlichkeiten

+ nicht bilanzierte Verbindlichkeiten

= Nettofinanzverbindlichkeiten

Unter den Nettofinanzverbindlichkeiten werden neben den zinstragenden Forderungen und Verbindlichkeiten auch weitere vertraglich festgelegte Verbindlichkeiten verstanden, die nicht das operative Geschäft betreffen bzw. einen einmaligen Zahlungsausgang bedingen.

So gelten als zinstragende Forderungen und Verbindlichkeiten alle Sachverhalte, für die Zinsauf-   79
wand bzw. -ertrag anfällt.

Liquide Mittel sind als Schecks, Kassenbestand, Bundesbank- und Postgiroguthaben und Guthaben bei Kreditinstituten gem. Anlage 1 C. IV der KHBV definiert.

Bei nicht zinstragenden Verbindlichkeiten handelt es sich beispielhaft um noch nicht geleistete Abfindungszahlen für bereits durch den Verkäufer freigesetzte Mitarbeiter, Steuernachzahlungen oder Tantiemen für die Geschäftsführung aus Vorjahren.

❗ Beraterhinweis:

Umfang, Höhe und Auszahlungswahrscheinlichkeit dieser Positionen gilt es im Rahmen einer transaktionsbegleitenden Due Diligence zu überprüfen.

Nicht bilanzierte Verbindlichkeiten, die in Zukunft Vermögensminderungs-, Ergebnis- und/oder Li-   80
quiditätseffekte auslösen können, bilden einen monetären Vermögensnachteil des potenziellen Erwerbers, die kaufpreismindernd zu berücksichtigen sind. Es gilt, diese im Rahmen der Due Diligence zu identifizieren und zu quantifizieren. Typisch bei Transaktionen im Gesundheitswesen sind mögliche steuerliche Zahlungslasten aus der Aufgabe der Gemeinnützigkeit sowie der künftige Liquiditätsabfluss infolge vorzufindender zweckfremder Mittelverwendung von Fördergeldern.

a)   Gemeinnützigkeitsproblematik

Soweit nach den gegebenen Bewertungsanlässen die Aufgabe der Gemeinnützigkeit nicht vorgese-   81
hen ist (z.B. im Rahmen der Fusion gemeinnütziger Krankenhauträger) ist für Bewertungszwecke von der freien Verfügbarkeit der von den Einrichtungen erwirtschafteten Mittel auszugehen.

Die Entnahme von Einnahmeüberschüssen zu nicht gemeinnützigen Zwecken bewirkt unter Umständen den Verlust der Gemeinnützigkeit des Bewertungsobjekts. In der Praxis sind daher die zur Veräußerung anstehenden kommunalen Krankenhäuser häufig auf eine am allgemeinen wirtschaftlichen Verkehr gewerblich ausgerichtete Kapitalgesellschaft (GmbH) übergeleitet. Soweit das zu bewertende Krankenhaus noch als gemeinnützige Gesellschaft tätig ist, führt die Aufhebung der Gemeinnützigkeit zu einer steuerlichen zehnjährigen Rückwirkung (§ 61 Abs. 3 AO). Infolgedessen ist § 175 Abs. 1 Satz 1 Nr. 2 AO mit der Maßgabe anzuwenden, dass Steuerbescheide erlassen, aufgehoben oder geändert werden können, soweit sie Steuern betreffen, die innerhalb der letzten zehn Kalenderjahre vor Wegfall der Gemeinnützigkeit entstanden sind. In diesem Zusammenhang werden von der Finanzverwaltung die für den jeweiligen Veranlagungszeitraum geltenden steuergesetzlichen Regelungen angewendet. Dies gilt insbesondere in Bezug auf die steuerliche Verlustverrechnung (Verlustvor-/rücktrag), d.h. ein im jeweiligen Veranlagungszeitraum verbleibender steuerlicher Gewinn unterliegt einer nachträglichen Versteuerung, ein eventuell verbleibender steuerlicher Verlust kann im weiteren Zeitablauf im Rahmen der bestehenden Verlustverrechnungsmöglichkeiten vorgetragen und mit künftigen Gewinnen verrechnet werden (§ 10d EStG). Im Rahmen der Körperschaftsteuer ist nach der derzeitigen Rechtslage auch ein Verlustrücktrag in den vorherigen Veranlagungszeitraum i.H.v. maximal € 511.500,00 möglich. Die jeweiligen zeitlich zu erwartenden Ein- bzw. Auszahlungen sind bei der Ermittlung der bereinigten Cash Flows zu erfassen.

Soweit die Aufgabe der Gemeinnützigkeit nicht vorgesehen ist, kann in Abstimmung mit den betroffenen Parteien von obigen komplexen Berechnungen abgesehen werden.

b) Nicht zweckentsprechende Mittelverwendung

82 Aufgrund der Komplexität bei der Durchführung geförderter Investitionen unter Berücksichtigung der zeitlich inkongruenten Auszahlung von Fördermitteln ist es möglich, dass liquide Mittel in Form von Fördermitteln zur Finanzierung des operativen Geschäftsbetriebs verwendet wurden. Grundsätzlich sind Fördermittel entsprechend dem beantragten Investitionszweck zuzuführen. Der Erwerber hat insofern bei Übernahme des Krankenhauses der Investitionsverpflichtung nachzukommen. Fehlende Fördermittel sind zu ersetzen.

83 Zur Überprüfung, ob Fördermittel zweckfremd verwendet wurden, eignet sich folgendes Schema:

Verbindlichkeiten nach dem KHG	1.000.000 €
- Verbindlichkeiten nach der Bundespflegesatzverordnung	-100.000 €
= **Verbindlichkeiten aus Fördermaßnahmen**	**900.000 €**
Forderungen nach dem KHG	500.000 €
- Forderungen nach der Bundespflegesatzverordnung	-50.000 €
= **Forderungen aus Fördermaßnahmen**	**450.000 €**
Zweckfremd verwendete Mittel	**450.000 €**

c) Beispielsberechnung Nettofinanzverbindlichkeiten

	Verbindlichkeiten gegenüber Kreditinstitute	5.000.000 €
+	Pensionsverpflichtungen	1.000.000 €
-	Liquide Mittel	-300.000 €
	...	
=	**Finanzierungssaldo**	**5.700.000 €**
	Steuerverbindlichkeiten der Vorjahre	220.000 €
+	Abfindungszahlungen	150.000 €
+	Verbindlichketen gegenüber Gesellschafter (unverzinst)	500.000 €
	...	
=	**Nicht zinstragende Verbindlichkeiten**	**870.000 €**
	Steuerbelastung aus Aufgabe der Gemeinnützigkeit nach Erwerb des Krankenhauses	1.500.000 €
+	Zweckfremd verwendete Mittel	450.000 €
	...	
=	**Nicht bilanzierte Risiken**	**1.950.000 €**
	Nettofinanzverbindlichkeiten	**8.520.000 €**

2. Bandbreite des Verhandlungspreises

Aus den oben dargestellten Bewertungsverfahren ermittelt sich, ggf. unter Berücksichtigung mehrerer Szenarien, die Bandbreite des möglichen Kaufpreises aus Sicht des Käufers. Soweit die Kaufpreisvorstellungen sich mit den Erwartungen des Verkäufers decken, besteht die Möglichkeit, im Verhandlungswege die Transaktion zur beiderseitigen Zufriedenheit abzuschließen. 84

85   *Beispiel Wertbandbreite*

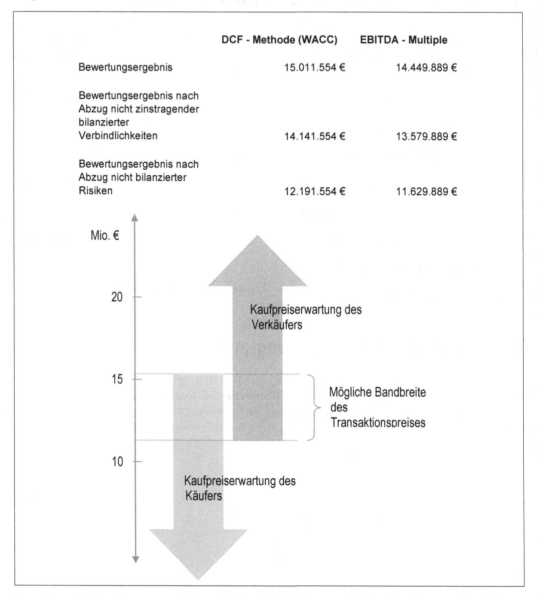

	DCF - Methode (WACC)	EBITDA - Multiple
Bewertungsergebnis	15.011.554 €	14.449.889 €
Bewertungsergebnis nach Abzug nicht zinstragender bilanzierter Verbindlichkeiten	14.141.554 €	13.579.889 €
Bewertungsergebnis nach Abzug nicht bilanzierter Risiken	12.191.554 €	11.629.889 €

Im weiteren Verhandlungswege finden dabei auch Vorstellungen der Parteien Eingang, die nicht unmittelbar bewertungstechnisch erfasst werden.

VI.   Nicht unmittelbar zahlungswirksame Einflussfaktoren bei der Bestimmung des Verhandlungspreises

86   Trotz aller zur Kaufpreisbestimmung zunächst durchzuführenden Analysen und Berechnungen entscheidet letztendlich das Verhandlungsergebnis über den Kauf- bzw. Verkaufspreis eines Krankenhauses.

❗ Beraterhinweis:

Von wesentlicher Bedeutung ist daher eine optimale Vorbereitung auf die anstehenden Verhandlungen. Dabei haben die Verhandlungspartner auch Sachverhalte zu berücksichtigen, die nicht unmittelbar zahlungswirksam werden und damit planungstechnisch zu erfassen sind, gleichwohl den Erfolg der Transaktion aber nicht unerheblich beeinflussen.

Ohne Anspruch auf letztendliche Vollständigkeit sind hierbei die nachfolgenden Erwartungshaltungen der Parteien zu erwähnen:

1.   Wesentliche Erwartungshaltung der Kommune als Veräußerer

a)   Möglichkeiten der Einflussnahme

Zur Wahrung der Einflussnahme sind kommunale Veräußerer der weiteren kapitalmäßigen Einbindung durchaus aufgeschlossen. So ist es nicht unüblich, dass häufig nur 74,9 % der Anteile zur Veräußerung anstehen, so dass mit der Möglichkeit der gesellschaftsrechtlichen Einflussnahme wesentliche Entscheidungen weiterhin beeinflusst werden können.   87

Auch abweichende Regelungen zwischen kapitalwertmäßiger Verflechtung und kontrollierender Einflussnahme sind zu beobachten. So kann der Veräußerer ein Interesse daran haben, die finanzielle Beteiligung auf einen Minderheitsanteil zu reduzieren, gleichzeitig aber durch zielgerichtete gesellschaftsvertragliche Abreden die Geschäftspolitik weiter zu beeinflussen.

b)   Erfahrener, erfolgreicher strategischer Partner

Zur Sicherung der bestmöglichen künftigen Gesundheitsversorgung wünschen sich kommunale Veräußerer einen im Gesundheitswesen erfahrenen und bei der Umsetzung verschiedenster schwieriger Themen (z.B. ggf. notwendiger Änderungen der Tarifverträge) verlässlichen, erfolgreichen und sozial kompetenten Partner. Dabei stehen neben der finanziellen, investiven und medizinischen Sicherung des künftigen Fortbestands der zur Veräußerung anstehenden Gesundheitseinrichtungen auch Möglichkeiten, die den Erhalt oder die Schaffung neuer Arbeitsplätze beinhalten, im Vordergrund. So ist zu beobachten, dass in den vertraglichen Regelungen beim Erwerb eines kommunalen Krankenhauses zunehmend Bestandssicherungsgarantien seitens des Käufers abzugeben sind, die betriebsbedingte Kündigungen für die nächsten Jahre ausschließen.   88

c)   Weiteres Betreiben weniger profitabler Einrichtungen

Aufgrund personeller und/oder organisatorischer Verflechtungen werden teilweise neben den Krankenhäusern weniger profitable Einrichtungen betrieben (z.B. Krankenpflegeschule, Forschungseinrichtungen in Universitätskrankenhäusern, etc.). Eine fehlende Übernahmewilligkeit auf Seiten des Käufers kann die Verhandlungen schnell scheitern lassen. Im Rahmen der Erwerbsstrategie empfiehlt sich hier, alternative Szenarien zu überdenken und ggf. damit verbundene finanzielle Lasten in die Planung zur Kaufpreisfindung mit aufzunehmen.   89

d)   Investitionsübernahme

90   Aufgrund der allgemein im Gesundheitswesen zu beobachtenden Schwierigkeiten zur Erlangung von Fördermitteln der Länder für investive Zwecke sind wesentliche Bestandteil des Kaufvertrags vertragliche Vereinbarungen über beabsichtigte Investitionssummen. Dabei ist nicht nur die Gesamtsumme der Investitionsverpflichtung von Bedeutung, sondern auch die sowohl vom Verkäufer als auch vom Käufer erwarteten zukünftigen Förderbeiträge. Nur die über die erwarteten Fördermittel hinausgehenden Investitionszusagen sind für die Kommune von Bedeutung. Wesentliche Verhandlungsmasse kann dabei auch die Laufzeit der Investitionsverpflichtung und ggf. die zeitliche Staffelung der zu leistenden Investitionssumme sein.

2.   Zusammenfassung wesentlicher Einflussfaktoren für den Transaktionserfolg

91   Nachfolgend werden zusammenfassend wesentliche Bestandteile und Überlegungen der Transaktionspartner dargestellt.

Kommune	Investor
•Erfahrener und erfolgreicher strategischer Partner •Sicherung der betrieblichen Zukunft (Going Concern) •Keine weiteren künftigen Verlustübernahmen •Erhalt/Schaffung von Arbeitsplätzen •Sicherstellung der medizinischen Versorgung auf qualitativ hochwertigem Niveau •Spezialisierung •Investitionen •Übernahme der Pensionsverpflichtungen •Weiteres Betreiben nichtprofitabler Einrichtungen (Kindergärten, Krankenpflegeschulen usw.) •Weiterer Einfluss über Gremien und/oder weitere Anteilsinhaberschaft •Stärkung der Wettbewerbsposition in einem sich stark wandelnden Gesundheitsmarkt •Gegebenenfalls Sicherstellung der finanziellen Unterstützung des Bereichs Forschung und Lehre	•Prozessoptimierung durch - Spezialisierung - Verbesserung der DRG-Codierung - Innerbetriebliche Abläufe - Outsourcing bzw. Anbindung von Spezialisten (Anbindung Ärztehaus / Medizinisches Versorgungszentrum) - Einweiserpflege •Personalkonzept - Problem: § 613 a BGB - Pensionsrückstellungsproblematik - Möglichst geringe/keine Übernahme von Beamten - Personalflexibilisierung •Sachkostenreduktion durch - Einkaufsynergien - ABC-Analyse - Outsourcing •Fördermittel und Investitionen •Übernahme des Unternehmens mit ausreichend Nettoumlaufvermögen •Gegebenenfalls Asset-Deal zur Vermeidung der Steuerpflicht bei Aufgabe der Gemeinnützigkeit •Abzug der Nettofinanzverbindlichkeiten vom Kaufpreis

§ 9 Rechnungslegung

A. Überblick

Krankenhäuser haben aufgrund der Verordnung über die Rechnungs- und Buchführungspflichten von Krankenhäusern (Krankenhaus-Buchführungsverordnung – KHBV) Sondervorschriften über die Rechnungslegung zu beachten, und zwar unabhängig von ihrer Rechtsform und ihrer rechtlichen Selbständigkeit. Die Rechnungslegung stellt also auf die wirtschaftliche Einheit „Krankenhaus" ab. Die Regelungen der KHBV haben als Spezialvorschriften (lex specialis) Vorrang; darüber hinaus sind allerdings die allgemeinen rechtsformabhängigen Vorschriften des Handels- und Steuerrechts zu beachten.

Der folgende Beitrag setzt sich im ersten Abschnitt mit der Krankenhausbuchführungsverordnung und im zweiten Abschnitt mit diversen Einzelfragen auseinander. Der Schwerpunkt wurde in beiden Kapiteln auf Themen gelegt, die in der täglichen Praxis immer wieder diskutiert werden.

B. Krankenhausbuchführungsverordnung (KHBV)

I. Anwendungsbereich (§ 1 KHBV)

Die KHBV ist eine Spezialvorschrift für die Rechnungslegung und Buchführung von Krankenhäusern. Dies ergibt sich aus der Formulierung: „Die Rechnungs- und Buchführungspflichten von Krankenhäusern regeln sich nach den Vorschriften dieser Verordnung und deren Anlagen". Den Krankenhäusern wird mit der KHBV eine besondere Rechnungs- und Buchführungspflicht auferlegt. § 1 Abs. 1 Satz 1 KHBV sieht vor, dass sich die Rechnungs- und Buchführungspflichten von Krankenhäusern nach den Vorschriften der KHBV und deren Anlagen bestimmen, und zwar unabhängig davon, ob das Krankenhaus Kaufmann i.S.d. Handelsgesetzbuchs ist, und unabhängig von der Rechtsform des Krankenhauses.

❶ Beraterhinweis

Der Vorrang der Vorschriften der KHBV bedeutet, dass grundsätzlich jedes Krankenhaus die Regelungen der KHBV als Mindestanforderungen zu erfüllen hat. Dies gilt unabhängig von Kaufmannseigenschaft und Rechtsform des Krankenhauses.

Mit Ausnahme der für Kapitalgesellschaften bestimmten Vorschriften des § 1 Abs. 3 und 4 KHBV kann bzw. will die KHBV nicht in andere bestehende Rechtsvorschriften, insbesondere des Handels- oder Steuerrechts, eingreifen. Nachdem die Rechnungs- und Buchführungspflichten nach anderen Vorschriften unberührt bleiben sollen, müssen Krankenhäuser in der Rechtsform z.B. der GmbH neben den Vorschriften der KHBV auch die auf eine GmbH zutreffenden handels- und steuerrechtlichen sowie sonstigen Vorschriften beachten. Für Krankenhäuser, die als Eigenbetrieb geführt werden, gelten die landesrechtlichen Bestimmungen über die Rechnungs- und Buchführungspflichten des Eigenbetriebs nur zusätzlich oder ergänzend, d.h. soweit dort Sachverhalte bzw. Inhalte geregelt werden, die über die Bestimmungen der KHBV hinausgehen oder die von der KHBV gar nicht erfasst werden; die KHBV einschränkende oder ihr widersprechende landesrechtliche Bestimmungen sind beim Eigenbetrieb nicht anzuwenden.

4   Für die Bestimmung des Anwendungsbereichs der KHBV ist die Definition eines Krankenhauses von entscheidender Bedeutung. Nach § 2 Nr. 1 KHG versteht man unter Krankenhäusern „Einrichtungen, in denen durch ärztliche und pflegerische Hilfeleistung Krankheiten, Leiden oder Körperschäden festgestellt, geheilt oder gelindert werden sollen oder Geburtshilfe geleistet wird und in denen die zu versorgenden Personen untergebracht und verpflegt werden können". Die KHBV gilt grundsätzlich für alle Krankenhäuser. Sie findet jedoch keine Anwendung auf:

a) Krankenhäuser im Straf- oder Maßregelvollzug (§ 3 Satz 1 Nr. 2 KHG);

b) Polizeikrankenhäuser (§ 3 Satz 1 Nr. 3 KHG);

c) Krankenhäuser der Träger der allgemeinen Rentenversicherung; das gilt nicht für Fachkliniken zur Behandlung von Erkrankungen der Atmungsorgane, soweit sie der allgemeinen Versorgung der Bevölkerung mit Krankenhäusern dienen (§ 3 Satz 1 Nr. 4 KHG);

d) Krankenhäuser der Träger der gesetzlichen Unfallversicherung und ihrer Vereinigungen (§ 3 Satz 1 Nr. 4 KHG);

e) Krankenhäuser, die nicht die in § 67 der Abgabenordnung bezeichneten Voraussetzungen erfüllen (§ 5 Abs. 1 Nr. 2 KHG), es sei denn, dass diese Krankenhäuser aufgrund landesrechtlicher Bestimmungen nach § 5 Abs. 2 KHG gefördert werden;

f) Tuberkulosekrankenhäuser mit Ausnahme der Fachkliniken zur Behandlung von Erkrankungen der Atmungsorgane, soweit sie nach der Krankenhausplanung des Landes der allgemeinen Versorgung der Bevölkerung mit Krankenhäusern dienen (§ 5 Abs. 1 Nr. 4 KHG), es sei denn, dass diese Krankenhäuser aufgrund landesrechtlicher Bestimmungen nach § 5 Abs. 2 KHG gefördert werden;

g) Vorsorge- oder Rehabilitationseinrichtungen nach § 107 Abs. 2 SGB V – sofern die Anwendung dieses Gesetzes nicht bereits nach § 3 Satz 1 Nr. 4 KHG ausgeschlossen ist (siehe oben) – (§ 5 Abs. 1 Nr. 7 KHG) es sei denn, dass diese Krankenhäuser aufgrund landesrechtlicher Bestimmungen nach § 5 Abs. 2 KHG gefördert werden und

h) Bundeswehrkrankenhäuser.

🛑 Beraterhinweis

Durch Artikel 5 des FPÄndG sind Bundeswehrkrankenhäuser und die Krankenhäuser der Träger der gesetzlichen Unfallversicherung vom Anwendungsbereich der KHBV ausgeschlossen.

5   Krankenhäuser in der Rechtsform einer Kapitalgesellschaft sowie bestimmte Personenhandelsgesellschaften (§ 264a HGB) unterliegen hinsichtlich ihres Jahresabschlusses sowohl der KHBV als auch den ergänzenden handelsrechtlichen Vorschriften für Kapitalgesellschaften. Danach wären Bilanz, Gewinn- und Verlustrechnung sowie Anlagennachweis in jeweils abweichender Form zu gliedern. Um die Zweigleisigkeit der Rechnungslegung einzuschränken, eröffnet der Gesetzgeber den Krankenhäusern in der Rechtsform einer Kapitalgesellschaft das Wahlrecht, für Aufstellung, Feststellung und Offenlegung des Jahresabschlusses auf die Gliederungsvorschriften der KHBV zurückzugreifen. Nach § 1 Abs. 3 KHBV brauchen Krankenhäuser, die Kapitalgesellschaften i.S.d. Zweiten Abschnitts des Dritten Buchs des Handelsgesetzbuchs sind, deshalb auch für Zwecke des Handelsrechts bei der Aufstellung, Feststellung und Offenlegung ihres Jahresabschlusses nach dem Handelsgesetzbuch die Gliederungsvorschriften der §§ 266, 268 Abs. 2 und § 275 des Handelsgesetzbuchs nicht anzuwenden. Kapitalgesellschaften bzw. Personenhandelsgesellschaften i.S.d. Zweiten Abschnitts des Dritten Buchs des Handelsgesetzbuchs sind Aktiengesellschaften, Kommanditgesellschaften auf Aktien, Gesellschaften mit beschränkter Haftung sowie GmbH & Co. Kommanditgesellschaften. Für sie gelten

die ergänzenden Vorschriften der §§ 264 bis 335 HGB. Sieht ein Krankenhaus von der Anwendung ab, so hat es bei der Aufstellung, Feststellung und Offenlegung die Bilanz, die Gewinn- und Verlustrechnung und den Anlagennachweis entsprechend der Anlagen 1, 2 und 3 zur KHBV zu gliedern. Die Anlagen sind Bestandteil der KHBV und haben die gleiche Rechtsqualität wie die KHBV selbst. Anlagen der KHBV sind:

- die Gliederung der Bilanz (Anlage 1),
- die Gliederung der Gewinn- und Verlustrechnung (Anlage 2),
- der Anlagennachweis (Anlage 3),
- der Kontenrahmen für die Buchführung (Anlage 4),
- der Kostenstellenrahmen für die Kosten- und Leistungsrechnung (Anlage 5).

Nimmt ein Krankenhaus in der Rechtsform einer Kapitalgesellschaft dieses Wahlrecht nicht in Anspruch, so ist der HGB-Abschluss von dieser nach den handelsrechtlichen Bestimmungen aufzustellen. Krankenhausspezifische Posten, wie etwa Sonderposten, werden nicht durch das Gliederungsschema in § 266 HGB abgedeckt. Sie können allerdings auf der Grundlage von § 265 Abs. 5 HGB in die handelsrechtliche Gliederung als neue Posten hinzugefügt werden.   6

Beraterhinweis

Dieses Wahlrecht beschränkt sich auf die Gliederungsvorschriften im Rahmen der Aufstellung, Feststellung und Offenlegung des Jahresabschlusses.

II.   Geschäftsjahr (§ 2 KHBV)

Nach dem Handelsrecht (§ 240 Abs. 2 Satz 2 HGB) darf das Geschäftsjahr eine Dauer von 12 Monaten nicht überschreiten. Demnach darf das Geschäftsjahr zwar kürzer als 12 Monate sein, keinesfalls aber länger. Die KHBV geht über die Regelung des Handelsrechts hinaus und bestimmt, dass das Geschäftsjahr nicht nur auf 12 Monate insgesamt (auch über den Jahreswechsel hinaus) beschränkt ist, sondern zusätzlich auf maximal 12 Monate innerhalb eines Kalenderjahres. Ein vom Kalenderjahr abweichendes Geschäftsjahr ist damit ausgeschlossen.   7

Sofern der Betrieb eines Krankenhauses während eines Kalenderjahres aufgenommen oder eingestellt wird, umfasst das Geschäftsjahr nur die Zeit, die in dieses Kalenderjahr fällt (Rumpfgeschäftsjahr).

Beraterhinweis

Die KHBV geht über das Handelsrecht hinaus und bestimmt, dass das Geschäftsjahr auf 12 Monate innerhalb eines Kalenderjahres beschränkt ist.

III.   Buchführung und Inventar (§ 3 KHBV)

Die KHBV bestimmt, dass Krankenhäuser ihre Bücher nach den Regeln der kaufmännischen doppelten Buchführung zu führen haben. Sie lässt somit keinen Raum für die evtl. Weiteranwendung einer einfachen Buchführung oder der kameralistischen Buchführung (erweiterte Kameralistik). Die Charakteristik der kaufmännischen doppelten Buchführung besteht darin, dass jeder zu buchende Geschäftsvorfall zu Soll- und Haben-Buchungen in gleicher Höhe führt und der Geschäftserfolg in doppelter Weise ermittelt wird (zum einen durch Bestandsvergleich in der Bilanz und zum anderen   8 durch Darstellung der Aufwendungen und Erträge in der GuV). Die Verpflichtung, die Bücher nach der kaufmännischen doppelten Buchführung zu führen, erstreckt sich auf alle Einrichtungen, die zum Krankenhaus gehören, also z.B. auch auf Personalwohnheime. Die Beurteilung, was zum Krankenhaus gehört, richtet sich nach wirtschaftlichen Gesichtspunkten, wobei die Art der Finanzierung unerheblich ist.

> ⓘ **Beraterhinweis**
>
> *Die KHBV bestimmt, dass in Krankenhäusern die doppelte Buchführung anzuwenden ist.*

9 Gem. § 238 HGB besteht die Verpflichtung, Bücher zu führen und in diesen Büchern die Handelsgeschäfte und die Lage des Vermögens nach den Grundsätzen ordnungsmäßiger Buchführung (GoB) darzustellen, so dass sich ein sachverständiger Dritter innerhalb angemessener Zeit einen Überblick über die Geschäftsvorfälle und die Lage des Unternehmens verschaffen kann und sich die Geschäftsvorfälle in ihrer Entstehung und Abwicklung verfolgen lassen. § 239 HGB enthält ein Reihe von Einzelvorschriften über die Führung der Handelsbücher. Insbesondere muss bei der Führung der Handelsbücher und der sonst erforderlichen Aufzeichnungen auf Datenträgern sichergestellt sein, dass die Daten während der Dauer der Aufbewahrungsfrist verfügbar sind und jederzeit innerhalb einer angemessenen Frist lesbar gemacht werden können.

Für die Einrichtung der Konten eines Krankenhauses ist der Kontenrahmen der Anlage 4 der KHBV obligatorisch vorgegeben. Zu dieser Vorgabe gehört auch die Nummerierung der Kontenklassen, Kontengruppen, Kontenuntergruppen und Konten. Eine tiefere Gliederung ist zulässig und i.d.R. auch notwendig. Von der Pflicht, den Kontenrahmen der KHBV anzuwenden, kann allerdings abgewichen werden, wenn durch ein ordnungsmäßiges Überleitungsverfahren sichergestellt wird, dass eine Umschlüsselung vom individuellen Kontenrahmen auf das Ordnungsschemata des KHBV-Kontenrahmens jederzeit möglich ist.

10 Die §§ 240 und 241 HGB enthalten Vorschriften über das Inventar und über die Inventurvereinfachungsverfahren. Demnach richten sich Inventarpflicht, Inventurfrist, Festbewertung, Gruppenbewertung sowie Inventurvereinfachungsverfahren ausschließlich nach diesen Vorschriften.

> ⓘ **Beraterhinweis**
>
> *In Bezug auf die Buchführung verweist die KHBV auf die §§ 238 und 239 HGB und bezüglich des Inventars erfolgt ein Verweis auf die §§ 240 und 241 HGB.*

IV. Jahresabschluss (§ 4 KHBV)

1. Allgemeine Grundsätze

11 Die KHBV stellt grundsätzlich auf die für alle Kaufleute geltenden Rechnungslegungsvorschriften der §§ 242 bis 256 HGB ab. Neben den für alle Kaufleute geltenden Vorschriften des Dritten Buches des HGB sind für die Aufstellung und den Inhalt des Jahresabschlusses die in § 4 Abs. 3 KHBV genannten ergänzenden Vorschriften für Kapitalgesellschaften (§ 264 Abs. 2, § 265 Abs. 2,5 und 8, § 268 Abs. 1 und 3, § 270 Abs. 2, § 271, § 275 Abs. 4, § 277 Abs. 2, Abs. 3 Satz 1 und Abs. 4 Satz 1, § 279 und § 284 Abs. 2 Nr. 1 und 3 HGB sowie Art. 24 Abs. 5 Satz 2 und Artikel 28, 42 bis 44 EGHGB) anzuwenden.

Nach § 264 Abs. 2 HGB hat der Jahresabschluss eines Krankenhauses unter Beachtung der Grundsätze ordnungsmäßiger Buchführung (GoB) ein den tatsächlichen Verhältnissen entsprechendes Bild der Vermögens-, Finanz- und Ertragslage zu vermitteln. Entsprechend § 4 Abs. 1 KHBV besteht der Jahresabschluss des Krankenhauses aus der Bilanz, der Gewinn- und Verlustrechnung und dem Anhang einschließlich des Anlagennachweises. Gem. § 4 Abs. 1 Satz 2 KHBV ist die Bilanz nach der Anlage 1, die Gewinn- und Verlustrechnung nach der Anlage 2 und der Anlagennachweis nach der Anlage 3 der KHBV zu gliedern. Die Einbeziehung des Anhangs in den Jahresabschluss einschließlich des Anlagennachweises ist für alle Krankenhäuser, rechtsformunabhängig, einheitlich vorgesehen. Die Vorschrift über Inhalt und Gliederungsschemata des Jahresabschlusses ist für alle Krankenhäuser zwingend. Darüber hinaus können aufgrund anderer Rechtsvorschriften weitergehende Bestimmungen gelten. Der Umfang des Jahresabschlusses eines Krankenhauses entspricht damit den entsprechenden Bestimmungen des HGB für Kapitalgesellschaften.

🛑 Beraterhinweis

Der Jahresabschluss von Krankenhäusern besteht aus der Bilanz (entsprechend Anlage 1 zur KHBV), der GuV (entsprechend Anlage 2 zur KHBV) und dem Anhang einschließlich Anlagennachweis (entsprechend Anlage 3 zur KHBV).

Entsprechend § 265 Abs. 2, 5 und 8 HGB gilt sowohl für die Bilanz als auch für die Gewinn- und Verlustrechnung eines Krankenhauses: 12

a) Über die vorgeschriebene Gliederung hinaus ist eine weitere Untergliederung (Erweiterung) der Posten zulässig; neue Posten dürfen jedoch nur hinzugefügt werden, wenn ihr Inhalt nicht von einem vorgeschriebenen Posten gedeckt wird.

b) Zu jedem Posten sind die entsprechenden Vorjahresbeträge anzugeben; damit soll die Vergleichbarkeit der Jahresabschlüsse verschiedener Geschäftsjahre erhöht werden.

c) Leerposten (Nullbeträge) brauchen nicht aufgeführt zu werden, es sei denn, dass im vorhergehenden Geschäftsjahr unter diesem Posten ein Betrag ausgewiesen wurde. Leerposten dürfen also erst im zweiten Jahr nacheinander weggelassen werden.

Nach dem Gliederungsschema der Bilanz kann diese vor bzw. ohne Berücksichtigung der Verwendung des Jahresergebnisses aufgestellt werden (§ 268 Abs. 1 HGB). Es ist aber auch ausdrücklich zulässig, die Bilanz unter Berücksichtigung der vollständigen oder teilweisen Verwendung des Jahresergebnisses aufzustellen. Im Falle eines das gesamte Eigenkapital übersteigenden Fehlbetrages ist dieser auf der Aktivseite als „Nicht durch Eigenkapital gedeckter Fehlbetrag" (§ 268 Abs. 3 HGB) auszuweisen, weil sonst auf der Passivseite ein Minusbetrag entstünde. Der Posten zeigt die buchmäßige Überschuldung des Krankenhauses an.   13

Nach § 284 Abs. 2 Nrn. 1 und 3 HGB müssen im Anhang die auf die Posten der Bilanz und der GuV angewandten Bilanzierungs- und Bewertungsmethoden bzw. Abweichungen von ihnen angegeben und begründet werden, wobei der Einfluss von Abweichungen auf die Vermögens-, Finanz- und Ertragslage gesondert darzustellen ist. Der Anhang dient nicht nur für diese Angaben, sondern auch dem Verständnis und der Ergänzung der Bilanz und der GuV. Der Anlagennachweis wird als Teil des Anhangs definiert.

🛑 Beraterhinweis

Gegenüber den Anforderungen des Handelsrechts ist der Anhang in einer verkürzten Form aufzustellen.

2. Grundsätze ordnungsmäßiger Buchführung (GoB)

14 Nach § 242 HGB hat das Krankenhaus – wie jeder Kaufmann – zu Beginn der Geschäftstätigkeit eine Eröffnungsbilanz und für den Schluss eines jeden Geschäftsjahres einen Jahresabschluss aufzustellen.

Gem. § 243 HGB muss der Jahresabschluss:

a) klar und übersichtlich sein und

b) den GoB entsprechen; im Einzelnen bedeutet dies:

- Bilanzklarheit, d.h. eindeutige Bezeichnung der einzelnen Bilanzposten, Unterlassung von Verrechnungen, ausdrückliche Angabe der Bilanzierungs- und Bewertungsmethoden und der Abweichungen von ihnen;

- Bilanzwahrheit, d.h. der Jahresabschluss muss nicht nur formal, sondern auch materiell ordnungsmäßig sein, die Bilanz darf nichts Falsches enthalten, Vermögensgegenstände und Schulden dürfen nicht fingiert werden;

- Bilanzvollständigkeit, d.h. der Jahresabschluss muss sämtliche Vermögensgegenstände und Schulden, Aufwendungen und Erträge enthalten;

- Bilanzidentität, d.h. fortlaufende Buchführung;

- Bilanzkontinuität, d.h. formell „Ausweiskontinuität" und materiell „Bewertungsstetigkeit";

- Vorsichtsgrundsatz, d.h. Imparitätsprinzip und Realisationsprinzip (siehe dazu unten Ziffer 3).

15 Nach § 244 HGB ist der Jahresabschluss eines Krankenhauses zudem in deutscher Sprache und in Euro aufzustellen.

🛈 **Beraterhinweis**

Der Jahresabschluss eines Krankenhauses muss den Grundsätzen ordnungsmäßiger Buchführung entsprechen.

3. Bewertungsgrundsätze

16 § 252 HGB regelt die Bewertung der im Jahresabschluss ausgewiesenen Vermögensgegenstände und Schulden. Danach gilt grundsätzlich:

a) Eröffnungsbilanz des Geschäftsjahres und Schlussbilanz des vorhergehenden Geschäftsjahres müssen übereinstimmen (Grundsatz der Bilanzidentität);

b) bei der Bewertung der Vermögensgegenstände und Schulden ist von der Fortführung der Unternehmenstätigkeit auszugehen, es sei denn, dem stehen tatsächliche oder rechtliche Gegebenheiten entgegen (Grundsatz der Unternehmensfortführung);

c) Einzelbewertung der Vermögensgegenstände und Schulden zum Abschlussstichtag (Grundsatz der Einzelbewertung);

d) die Rechnungslegung soll „vorsichtig" geführt werden (Vorsichtsprinzip). Demnach sind alle bis zum Abschlussstichtag entstandenen Risiken und Verluste zu berücksichtigen, selbst wenn diese erst zwischen dem Abschlussstichtag und dem Tag der Aufstellung des Jahresabschlusses bekannt geworden sind;

e) die Abgrenzungsgrundsätze legen durch die Zurechnung der einzelnen Vermögensgegenstände auf bestimmte Rechnungsperioden fest, was als Periodenaufwand und -ertrag gilt und bestimmen dadurch den Periodenerfolg. Die Abgrenzungsgrundsätze subsumieren das Realisationsprinzip, den Grundsatz der zeitlichen und sachlichen Abgrenzung und das Imparitätsprinzip. Aufgrund des Realisationsprinzips und der beiden genannten Abgrenzungsprinzipien ist ausnahmslos geregelt, welche Vermögensänderungen einer Periode zuzurechnen sind. Diese Regelung wurde mit Rückgriff auf das Vorsichtsprinzip dahingehend modifiziert, dass künftige Gewinne und Verluste unterschiedlich behandelt werden (Imparitätsprinzip). Demnach sind Gewinne nur dann zu berücksichtigen, wenn sie am Abschlussstichtag realisiert sind, wohingegen Verluste so früh als möglich erfolgswirksam zu erfassen sind;

f) Aufwendungen und Erträge des Geschäftsjahres sind unabhängig von den Zeitpunkten der entsprechenden Zahlungen im Jahresabschluss zu berücksichtigen (Grundsatz der Periodenabgrenzung);

g) die auf den vorhergehenden Jahresabschluss angewandten Bewertungsmethoden sollen beibehalten werden (Grundsatz der Bewertungsstetigkeit).

§ 253 HGB enthält Bestimmungen über die Wertansätze der Vermögensgegenstände und Schulden. Allerdings gelten die in § 5 KHBV enthaltenen Einzelvorschriften zum Jahresabschluss vorrangig.   17

🛈 Beraterhinweis

§ 5 KHBV enthält Einzelvorschriften, die über die Bestimmungen des § 4 KHBV hinaus bei der Aufstellung des Jahresabschlusses zu beachten sind; sie gehen evtl. anders lautenden Bestimmungen des HGB vor.

V.   Einzelvorschriften (§ 5 KHBV)

1.   Bilanzierung des Anlagevermögens

Ein Bilanzierungsproblem in der Praxis kann die Abgrenzung von Anlage- und Umlaufvermögen darstellen. § 247 HGB enthält u.a. die Bestimmung, dass beim Anlagevermögen nur die Gegenstände auszuweisen sind, die dauernd dem Geschäftsbetrieb zu dienen bestimmt sind. Für die Zuordnung eines Vermögensgegenstands zum Anlage- oder zum Umlaufvermögen kommt es nicht auf eine rein zeitlich zu sehende dauernde Zugehörigkeit eines Vermögensgegenstandes zum Unternehmen an. Entscheidend ist vielmehr, dass der Vermögensgegenstand dem Geschäftsbetrieb im Sinne einer Zweckbestimmung dauernd dient. Der mit dem Anlagegut verfolgte Zweck muss durch eine gewisse Dauerhaftigkeit gekennzeichnet sein. Die tatsächliche Dauer der Verwendung kann deshalb nur ein Anhaltspunkt dafür sein, dass eine dauernde Verwendung bezweckt ist. Weiterhin muss der Gegenstand dem Geschäftsbetrieb – unmittelbar oder mittelbar – dienen.   18

Nach § 5 Abs. 1 KHBV sind Vermögensgegenstände des Anlagevermögens, deren Nutzung zeitlich begrenzt ist, zu den Anschaffungs- oder Herstellungskosten, vermindert um Abschreibungen, anzusetzen. Diese Bewertungsvorschrift entspricht prinzipiell den Regelungen des § 253 Abs. 1 und Abs. 2 HGB. Es ist zwingend, die Sachanlagen in der Bilanz mit den Restbuchwerten auszuweisen. Die Restbuchwerte ergeben sich aus der Differenz zwischen den Anschaffungskosten und den während der Nutzungsdauer aufgelaufenen Abschreibungen. Damit ist klargestellt, dass nur die direkte Abschreibungsmethode zulässig ist und Wertberichtigungen, die auf der Passivseite auszuweisen wären (indirekte Abschreibung), ausgeschlossen sind. Die Werte der Bilanz müssen mit dem Anlagennachweis übereinstimmen.

> **❶ Beraterhinweis**
>
> *Im Jahresabschluss ist nur die direkte Abschreibungsmethode zulässig, d.h. Wertberichtigungen auf der Passivseite sind ausgeschlossen.*

2. Bilanzierung der Krankenhaus-Investitionsfinanzierung

19 § 5 Abs. 2 bis 5 KHBV regeln die Bilanzierung der im KHG und den Ländergesetzen verankerten Investitionsfinanzierung. Entsprechend diesen Bestimmungen wird das Anlagevermögen eines Krankenhauses i.d.R. wie folgt finanziert sein:

- Zuweisungen und Zuschüsse der öffentlichen Hand für Investitionen,
- Fördermittel nach dem KHG für Investitionen,
- Fördermittel für Darlehenslasten,
- Eigenmittel.

> **❶ Beraterhinweis**
>
> *Anders als im Handelsrecht ist im Rahmen der KHBV prinzipiell nur die Bruttobilanzierung zulässig.*

a) Bilanzierung von Zuweisungen und Zuschüsse der öffentlichen Hand für Investitionen

20 Nach § 5 Abs. 2 KHBV sind nicht auf dem Krankenhausfinanzierungsgesetz beruhende Zuweisungen und Zuschüsse der öffentlichen Hand für Investitionen in aktivierte Vermögensgegenstände des Anlagevermögens in der Bilanz auf der Passivseite als „Sonderposten aus Zuweisungen und Zuschüssen der öffentlichen Hand", vermindert um den Betrag der bis zum jeweiligen Bilanzstichtag angefallenen Abschreibungen auf die mit diesen Mitteln finanzierten Vermögensgegenstände des Anlagevermögens, auszuweisen. Häufig erhalten Krankenhäuser aus anderen Finanzierungstöpfen des Bundes oder der Länder zweckgebundene Zuschüsse, z.B. Rettungsdienstgesetz, Hochschulbauförderung, Programm des Bundes zur Krebsbekämpfung usw. In aller Regel sind diese Zuschüsse mit einer Zweckbindung auf Dauer versehen und bei Nichteinhaltung des Zwecks mit Rückzahlungsverpflichtungen behaftet, sodass eine Bilanzierung als Eigenkapital nicht zulässig ist. Durch den Ausweis der Zuweisungen und Zuschüsse auf der Passivseite wird das erforderliche Bilanzgleichgewicht hergestellt, indem der Zugang der Passivseite dem aus diesen Mitteln finanzierten Vermögenszugang auf der Aktivseite gegenübergestellt wird. Da das aus diesen Mitteln finanzierte Anlagevermögen auf der Aktivseite regelmäßig durch Abschreibungen vermindert wird, muss auch der „Sonderposten aus Zuweisungen und Zuschüssen der öffentlichen Hand" um den Betrag der bis zum jeweiligen Bilanzstichtag angefallenen Abschreibungen vermindert, d.h. aufgelöst werden. Die Abschreibungen als Aufwand und die Auflösung des Sonderpostens als Ertrag sind gleich hoch und neutralisieren sich.

b) Bilanzierung von Fördermitteln nach dem KHG für Investitionen

21 Fördermittel nach dem Krankenhausfinanzierungsgesetz (KHG) für Investitionen in aktivierte Vermögensgegenstände des Anlagevermögens sind nach § 5 Abs. 3 KHBV in der Bilanz auf der Passivseite als „Sonderposten aus Fördermitteln nach KHG" anzusetzen. Die Fördermittel fließen so-

mit nicht dem Eigenkapital zu. Die in den Förderbescheiden enthaltene Zweckbindung und evtl. Rückzahlungsverpflichtung erfordern eine Passivierung als Sonderposten. Mit Zugang des Bescheids ist eine Forderung in Höhe der bewilligten Fördermittel einzubuchen und in gleicher Höhe eine entsprechende Verbindlichkeit zu passivieren. Die erhaltenen Fördermittel stellen bis zu ihrer zweckentsprechenden Verwendung aus wirtschaftlicher Sicht eine Verbindlichkeit dar, da sie entweder entsprechend den gesetzlichen Vorschriften respektive den Förderbestimmungen zu verwenden oder ggf. zurückzuzahlen sind. Bei zweckentsprechender Verwendung handelt es sich bei den Sonderposten um Korrekturposten zum Anlagevermögen. Die „Sonderposten aus Fördermitteln nach dem KHG" sind ebenfalls um den Betrag der bis zum jeweiligen Bilanzstichtag angefallenen Abschreibungen zu vermindern bzw. aufzulösen. Die Abschreibungen umfassen nur die Güter bzw. Teile des Anlagevermögens, die mit diesen Fördermitteln beschafft wurden. Abschreibungen und Sonderposten-Auflösung neutralisieren sich in der GuV. In der Bilanz wird auf der Aktivseite das durch Abschreibungen reduzierte Anlagevermögen und auf der Passivseite der entsprechend reduzierte Sonderposten ausgewiesen. Zugewiesene und noch nicht verwendete Fördermittel nach KHG sind als „Verbindlichkeit nach dem Krankenhausfinanzierungsrecht" auszuweisen. Nach § 11 KHG werden Einzelheiten der Förderung durch landesrechtliche Bestimmungen geregelt. Einen bundeseinheitlichen Fördermittelnachweis gibt es deshalb nicht mehr.

🛈 Beraterhinweis

Sonderposten sind entsprechend der Abschreibung des korrespondierenden Anlagegutes aufzulösen. Abschreibungen und Sonderposten neutralisieren sich in der GuV.

c)   Bilanzierung von Fördermitteln für Darlehenslasten

§ 5 Abs. 4 KHBV regelt die Bilanzierung der Fördermittel für Lasten aus Darlehen, die vor Aufnahme des Krankenhauses in den Krankenhausplan für förderungsfähige Investitionskosten aufgenommen worden sind (Darlehensförderung).   22

Hierbei sind zwei Möglichkeiten zu unterscheiden:

a) die in den Fördermitteln enthaltenen Tilgungsbeträge sind niedriger als die jährlichen Abschreibungen auf die mit diesen Mitteln finanzierten Anlagegüter;

b) der Tilgungsanteil der Fördermittel ist höher als die jährlichen Abschreibungen auf die mit diesen Mitteln finanzierten Anlagegüter (dies dürfte der Normalfall sein).

Im ersteren Fall ist auf der Aktivseite der Jahresbilanz als „Ausgleichsposten aus Darlehensförderung" der Betrag anzusetzen, um den der Tilgungsanteil der Fördermittel unter den jährlichen Abschreibungen liegt. Im zweiten Fall ist auf der Passivseite der Jahresbilanz als „Ausgleichsposten aus Darlehensförderung" der Betrag einzusetzen, um den der Tilgungsanteil der Fördermittel die jährlichen Abschreibungen übersteigt. Beide Varianten haben das Ziel, die Gewinn- und Verlustrechnung auszugleichen. Endet die Abschreibung früher als die Tilgungsförderung, so wird zum erfolgsneutralen Ausgleich der Gewinn- und Verlustrechnung der „Ausgleichsposten aus Darlehensförderung" auf der Aktivseite aufgelöst. Endet die Tilgung früher, werden die anfallenden Abschreibungen durch Entnahme aus dem „Ausgleichsposten aus der Darlehensförderung" auf der Passivseite neutralisiert.   23

Für die in § 2 Nr. 1a KHG genannten Ausbildungsstätten gelten § 5 Abs. 4 Satz 1 und 2 KHBV entsprechend.

d) Bilanzierung von Eigenmitteln

24   In der Bilanz ist auf der Aktivseite ein „Ausgleichsposten für Eigenmittelförderung" in Höhe der Abschreibungen auf die aus Eigenmitteln des Krankenhausträgers vor Beginn der Förderung beschafften Vermögensgegenstände des Anlagevermögens, für die ein Ausgleich für die Abnutzung in der Zeit ab Beginn der Förderung verlangt werden kann, zu bilden.

Die jährliche Zuführung zu diesem Ausgleichsposten erfolgt in Höhe der Abschreibungen auf das mit Eigenmitteln vor In-Kraft-Treten des KHG (1.1.1973 bzw. 1.1.1992) beschaffte, an sich förderfähige Anlagevermögen. Bei Stilllegung des Krankenhauses bzw. bei seinem Ausscheiden aus dem Krankenhausplan hat der Krankenhausträger einen Anspruch gegen die Förderbehörde in Höhe dieses Ausgleichspostens. Unter Berücksichtigung, dass die Eigenmittelförderung dem Förderungsgrundsatz des KHG unterliegt, und dieser zwar die Förderung, nicht aber die Fördermittelgewährung für den Werteverzehr des mit Eigenkapital finanzierten Anlagevermögens während der Zeit der Förderung vorsieht, kann der Ausgleichsposten für Eigenmittelförderung als Bilanzierungshilfe angesehen werden. Wirtschaftlich bedeutet der Aktivposten, dass durch ihn der Verzehr des Eigenkapitals insoweit verhindert wird.

> 🛑 Beraterhinweis
>
> *Der Ausgleichsposten stellt eine Bilanzierungshilfe dar. Im Falle des Ausscheidens aus dem Krankenhausplan entsteht in Höhe des Ausgleichspostens ein Anspruch gegenüber der Förderbehörde.*

3. Eigenkapital

25   Unter dem Eigenkapital sind bei Krankenhäusern in einer anderen Rechtsform als der Kapitalgesellschaft als „festgesetztes Kapital" die Beträge auszuweisen, die vom Krankenhausträger auf Dauer zur Verfügung gestellt werden. Als „Kapitalrücklagen" sind die sonstigen Einlagen des Krankenhausträgers auszuweisen und für die Gewinnrücklagen gilt § 272 Abs. 3 HGB entsprechend (§ 5 Abs. 6 KHBV).

Die Gliederung der Bilanz sieht für das Eigenkapital folgende Unterteilung vor:

1. Gezeichnetes/festgesetztes Kapital

2. Kapitalrücklagen

3. Gewinnrücklagen

4. Gewinnvortrag/Verlustvortrag

5. Jahresüberschuss/Jahresfehlbetrag.

26   Nach § 272 Abs. 3 HGB dürfen als Gewinnrücklagen nur Beträge ausgewiesen werden, die im Geschäftsjahr oder in einem früheren Geschäftsjahr aus dem Ergebnis gebildet worden sind. Sonstige Einlagen des Krankenhausträgers, z.B. mit einer bestimmten Zweckbindung, sind als Kapitalrücklagen zu bilanzieren.

C. Einzelfragen

I. Bilanzierung von Überliegern

Im Hinblick auf Patienten, die über den Bilanzstichtag des Geschäftsjahres hinaus im Krankenhaus verbleiben (sog. Überlieger), ist zu unterscheiden, ob es sich um tagesgleiche Pflegesätze (Pflegesätze nach der BPflV, Sonstige Entgelte nach dem KHEntgG) oder um pauschalierte Entgelte (insbesondere DRG-Fallpauschalen nach dem KHEntgG) handelt. 27

Soweit bei diesen Patienten tagesgleiche Pflegesätze zur Abrechnung kommen, wird von einer ratierlichen Realisierung der Leistungsvergütung nach Berechnungstagen ausgegangen, so dass insoweit keine unfertigen Leistungen, sondern anteilig Forderungen aus Lieferungen und Leistungen zu aktivieren sind. Soweit der Wert der noch zu erbringenden Leistungen (einschließlich des nicht abrechenbaren Entlassungstags) den Wert der zu erwartenden Gegenleistung übersteigt, ist eine Rückstellung für drohende Verluste aus schwebenden Geschäften zu bilden.

Anders verhält es sich bei pauschalierten Entgelten (insbesondere DRG-Fallpauschalen), die für einen Behandlungsfall vergütet werden. Eine Abrechnung ist bei Fallpauschalen erst dann möglich, wenn der Patient entlassen und die Entlassdiagnose feststeht. Soweit sich Patienten am Abschlussstichtag noch in stationärer Behandlung befinden, sind die bis zu diesem Zeitpunkt bereits erbrachten Leistungen auf Fallpauschalen als unfertige Leistungen innerhalb des Vorratsvermögens zu aktivieren und zu Herstellungskosten – unter Beachtung des strengen Niederstwertprinzips – zu bewerten. Die Herstellungskosten sollten grundsätzlich entsprechend einem geeigneten und nachvollziehbaren Kalkulationsschema ermittelt werden, wobei eine sog. „verlustfreie Bewertung" dann vorzunehmen ist, wenn die voraussichtlichen Erlöse abzüglich aller noch anfallenden Kosten die Herstellungskosten nicht decken sollten (möglicherweise ist die Bilanzierung einer Rückstellung für drohende Verluste aus schwebenden Geschäften erforderlich). Eine geeignete Schätzmethode, deren Ausgangspunkt die Erlöse aus Fallpauschalen sein können, wird dann für zulässig gehalten, wenn in Einzelfällen ein ausreichend differenziertes Kalkulationsschema nicht zur Verfügung steht. 28

❗ Beraterhinweis

Zur Ermittlung der Herstellungskosten ist eine Kostenrechnung, die die fallbezogenen Kosten (Kostenträgerrechnung) aufzeigt, notwendig. Existiert eine Kostenträgerrechnung nicht, kann alternativ eine retrograde Ermittlung der Herstellungskosten vorgenommen werden.

II. Bilanzierung von Ausgleichsbeträgen

Die Krankenhäuser vereinbaren mit den Kostenträgern für die Erbringung von stationären Krankenhausleistungen ein jährliches Budget. Die entsprechende gesetzliche Grundlage hierfür findet sich in § 11 KHEntgG bzw. für psychiatrische Krankenhäuser in § 17 BPflV. Über- oder unterschreitet das Krankenhaus am Ende des Jahres das vereinbarte Budget, so ergeben sich Mehr- oder Mindererlöse. Die in einem Budgetzeitraum erzielten Mehr- oder Mindererlöse sind nach dem KHEntgG bzw. nach der BPflV über das Budget des folgenden bzw. eines nachfolgenden Budgetzeitraumes auszugleichen. Die Ausgleichssätze ergeben sich aus dem KHEntgG bzw. der BPflV, allerdings kann im Einzelfall zwischen den Kostenträgern und dem Krankenhaus im Rahmen der Budgetverhandlung auch eine individuelle Vereinbarung getroffen werden. Mit Ablauf eines Budgetzeitraumes ist ein Ausgleichsanspruch oder eine Ausgleichsverpflichtung im Jahresabschluss eines Krankenhauses 29 zu berücksichtigen (Ausweis unter den Forderungen bzw. Verbindlichkeiten nach dem KHG). Hinsichtlich der Bewertung ist zu beachten, dass alle Erkenntnisse bis zum Abschluss der Bilanzaufstellung zu berücksichtigen sind, insbesondere soweit aufgrund der Erfahrung Minderungen im Rahmen der Budgetvereinbarung zu erwarten sind. Dies trifft im Besonderen auf die Regelung des § 4 Abs. 9 Satz 3 und 4 KHEntgG zu, nach der Mehrerlöse aus Fallpauschalen, infolge einer veränderten Kodierung von Diagnosen und Prozeduren vollständig, sog. Sonstige Mehrerlöse jedoch nur zu 65 % ausgeglichen werden. Da in diesem Fall die genaue Ausgleichsverbindlichkeit i.d.R. erst mit dem Ergebnis der Budgetverhandlung für den folgenden Budgetzeitraum feststeht, sollte im Sinne einer vorsichtigen Bilanzierung ein umstrittener Ausgleichsbetrag unter den Sonstigen Rückstellungen ausgewiesen werden. Bei Mindererlösen besteht ein Erstattungsanspruch i.H.v. 20 %, der als Ausgleichsforderung zu bilanzieren ist.

III.   Bilanzierung ausgewählter Rückstellungen

30   Rückstellungen sind zu bilden für ungewisse Verbindlichkeiten, drohende Verluste aus schwebenden Geschäften, unterlassene Aufwendungen für Instandhaltung, die während der ersten drei Monate des folgenden Geschäftsjahres nachgeholt werden, die Abraumbeseitigung, die im folgenden Geschäftsjahr nachgeholt wird, sowie Gewährleistungen. Darüber hinaus dürfen Rückstellungen gebildet werden für unterlassene Aufwendungen für Instandhaltungen, die innerhalb eines Jahres nachgeholt werden und für genau umschriebene Aufwendungen, die am Abschlussstichtag wahrscheinlich oder sicher sind, aber in ihrer Höhe oder des Zeitpunktes ihres Eintritts nach unbestimmt sind (§ 249 HGB).

Rückstellungen unterscheiden sich von Verbindlichkeiten dadurch, dass sie hinsichtlich Eintritt und Höhe einer Ungewissheit unterliegen. Die Höhe von Rückstellungen muss nach den Grundsätzen ordnungsmäßiger Bilanzierung ermittelt bzw. geschätzt werden. Häufig anzutreffende Rückstellungen in Krankenhäusern sind:

> ❶ **Beraterhinweis**
>
> *Nachfolgend werden Themen in Zusammenhang mit Rückstellungen erläutert, die in der täglichen Praxis oftmals mit Problemen behaftet sind.*

1.   Altersvorsorge

31   Für erteilte einzelvertraglich vereinbarte Pensionszusagen ist eine Rückstellung für ungewisse Verbindlichkeiten zu bilden. Im Rahmen seiner Tätigkeit erarbeitet sich der Pensionsberechtigte in jedem Jahr seiner aktiven Dienstzeit einen Teil seiner Pensionsansprüche, so dass die Rückstellung bis zum Ende seiner aktiven Dienstzeit sukzessive aufgebaut wird. Mit Eintritt in den Ruhestand werden aus den Penisonsrückstellungen die Pensionsansprüche des ehemaligen Mitarbeiters finanziert. Handelsrechtlich ist zu unterscheiden zwischen Alt- und Neuzusagen. Altzusagen sind Pensionsverpflichtungen, die gegenüber dem Beschäftigten vor dem 1. Januar 1987 begründet worden sind. Neuzusagen wurden erstmals nach dem 31. Dezember 1986 begründet. Für Pensionsverpflichtungen aus Altzusagen besteht ein Passivierungswahlrecht (Art. 28 EGHGB), wohingegen für Pensionszusagen aus Neuzusagen eine Passivierungspflicht besteht. Zur Bewertung der Rückstellung wird die Einholung eines versicherungsmathematischen Gutachtens empfohlen.

Oftmals bestehen Zusatzaltersversorgungen nach den Regeln des öffentlichen Dienstes (z.B. Versorgungsanstalt des Bundes und der Länder (VBL), öffentliche Zusatzversorgungskassen (ZVK) oder kirchlichen Zusatzversorgungskassen). Ein Arbeiter oder Angestellter hat im öffentlichen Dienst nach fünf Jahren eine unverfallbare Anwartschaft auf eine Zusatzversorgung erworben. Diese Ansprüche werden von der Zusatzversorgungskasse erfüllt, bei der der Krankenhausträger Mitglied ist. Der Krankenhausträger hat hierfür eine Umlage an die Zusatzversorgungskasse zu leisten. Die Beiträge werden i.d.R. vom Krankenhausträger geleistet, ggf. beteiligen sich die Arbeiternehmer an der Aufbringung dieser Beträge, wenn die Umlage einen bestimmten Prozentsatz der Personalkosten überschreitet. Die Umlage wird als laufender Aufwand in der GuV erfasst. Bei der Zusatzversorgung handelt es sich um mittelbare Pensionsverpflichtungen. Für mittelbare Pensionsverpflichtungen besteht ein Passivierungswahlrecht (Art. 28 EGHGB). Darüber hinaus besteht jedoch die Verpflichtung, den Betrag der in der Bilanz nicht ausgewiesenen Pensionsrückstellungen im Anhang anzugeben. Der verlässlichen Betragsangabe im Anhang stehen praktische Schwierigkeiten der Ermittlung seitens der Zusatzversorgungskassen entgegen, so dass entsprechend den Vorgaben des Instituts der Wirtschaftsprüfer qualitative Angaben über Art und Umfang der mittelbaren Verpflichtungen zu machen sind.

2. Altersteilzeit

Es ist zu unterscheiden zwischen dem Block- und dem Altersteilzeitmodell. Beim Blockmodell arbeitet der Mitarbeiter während der Aktivphase (Arbeitsphase) zu 100 %. Hierfür erhält er 50 % seines ursprünglichen Gehaltes sowie die sogenannten Aufstockungsbeträge. In der Passivphase (Freistellungsphase) arbeitet er nicht und erhält trotzdem die gleichen Bezüge wie in der Aktivphase. Beim Teilzeitmodell arbeitet der Mitarbeiter während des gesamten Altersteilzeitvertragsverhältnisses zu 50 % und bekommt hierfür 50 % seines ursprünglichen Gehaltes sowie die Aufstockungsbeträge. In der Praxis überwiegt das Blockmodell. 32

Die Aufstockungsbeträge haben Abfindungscharakter und sind nach herrschender Meinung im Zeitpunkt des Vertragsabschlusses in voller Höhe zurückzustellen.[1] Dies erklärt sich daraus, dass dem Arbeitgeber für diese zusätzlichen Kosten keine zusätzlichen Leistungen des Mitarbeiters gegenüberstehen. Die zurückgestellten Aufstockungsbeträge sind während der Dauer des Altersteilzeitverhältnisses monatlich zu verbrauchen.

Beim Blockmodell ergibt sich die Besonderheit, dass der Arbeitgeber während der Aktivphase des Arbeitnehmers in Erfüllungsrückstand gerät, da der Mitarbeiter 100 % seiner Leistung erbringt, diese jedoch nur zu 50 % vergütet bekommt. Dieser Erfüllungsrückstand baut sich während der Passivphase wieder ab und besteht mit Ende des Altersteilzeitverhältnisses nicht mehr. Der Auf- und Abbau des Erfüllungsrückstandes hat zur Folge, dass während der Arbeitsphase in jedem Monat der Altersteilzeit ein Betrag in Höhe des Erfüllungsrückstandes den Rückstellungen zuzuführen ist und in der Freistellungsphase die Rückstellung für Erfüllungsrückstände monatlich verbraucht wird. 33

3. Mitarbeiteransprüche

Für ungewisse Verbindlichkeiten gegenüber Mitarbeitern sind im Jahresabschluss Rückstellungen zu erfassen. Im Wesentlichen handelt es sich hierbei um Urlaubs-, Überstunden-, Bereitschaftsdienstzuschlags- und Jubiläumsrückstellungen. 34

Die Urlaubs- und Überstundenrückstellung umfasst die bewerteten Urlaubs- und Überstundenguthaben der Mitarbeiter. Zur Bewertung der Rückstellung wird empfohlen, die Jahresbruttolohn- und gehaltskosten (einschließlich Arbeitgeber-Sozialversicherungsanteil und Einmalzahlungen) auf die

---

[1] Vgl. hierzu IDW RS HFA 3, verabschiedet vom HFA am 18.11.1998

tatsächlich geleitesteten Arbeitstage (im Regelfall ca. 220 Tage) umzurechnen. Die bewerteten Urlaubs- und Überstundenguthaben sind in voller Höhe zurückzustellen.

35 Die Bereitschaftsdienstzuschläge, etc. (unstete Bezüge) werden i.d.R. mit einer zeitlichen Verzögerung von ca. ein bis zwei Monaten ausbezahlt. Soweit die Leistungserbringung und Auszahlung über den Bilanzstichtag auseinanderfallen ist hierfür eine Rückstellung zu bilden.

Für Zuwendungen zu Dienstjubiläen in Form von Geld- oder Sachgeschenken bzw. freien Tagen sind ebenfalls Rückstellungen zu bilden, da sich die Mitarbeiter diese Sondervergütung in den Vorjahren ratierlich erdient haben. Zur Bewertung der Rückstellung wird die Einholung eines versicherungsmathematischen Gutachtens empfohlen.

4. Medizinischer Dienst der Krankenkassen

36 Die Abrechnung der erbrachten Krankenhausleistungen kann durch den medizinischen Dienst der Krankenkassen (MDK) im Nachhinein einer Überprüfung unterzogen werden. Stellt der MDK bei dieser Überprüfung fest, dass die erbrachten Leistungen unzutreffend abgerechnet worden sind, wird eine Korrektur der Abrechnung vorgenommen. Der MDK hat die Möglichkeit, die zur Abrechnung gehörenden Unterlagen innerhalb von sechs Wochen nach der Abrechnung anzufordern. Beanstandungen haben zur Folge, dass die Erlöse des Krankenhauses nachträglich gemindert werden. Am Bilanzstichtag ist zu unterscheiden zwischen bereits aufgegriffenen Fällen (d.h. Unterlagen vom MDK bereits angefordert, aber das Ergebnis der Überprüfung ist noch nicht bekannt) und Fällen, die noch (innerhalb von sechs Wochen) aufgegriffen werden können. In beiden Fällen ergeben sich im Falle von Beanstandungen Auswirkungen auf das abgelaufene Geschäftsjahr. Im Rahmen der Abschlusserstellung muss das Krankenhaus das Risiko möglicher MDK-Beanstandungen abschätzen und ggf. eine Rückstellung bilden. Die Berechnung der Rückstellung sollte basierend auf Erfahrungswerten der Vergangenheit vorgenommen werden. Hilfreich sind hierbei vor allem die durchschnittlichen Aufgriffsquoten sowie die durchschnittlichen Beanstandungsquoten vergangener Jahre.

5. Archivierung

37 Im Rahmen des Krankenhausbetriebs anfallende Unterlagen unterliegen den gesetzlichen Aufbewahrungsfristen. Hierbei ist zu unterscheiden zwischen Buchhaltungsunterlagen und medizinischen Unterlagen. Buchhaltungsunterlagen sind i.d.R. zehn Jahre und medizinische Unterlagen bis zu dreißig Jahre aufzubewahren. Die im Rahmen der Aufbewahrung entstehenden Kosten sind rückstellungspflichtig, da die Veranlassung der Erstellung in der Vergangenheit liegt. Bei der Bewertung der Rückstellung sind alle im Zusammenhang mit der Aufbewahrung anfallenden Kosten (Personalkosten, Raumkosten, Wartungs- und Instandhaltungskosten, etc.) und die gesamte Aufbewahrungsfrist zu berücksichtigen.

IV. Prüfung

1. Allgemeine Bestimmungen

38 Die Prüfungspflicht von Krankenhäusern in der Rechtsform von Kapitalgesellschaften ergibt sich aus den handelsrechtlichen Bestimmungen. Für die gesetzliche Abschlussprüfung gelten grundsätzlich die Vorschriften der §§ 316 ff. HGB. Demzufolge sind bei großen und mittelgroßen Kapitalge-

sellschaften i.S.d. § 267 HGB der Jahresabschluss und der Lagebericht durch einen Abschlussprüfer zu prüfen. Nach § 316 Abs. 1 Satz 2 HGB ist die Abschlussprüfung Voraussetzung für die Feststellung des Jahresabschlusses. Der Gegenstand und Umfang der gesetzlichen Jahresabschlussprüfung nach HGB ergibt sich aus § 317 HGB.

Aus der KHBV und anderen krankenhausspezifischen Gesetzen ergeben sich keine besonderen Vorschriften zur Pflichtprüfung des Jahresabschlusses von Krankenhäusern. Allerdings kann sich diese Pflicht durch landesrechtliche Bestimmungen ergeben. So sehen die Landeskrankenhausgesetze einzelner Bundesländer eine Prüfung der Jahresabschlüsse, unabhängig von der Rechtsform und der Trägerschaft der Krankenhäuser, vor.[2] Unabhängig davon ergibt sich eine Prüfungspflicht für kommunale Krankenhäuser in nahezu allen Bundesländern aus der Kommunalgesetzgebung dieser Länder. Der Gegenstand bzw. der Umfang der Jahresabschlussprüfung ist in den einzelnen Landeskrankenhausgesetzen, in denen eine Prüfungspflicht vorgesehen ist, unterschiedlich geregelt. Neben der Prüfung der Buchführung und des Jahresabschlusses nach den Vorschriften des HGB umfassen die Erweiterungen des Prüfungsgegenstands in den einzelnen Landeskrankenhausgesetzen ganz oder teilweise folgende Gegenstände: 39

- die sonstigen Teile des Rechnungswesens,
- die Prüfung des Lageberichts,
- die wirtschaftlichen Verhältnisse,
- die zweckentsprechende, sparsame und wirtschaftliche Verwendung der öffentlichen Fördermittel,
- die zweckentsprechende Verwendung der über Investitionsverträge erwirtschafteten Investitionsmittel,
- die Ordnungsmäßigkeit der Geschäftsführung.

Nach den allgemeinen kommunalrechtlichen Bestimmungen stellt auch die Prüfung und Berichterstattung von wirtschaftlich bedeutsamen Sachverhalten nach § 53 Abs. 1 Nr. 2 HGrG eine Erweiterung der allgemeinen Prüfungspflicht von Jahresabschlüssen dar. 40

Die Aufstellung des Jahresabschlusses nach § 4 Abs. 3 KHBV beinhaltet, dass der Jahresabschluss vorgelegt wird und die gesetzlichen Vertreter (Krankenhausleitung bzw. Krankenhausvorstand) sich hierzu bekennen. Bei prüfungspflichtigen Krankenhäusern muss der Jahresabschluss dann prüfbereit sein und bei nicht prüfungspflichtigen Krankenhäusern muss er dem zuständigen Gremium zur Beschlussfassung vorgelegt werden können. Nach § 245 HGB ist der Jahresabschluss vom Kaufmann unter Angabe des Datums zu unterzeichnen. Mit der Unterschrift übernimmt der Unterzeichnende die Verantwortung für die Richtigkeit und Vollständigkeit des unterschriebenen Abschlusses.

2. Bestätigungsvermerk bei Krankenhäusern

Das Institut der Wirtschaftsprüfer hat für die Erteilung von Bestätigungsvermerken den Prüfungsstandard „Grundsätze für die ordnungsgemäße Erteilung von Bestätigungsvermerken bei Abschlussprüfungen (IDW PS 400)", der die Berufsauffassung der Wirtschaftsprüfer wiedergibt, vorgelegt. Aus diesem IDW-Prüfungsstandard wurde der IDW-Prüfungshinweis zur Erteilung des Bestätigungsvermerks bei Krankenhäusern (IDW PH 9.400.1) abgeleitet. Hieraus ergeben sich für Krankenhäuser je nach Rechtsform bzw. nach landesrechtlicher Regelung zur Pflichtprüfung von Krankenhäusern sowie bei freiwilligen Prüfungen (z.B. aufgrund von Gesellschaftsvertrag/Satzung) folgende Besonderheiten. 41

---

2 Pflichtprüfungen in folgenden Ländern: Hamburg (§ 29 HmbKHG); Hessen (§ 16 HKHG); Mecklenburg-Vorpommern (§ 42 LKHG M-V); Nordrhein-Westfalen (§ 30 KHGG NRW); Saarland (§ 20 SKHG); Sachsen (§ 35 Sachs KHG); Thüringen (§ 30 Thür KHG)

Bei Krankenhäusern in der Rechtsform der Kapitalgesellschaft erfolgt die Erteilung des Bestätigungsvermerks für den Jahresabschluss für die Zwecke des Handelsrechts grundsätzlich nach den allgemeinen Vorschriften (§ 322 HGB; vgl. IDW PS 400), und zwar unabhängig von der Ausübung des Wahlrechts nach § 1 Abs. 3 KHBV.

42   Soweit es sich um einen Jahresabschluss für Zwecke des KHG gem. § 4 Abs. 3 KHBV handelt und sich die Prüfungspflicht ausschließlich aus landesrechtlichen Vorschriften ergibt, wird die Prüfung des Jahresabschlusses und die Erteilung des Bestätigungsvermerkes nach den allgemeinen, für die Jahresabschlussprüfung geltenden Grundsätzen durchgeführt. Der in diesem Fall ebenfalls nach den Grundsätzen des IDW PS 400 erteilte Bestätigungsvermerk muss mit dem Hinweis versehen sein, dass der Jahresabschluss für die Zwecke des KHG nach den Vorschriften der KHBV aufgestellt wurde. Diese Verfahrensweise ist ebenso anzuwenden auf eine freiwillige Prüfung eines nach der KHBV aufgestellten Jahresabschlusses, die nach Art und Umfang gem. § 317 HGB durchgeführt wurde. Bei Erweiterung des Prüfungsgegenstands nach Landesrecht ist eine Erweiterung des Bestätigungsvermerks um die Beurteilung weiterer Prüfungsgegenstände der Jahresabschlussprüfung dann zulässig, wenn nach Bundes- oder Landesrecht eine Aussage im Bestätigungsvermerk vorgesehen ist. Sehen gesetzliche Vorschriften zwar eine Erweiterung des Prüfungsgegenstands, nicht aber eine Beurteilung darüber im Bestätigungsvermerk vor, und ist auch eine solche Erweiterung analog zu gesetzlichen Vorschriften in anderen Bundesländern nicht gegeben, hat der Abschlussprüfer die Prüfungsaussagen ausschließlich im Prüfungsbericht zu treffen. Dies gilt beispielsweise für die Prüfung der Ordnungsmäßigkeit der Geschäftsführung nach § 53 HGrG.

V.   Auswirkungen des BilMoG auf die Krankenhausrechnungslegung

1.   Allgemeines zum BilMoG

43   Der Deutsche Bundestag hat das Gesetz zur Modernisierung des Bilanzrechts (Bilanzrechtsmodernisierungsgesetz – BilMoG) verabschiedet. Mit dem BilMoG erfahren die deutschen Bilanzierungsregeln eine der umfassendsten Änderungen. Die Reform betrifft beinahe jedes Unternehmen in Deutschland und wird auch Auswirkungen auf die Buchführung und Rechnungslegung eines Krankenhauses haben.

Das BilMoG ist unmittelbar nach Verkündung in Kraft getreten. Die Änderungen durch das BilMoG sind grundsätzlich erstmals für Geschäftsjahre anzuwenden, die nach dem 31. Dezember 2009 beginnen. Die neuen Vorschriften können auf nach dem 31. Dezember 2008 beginnende Geschäftsjahre angewandt werden. Bei einigen Änderungen besteht die Möglichkeit, diese noch für das bereits abgelaufene Geschäftsjahr 2008 anzuwenden (Befreiungsvorschrift für bestimmte Einzelkaufleute/ Anhebung der Schwellenwerte für Größenklassen von Kapitalgesellschaften).

Nachfolgend werden die für Krankenhäuser wesentlichen Änderungen der allgemeinen Bilanzierungsgrundsätze, der Ansatz- und der Bewertungsvorschriften im Einzelabschluss im Überblick dargestellt.

2. Änderungen der allgemeinen Bilanzierungsgrundsätze

Im BilMoG ist vorgesehen, dass die bestehenden Schwellenwerte um ca. 20 % angehoben werden. Nachfolgende Übersicht stellt die alten und die neuen Bestimmungen zu den Größenklassen gegenüber:

44

§ 267 HGB a.F.		§ 267 HGB n.F.	
Bilanzsumme:		**Bilanzsumme:**	
■ max. € 4,015 Mio.:	klein	■ max. € 4,84 Mio.:	klein
■ max. € 16,06 Mio.:	mittelgroß	■ max. € 19,25 Mio.:	mittelgroß
■ mehr als € 16,06 Mio.:	groß	■ mehr als € 19,25 Mio.:	groß
Umsatz:		**Umsatz:**	
■ max. € 8,03 Mio.:	klein	■ max. € 9,68 Mio.:	klein
■ max. € 32,12 Mio.:	mittelgroß	■ max. € 38,5 Mio.:	mittelgroß
■ mehr als € 32,12 Mio.:	groß	■ mehr als € 38,5 Mio.:	groß
Arbeitnehmer (im Jahresdurchschnitt):		**Arbeitnehmer (im Jahresdurchschnitt):**	
■ max. 50:	klein	■ max. 50:	klein
■ max. 250:	mittelgroß	■ max. 250:	mittelgroß
■ mehr als 250:	groß	■ mehr als 250:	groß

3. Änderungen der Ansatzvorschriften im Einzelabschluss

a) Saldierung von Schulden mit Planvermögen

Vermögensgegenstände, die ausschließlich der Erfüllung von Schulden aus Altersvorsorgeverpflichtungen dienen und dem Zugriff aller übrigen Gläubiger entzogen sind, sind gem. § 246 Abs. 2 Satz 2 HGB n.F. mit diesen Schulden zu verrechnen. Entsprechend ist mit den zugehörigen Aufwendungen und Erträgen aus der Abzinsung und aus dem zu verrechnenden Vermögen zu verfahren. Ein ggf. verbleibender Aktivüberhang – abzüglich der hierfür gebildeten passiven latenten Steuern – ist als gesonderter Posten zu aktivieren. Die Bewertung der Vermögensgegenstände (es dürfte sich meist um Wertpapiere handeln) soll hierbei zum beizulegenden Zeitwert erfolgen. Sofern der beizulegende Zeitwert des Planvermögens den Betrag der Schulden übersteigt, ist dieser unter einem gesonderten Bilanzposten zu erfassen.

45

b) Aufwandsrückstellungen

Die bisher nach § 249 Abs. 1 Satz 3 (Rückstellungen für unterlassene Aufwendungen für Instandhaltung, wenn die Instandhaltung innerhalb von vier bis zwölf Monaten nachgeholt wird) und § 249 Abs. 2 HGB (sonstige Aufwandsrückstellungen) zulässigen Aufwandsrückstellungen dürfen künftig nicht mehr gebildet werden. Bisher gebildete Aufwandsrückstellungen können teilweise oder insgesamt entweder bis zum Erfüllungszeitpunkt beibehalten und dann bestimmungsgemäß (ergebniswirksam) aufgelöst oder ab sofort in die Gewinnrücklage eingestellt werden. Die Möglichkeit der unmittelbaren Auflösung gegen die Gewinnrücklagen gilt jedoch nicht für Aufwandsrückstellungen, die im letzten vor dem 01. Januar 2010 beginnenden Geschäftsjahr zugeführt wurden.

46

4. Änderungen der Bewertungsvorschriften im Einzelabschluss

a) Rückstellungen

47 Rückstellungen sind zukünftig nach § 253 Abs. 1 Satz 2 HGB n.F. in Höhe des nach vernünftiger kaufmännischer Beurteilung notwendigen Erfüllungsbetrags zu bewerten. Damit sind bei der Bewertung von Rückstellungen künftige Preis- und Kostenverhältnisse im Zeitpunkt der Erfüllung der Verpflichtung zu berücksichtigen. Rückstellungen mit einer Restlaufzeit von mehr als einem Jahr in der Handelsbilanz sind künftig generell mit dem restlaufzeitäquivalenten, durchschnittlichen Marktzinssatz der vergangenen sieben Jahre abzuzinsen. Es ist vorgesehen, dass die Deutsche Bundesbank diesen Zinssatz monatlich veröffentlichen wird. Kapitalgesellschaften haben nach § 277 Abs. 5 Satz 1 HGB n.F. Erträge aus der Abzinsung der Rückstellungen innerhalb des Zinsergebnisses der GuV auszuweisen.

Aus Vereinfachungsgründen kann bei der Abzinsung von Pensionsrückstellungen pauschal mit dem durchschnittlichen Marktzinssatz abgezinst werden, der sich bei einer angenommenen Restlaufzeit von fünfzehn Jahren ergibt. Sofern durch die Bewertungsänderung eine Zuführung zur Pensionsrückstellung notwendig wird, ist dieser Betrag bis spätestens zum 31. Dezember 2024 anzusammeln. Pro Geschäftsjahr muss jedoch mindestens 1/15 zugeführt werden. Sollte sich durch die Bewertungsänderung eine Rückstellungsauflösung ergeben, darf die Rückstellung beibehalten werden, soweit der Auflösungsbetrag spätestens bis zum 31. Dezember 2024 wieder zugeführt werden müsste.

48 Darüber hinaus ist in § 253 Abs. 1 Satz 3 HGB n.F. eine explizite Regelung zu sog. wertpapiergebundenen Pensionszusagen aufgenommen worden. Hierbei handelt es sich um Altersversorgungsverträge, bei denen sich der Umfang der Altersversorgungsverpflichtung ausschließlich nach dem beizulegenden Zeitwert bestimmter Wertpapiere (Aktien, Fondsanteile, Schuldverschreibungen) richtet. Bei Vorliegen dieser wertpapiergebundenen Pensionszusagen sind die Rückstellungen mit dem beizulegenden Zeitwert der Wertpapiere zu bewerten, soweit dieser einen garantierten Mindestbetrag übersteigt. Die Einholung eines Pensionsgutachtens ist in diesem speziellen Fall somit nicht mehr erforderlich.

b) Abschreibungen

aa) Anlagevermögen

49 Während § 253 Abs. 2 Satz 3 HGB a.F. bei nur vorübergehender Wertminderung im Anlagevermögen ein Wahlrecht für außerplanmäßige Abschreibungen vorgesehen hatte, dürfen mit Ausnahme von Finanzanlagen bei nur vorübergehender Wertminderung keine außerplanmäßigen Abschreibungen mehr vorgenommen werden. Bei voraussichtlich dauernder Wertminderung von Vermögensgegenständen des Anlagevermögens sind außerplanmäßige Abschreibungen nach § 253 Abs. 3 Satz 3 HGB n.F. auf den beizulegenden Wert vorzunehmen. Diese Regelungen gelten für alle Kaufleute. Das Wahlrecht für außerplanmäßige Abschreibung bei nur vorübergehender Wertminderung wird nach § 253 Abs. 3 Satz 4 HGB n.F. für alle Unternehmen auf Finanzanlagen beschränkt. Damit einher geht die Aufhebung der bislang nur für Kapitalgesellschaften geltenden Sondervorschrift des § 279 Abs. 1 Satz 2 HGB. Zudem sind keine Abschreibungen nach § 253 Abs. 4 HGB a.F. (vernünftige kaufmännische Beurteilung) mehr möglich.

bb) Umlaufvermögen

Zukünftig sind keine Abschreibungen nach § 253 Abs. 3 Satz 3 HGB a.F. (Abschreibungen wegen zukünftiger Wertschwankungen) und § 253 Abs. 4 a.F. HGB (vernünftige kaufmännische Beurteilung) mehr möglich.

5. Erfassung der Änderungen aus der Erstanwendung des BilMoG

Die Auswirkungen aus der erstmaligen Anwendung der durch das BilMoG geänderten Vorschriften sind – sofern nicht ausdrücklich eine Verrechnung mit den Gewinnrücklagen vorgesehen ist – erfolgswirksam zu erfassen. Die Aufwendungen und Erträge sind in der Gewinn- und Verlustrechnung unter den außerordentlichen Aufwendungen und Erträgen auszuweisen.   50

Stichwortverzeichnis

fette Zahlen = Paragraph

andere Zahlen = Randnummer

Steuer- und Gesellschaftsrecht
↗

übersichtlich. präzise. kompakt

Die steuerrechtliche Beratung in Erbangelegen-
heiten erfordert ein umfassendes Wissen zu
den betroffenen Rechtsgebieten und ihren Ver-
knüpfungen, um alle Vorteile für den Mandanten
herauszuarbeiten. Das Werk ist eine besonders
praxisnahe Darstellung und Arbeitshilfe für die
tägliche Beratertätigkeit. Das neue Erbschaftsteuer-
recht ist bereits berücksichtigt.

Jörg Luxem / Stefan Arndt
Erbrecht für Steuerberater
2009. 211 S.
Br. EUR 44,90
ISBN 978-3-8349-0441-6

Der Stiftungsberater

Jahr für Jahr werden neue Rekordzahlen bei der
Stiftungsgründung gemeldet. Dabei machen
nicht nur steuerliche Vorteile die Stiftung interessant. Das Werk beschreibt die steuer- und
gesellschaftsrechtlichen Vor- und Nachteile
von der Gründung bis zur Auflösung. Zahlreiche
Beraterhinweise machen das Werk zu einem
unentbehrlichen Fundus der Stiftungsarbeit und
Steuerberatung.

Klaus Wigand / Cordula Haase-
Theobald / Markus Heuel /
Stefan Stolte
Stiftungen in der Praxis
Recht, Steuern, Beratung
2. Aufl. 2009. 270 S.
Br. EUR 49,90
ISBN 978-3-8349-1335-7

schneller. gut. beraten.

Die haftungsbeschränkte Unternehmergesellschaft (UG) ist eine Mini-GmbH, die bereits mit
1 EUR Stammkapital gegründet werden kann. Die
attraktiven Voraussetzungen bei der Gründung
führen zu einer Verdrängung der englischen Limi-
ted (Ltd.), so dass ihr Siegeszug in Deutschland
als beendet gilt. Interessant ist die UG vor allem
für Einzelunternehmer und BGB-Gesellschaften
ohne größeres Anlagevermögen, die ihre Haftung
einschränken wollen. Aber auch für die Gründung
von Tochtergesellschaften oder als Komplemen-
tär-UG in der UG & Co. KG ergeben sich Vorteile.
Das Werk erläutert praxisnah alle Besonderheiten
der Gründung, der Führung und Verwaltung der
UG. Ergänzt wird das Werk mit zahlreichen Ar-
beitshilfen und Mustern.

Lothar Volkelt
**Die Unternehmergesellschaft
(UG)**
Geschäftsführung, Verwaltung,
Recht, Steuern
2010. 236 S.
Br. EUR 49,90
ISBN 978-3-8349-1791-1

Änderungen vorbehalten. Stand: Juli 2009.
Erhältlich im Buchhandel oder beim Verlag

Gabler Verlag . Abraham-Lincoln-Str. 46 . 65189 Wiesbaden . www.gabler.de

GABLER

www.gabler-steuern.de

in the United States
kmasters